관상학 最高의 秘書
면상비급

초판 1쇄 | 2008년 5월 6일
초판 3쇄 | 2014년 7월 10일

지은이 | 小通天
편역자 | 최인영
펴낸이 | 문해성
펴낸곳 | 청학출판사
주소 | 서울시 은평구 신사1동 3-12호 3층
전화 | 02)354-8646   **팩시밀리** | 02)384-8644
이메일 | mjs1044@naver.com
출판등록 | 1996년 7월 2일 제8-190호

ISBN 978-89-87023-67-0 (03150)

● 책값은 표지에 있습니다.
● 잘못 만들어진 책은 구입처 및 본사에서 교환해 드립니다.

관상학 最高의 秘書

面相秘笈

(면) (상) (비) (급)

小通天 <史廣海> 著

최인영 편역

청학
출판사

면상비급 자서
面相秘笈 自序

余自幼承受異人口授眞訣, 悉心研究, 其應如響, 不忍隱秘, 因特續
여자유승수이인구수진결　실심연구　기응여향　불인은비　인특속

著本書, 乃將道訣分 門別類, 藉便閱讀, 無師自通, 能知 命途休咎,
저본서　내장도결분 문별류　자편열독　무사자통　능지 명도휴구

可以趨吉避凶, 事半功倍, 濟人濟世, 爲稀世之珍品也.
가이추길피흉　사반공배　제인제세　위희세지진품야

나는 어려서 뛰어난 사람으로부터 구전으로 진결을 이어받은 것을 마음을 다하여 연구하면서 그 울림과 같은 응답을 비밀로 숨기고 견딜 수 없어서 본 저자는 특별히 구성하여 부차적인 설명과 함께 분명하게 이어 놓았습니다.

이제 종류별로 그림으로 나타내어 한 부문을 이루었는데, 가령 편리하게 하나하나 가려서 자세하게 설명하고 스승 없이 스스로 깨달은 부분은 추길피흉을 사리에 맞게 바르게 써서 운명의 길흉을 능히 알 수 있도록 나누어 분류함으로써 더욱 더 알차게 하였으니 세상을 구하고 사람을 구하는 데 드물게 보는 세상의 진귀한 물품이 될 것입니다.

幸勿交臂失之, 玆經於乙未年先刊出,『掌相秘笈』, 第 一 集, 相繼
행물교비실지　자경어을미년선간출　장상비급　제일집　상계

於丙申年再刊出,『面相秘笈』, 第一集, 前二書問世後各方皆云奇驗
어병신년재간출　면상비급　제일집　전이서문세후각방개운기험

無比 且敦促續集, 爲應同好須求, 再再於己亥年, 在百忙中繼刊
무비 차돈촉속집　위응동호수구　재재어기해년　재백망중계간

『掌紋秘訣』前後相續三部書問世, 但疏漏之處, 在所難免, 尚希海
장문비결   전후상속삼부서문세   단소루지처   재소난면   상희해

內賢達, 賜予匡正, 則幸甚矣
내현달   사여광정   즉행심의

행여 삼가하여 잃어버리지 말 것이며 이제 을미년에 먼저 출간되어 보여준 『장상비급』 제 일집, 이어서 병신년에 출간된 『면상비급』 제 일집, 앞의 두 책은 세상이 열린 이후 여러 방향으로 두루 미쳐 가로대 훌륭한 효험을 견줄 수 없을 것입니다.

또한 열심히 정성을 다하고 노력하여 계속 이루어 나갈 것이며 모름지기 바라는 것을 구하고자 하는 뜻이 같은 좋은 사람들만의 응답이 될 것입니다.

기해년에는 거듭되는 백 가지 일을 살피는 바쁜 가운데 책을 펴내니 『장문비결』 전후와 연속해서 삼부를 써서 세상에 물으니 단 내용이 성기고 빠뜨린 곳을 면하기 어려운 바 바라건대 나라 안에서 현명하게 통달하신 높은 분들이 바로잡아 고쳐주신다면 다행으로 여기고 마음이 편하겠습니다.

丙申年冬安徽合肥南鄕二十埠馬大郢史廣海(小通天)
병신년동안휘합비남향이십부마대영사광해 소통천

自序中壢鎭. 庚申年增訂於台北市.
자서중력진   경신년증정 어태북시

상학을 공부하면서 저는 몸과 마음의 관계를 알 수 있었습니다. 무어라 한마디로 말을 할 수 없는 오묘하고도 심오한 자연의 이치와 같다는 것을 말입니다. 곧 마음 따라 생김새가 변하여 가고 생김새를 바탕으로 마음이 일어난다는 사실이 서로 달리 하지 않는다는 의미이기도 합니다. 또한 여기에는 많은 사람들이 강조하는 긍정적인 생각과 명상하는 시간을 가짐으로써 마음의 평안을 찾을 수 있고 얼굴이 환해지면서 건강해지고 하는 일이 잘 될 수 있다는 사실 또한 포함되어 있다고 하겠습니다.

그러면 무조건하고 무슨 일이든 긍정적으로 해석하고 명상만 하면 되는가 하는 질문에는 다소 모순이 존재할 수도 있습니다. 왜냐하면 긍정적인 측면을 부각시켜 중요한 문제점을 의식하지 않으려 애써 눈 감으려 한다는 것입니다. 불행마저도 긍정적으로 감사하게 받아들여야 건강한 삶이 될 수 있다는 것 또한 자명한 사실이기도 하지만 지난 잘못을 점검하여 또다시 재현되는 불행 또한 없어야 된다는 것 또한 매우 중요하기 때문입니다.

이러한 상반된 삶의 과정 속에서 마지막에는 누구의 말에 의존하여야 하느냐는 결론에서는 마음을 닦아 밝히는 수행을 근본으로 하는 성현들의 말씀일 것입니다.
성현들의 말씀이 무엇보다 중요하다는 것은 빈·부·귀·천과 상관없이 모두에게 해당되며 수명이 길어 오래 사는 사람이든 불행하게도 일찍 죽는 사람이든 할 것 없이 또 금수(새와 짐승)까지도 어느 것 하나 속하지 않는 것 하나 없지만 공통점은 그중에서도 사람을 일깨우기 위하여 사람 중심으로 말씀하셨다는 것입니다.
하물며 신들까지도 사람을 위하여 생겨나는 것 아니겠습니까!

40여년 전 서양의 심리학자 칼 융도 '우리는 인간의 본성을 좀 더 이해할 필요가 있습니다. 유일한 위험은 인간 그 자신이며 다가오는 모든 재앙의 근원은 바로 우리 자신이기 때문입니다.'라고 말했습니다. 여기에 상학의 우위성이 존재한다고도 할 수 있겠습니다.

사람이 가장 중요하다는 것은 사람 이상의 선함도 없으며 사람 이상의 악함도 없기 때문이라 여겨지기도 합니다. 과거에도 그러하였고 앞으로의 재난도 사람으로부터 일어날 것이므로 사람을 연구하는 것은 언제인가, 어디서인가 시작은 있었지만 존재하는 한 끝이 없을 것입니다.

의학으로부터 시작된 관상학은 무엇보다 자연에 접목시켜 연구되어지고 생체학적으로 풀어 밝혀 나가는데 누가 감히 부정할 수 있겠습니까.
그래서 저는 감히 말씀 드릴수 있습니다.
사람을 안다는 것은 매우 어렵다는 것을 말입니다.
사람을 안다면 우리의 삶에는 실패가 없을 것이며 사람을 안다는 것은 우주를 안다는 말과 같다는 것을 말입니다. 그래서 사람을 소우주라 하는 말에는 누구나 공감하는 것이 아니겠습니까? 하여 「相을 안다는 것은 곧 마음을 안다는 것이요 마음을 안다는 것은 宇宙의 이치를 안다는 것과도 같으므로 人間을 小宇宙라고도 하는 것이다. 그러므로 소우주인 인간을 안다는 것은 곧 道를 아는 일이라고도 말할 수 있는 것이다.」라고 선현들은 말씀하셨지만 미숙한 제가 어찌 안다는 말을 감히 할 수 있겠습니까?
모자라는 저는 깨우쳐 비우고 또 채우려 하는 바 가벼이 지나쳐 헛되이 하지 않을 것입니다. 동남 서북 제현들의 많은 질책 단비로 가슴을 적실 것을 약속드립니다.

끝으로 부족한 저를 언제나 아껴주시고 일깨워주시는 한중수 선생님, 신기원 선생님, 유방현 원장님께 무한한 감사의 말씀을 드리며 함께 공부하며 격려를 해주신 황규태 회장님 또한 감사의 말씀을 드립니다.
그리고 책을 내기 위해 끊임없는 노력으로 대해 주신 청학 출판사 대표 문해성 사장님에게도 고마움을 전합니다.

언제나 부족하게 생각하여 끊임없는 노력으로 보답하는

효명 **최 인 영** 배

推薦辭 ①

내가 역학 분야에 있어 온 지 짧은 세월이 아니건만 매우 드물게 다가오는 막을 수 없는 신선한 기운이 한 점으로 태동되고 있다는 것을 확신해 본다.

추명학推命學의 근본은 옛날 태호 복희씨太昊 伏羲氏 때부터인데 복희씨 때에 하수河水에 나타난 용마하도龍馬河圖의 원리를 해석, 우주 자연의 순환 법칙과 십간十干의 위치를 깨달아 백성들의 피흉취길避凶趣吉하는 법을 가르쳤으므로 복희씨를 역易의 조상으로 삼고 있으나 그 진부眞否는 모르겠다.

그 뒤 하우씨夏禹氏가 낙서洛書의 이치로써 물 난리와 불 난리를 해결하고 문왕文王은 후천팔괘後天八卦를 그렸으며 뒤에 공자孔子께서 십익十翼을 지어 우주 자연의 법칙을 깨닫도록 하였다.

추명술推命術로 널리 알려진 인물이 많으나 생략하고 상相을 잘 보기로 이름난 인물 몇분만 예를 들면 전국시대戰國時代의 귀곡자鬼哭子 - 소진과 장의의 스승, 주周의 숙복叔服, 당唐의 마의선옹麻衣仙翁, 송宋의 진박陳博, 당거唐擧, 삼국시대의 관로管輅, 그리고 우리나라의 토정土亭과 남사고南師古 선생을 들 수 있다. 상법에 대한 글은 마의 선생의 가르침을 그대로 저술한 마의상법麻衣相法, 달마조사達摩祖師의 달마상법達摩相法, 진담야陣淡埜의 상리형진相理衡眞, 사광해史廣海의 면상비급 등 그 밖에도 많은 것으로 안다.

마의상법은 몇 군데 출판사에서 번역, 간행되었으나 면상비급은 번역, 출간된 책자를 본 일이 없다. (추천자의 입장에 한해)

면상비급은 번역이 매우 어렵다고 생각되었는데 최인영 교수가 얼마 전에 면상비급을 탈고했다는 말을 듣고 한편 놀라고 한편 반가웠다.

앞서 말했듯이 글이 어려워 직역하기가 쉽지 않은데도 별 오류 없이 풀이를 해냈다는 점에 칭찬을 아끼지 않는다. 솔직히 말해 젊은 후학들의 본보기가 되고 이 분야의 학문이 이제부터는 소외되는 상황에서 벗어나 많은 사람들로부터 관심을 받을 수 있기 때문이다.

지금까지 최인영 교수를 가까이에서 관찰해 보면 처음 만나는 순간은 서먹서먹한 응달진 그늘로 이어지는 것 같았으나 시간이 갈수록 생각이 깊고 영특하여 짧은 시간에 파악하기 쉽지 않은 면모가 진실한 진의로 드러나면서 지금까지 대해 보지 못한 대기만성의 기운을 느낄 수 있었다.

손자병법에 지피지기知彼知己면 백전불패白戰不敗라 하였듯이 지피지기하는 지름길은 상법 상식이 풍부해야만 가능하다.
이는 처세의 기본이 되기도 한다.

본 책자의 역자인 최인영 교수는 현재 동방 대학원 대학교에서 상법相法과 육효학六爻學을 맡아 강의하는 바 수강생들의 반응이 좋다.
매우 총명하여 이 분야 학문의 발전에 큰 몫을 담당하리라 믿는다.
아무쪼록 많은 분들의 애독을 바라면서 추천의 글에 대한다.

下元甲 戊子年 正初
白愚堂 韓 重 洙 拜

推薦辭 ②

相學―.

相學의 길은 참으로 요원遙遠하고 지난至難하다!

相學의 由來 五十年을 더듬어보면 수많은 학자 大家들이 오랜 세월 명멸明滅하면서 이 신비의 학문을 파헤치고자 끊임없이 도전하며 각고의 노력으로 부단히 발전시켜 왔다!

참으로 힘든 고난의 역사였다!

유달리 고독한 학문 相學―.

相學은 유달리 뭇사람의 외면 속에 고고히 흘러왔다!

그러나 각자 저마다의 숙연宿緣을 타고난 상가相家들에 의해 면면히 명맥을 유지해 오늘에 이르렀다!

본인 역시 오늘토록 오십여 성상을 한결같이 자신의 운명인 양 상법에 몰두하여 매진해 왔다! 그리고 마침내 최인영 씨 역시 이 대열에 참가하여 비록 만학晩學으로 시작하였으나 각고의 노력을 기울인 끝에 마침내 『면상비급』이 탄생을 이루었으니 참으로 가상한 바이며, 앞으로 더욱 정진하여 많은 동참자를 이끌어가면서 지대한 결실을 맺기를 기대하면서 든든한 마음으로 격려를 보낸다!

끝으로 이 책은 상법을 공부하는 모든 학도들의 필수교본으로 지침서가 되어 사랑 받기를 바라면서 간곡히 추천하는 바이다!

上溪洞 隅居
申箕源 識

차례

- 면상비급 자서自序 … 4
- 編譯者 序 … 6
- 推薦辭 1 … 8
- 推薦辭 2 … 10
- 일러두기 … 14
- 참고하기 … 15

요결要訣	17
면부백위도面部百位圖	30
오관요도五官要圖	32
오성五星	33
육요六曜	37
오악五嶽	39
사독四瀆	46
삼정三停	48
육부六府	50
사학당四學堂	51
팔학당八學堂	53
제양기세결諸陽氣勢訣	56
구양심풍수결九陽審風水訣	59
구양기결九陽氣訣	63
면부음양결面部陰陽訣	69
상배相配	74
상반相反	75
음양陰陽	76
양화陽和	78
음덕陰德	79
항양亢陽	80
고음孤陰	81
양차음착陽差陰錯	82

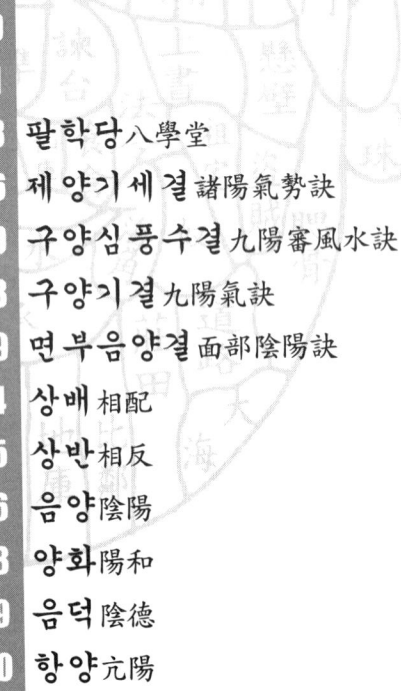

쪽	항목
88	백세운한도 百歲運限圖
89	신유년운한결 新流年運限訣
168	오행형 五行形
178	오행총론 五行總論
188	미 眉
250	안 眼
257	이 耳
286	비 鼻
314	구 口
325	치아 齒牙
328	인충 人沖
335	육친결 六親訣
368	옥침기골도 玉枕奇骨圖
370	면부길흉문도 面部吉凶紋圖
371	기색결 氣色訣
376	흑기길흉Ⅰ 黑氣吉凶
382	흑기길흉Ⅱ 黑氣吉凶
384	적기길흉 赤氣吉凶
388	청기길흉 靑氣吉凶
393	백기길흉 白氣吉凶
396	중요부위길기결도 重要部位吉氣訣圖
401	천간지지십이월령기색흉길도 天干地支十二月令氣色凶吉圖
407	택교통천가 擇交通天歌
414	화창록마변통결 禾倉祿馬變通訣
421	발빈자수염호총도 髮鬢髭鬚髯鬍總圖
428	남면지총도 男面痣總圖

일러두기

- 이 책은 취미로 공부하시는 분께는 매우 부담이 되는 프로를 위한 책입니다.
- 누구든지 끝까지 읽고 숙지하지 않은 가운데 부분적으로 단안을 내리는 것은 위험합니다.
- 반드시라는 말이 자주 나옵니다. 이 '반드시' 라는 말로 凶 작용을 결단한 부분에 너무 매달리지 마시기 바랍니다. 그것은 저자가 강조하기 위한 방법이지 꼭 그렇게 된다는 말은 아닙니다. 왜냐하면 우리에게 존재하는 모든 일은 마음의 수양과 덕행을 근본으로 삼아 이루어져 나가기 때문입니다.
- 그러면 왜 상을 공부하는지 궁금해하시는 분을 위하여 몇 말씀 드리겠습니다.
  ㉠ 마음을 들여다보기위한 접근 방법 중에서 가장 용이하기 때문입니다.
  ㉡ 아무런 검사도 없이 그냥 보는 것으로 다른 어떤 방법보다도 정확하기 때문입니다.
  ㉢ 누구에게나 거침없이 알고자 하는 사람을 심성부터 음덕, 그리고 운세까지도 읽을 수 있기 때문입니다.
  ㉣ 어려운 것은 변하는 마음 따라 상도 변하고 또 나이가 들면서 어린아이에서 어른까지 그 모습이 변해 가기 때문입니다.
  ㉤ 어린아이도 상을 보느냐고 물으신다면 옛날 부처님도 탄생하실 때 상을 보고 예언하신 분이 계시고 공자님도 상을 보고 예언하신 분이 계시므로 가능하다고 보겠습니다만, 저의 실력은 아직 거기까지 미치지 못할 뿐입니다.
- 이 책의 저자이신 소통천 선생님께서도 증험을 토대로 연구하여 몇 번을 다듬으신 다음 세상에 내신 만큼 여러분들께서도 항상 곁에 두고 연구하는 마음으로 아껴주시기 바랍니다.
- 제가 번역하게 된 것을 무한한 영광으로 생각하고 있으며 소통천 선생님께서도 도를 구하듯 삼라만상을 향하여 공부하신 분이라 확신하며 오늘도 내일도 언제까지나 존경하는 마음 잃지 않을 것입니다.
- 그래서 될 수 있는 한 저의 생각을 배제하면서 글을 번역하였습니다.
  왜냐하면 저의 부족한 짧은 식견으로 소통천 선생님의 지혜로운 학문을 희석하여 퇴색되게 할까 두려워하는 염려에서입니다.
  즉, 소통천 선생님께서 터득하신 원리를 그대로 번역하려고 노력하였습니다만 어찌 대가의 지혜를 따라갈 수 있겠습니까?
- 제가 공부하면서 유명하신 분들의 **傳來**(전래)를 들어보고 관찰해 본 결과 은밀하고도 비밀스러워 드러내기 싫었던 내용들이 거의 면상비급을 바탕으로 말씀하셨다는 사실을 알 수 있었습니다.
- 몇 천년 동안 특별한 **智者**(지자)들의 전유물로 그 몫을 다하며 내려온 관상학을 연구하는 분들이 관상쟁이에서 관상학자로 거듭나게 될 것을 학인들에게 간곡히 부탁드립니다.
- 아낌없이 펴내는 작은 저의 마음이 책이 어려워 공부하지 못하는 삭막한 현실을 가랑비에 옷이 젖듯 촉촉이 적시게 될 것을 기대합니다.

참고하기

- 관상학을 배우면…?
    첫째… 자신의 모습이 확연히 달라집니다.
    둘째… 자신과 고객이 차별화되어 마주하게 됩니다.
    셋째… 한층 업그레이드되는 고객 중심의 상담을 지향할 수 있습니다.

- 관상학을 배우면 무엇을 알 수 있는가…?
    첫째… 명리에서 부족한 부분을 채울 수 있습니다.
            그런 연유에서 관상학을 陽(양)의 학문이라 하고
                        명리학을 陰(음)의 학문이라 합니다.
    둘째… 성품을 철저하게 가늠할 수 있습니다.
    셋째… 골격을 바탕으로 하므로 무엇보다 진보된 적성 상담을 할 수 있습니다.
    넷째… 육친과 배우자의 관계를 파악할 수 있습니다.

    어디에 근거를 두고 알 수 있는가…?
    「자신으로부터 부모를 알 수 있는 것은 생명을 받았기 때문입니다.
     형제는 같은 부모로부터 태어난 형제 일신이기 때문입니다.
     배우자는 평생을 함께 가야 할 자신의 분신이기 때문입니다.
     자식은 또 하나의 나이기 때문입니다.」

代悲白頭翁

今年花洛顏色改
明年花開復誰在

올해도 꽃 떨어지니
이 얼굴 늙어가네
내년애 꽃 다시 필 때
누가 그 얼굴 그대로리오

年年歲歲花相似
歲歲年年人不同

해마다 해마다 꽃은 같건만
해마다 해마다 사람은 달라지네

-唐나라 때 劉希夷
임동석 역주의 『당재자전』 중에서

요결
要訣

觀相要有法. 無法不立說. 雖是方技小道. 實具深湛正理. 蓋人之心
관상요유법 무법불립설 수시방기소도 실구심담정리 개인지심

理. 喜道其所好. 畏直揭其所短. 故衣冠禮儀. 豈寧無飾. 應答擧止.
리 희도기소호 외직게기소단 고의관례의 기녕무식 응답거지

豈盡披誠. 況入門請相. 賓主交流. 座中雖未必有客. 然而面子上.
기진피성 황입문청상 빈주교류 좌중수미필유객 연이면자상

寧無墻縫壁耳. 故入門以後. 對答之間. 姮於無意中. 觀察其兩頰兩
녕무장봉벽이 고입문이후 대답지간 항어무의중 관찰기양협양

耳之色. 連及眼光. 以定神氣. 次則. 或煙茶. 或菓餠. 推位讓坐.
이지색 연급안광 이정신기 차즉 혹연차 혹과병 추위양좌

以觀其氣槪. 坐定, 必以竝其眉眼. 以定其人品. 繼則聆其聲音. 以
이관기기개 좌정 필이병기미안 이정기인품 계즉령기성음 이

測其薄厚. 後看三停. 以擦五官. 五嶽. 一一 領會於心. 然後請其伸
측기박후 후간삼정 이찰오관 오악 일일령회어심 연후청기신

手. 蓋未請伸手之先. 旣先當自領略其相於心. 及其伸掌之後. 則三
수 개미청신수지선 기선당자령약기상어심 급기신장지후 즉삼

才紋理. 八宮厚薄. 昭然若揭矣. 體格之大者. 宜以氣槪爲主. 體格
재문리 팔궁후박 소연약게의 체격지대자 의이기개위주 체격

之小者. 法以精神爲先. 若夫普通身材. 則當以氣色爲先. 次及其骨
지소자 법이정신위선 약부보통신재 즉당이기색위선 차급기골

格. 普通之相. 最難. 非比大富貴人物. 大凶敗之異相. 夫普通之相.
격 보통지상 최난 비비대부귀인물 대흉패지이상 부보통지상

非必以身材普通而定之. 今所謂普通身體者. 不過立論說法. 應如此
비필이신재보통이정지 금소위보통신체자 불과립논설법 응여차

庶有順 序耳. 不然. 大小體格. 豈盡可憑以決其富貴耶. 夫普通相
서유순 서이 불연 대소체격 기진가빙이결기부귀야 부보통상

以氣色爲善者.
이 기 색 위 선 자

상을 보는 데는 법이 있다. 법을 모르면서 말하지 말라. 비록 작은 가르침을 받은 방술이라 할지라도 깊고 깊은 바른 이치를 갖추었다면 괜찮을 것으로써 사람에게 있는 모든 것은 마음의 이치를 덮고 있기 때문이다.

좋은 상을 갖고 있는 바 즐거운 삶이 될 것이요, 좋지 못한 상을 가진 바 그것은 두려움을 바로 내어 나타내는 것이다. 그런 까닭으로 옷을 입고 예를 갖추어 거동을 한다고 어찌 마냥 편안하다만 할 수 있겠는가?

질문에 대한 것은 몸을 움직이는 모든 것에 답이 있으니 어찌 옷을 걸쳐 입었다고 정성을 다하는 삶을 살아간다 하겠는가? 더구나 상을 보는 학문에 들어가는 우리들은 더더욱 그러함을 깨달아야 할 것이다.

손님과 내가 만날 때 손님이 앉아 있어도 모자라는 부분이 반드시 있기 마련으로 얼굴 위에 나타나는 것이 그러한데 손님과 내 사이에 자연스런 분위기가 흘러 손님의 마음이 편안해지면 그냥 앉아 있어도 상황의 어려움이 얼굴에 나타나게 되어 있는 것이다. 그런고로 문으로 들어온 이후 대화하는 사이에 마음의 뜻이 언제나 있는 것은 아니므로 양쪽 뺨과 양쪽 귀의 색을 잘 살피며 이어서 눈빛을 보아야 할 것으로 그것은 정신적인 기운을 담고 있어 그러하다. 그 다음은 혹 담배를 피우거나 차를 마시거나 혹 과자나 떡을 먹을 때 앉아서 사양하며 받드는 모습에서 우러나오는 기개를 잘 살펴보아야 할 것이다.

이 모든 것은 앉아서 해야 한다.

반드시 눈과 눈썹을 꼭 아울러 봐야 하는데 인품이 거기에 있기 때문이다. 이어서 음성을 들어 살피고 그 다음에 두터움과 얇음을 헤아리며 그 후에 삼정을 보고 오관을 계속 맞추어 가며 가늠해 보고 오악을 본다. 그렇게 하나 하나 마음의 깨달음을 이루어 나간 연후에 손을 펴주기를 부탁하되 맨 먼저 손부터 펴라고 하지 말기를 바란다. 이미 먼저 마음으로부터 그 상을 간단하게나마 스스로 깨닫고 난 후 급기야 손을 펴라 해야 한다. 즉, 천·인·지 삼재를 담은 주름의 이치와 건·태·이·진·손·감·간·곤 여덟 개 궁의 두텁고 얇음과 밝은 모양의 정도가 바로 나타내주는 것이기에 그러하다.

체격이 큰 사람은 마땅히 기개를 위주로 하고 체격이 작은 사람은 정신을 우선으로 보는 것이 법으로 만약 보통 사람들의 신체는 마땅히 기색을 우선으로 살펴야 할 것이고 그 다음으로 골격에 미쳐야 하는데 보통 사람들의 상은 큰 부귀의 인물과 비교하면 확연히 아닌 것을 알 수 있으나 큰 부자인지 아닌지 귀인인지 아닌지 제일 살피기 어렵다. 무릇 보통의 상은 대 흉패의 상과는 다르다. 보통의 상이라 하여 신체도 보통의 몸으로 반듯이 정해진 것은 아니다.

이제 이른 바 보통의 신체를 가진 사람에 대하여 모자람이나 과장됨이 지나치지 않도록 헤아려서 법을 말하겠다.

말하는 데에도 가까운 것부터 하는 것이 순서일 뿐이다. 그렇지 않으면 체격의 크고 작음부터 하는 것일까? 어찌 모든 것을 한꺼번에 다할 수 없으니 결단하여 부귀부터 할 것이다. 무릇 보통 상은 기색이 우선이 되는 것이다.

環境也. 次及骨格者. 原其環境所由來. 而察未來之結果者也 氣色,
환경야 차급골격자 원기환경소유래 이찰미래지결과자야 기색

乃目前之吉凶. 骨格, 五官, 爲終身之休咎, 看法當以五官之所美 比
내목전지길흉 골격 오관 위종신지휴구 간법당이오관지소미 비

較各部之所忌. 一 善, 一 忌, 爲立論. 次按年齡, 流年之順惡相應.
교각부지소기 일 선 일 기 위입론 차접년령 유년지순악상응

其他平凡部位. 不過引以略之. 庶幾言有序. 時有節. 肯在中肯, 要
기타평범부위　불과인이약지　서기언유서　시유절　긍재중긍　요

言不煩. 賓主款洽. 斯爲得也次將要訣列擧于後.
언불번　빈주관흡　사위득야차장요결열거우후

그 사람을 둘러싸고 있는 환경 즉, 자연적 조건이나 사회적 조건이 먼저이고 그다음이 골격이 되는 것이다. 환경은 사람을 이루고 있는 사물의 내력인 바 근원이다.

지금까지 자세히 살핀 것이 미래의 결과가 되는 것이다.

기색이란 바로 눈앞의 길흉을 이름이요, 골격과 오관은 생을 마칠 때까지의 길흉이 되는 것이다. 오관이 제 위치에서 아름답게 잘 있는지 살피는 것이 상을 보는 방법으로 마땅하니 각 부위가 꺼리는 바를 비교하여 잘생긴 부위와 잘 못생긴 부위를 나누어 정리하여 말을 해야 할 것이다.

다음으로 얼굴에 있는 연령을 돌아 생각하면 흐르는 해의 운기가 이어지는지 막히는지 상에 나타나는 것이다.

기타 평범한 부위에 대해서는 간략하게 생각하지 지나치게 끌어들이지 말라.

바라건대 순서 있게 말을 하며 시절과 때를 가려서 옳은 것 가운데 또 옳은 것이 있으니 중요한 말만 하면 어지럽지 않을 것이요, 손님과 주인의 우정이 두터워질 것이다.

이제 굳게 약속한 중요한 비결은 다음의 열거된 내용을 읽으면 터득하게 될 것이다.

一 人品法인품법

滿面陽和. 言談中. 眉間, 兩頰, 無變色. 神氣從容. 聲無變調. 韻無
만면양화 언담중 미간 양협 무변색 신기종용 성무변조 운무

中餒. 眼光泰然. 擧止溫純. 無假作. 無掩飾. 五官中有美處. 運到必
중뇌 안광태연 거지온순 무가작 무엄식 오관중유미처 운도필

發. 有忌處. 其凶亦少. 所謂中和上品也. 滿面一見陽和. 言談中. 眉
발 유기처 기흉역소 소위중화상품야 만면일견양화 언담중 미

間兩頰屢有異色. 有短處. 切物多言. 神氣有異者. 美處略略言之而
간양협루유이색 유단처 절물다언 신기유이자 미처약략언지이

已. 聲有變調者. 美惡均宜婉轉. 譬曉此請相者之有詐. 不得不權變
이 성유변조자 미악균의완전 비효차청상자지유사 부득불권변

之相法也. 滿面陰氣. 擧動從容. 聲不變. 此中有溫純之品. 有暴發
지상법야 만면음기 거동종용 성불변 차중유온순지품 유폭발

之氣. 言必中肯. 當簡則簡. 使其明瞭. 當重複. 再說則不憚勞. 滿面
지기 언필중긍 당간즉간 사기명료 당중복 재설즉불탄노 만면

陰氣. 擧止失序. 言談忸怩. 此中有環境不佳之人. 有畏小禮之品.
음기 거지실서 언담뉴니 차중유환경불가지인 유외소례지품

宜直指晦運. 壯其膽力. 滿面一見陽和. 談話中. 驕矜自足. 面有德
의직지회운 장기담력 만면일견양화 담화중 교긍자족 면유덕

色. 只宜順其性. 不宜觸其怒. 未言先笑者. 聲正而語明. 乃天性使
색 지의순기성 불의촉기노 미언선소자 성정이어명 내천성사

然也. 言有譏刺者. 詰人也. 隱眉而獻情者. 詐也. 其他, 言語莊重
연야 언유기자자 힐인야 은미이헌정자 사야 기타 언어장중

問無苟且. 聽無移神.
문무구차 청무이신

皆屬正氣之人. 面橫語急. 眼光流視. 皆屬險惡之輩. 孔子曰.
개속정기지인 면횡어급 안광류시 개속험악지배 공자왈

『可以言不與之言. 失人. 不可與之言而與之言. 失言. 知者不失人.
가이언불여지언 실인 불가여지언이여지언 실언 지자불실인

亦不失言』相法中. 言語運用. 誠有研究之價値也
역불실언 상법중 언어운용 성유연구지가치야

얼굴에는 온화한 밝은 기운이 가득해야 한다. 말을 하는 중에 눈썹 사이와 양쪽 뺨의 색이 변하지 말아야 한다. 얼굴에 좋은 기운이 따르고 음성이 고르고 변화가 없어야 하며 굶주린 것같은 소리가 아니어야 하며 눈빛이 예스럽고 자연스러우며 몸에서 나오는 움직임들이 온화하고 순하여야 하며 거짓이 없어야 한다. 꾸밈으로 가려져 있지 말아야 하며 오관 가운데 아름다운 곳이 있으면 운이 이른 것으로 반드시 발전한다.

어려움을 작게라도 겪을 수 있는 못생긴 부분도 있어야 한다.

이러한 인품이 치우침이 없는 상품의 상이다.

얼굴의 온화한 기운이 한눈에 보이고 말하는 중에 눈썹 사이와 양 뺨의 색깔이 다르거나 여러 가지 다른 색들이 번갈아 보이거나 모자라는 곳이 있거나 끊어짐이 없이 말이 많고 눈빛이 서로 다른 사람은 잘생겨 아름다운 부분이 매우 약소하다는 말로써 음성이 고르지 못하고 잘생긴 부분과 못생긴 부분이 부드럽게 돌아가야 함이 마땅하나 비유하건대 새벽에 불러 상을 봐주기를 청하는 사람은 거짓이 있다.

거절하지 못하여 꾀하더라도 상법에서는 어그러지는 것이다.

음기가 얼굴에 가득할 때는 거동이 용모를 따른다. 음성에 변화가 없이 온순한 사람은 폭발의 기운이 있으니 말을 할 때 반드시 옳은 말만 하되 마땅히 간단한 가운데 간단하게 하라. 거듭거듭 당부하며 후회하지 않도록 다시 설명한 즉 명료하게 하여라.

얼굴에 음기가 가득하고 행동에 질서가 없으며 말씨에 부끄러움이 있는 이러한 사람은 좋지 못한 환경에 있는 사람으로서 예의 없이 두려움만 있는 사람이니 운이 어둡다는 것을 바로 가르쳐줌이 마땅할 것이다.

씩씩한 담력으로 얼굴에 가득한 온화한 기운이 한눈에 보이며 대화 가운데 스스로 긍지에 차 있으며 덕스런 얼굴 색을 가진 사람은 다만 그 성품이 온순하다고 봄이 마땅하며 성낸 느낌이 닿는다면 마땅하지 못한 사람이다.

말하기 전에 먼저 웃는 사람이 언어가 반듯하고 음성이 정확하면 이치에 맞는 천성의 사람이요, 말이 날카롭게 나무라듯 하는 사람은 따지는 사람이다.

희미한 눈썹으로 정을 주는 사람은 거짓이다.

그 외 언어가 공손하고 엄숙하여 구차함이 없이(떳떳하게) 묻고 들을 때에도 눈빛이 움직이지 않는 사람은 모두가 바른 기운을 가진 사람에 속한다.

얼굴이 가로로 넓고 언어가 급하고 바라보는 눈빛이 이리저리 구르면 모두가 위험하고 악한 무리에 속하는 사람이다.

공자 왈, 말 같지 않은 말을 하는 사람은 버림을 받는다.

말 같은 말이라도 옳지 않은 말은 실언이다. 지혜로운 자는 말을 실수하지 않으니 사람을 잃어버리지 않는다.

상을 볼 때 언어를 잘 유용하게 써야 하며 성실하게 연구하여 가치 있도록 하여야 한다.

二 貧富法 빈부법

富在面者. 必有腹爲之容, 臀爲之靠. 在權者. 必有鼻爲之倉. 唇爲
부재면자 필유복위지용 둔위지고 재권자 필유비위지창 순위

之納. 在鼻者. 必有蘭廷爲之櫃. 在眼者. 必有印堂爲之主. 在身者.
지납 재비자 필유난정위지궤 재안자 필유인당위지주 재신자

爲有腰爲之托. 在耳者. 必有孔爲之納. 有珠爲之固. 在掌者. 必有
위유요위지탁 재이자 필유공위지납 유주위지고 재장자 필유

肉爲之豊. 明堂深厚. 爲之守. 以上七格. 相應在聲. 有聲則大富中
육위지풍 명당심후 위지수 이상칠격 상응재성 유성즉대부중

有聲. 不相應者. 亦能豊衣足食. 而保小康. 貧財面者. 無臀. 無腹.
유성 불상응자 역능풍의족식 이보소강 빈재면자 무둔 무복

終身貧. 在顴者.
종신빈 재관자

仰鼻. 縮脣. 落口貧. 在鼻者. 無蘭廷. 債臺貧. 在眼者. 無印. 隨出貧.
앙비 축순 낙구빈 재비자 무난정 채대빈 재안자 무인 수출빈

在身者. 無腰. 瘦地貧. 在耳者. 無孔. 無珠. 不智貧. 在掌者. 無艮.
재신자 무요 수지빈 재이자 무공 무주 불지빈 재장자 무간

無堂. 辛苦貧. 以上七格. 有聲嘹喨者. 僅保衣食充足. 有聲不相應
무당 신고빈 이상칠격 유성료량자 근보의식충족 유성불상응

者. 則奔波無寧日矣.
자 즉분파무녕일의

얼굴에 부유함이 있는 사람은 반드시 배가 있는 용모로 되었고 엉덩이가 기대어 있다.

관골에 있는 사람은 반드시 곳간이 되는 코가 있고 받아들이는 입술이 있으며 코에 있는 사람은 반드시 함(창고)의 난대 정위가 있으며 눈에 있는 사람은 반드시 잘생긴 인당이 있으며 몸에 있는 사람은 받침대 같은 허리가 있으며 귀에 있는 사람은 받아들이기 위한 구멍과 단단한 수주도 있다.

손바닥에 있는 사람은 반드시 살비듬이 풍륭하며 명당이 깊고 두텁게 되어 지킬 수 있게 되어 있다. 이상 일곱 가지 격이 있다.

음성의 상을 말하면 큰 부자인 즉 음성에 있고 음성이 좋은 가운데 잘생기지 못한 사람도 역시 의식이 족하여 얼마간의 재산으로 살 수 있다.

얼굴이 가난한 사람이 엉덩이가 없고 배도 없으면 종신토록 가난하다.

관골이 있는 사람이 코가 떨려 있고 입술이 쭈그러지고 입이 떨어지면 가난하다.

코가 있는 사람이 난대 정위가 없으면 빚 있는 가난한 사람이다.

가난함이 눈에 있는 사람은 인당이 못생겼으며 가난한 사람에게 따라서 나타나는 몸으로 허리가 없는 것은 메마르고 척박한 땅이 되어 가난한 것이다.

귀에 있는 사람은 귓구멍이 없으며 수주가 없다. 지혜롭지 못하여 가난한 것이다.

손바닥에 있는 사람은 간궁이 없으면 집이 없으니 매우 고생이 심하여 가난하다.

이상 일곱가지 격이 있다.

맑은 음성을 가진 사람은 대부분 의복과 음식이 충족되어 살 수 있으나, 서로 맞지 않은 음성을 가진 사람인 즉 바쁘고 힘들어 편안한 날이 없다.

三. 特富, 特貧 특부, 특빈

相法. 眉彩, 眼光, 而聲嘹喨者. 父子富. 鼻梁豊顴而聲嘹喨者. 甲地
상법 미채 안광 이성료량자 부자부 비량풍관이성료량자 갑지
富. 掌厚而軟. 聲喨者. 身家富. 一露, 二露, 無神者. 有衣, 無褲貧.
부 장후이연 성량자 신가부 일로 이로 무신자 유의 무고빈
頭尖, 尾削, 無聲者. 討乞貧, 無股瘦面, 無聲者, 孤孀貧.
두첨 미삭 무성자 토걸빈 무고수면 무성자 고상빈

특별히 잘 사는 사람과 특별히 가난한 사람의 상을 보는 방법은 눈썹이 빛나고 눈이 맑고 은은하게 빛나며 음성이 맑고 풍부한 사람은 아버지와 아들로 대를 물려 부자이고 코가 잘생기고 관골이 풍륭하며 음성이 맑은 사람은 그 지역에서 으뜸가는 부자이고 손바닥이 두툼하고 부드럽고 음성이 풍부한 사람은 몸이 편안한 가정을 이루는 부자이다. 하나 또는 두 개가 드러나고 눈빛이 없는 사람, 옷을 입고는 있으나 두 다리가 가는 사람도 가난하다. 머리가 뾰족하고 눈꼬리가 깎이고 음성이 나쁜 사람. 찾아 다니며 빌어먹는 가난뱅이이다. 다리가 마르고 얼굴이 수척하여 파리하며 음성이 나쁜 사람은 홀로 된 과부로 가난하다.

四 地位지위

相法. 五官無缺. 而聲嘹喨者. 國之重器. 商之盟主. 農之領首. 官之
상법 오관무결 이성료량자 국지중기 상지맹주 농지영수 관지

寵兒, 五嶽不敗, 而聲淸喨者, 棟梁之材. 敎之始祖. 業之聖人. 三停
총아 오악불패 이성청량자 동량지재 교지시조 업지성인 삼정

均等. 而聲喨者. 時之寵兒, 爲官進爵. 爲商巨富. 爲農巨倉. 眼大而
균등 이성량자 시지총아 위관진작 위상거부 위농거창 안대이

聲喨者. 工之鎭寶. 技之拔萃. 眼長而近視者. 文章强記.
성량자 공지진보 기지발췌 안장이근시자 문장강기

理科魁碩. 眉彩而聲和者. 醫之學士. 律之明辯. 官之檢事. 有聲無
이과괴석 미채이성화자 의지학사 율지명변 관지검사 유성무

顴. 有顴無鼻. 皆是職守之人. 格小好威. 格大畏勞. 盡是有限之輩.
관 유관무비 개시직수지인 격소호위 격대외노 진시유한지배

身輕者. 依人作嫁. 持重者. 豈久隨人.
신경자 의인작가 지중자 기구수인

材短身扁者. 不受奇窮. 必有奇禍. 易滿易盈. 雖成必敗. 衰退難後.
재단신편자 불수기궁 필유기화 이만이영 수성필패 쇠퇴난후

상을 보는 방법은 오관에 결함이 없이 음성이 맑게 울리는 사람은 나라에 중요한 인재이거나 상업하면 그 단체의 중심인물이거나 농사를 지으면 다스리는 우두머리이거나 나라로부터 사랑받는 사람이다.

오악이 꺼지지 않고 음성이 깨끗하고 맑게 울리는 사람은 기둥과 대들보 같은 중요한 재목의 사람으로 조상들의 가르침을 받아 하는 일이 성인과 같다.

삼정이 고르게 같고 음성이 풍부하면 때때로 사랑받는 사람이요, 벼슬길에 나아 가면 관리가 될 수 있으며 장사를 하면 아주 큰 부자이고 농사를 지으면 거대한 창고가 있으며 눈이 크고 음성이 풍부한 사람은 보석을 다루거나 가려서 뽑는 재주가 뛰어나며 눈

이 길면 가까운 것을 보는 자로서 문장의 암기력이 뛰어난 사람이요, 이과(자연과학의 이론과 현상을 연구하는 학과)에 뛰어난 석학이요, 눈썹이 빛나고 음성이 온화한 사람은 의학에 뛰어나며 법률에 밝은 달변가로서 검사의 벼슬을 한다.

관골이 없이 음성이 좋거나 관골이 있으면서 코가 못생기면 모두가 자기 직분을 지키는 사람이라 하면 올바를 것이다.

격이 작으면 위엄 부리는 것을 좋아하고 격이 크면 열심히 일하는 사람을 두려워하며 진력하는 데 한계가 있으면 같은 또래의 무리들이다.

몸이 가벼운 사람은 시댁(성씨)을 바꾸어 가며 의지할 사람이며 몸가짐을 신중히 하는 사람을 어찌 영구히 따르지 않을 사람이라 하겠는가?

몸이 한쪽으로 치우친 사람은 좋지 못한 인재로서 몹시 곤궁하지 않으면 뜻밖의 재난이 반드시 있으니 쉽게 차면 쉬이 넘치므로 모름지기 이루어 놓으면 꼭 패하게 되고 쇠퇴하게 되어 어렵게 되는 것이다.

五
運氣盛衰法 운기성쇠법

肉從腰來. 轉運. 目前. 肉從腰去. 不日退財. 面不和色. 聲不和調.
육종요래 전운 목전 육종요거 불일퇴재 면불화색 성불화조

旋敗之人. 面上光彩. 聲音嘹喨. 新運之士. 盛運中. 言語不倫. 知其
선패지인 면상광채 성음료량 신운지사 성운중 언어불륜 지기

隱憂. 退敗中, 意志守成. 知其將復. 守信終身,. 雖敗必復. 逢人忸
은우 퇴패중 의지수성 지기장부 수신종신 수패필부 봉인뉴

怩. 雖成終敗. 問壽在神. 神昏者. 不但運滯. 而且妨壽. 求全在聲.
니 수성종패 문수재신 신혼자 부단운체 이차방수 구전재성

不嘵者. 運亦難成. 問智在耳. 耳孔少者. 愚而少運. 問財在鼻. 鼻犯
불량자 운역난성 문지재이 이공소자 우이소운 문재재비 비범

枯焦者. 財從何來. 眼眶昏暗. 口宜守身. 印堂赤色. 官訟休慝. 邊城
고초자 재종하래 안광혼암 구의수신 인당적색 관송휴특 변성

焦灼. 遠地無利. 額凹額尖. 難言試驗. 眼淚眼昏. 何苦問孕. 愁容滿
초작 원지무리 액요액첨 난언시험 안루안혼 하고문잉 수용만

面. 知其無運. 滿面光彩. 識其乘時. 禮可飾. 衣可假.
면 지기무운 만면광채 식기승시 예가식 의가가

神氣難假. 貧可裝. 富可飾. 骨格難假. 故手足知其貧富. 言可察其
신기난가 빈가장 부가식 골격난가 고수족지기빈부 언가찰기

心理. 眼其心. 聲其神. 眼光炯炯. 而紋鎖印堂者. 豈常美運. 聲音滿
심리 안기심 성기신 안광형형 이문쇄인당자 기상미운 성음만

滿. 而語韻大小者. 處事無恒. 然聲亮而徐語者. 運必長久. 聲急而
만 이어운대소자 처사무항 연성량이서어자 운필장구 성급이

語快者. 運無長久. 無意中吐氣. 必有難苦人之憂. 靜坐中如睡. 必
어쾌자 운무장구 무의중토기 필유난고인지우 정좌중여수 필

犯退敗之業. 盛衰不等. 運氣依時. 留心衡相. 久自有得. 幸誌之莫
범퇴패지업 성쇠불등 운기의시 유심형상 구자유득 행지지막

忘焉.
망언

운기성쇠를 보는 법은 허리에 살비듬이 있으면 운이 온다. 운이 굴러 눈 앞에 있으며 가는 허리에 살비듬이 붙으면 날로 재물이 쌓여 간다.

얼굴 색이 빛나지 않고 음성이 조화롭지 않으면 패하여 되돌아오는 사람이다. 얼굴에 광채가 나고 음성이 맑게 울리면 새로운 운이 오는 선비로서 이루어 나가는 과정에 있다.

언어가 윤리에서 벗어나고 숨은 근심을 느끼면 운이 가고 있으니 이룬 것을 의지로서 지켜야 하며 이제 다시 운이 오는 것을 알고 종신토록 믿음을 유지하면 모름지기 패하더라도 다시 회복할 것이다. 부끄러움이 버릇이 되어 버린 사람을 만나면 이루었다 하더라도 끝내 패할 것이며 수명을 물으면 신(눈빛)에 있다. 눈빛(신)이 어두운 자는 한결같지 않게 운이 막히며 또 수명에도 방해가 된다.

생명의 안전을 구함은 음성에 있다. 음성이 울리지 않는 자 역시 이루기 어려운 운이다. 지혜로움을 물어오면 귀를 보고 알아라. 귓구멍이 작은 사람은 어리석고 운이 없다. 재물에 대해 물으면 코에 있으며 코가 말라 공격하듯 생긴 사람이 재물을 따르되 어찌 재물이 오겠는가? 눈과 눈자위가 어둡고 암울하면 마땅히 몸을 지켜야 한다고 말해야 하며 인당이 적색이면 관재 소송으로 하던 일들을 그만두게 된다. 변방에 있는 성곽이 불이 타오르니 멀리서 오는 이익은 없다. 이마가 오목하게 꺼지거나 이마가 뾰족하면 시험을 말하기 어렵고 눈물이 그렁한 눈이나 어두운 눈이 자식을 물어오면 어찌 힘들다 하지 않을 수 있겠는가?

얼굴에 근심이 가득하면 운이 없다는 것을 알아라. 얼굴 가득 밝게 빛나면 때가 오는 것이요, 예로서 단장함은 옳은 것이요, 옷으로 장식한 것은 거짓이니 정신과 기력은 거짓하기 어려우니라. 가난한 사람이 꾸며서 부자로 나타나도 골격은 거짓하기 어려우니라. 이러한 연고로 가난하고 넉넉함이 손발에 나타나니 그 심리를 잘 살펴서 말함이 옳을 것이다. 눈은 그 마음이다. 음성은 그 정신이다.

눈빛이 날카롭고 불안하게 빛나며 인당에 쇠사슬 같은 주름이 있는 자를 어찌 항상 운이 좋다고만 하겠는가. 음성은 꽉 차야 한다. 말을 할 때 소리가 크고 작음이 있는 사람은 일을 처리함이 늘 같지 않다. 자연스런 음성이 좋게 울리며 말을 천천히 하는 사람은 운이 반드시 오래하며 음성이 급하고 말을 빠르고 제멋대로 하는 사람은 운이 오래 가지 못한다. 무엇을 하려고 하는 마음이 없어도 기운이 뿜어 나오면 근심이 있는 사람으로서 반드시 어려움의 말을 할 것이다. 고요하게 앉아 조는 것처럼 하고 있는 사람은 사업이 퇴폐할 것이요, 이룸과 쇠함의 운기는 고르지 않아 때에 따라 마음에 머물러 있으므로 상을 가늠하는 것이다. 오랫동안 스스로 터득하여 얻은 것이다. 기록된 내용을 언제 까지나 잊지 말 것이며 이와 같은 내용을 만난 것을 다행으로 여겨라.

面部百位圖
면부백위도

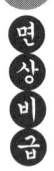

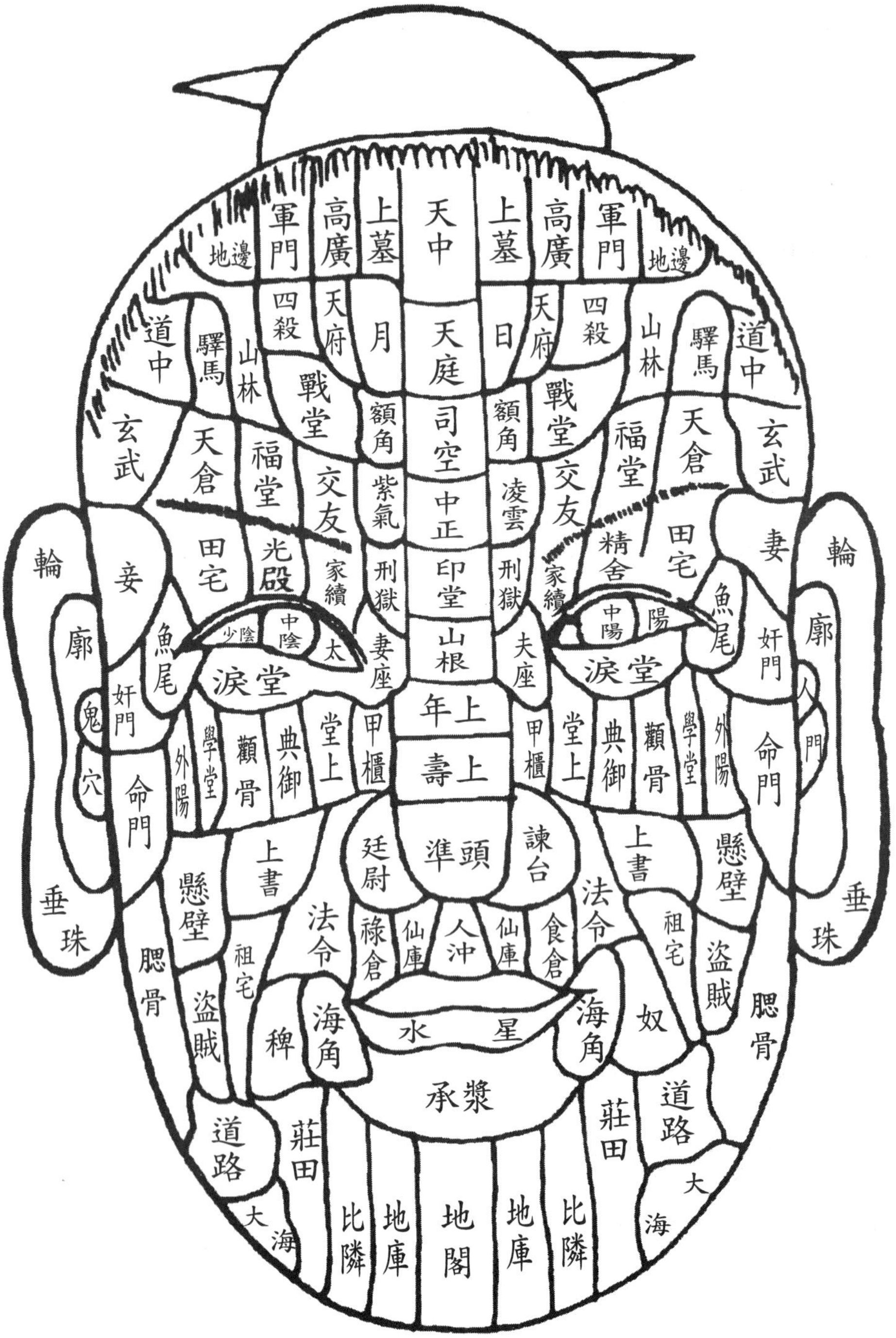
地邊 軍門 高廣 上墓 天中 上墓 高廣 軍門 地邊
道中 驛馬 山林 四殺 天府 月 天庭 日 天府 四殺 山林 驛馬 道中
戰堂 額角 司空 額角 戰堂
玄武 天倉 福堂 交友 紫氣 中正 凌雲 交友 福堂 天倉 玄武
輪 妾 田宅 光殿 家續 刑獄 印堂 刑獄 家續 精舍 田宅 妻 輪
廓 魚尾 少陰 中陰 太 妻座 山根 夫座 中陽 陽 魚尾 奸門 廓
鬼 奸門 淚堂 淚堂 人門
穴 外陽 學堂 顴骨 典御 堂上 甲櫃 年上 壽上 甲櫃 堂上 典御 顴骨 學堂 外陽 命門
命門
垂珠 懸壁 上書 廷尉 準頭 諫台 上書 懸壁 垂珠
腮骨 祖宅 法令 祿倉 仙庫 人沖 仙庫 食倉 法令 祖宅 盜賊 腮骨
盜賊 稗 海角 水星 海角 奴
承漿
道路 莊田 莊田 道路
大海 比隣 地庫 地閣 地庫 比隣 大海

● 五星 額鼻口耳 오성 액비구이 （要明요명）
　다섯 개의 별인 이마와 코 그리고 입 두 개의 귀는 밝아야 한다.

● 五嶽 額鼻頦顴 오악 액비해관 （要朝요조）
　다섯 개의 산악인 이마와 코 그리고 턱과 두 개의 관골은 솟아야 한다.

● 五官 眉眼耳口鼻 오관 미안이구비 요기 （要氣요기）
　다섯 개의 관에 속하는 눈썹과 눈 그리고 귀, 입, 코에는 기운이 있어야 한다.

● 六府 上中下邊獲骨 육부 상중하 변획골 （要滿요만）
　여섯 개의 부서에 속하는
　天倉上部천창상부 – 상부의 가장자리 두 측면의 골격과
　顴骨中部관골중부 – 중부의 가장자리 두 측면의 골격과
　腮骨下部시골하부 – 하부의 가장자리 두 측면의 골격은 꽉 차야 한다.

六曜육요

左眉羅睺星　右眉計都星　左目太陽星　右目太陰星　印左月孛星
좌미라후성　　우미계도성　　좌목태양성　　우목태음성　　인좌월패성

印右紫氣星
인우자기성

다음의 여섯가지는 항상 밝게 빛나야 한다.

왼쪽 눈썹인 라후성과 오른쪽 눈썹인 계도성 그리고

왼쪽 눈을 말하는 태양성과 오른쪽 눈을 말하는 태음성,

인당의 왼쪽을 말하는 월패성, 오른쪽을 말하는 자기성은 항상 빛나야 한다.

四瀆사독

● 耳爲江瀆이위강독 – 귀를 강독이라 이른다.
● 眼爲河瀆안위하독 – 눈을 하독이라 이른다.
● 鼻爲濟瀆비위제독 – 코를 제독이라 이른다.
● 口爲淮瀆구위회독 – 입을 회독이라 이른다.

三停삼정

● **髮際至山根上一停**발제지산근상일정
머리카락이 시작되는 부분에서 산근까지 상정의 부분이 된다.

● **山根至準頭中一停**산근지준두중일정
산근에서 준두(코 끝)까지 중정의 부분이 된다.

● **準頭至地閣下一停**준두지지각하일정
준두에서 지각까지 하정의 부분이 된다.

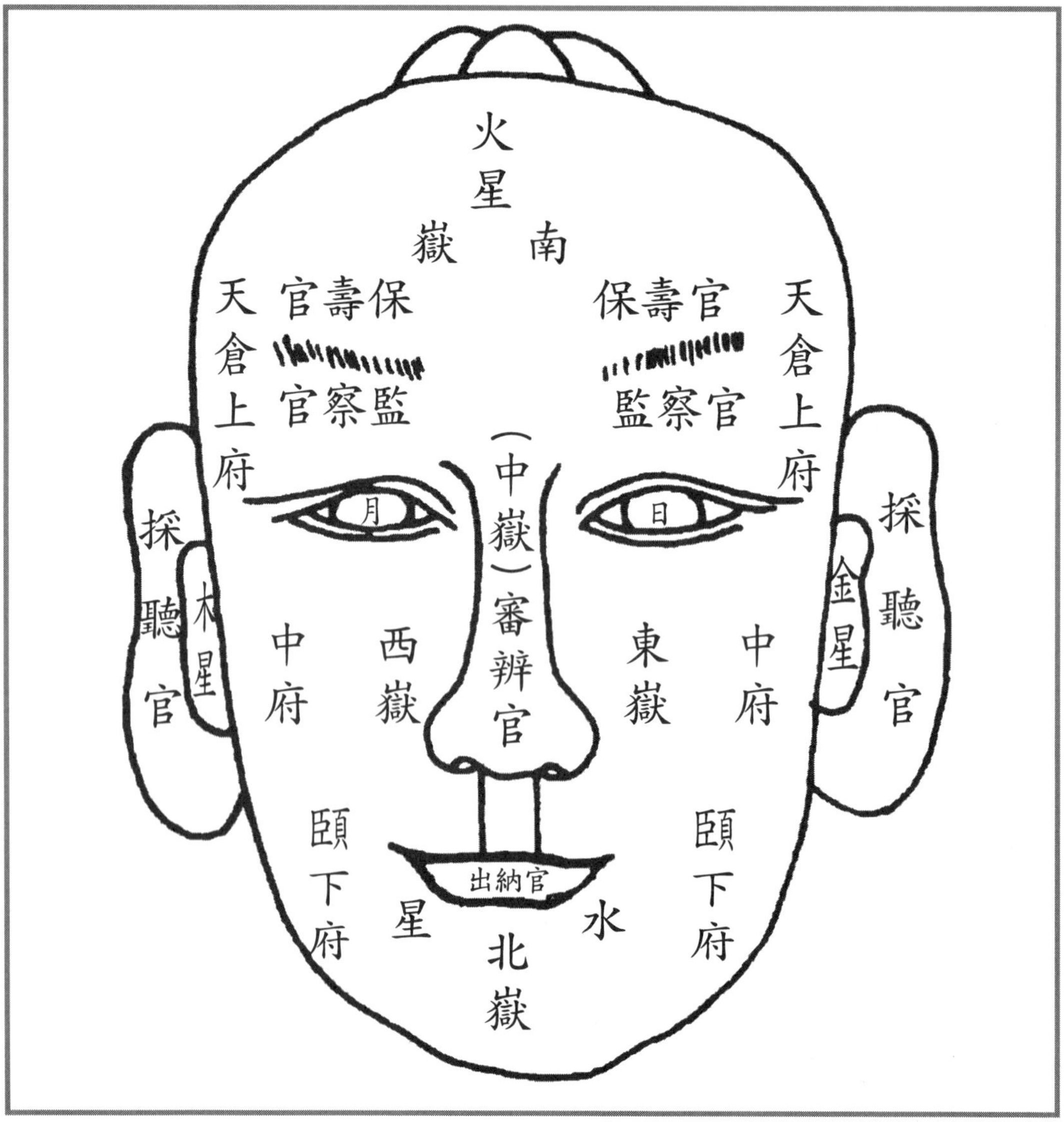

오성
五星

天以五星垂象. 地以五嶽定形. 人以五官論貴. 五星若有一星不明
천이오성수상　지이오악정형　인이오관논귀　오성약유일성불명

者. 亦主二十年滯運.
자　역주이십년체운

尤以火土兩星. 更屬重要. 夫面上五行. 亦有生剋之論. 火能生土.
우이화토양성　경속중요　부면상오행　역유생극지론　화능생토

而萬物俱屬土中所生.
이만물구속토중소생

土能生金. 金能生水. 水能生木. 木能生火. 此乃相生之理也.
토능생금　금능생수　수능생목　목능생화　차내상생지리야

火能剋金. 金能剋木. 木能剋土. 土能剋水. 水能剋火. 此内相剋之
화능극금　금능극목　목능극토　토능극수　수능극화　차내상극지

理也.
리야

하늘에 있는 다섯 개의 별이 드리워진 상이요, 땅에 있는 다섯 개의 산악이 이루어진 모양이라.

사람은 오관으로 귀를 논하고 오성 중에서 만약 한 개라도 밝지 않은 것이 있다면 20년 운이 막히는 것이다.

화와 토 두 가지 별은 더욱 밝아야 하는데 그것은 매우 중요한 내용에 속하는 것이다.

얼굴에는 오행이 있다.

얼굴에도 역시 생극의 논리가 있다.

화는 능히 토를 생한다.

만물은 중앙에 속하는 토를 중심으로 생겨 갖추어지는 바이며

토는 능히 금을 생한다.

금은 능히 수를 생하는 바 수는 능히 목을 생하고 목은 능히 화를 생한다.

이러한 것은 상생의 이치이고

화는 능히 금을 극하고 금은 능히 목을 극하고 목은 능히 토를 극한다. 토는 능히 수를 극하고 수는 능히 화를 극하는데 이러한 것은 상극의 이치 안에 있는 것이다.

火星陷화성함 (額部액부) – 화성에 속하는 이마의 기운이 약할 때

則各星失陷火光不照. 氣色暗殘. 然寒. 無火. 不能生物. 有凍土之憂矣.
즉 각 성 실 함 화 광 부 조　기 색 암 잔　연 한　무 화　불 능 생 물　유 동 토 지 우 의

少年多災沖剋. 中運不發. 終無大用矣. 耳若明厚木生火. 雙目黑白分明.
소 년 다 재 충 극　중 운 불 발　종 무 대 용 의　이 약 명 후 목 생 화　쌍 목 흑 백 분 명

火星陷亦可小發也.
화 성 함 역 가 소 발 야

화성에 결함이 있으면 (이마부)

각 별성은 꺼지지 않은 즉 밝게 빛나야 하는데 결함이 있어 빛이 없으면 기색이 어두워 자신을 해칠 수 있는 작용이 일어날 수도 있다.

자연도 차갑거나 따뜻한 기운이 없으면 만물을 능히 생하지 못하기 마련이다.

얼어 있는 동토에는 근심만이 있어 어려서부터 많은 재난과 심한 충극이 있다.

중운에도 운이 없고 끝내 크게 쓰임이 없는 사람이 된다.

귀가 만약 밝고 두터우면 목생화의 작용이 되고 두 눈의 흑백이 분명하면 화성이 함해도 역시 작게는 발달한다.

土星陷토성함 (鼻部비부) - 토성에 속하는 코의 기운에 결함이 있을 때

財物失去養生之土. 而各星則無中主. 氣接不堅. 此人必五臟多病.
재물실거양생지토 이각성즉무중주 기접불견 차인필오장다병

惑中年因病敗業. (山根不斷·年壽無瘢·可免大半). 鼻樑過高. 口
혹중년인병패업   산근부단 년수무전 가면대반   비량과고 구

小. 地閣不朝.
소 지각부조

爲土剋水. 十三, 十四. 離鄉奔波受苦.
위토극수 십삼 십사   이향분파수고

재물을 잃어버리거나 가고 오고 키워지는 것은 토의 작용이다

코에 결함이 있다는 것은 별 성으로 이루어진 얼굴에 주인이 없는 것과 같아서

기운이 이어져서 단단하게 영글지를 못한다.

이러한 사람은 필히 오장에 병이 많고 혹 중년에 병으로 인하여 가업을 대패하게 된다(산

근은 끊어지지 않고 년상이나 수상에 상처나 흠이 없으면 대운의 반은 얻은 것이다.).

코가 지나치게 크고 높은 반면 입이 작은 가운데 지각이 돕지 않는다면

토가 수를 극하는 현상이므로 13세나 14세가 되면 고향을 떠나 겪는 분파 수고가 이루

말을 할 수가 없다.

金星陷금성함 (左耳좌이) - 금성에 속하는 좌측 귀에 결함이 있을 때

金爲萬物 之寶藏. 如各星失去金流. 萬物舊滯. 此人必無學問而夭
금위만물 지보장   여각성실거금류 만물구체   차인필무학문이요

折也.
절야

目欠神, 再耳反, 額高. 爲火剋金 父母家財皆是空.
목흠신 재이반 액고   위화극금 부모가재개시공

금성은 만물 가운데서 보석이 저장된 곳이다.

위의 각 별들처럼 금성의 기운이 흘러가 잃어버리면 만물이 오랫동안 막혀버려서 이러한 사람은 학문은커녕 일찍 요절할 수도 있다.

이마가 높은 가운데 눈에 신이 부족하거나 귀가 뒤집어지거나 하면 화극금이 되어 부모의 재물을 모두 없애버린다.

水星陷수성함 (口部구부) - 수성에 속하는 입에 결함이 있을 때

則萬物無水滋潤. 而草木不秀. 然群星不明. 此人必福祿不週. 衣食
즉만물무수자윤 이초목불수 연군성불명 차인필복록불주 의식
不足. 口大額尖爲水剋火. 運交十五歲. 身受困苦矣.
부족 구대액첨위수극화 운교십오세 신수곤고의

수가 만물을 윤택하게 적시지 못하면 초목이 잘 자라지 못한다.

그런 연유에서 별들의 무리가 밝지 못한 이러한 사람은 반드시 복록이 조절되지 않아 의식이 부족하다.

입이 크고 이마가 뾰족하면 수극화가 되어 운이 바뀌는 15세에 몸이 곤고하기 짝이 없다.

木星陷목성함 (右耳及毛髮우이급모발) - 목성인 오른쪽 귀와 모발에 결함이 있을 때

則各星無木培秀, 此人必先天養氣不足, 父母欠美而胎受也. 主幼小
즉각성무목부수 차인필선천양기부족 부모흠미이태수야 주유소
辛苦多病, 山根斷, 年壽暗瘢, 終身帶疾.
신고다병 산근단 년수암반 종신대질

목성이 잘생겨서 각 별 성들을 도와주지 못하는 이러한 사람은 선천적으로 양기가 부족하다(부모가 이 사람을 수태하였을 때도 좋지 않았다).

어렸을 때 매운 고생을 하고 병이 많고 산근이 잘라지고 년, 수상이 어둡고 점이나 반점이 있으면 마지막까지 질병이 몸을 떠나지 않는다.

六曜 육요

- ●月孛是山根월패시산근 - 월패는 산근을 이른다.
- ●紫氣是印堂자기시인당 - 자기는 인당을 이른다.
- ●二星位居中央이성위거중앙 - 위의 두 가지 별성은 중앙에 위치하고 있다.
- ●氣聚於中心기취어중심 - 중심에서 기운을 모은다.
- ●得火星及太陽太陰득화성급 태양태음 - 화성은 태양 태음의 기운을 말하며 그 기운을 얻어야 한다(화성은 이마의 기운을 말하며 이마는 눈(태양과 태음)의 기운을 포함한다).

諸星護照, 紫光直射群星, 如羅喉 計都二凶星, 不侵犯本位, 無陷,
제성호조 자광직사군성 여라후 계도이흉성 불침범본위 무함

無殺, 少年中年, 運均主亨也. 此二星有關終身大運, 最爲緊要也.
무살 소년중년 운균주형야 차이성유관종신대운 최위긴요야

羅喉計都二星, 名凶星. 本位不可帶殺, 更不可侵犯他星也.
라후계도이성 명흉성 본위불가대살 경불가침범타성야

太陽太陰本位不可露, 須要含眞, 各星直助而不欺, 凶星不犯, 必主
태양태음본위불가로 수요함진 각성직조이불기 흉성불범 필주

富貴也.
부귀야

육요 모든 별들을 집중적으로 비호하며 윤이 나게 밝게 비추어준다.

모든 별들을 거느리며 빛나는 자기성은 각 별들의 기운을 모아 쏘아주는데

라후(왼쪽 눈썹)와 계도(오른쪽 눈썹)와 같은 두 개의 흉성은 본위(인당과 월패 즉 자기성과

산근)를 침범하지 말아야 하며 꺼지지 말아야 하고 살성도 없어야 된다.

다시 말해서 타성을 침범하면 안 된다는 것이다.

태양 태음(왼쪽 눈, 오른쪽 눈)의 본위는 드러나면 안 된다.

모름지기 그 진기를 함축하고 있어야 한다.

각 별들은 바르게 협조하여야 하고 못생기면 안 된다는 것이다.

흉성이 침범하지 않는다면 필히 부귀를 누릴 수 있다.

五嶽
오악

夫, 五嶽者, 如地理, 以東南西北中, 五嶽之論也.
부 오악자 여지리 이동남서북중 오악지논야

東岳泰山, 西岳華山, 南岳衡山, 北岳恒山, 中岳嵩山
동악태산 서악화산 남악형산 북악항산 중악숭산

五嶽最要相朝拱. 朝者來龍脉有勢, 氣脈相接, 五岳之中, 以中岳居
오악최요상조공 조자래용맥유세 기맥상접 오악지중 이중악거

正位, 爲主岳, 氣統四岳, 發脉於中心也. 五岳最怕無主, 惑孤峯無
정위 위주악 기통사악 발맥어중심야 오악최파무주 흑고봉무

援, 惑有援而不接
원 흑유원이불접

(卽某岳陷是也) 此爲龍脉無力, 奇脈不接. 夫相分南北而論, 各有本
즉모악함시야 차위용맥무력 기맥부접 부상분남북이론 각유본

位, 南乃火旺之地此本位不陷者, 他岳較弱, 亦爲得本位旺勢資助.
위 남내화왕지지차본위불함자 타악교약 역위득본위왕세자조

本位氣脉不傷, 精神必旺也.
본위기맥불상 정신필왕야

父母必是富貴, 自身事業亦能早發也.
부모필시부귀 자신사업역능조발야

무릇 오악이라는 것은 지리와 같은 이치로서 동·서·남·북·중을 말함이다.

그 오악이라는 것을 말해 보면 동쪽의 산(좌측 관골)을 태산이라하고 서쪽의 산(우측 관골)을 화산이라 하고 남쪽의 산(이마)을 형산이라 하고 북쪽의 산(턱)을 항산이라 하고 가운데의 산(코)을 숭산이라 한다.

오악에 있어서 제일 중요한 것은 제후들이 임금을 보필하여 받들 듯이 서로 서로 돕는 것이다. 제후들이 임금을 받들 듯이 서로 서로 돕는 것처럼 생긴 모양은 내룡이 힘 있게 뻗어 내려오는 것으로서 그 기맥이 서로 서로 이어진 모양이라는 것이다.

그러한 모양은 오악의 중심인 중악(코)이 주인으로 주장하여 네 개의 산악이 서로 기운이 통하는 것을 말하며 가운데 산악(코)인 주인을 중심으로 맥이 일어나는 이치와 같은 것이다.

오악이 제일 두려워하는 것은 주인이 없는 것이다.

혹 외로운 봉우리에 도움이 없거나 혹 도움은 있어도 서로 이어지지 않는다면 힘이 없는 용맥이 된다는 것이다(즉, 모든 산악이 꺼져 있음을 말한다).

이렇게 용맥이 힘이 없다는 것은 기이하게도 맥이 서로 이어지지 못하는 것으로 남북이 나누어져 있다는 말이며 각자 자기 자리에만 있다는 것이다.

남쪽은 화가 왕한 곳으로 그 위치에 결함이 없는데 다른 산악과 비교했을 때 약하다면 역시 왕한 세력으로부터 도움을 받아야 한다.

본위가 상함이 없는 기맥은 정신이 반듯이 왕성하고 부모가 필히 부귀하고 자신이 능력 있어 사업 또한 왕성하고 일찍 발달할 것이다.

南方無正土, 若得火旺者, (鼻偏不大忌) 火能生土, 除南岳之外, 他岳不大忌偏也.
남방무정토 약득화왕자 비편불대기 화능생토 제남악지외 타악부대기편야

반듯한 토(코)가 없는 남방(이마)이 만약 왕한 화의 기운을 얻었다면 매우 싫어하므로 코가 기울면 안 된다. 화는 능히 토를 생한다. 남악을 제외한 다른 산악들도 한쪽으로 치우치면 매우 나쁘므로 안 된다.

(指南方言)『雖不大忌, 此人心田則不正也』.
 지남방언   수불대기   차인심전즉부정야

(남쪽지방(이마)을 가리켜 하는 말이다.)『매우 싫어하여 안 된다는 것은 이러한 사람은 마음의 밭이 반듯하지 못하다는 말과 같기 때문이다』.

忌曲, 曲則氣弱, 少運不發, 大敗中年. 又生無子.
기곡 곡즉기약   소운불발   대패중년   우생무자

굽은 것이 나쁘다는 것은 즉 기운이 약하다는 것과 같은 것으로서 젊었을 때의 운도 발달되지 않고 중년에는 대패하고 또 자식도 없다.

北方居正土, 本位旺於水, 水能生木, 最要淸秀, 本位不失,
북방거정토   본위왕어수   수능생목   최요청수   본위부실

북방(턱)에 위치한 살비듬이 반듯하여야 본위인 水의 기운이 왕성하여져 능히 목을 생할 수 있기 때문이다. 최고로 중요한 것은 깨끗하게 빼어남으로써 본래의 역할을 잃어 버리지 않는 것이다.

『卽地閣厚而脣齒濟』, 最忌土星偏斜.
 즉지각후이순치제   최기토성편사

제일 나쁜 것은 토성이 한쪽으로 기울어진 것이다.

『즉 지각이 두텁고 입술과 치아가 가지런하여야 된다는 것이다』.」

若北人得水火通明者, 大富大貴之相也.
약북인득수화통명자   대부대귀지상야

만약 북쪽의 사람이 수의 힘을 얻고 화의 기운이 통한다면 수화통명자로서 대부 대귀한 상이다.

(水火通明者, 乃北人, 地閣厚, 額廣, 五官正, 南人額高, 地朝, 五官
 수화통명자 내북인 지각후 액광 오관정   남인액고   지조 오관

不陷, 日月光彩射人是也).
불함   일월광채사인시야

(수화통명자를 말하면 북쪽 사람이 지각이 두텁고 이마가 넓으면서 오관이 반듯하고 남쪽 사람이 이마가 높고 지각이 도와주며 오관에 결함이 없이 눈이 빛나는 사람을 말한다.)

東西二岳爲主岳之顴岳, 要與中岳相配, 忌腫, 忌露, 忌尖, 忌破, 忌
동서이악위주악지관악 요여중악상배   기종 기로 기첨 기파 기

紋, 忌獨, 『獨內不運, 或孤顴是也』. 五嶽最要氣脈有勢, 而各岳相關,
문 기독   독내불운 혹고관시야   오악최요기맥유세 이각악상관

四水明流, 方爲大用之相.
사수명류 방위대용지상

河不得高山而水不能暢流, 山無明水之聲而山不秀, 故觀五岳須配
하불득고산이수불능창류 산무명수지성이산불수   고관오악수배

察四水之流與不流, 通與不通, 明潔不明潔, 草木秀與不秀, 此乃至
찰사수지류여불류 통여불통 명결불명결 초목수여불수 차내지

理也. 五岳之中, 若有一岳不成者, 亦主二十年困乏. 雖五官好, 亦
리야 오악지중 약유일악불성자   역주이십년곤핍   수오관호 역

不發大運, 縱發達, 亦減半. 故五岳不可有一陷也.
불발대운 종발달 역감반 고오악불가유일함야

동서 두 개의 산악은 관골 양면을 말한다. 중요한 것은 중악(코)과 어울리는 상이어야 한다는 것이다.

종기나 부스럼이 없어야 하고 관골은 살비듬이 두툼하게 싸고 있어야 한다.

관골은 뾰족하게 드러나면 안 되고 깨어져도 안 되고 주름이 패어도 안 되고 관골만이 홀로 우뚝 서 있어도 안 된다.

『얼굴에 관골만이 홀로 외롭게 서 있다면 운이 없을 것이다』. 다섯 개의 산악에 최고로 중요한 것은 기맥에 힘이 있어야 한다는 것이다. 그리고 각 산악이 서로 서로 연결되어 있어 사수가 맑음을 유지하며 흐를 수 있어야 어느 곳에서나 바야흐로 크게 쓰이는 상이 되는 것이다.

산이 너무 높으면 물이 능히 흐르지 못하여 강을 이루지 못한다.

물소리가 나지 않는 산은 빼어난 산이 아니다. 그런고로 오악이 모름지기 잘 어울려 사수가 흐르는지 못 흐르는지 제대로 살펴봐야 한다는 것은 통하는지 안 통하는지의 내용과 같다는 말이다.

맑고 깨끗한지 않은지, 초목(털)이 잘 자라는지 잘못 자라는지, 이러한 이치에 적합한지의 내용을 말하는 것이다.

오악 가운데 만약 한 개의 산악이라도 이루어지지 않았다면 이십 년은 곤란하고 궁핍하게 되는 것이다. 비록 오관이 잘생겼다고 하더라도 역시 큰 운이 발하지 않고 계속 발달한다 하더라도 역시 반으로 감해서 운이 오게 된다. 그런고로 오악 가운데 한 개라도 함한 것은 좋지 못하다.

南岳陷, 髮尖沖印, 髮脚不齊, 髮低壓而閉日月角
남악함 발첨충인 발각부제 발저압이폐일월각

『**髮際過高, 主剋父母, 心多殺, 不爲陷也.**』
　발제과고　주극부모　심다살　불위함야

若紋多而亂, 天倉骨陷, 額骨成坑, 額骨不起, 額骨凸露, 額左右傾
약문다이란 천창골함 액골성갱 액골불기 액골철로 액좌우경

偏, 額多靑筋, 額上凶痣, 印堂帶殺, 以上均主剋父母, 破祖離家, 幼
편 액다청근 액상흉지 인당대살 이상균주극부모 파조이가 유

小多災, 不貴之相也.
소다재 불귀지상야

이마가 꺼지거나 머리가 난 부분이 뽀족하게 인당을 향하거나 머리가 난 부분이 가지런하지 못하거나 모발이 낮게 나서 내려 누르면 일 월각이 닫혀버리거나

『발제 부분이 너무 높거나 하면 주로 부모를 극하고 마음이 매우 조급하여 자신을 해치게 된다. 함해도 안 된다.』

만약에 주름살이 산란하게 많이 있거나 천창의 골이 함하거나 이마의 골격이 구덩이가 패인 것처럼 이루어지거나 이마의 골격이 일어나지 않았거나 튀어 나와 불룩 드러났거

나 이마의 좌우가 한쪽으로 기울어졌거나 이마에 푸른 힘줄이 많이 있거나 이마에 흉한 사마귀가 있거나 인당에 살을 띠었거나 하여 이상과 같으면 주로 부모를 극하는 작용이 따르게 되어 조상의 가업을 깨뜨리고 어려서 집을 이별하게 되어 어릴 때부터 재앙이 많아 바라는 대로 되지 못하는 상이 된다.

中岳陷, 山根斷, 弱, 紋, 痣, 破, 傷, 偏, 曲, 孔露, 年壽凸凹, 形小,
중악함 산근단 약 문 지 파 상 편 곡 공로 년수철요 형소
短弱, 蘭廷不起, 孤峰無援主貧破敗, 終身帶疾, 少年破祖, 中年大
단약 난정불기 고봉무원주빈파패 종신대질 소년파조 중년대
敗, 少成之相也.
패 소성지상야

코가 꺼지거나 산근이 끊어졌거나 약하거나 주름이 있거나 사마귀나 점이 있거나 깨어졌거나 흉터가 있거나 한쪽으로 기울어졌거나 굽었거나 콧구멍이 노출되었거나 년상이나 수상이 나오고 들어가고 기복이 있거나 모양이 아주 작거나 약하고 짧거나 난대정위가 없으면 외로운 봉우리로서 도움이 없어 주로 빈하고 깨어지고 패하여 종신토록 질병이 따라다니며 일찍 조업을 파하고 중년에 크게 패하여 이루어지는 것이 없는 상이 된다.

東岳陷, 若破, 若尖, 若無, 若腫, 若紋, 若露, 若陷, 無串橫骨(耳門
동악함 약파 약첨 약무 약종 약문 약로 약함 무관횡골 이문
骨是也)
골시야
若紋痣點破, 若鬢閉命門等缺陷者, 均主家運不佳, 亦主剋父母.
약문지점파 약빈폐명문등결함자 균주가운불가 역주극부모
書云, 左顴突出, 父先死, 不死不刑, 便自傷.
서운 좌관돌출 부선사 불사불형 편자상

동악이 꺼지거나 만약에 깨어졌거나 뽀족하거나 관골이 없거나 부스럼이 있거나 주름이 있거나 드러나거나 푹 꺼졌거나 횡골과 연결되지 않거나 (귀의 명문과 연결되는 뼈) 주름이나 사마귀 점 그리고 흉터가 있거나 만약 빈발이 명문을 덮어버리는 등 결함이

있는 사람은 한결같이 주로 가운이 아름답지 못하여 역시 부모를 극하게 된다.

서에 말하되, 좌측 관골이 돌출되면 아버지가 먼저 돌아가시거나 죽지 않고 형액도 당하지 않으면 자신이 상하게 된다고 하였다.

西岳陷, 與東岳同論, 東西二岳, 最要與中岳相配, 否則運至中年,
서악함　여동악동론　동서이악　최요여중악상배　비즉운지중년

或少年, 大敗也.
혹소년　대패야

서악이 꺼졌다는 것은 더불어 동악의 내용과 같으며 동서 두 개의 산악이 제일 중요한 것은 중악과 서로 조화를 이루어야 한다는 것이다.

이러하지 않으면 중년에 이르거나 그렇지 않으면 일찍 크게 패한다.

北岳陷, 若頦尖, 若斜, 若無, 若側, 若薄, 若蹻, (蹻者長過上停, 反
북악함　약해첨　약사　약무　약측　약박　약교　교자장과상정　반

過鼻準是也). —아래에 설명
과비준시야

或口尖, 脣不齊, 無鬚, 缺髭, 凶痣, 紋, 傷破, 鬚黃, 濃, 困, 枯, 人沖
혹구첨　순부제　무수　결자　흉지　문　상파　수황　농　곤　고　인충

斜, 曲, 短, 淺, 主老無運, 五十一後大破敗.
사　곡　단　천　주노무운　오십일후대파패

북악이 함했다 – 지각 즉, 턱이 꺼졌다.

만약에 턱이 뾰족하거나 한쪽으로 기울었거나 쏠렸거나 얇아서 박하게 생겼거나 교만하게 턱이 덜렸거나 혹 입이 뾰족하거나 입술이 가지런하지 못하거나 수염이 나지 않았거나 코 밑 수염에 결함이 있거나 나쁜 사마귀가 있거나 주름이 있거나 상처나 흉터가 있거나 수염이 누렇거나 우거져 통하지 않거나 마르거나 인충이 삐뚤어지거나 굽거나 짧거나 얕으면 주로 노년에 운이 없어 51세 이후에는 크게 깨어지고 패하게 된다.

【(蹻교 = 蹻교)라는 것은 교만하여 턱을 들고 다니는 상태를 말함】
(즉, 교라는 것은 상정이 지나치게 길던지 아니면 콧마루가 지나치면 안 된다는 말이다.)

四瀆
사독

四瀆者, 乃耳目口鼻是也. 耳爲江瀆, 目爲河瀆, 口爲淮瀆, 鼻爲濟
사독자 내이목구비시야 이위강독 목위하독 구위회독 비위제

瀆, 四瀆名四水, 四水最要暢流, 流則通, 通則明, 明則鮮.
독 사독명사수 사수최요창류 류즉통 통즉명 명즉선

書云…人中是溝洫, 爲四水之總脈, 四水之善惡, 須察溝洫.
서운 인중시구혁 위사수지총맥 사수지선오 수찰구혁

若溝洫明顯而正, 上細下寬, 且長者, 謂之四水通流, 自然舒暢也.
약구혁명현이정 상세하관 차장자 위지사수통류 자연서창야

人沖深長, 子孫滿堂, 少病, 守財之相也, 四水不流, 或不秀者, 主多
인충심장 자손만당 소병 수재지상야 사수불류 흑불수자 주다

疾, 少財, 短壽, 少子. 非美相也.
질 소재 단수 소자 비미상야

사독이라는 것은 이·목·구·비를 말한다.

이(귀)란 강독을 말함이요, 목(눈)이란 하독을 말함이요, 구(입)란 회독을 말함이요, 비(코)란 제독을 말함이다. 이 네 가지 물길을 사독이라 이름한다.

네 개의 물길이 제일 중요한 것은 흘러야 한다는 것으로 흐른다는 것은 통한다는 것이다. 통한다는 것은, 즉 밝은 것이고 밝은 것은 즉 깨끗한 것이다.

서에 말하되, 인중은 붓도 랑이라 하였다.

네 개의 물길을 모아서 이어주는 맥이 된다. 네 개의 물길이 잘생겼는지 못생겼는지는 모름지기 구혁(붓도랑)을 잘 살펴봐야 한다.

만약에 구혁이 밝게 나타난 것은 반듯하다는 것인데, 위가 가늘고 아래가 넓어야 하고 또 길어야 하는 것으로, 네 개의 물길이 흘러서 통한다는 것은 마음이 화창하게 즐거워짐을 이르는 것이다.

인충이 깊고 길면 자손이 번창하고 병이 없고 재물을 지키는 상으로, 네 개의 물길이 흐르지 못하면 혹 잘 생기지 못하면 주로 질병이 많고 재물이 없고 수명이 짧고 자손이 없으니 아름답지 못한 상이다.

三停
삼정

三才, 三停, 三才者, 額爲天, 欲濶而圓, 名曰, 有天, 貴.
삼재 삼정 삼재자 액위천 욕활이원 명왈 유천 귀

鼻爲人, 欲旺而齊直, 名曰, 有人, 壽, 頦爲地, 欲方而濶, 名曰 有
비위인 욕왕이제직 명왈 유인 수 해위지 욕방이활 명왈 유

地, 富.
지 부

三停者, 髮際至印堂爲上停. 山根至準頭爲中停. 人沖至地閣爲下停.
삼정자 발제지인당위상정 산근지준두위중정 인충지지각위하정

老年自髮際至眉爲上停. 眉至準頭爲中停. 準頭至地閣爲下停.
노년자발제지미위상정 미지준두위중정 준두지지각위하정

訣云…上停長老吉昌. 中停長近君王. 下停長壯吉祥. 三停平等富貴
결운 상정장노길창 중정장근군왕 하정장장길상 삼정평등부귀

榮顯. 三停不均孤貧夭賤.
영현 삼정불균고빈요천

詩云…面上三停仔細看. 額高須得耳門寬. 學堂三部奚堪足. 空有文
시운 면상삼정자세간 액고수득이문관 학당삼부해감족 공유문

章恐不官.
장공불관

鼻樑隆起如懸胆. 促者中年壽難言. 地閣滿來田地盛. 天庭平濶子孫
비량융기여현담 촉자중년수난언 지각만래전지성 천정평활자손

昌.
창

삼재, 삼정, 삼재라는 것은 이마는 하늘처럼 넓고 둥글어야 하여 하늘이라 하고 귀를 주관한다. 코의 부위를 인재라 하는데 가지런하고 곧게 왕해야 한다(그렇다고 주먹코를

말하는 것은 아님). 이름하여 자신(본인)이라 하고 스스로 어떻게 사느냐를 주관한다. 턱의 부위는 땅처럼 넓고 보기 좋게 모가 나야 한다. 이름하여 땅이라 하고 부를 주관한다.

삼정이라는 것은, 발제(이마 위 머리털이 나기 시작하는 부분) 부분에서 인당까지 상정이라 하고 산근에서 준두(콧망울)까지 중정이라 하고 인충에서 지각(턱의 부위)의 끝까지 부위를 하정이라 한다. 노년에 이르러서는 발제 부분에서 눈썹까지를 상정이라 하고 눈썹에서 준두까지를 중정이라 하고 준두에서 지각까지를 하정이라 이른다.

결론적으로 말하면, 상정이 잘생기면 늙어서도 번창하여 길하고 중정은 자기 자신을 주관하는 군왕의 위치로서 현재 일을 잘 되게 주관하고 하정은 언제까지나 씩씩하고 힘찬 인생을 살 수 있게 하는 상서로운 에너지의 원천이 되는 길상이 되는 것이다. 그래서 삼정이 평등하여야 부귀영화를 누릴 수 있는 것이다.

삼정이 고르지 못하면 고독하고 빈한하며 요절하고 천하게 된다.

시에 가로대(시를 한 수 읊어보면), 면상 삼정을 자세히 살펴봐야 한다.

이마가 높으면 모름지기 귀의 명문도 넓어야 한다.

명문이 넓지 않다면 학당 삼부를 어찌 충분히 감당할 수 있겠는가?

공허하게 문장은 있는데 벼슬을 못할까 두려울 뿐이다.

코는 힘 있게 쭉 뻗어서(대들보가 쭉 뻗은 모양) 쓸개를 메달은 모양처럼 나타나야 하며 재촉하듯 급하게 생긴 사람은 중년의 수명을 말하기 어렵다.

지각(턱)이 꽉 차야 전답의 곡식이 가득하며, 천정이 고르고 넓어야 자손이 번창할 것이다.

六府 육부

六府者, 兩輔骨, 兩顴骨, 兩頤骨, 欲其充實, 相輔, 不欲支離, 孤露,
육부자 양보골 양관골 양이골 욕기충실 상보 불욕지리 고로

靈臺秘訣云, 上二府, 自輔角, 至天倉. 中二府, 自命門, 至虎耳. 下
영대비결운 상이부 자보각 지천창 중이부 자명문 지호이 하

二府, 自肩骨, 至地閣, 六府充直, 無缺陷, (無)瘢痕者, 主財旺. 天
이부 자견골 지지각 육부충직 무결함 무반흔자 주재왕 천

倉起多財祿, 地閣濶方, 萬頃田, 缺陷者, 不合格.
창기다재록 지각활방 만경전 결함자 불합격

육부란 양쪽 보골과 양관골 양턱골을 말한다. 그 부위는 충실해야 한다. 서로 서로 도와주는 작용이 되어야 한다. 각각 따로 하거나 외롭게 드러나면 안 된다. 정신과 육체의 비밀을 결단하여 이르면,

위 두 개의 부위는 보각에서 비롯하여 천창까지 이르러야 한다.

중 두 개의 부위는 명문에서 비롯하여 귀의 호이 부위까지 이르러야 한다.

하 두 개의 부위는 自肩骨을 비롯하여 지각까지 이르러야 한다.

육부의 부위가 충실하고 반듯하여야 한다.

육부의 부위에 결함이 없고 흉터가 없다는 것은 왕한 재물을 주관하는 것이다.

천창의 부위는 많은 재물과 복록을 일으키고 지각이 넓고 방하게 잘생겼다는 것은 만 이랑의 전답을 말하고 있는 것이다. 결함이 있는 사람은 불합격이다.

四學堂
사학당

眼爲官學堂… 又爲官星, 眼爲明秀學堂, 須黑白分明, 秀長有神, 主
안위관학당　　우위관성　안위명수학당　수흑백분명　수장유신　주

文章, 聲譽, 而淸貴也.
문장　성예　이청귀야

印上祿學堂… 又爲天爵之位, 額爲祿學堂, 額濶頂平, 中正滿, 有官,
인상녹학당　　우위천작지위　액위녹학당　액활정평　중정만　유관

有祿, 少年成功.
유록　소년성공

耳爲外學堂… 又爲金馬玉堂之位, 耳爲聰明學堂, 又爲聞名學堂, 須
이위외학당　　우위금마옥당지위　이위총명학당　우위문명학당　수

得紅潤, 色白過面厚圓, 如櫻桃, 主爵祿, 豊厚富貴非
득홍윤　색백과면후원　여앵두　주작록　풍후부귀비

常.
상

門牙內學堂… 又爲口德學堂, 當門齒, 爲內學堂, 又爲祿食學堂, 要
문아내학당　　우위구덕학당　당문치　위내학당　우위록식학당　요

周正而密瑩淨, 如銀, 主忠信, 孝敬, 多食祿.
주정이밀영정　여은　주충신　효경　다식록

학당 부위를 네 개로 나누었다.

눈은 관학당을 말한다.

바로 관직의 별이 되고 명수학당이라고도 이른다. 모름지기 흑백이 분명하여야 하고 길고 빼어나야 하며 빛나야 한다.

관학당이 이러하면 문장이 빼어나 높은 명예로 불리어지는 맑고 귀한 사람이다.

인당 위는 녹학당이다.

바로 하늘에서 내려주는 벼슬의 신분을 누릴 수 있다.

녹학당은 이마를 이르는 것이다. 이마는 넓고 정수리가 있고 평평하여야 한다.

중정이 꽉 차야 벼슬을 할 수 있고 복록을 누릴 수 있고 젊어서 성공을 이룰 수 있다.

귀는 외학당이다. 바로 금마옥당의 자리가 된다. 귀를 총명학당이라 이르고 또 문(들을 문)명학당이라 이른다.

모름지기 붉고 윤택하고 또는 얼굴에 비해서 희고 깨끗해야 하며 두텁고 둥글어야 한다. 櫻(앵도나무 앵) 桃(복숭아 도)의 빛깔과 같다면 벼슬과 복록이 있고 풍요로운 부귀가 항상 떠나지 않는다.

문아는 내학당이다. 또 입은 덕학당이 된다.

앞니를 내학당이라 이르고 또 봉록으로 음식을 먹으며 학문을 이루어내는 곳이기도 하다. 치아에 중요한 것은 두루 반듯하고 꽉 쬐여져 있어야 하고 깨끗하고 맑고 밝아야 하는 것이 은빛과 같아야 하며 주로 충과 신을 주관하고 어버이에 효도하고 존경하며 많은 식록을 거두어들일 수 있다.

八學堂
팔학당

학당 부위를 여덟 개로 나눈다.

眉爲班笋. 問壽在眉.
미 위 반 순   문 수 재 미

눈썹을 반순학당이라 이른다. 수명을 묻는다면 눈썹에 있다.

耳爲聰明. 問名在耳.
이 위 총 명   문 명 재 이

귀는 총명학당이라 이른다. 가문을 묻는다면 귀에 있다.

眼光明秀. 問貴在目.
안 광 명 수   문 귀 재 목

눈을 명수학당이라 이른다. 귀를 묻는다면 눈에 있다.

額上高明. 問富在額.
액 상 고 명   문 부 재 액

이마의 윗부분을 고명학당이라 이른다. 부를 묻는다면 이마에 있다.

額爲高廣. 問福二角.
액 위 고 광   문 복 이 각

이마를 고광학당이라 이른다. 복록을 묻는다면 일각, 월각에 있다.

印堂光大. 問官在印.
인 당 광 대   문 관 재 인

인당을 光(광)대학당이라 이른다. 관록을 묻는다면 인당에 있다.

口脣忠信. 問祿在口.
구 순 충 신   문 록 재 구

입과 입술을 충신학당이라 이른다. 녹(복록)을 묻는다면 입에 있다.

舌相廣大. 問德在舌.
설상광대 문덕재설

혀를 廣(광)대 학당이라 이른다. 덕을 묻는다면 혀에 있다.

一 高明部學堂, 圓頭或有異骨昂.
고명부학당 원두혹유이골앙

❶ 고명부학당은 머리가 둥글고 특별하게 골이 솟아야 한다.

二 高廣部學堂, 額湧明潤骨起而方.
고광부학당 액용명윤골기이방

❷ 고광부학당은 이마가 밝고 윤택하고 방하게 일어나 솟아야 한다.

三 廣大部學堂, 印堂平明無傷痕.
광대부학당 인당평명무상흔

❸ 광대부학당은 인당이 깨끗하고 흠이 없이 밝아야 한다.

四 明秀部學堂, 眼光黑多神隱藏.
명수부학당 안광흑다신은장

❹ 명수부학당은 흰자위보다 흑정이 많아야 하고 감추어져 은은하게 빛나야 한다.

五 聰明部學堂, 耳有輪廓紅而白.
총명부학당 이유윤곽홍이백

❺ 총명부학당은 귀의 윤곽이 붉고 깨끗해야 한다.

六 忠信部學堂, 牙齊周密白如霜.
충신부학당 아제주밀백여상

❻ 충신부학당은 치아가 가지런하고 주밀하고 서리처럼 희어야 한다.

七 光德部學堂, 舌長至準紅紋長.
광덕부학당 설장지준홍문장

❼ 광덕부학당은 혀가 붉고 길게 주름이 있고 길이가 준두까지 이르러야 한다.

八 班笋部學堂. 橫起天中細秀長.
반순부학당 횡기천중세수장

❽ 반순부학당은 천중에서 일어나 길게 빼어나야 한다.

玉管訣, 上輔學堂左右分. 平如鏡子亦無紋. 更兼中正, 無傾陷, 定
옥관결 상보학당좌우분 평여경자역무문 경겸중정 무경함 정

作公侯位高人.
작공후위고인

中輔學堂七十分, 平光潤澤是賢臣, 更兼下部有成就, 六部大臣近至
중보학당칠십분 평광윤택시현신 경겸하부유성취 육부대신근지

人. 下輔學堂地閣朝.
인   하보학당지각조

承奬俱滿是官僚. 如若中輔來相應. 必坐朝堂佐舜堯.
승장구만시관료   여약중보래상응   필좌조당좌순요

귀중하고 중요한 내용을 간추려 말해 보면,

상보학당을 좌우로 나누면,

- 주름이 없고 역시 깨끗한 거울처럼 고르고 평평하여야 한다.
- 중정을 겸해서 다시 보아 기울거나 함하지 않으면 높은 신분으로
- 공후작의 벼슬까지 하는 것이다.
- 중보학당은 70%까지 차지하는데 평평하고 빛이 윤택하면 현신이 될 수 있고 성취는 하부에 있으므로 겸해서 다시 보아야 한다. 이러한 사람은 육부대신까지 이른다. 하보학당은 지각의 도움으로 이루어지는 것이다.
- 승장의 꽉 찬 기운의 조건이 갖추어지면 관료에 이른다.
- 만약 중보에서부터 도와주는 서로 맞는 기운이 있다면
- 반드시 관청에 앉아 요순과 같은 인군을 도울 것이다.

諸陽氣勢訣
제양기세결

『天絪縕, 萬物化醇』, 大氣之妙用也.
천인온 만물화순 대기지묘용야

人爲萬物之靈, 萬物爲人之用, 相人之道, 焉能無憑, 富貴貧賤, 善
인위만물지영 만물위인지용 상인지도 언능무빙 부귀빈천 선

惡壽夭, 不離於型也, 型之本有於行, 行之本在於神, 神之本歸之於
악수요 불리어형야 형지본유어행 행지본재어신 신지본귀지어

氣也, 氣者謂自然之大氣, 先天之氣, 後天之氣, 養成之氣, 有正氣
기야 기자위자연지대기 선천지기 후천지기 양성지기 유정기

邪氣之分也. 正氣生人, 神爽形秀, 端正威嚴, 爲富爲貴爲壽爲慈,
사기지분야 정기생인 신상형수 단정위엄 위부위귀위수위자

性必正直好善.
성필정직호선

邪氣生人, 神滯形濁虛浮輕薄, 爲賤爲惡爲夭爲貧, 稍有富貴不能長
사기생인 신체형탁허부경박 위천위악위요위빈 초유부귀불능장

久, 性必淫而兼暴, 夫容稟於神, 是故神淸氣爽者, 其骨必圓必秀,
구 성필음이겸폭 부용품어신 시고신청기상자 기골필원필수

肉自勻稱, 色亦明潤, 內富貴之格也.
육자균칭 색역명윤 내부귀지격야

夫氣者, 稟於陰陽而成者也, 故審其面骨之氣勢, 能知某一代風水及
부기자 품어음양이성자야 고심기면골지기세 능지모일대풍수급

住宅之善惡, 均以諸陽而斷之也. 夫頭爲六陽魁首, 九陽氣勢,
주택지선악 균이제양이단지야 부두위육양괴수 구양기세

注射於百部靈臺, 透運於周神, 而內固於體也. 故諸陽氣足, 而骨豊
주사어백부영대 투운어주신 이내고어체야 고제양기족 이골풍

隆者, 自然神淸氣爽, 則體健身安, 爲壽爲福也.
륭자 자연신청기상 즉체건신안 위수위복야

六陽者 … 景陽, 兩太陽, 兩華陽, 後陽, 是也.
육양자   경양 양태양 양화양 후양 시야

九陽者 … 天陽, 景陽, 太陽, 華陽, 九陽, 龍陽, 後陽, 靈陽, 柱陽,
구양자   천양 경양 태양 화양 구양 용양 후양 영양 주양

是也.
시야

기세에 대한 모든 것을 말한다.

『왕성한 천지의 기운이 서로 합하여, 만물이 변화하여 숙성 되는데』

대기의 작용이 오묘하기 이를 대가 없는 것이다.

- 사람은 만물의 영장으로서
- 만물을 움직이고 활용하는 것이 사람이므로 사람이 道(도)의 상이라 하나
- 어찌 의지하지 않고 능하다 할 수 있으리요?

부자이거나 귀인이거나 가난하거나 천하거나 지혜롭거나 우둔하거나 오래 살거나 일찍 죽음이 분리되어 있지 않고 함께 있는 것이다.

행동은 본래의 모습에서 말미암으니 타고난 모습을 떠날 수 없으며 행의 근본은 신에 의해 이루어지며 신은 근본이 되는 기로 돌아가게 되는 것이다.

기라는 것은 자연의 대기를 이르며 선천지기가 있고 (본래 태어날 때부터 있는 기운) 후천지기가 있고 (태어난 후에 생겨난 기운) 양성지기가 있으니 (길러져 이루어진 기운) 이러한 기운은 정기와 사기로 나누어진다.

정기로 생성된 사람은 형상이 빼어나고 정신이 맑고 밝으며 단정하고 위엄이 있으며 자비롭고 건강하고 귀하고 부하며 오래 살며 성품이 반드시 정직하고 지혜롭다.

사기로 생성된 사람은 신이 막혀서 형상이 탁하고 허하여 정서가 떠 있고 경박하고 천하고 미웁고 건강하지 못하고 가난하며 오래 살지 못한다.

처음에 부귀하다고 하나 장구하게 이어 나갈 능력이 없는 것이며 성품이 반드시 음란하

면서 포악하다. 무릇 신에서 단정한 용모가 갖추어지는 것이므로 기운이 신선하여 정신이 맑은 사람은 그 골격이 반드시 원만하고 반드시 빼어나며 몸이 저절로 고르게 나누어져 대칭을 이루고 있을 것이며 색깔 역시 밝고 윤택하니 이러한 형상은 부귀의 격이다. 무릇 기라는 것은 타고난 성품에서 음양으로 이루어진 것이며 그런고로 얼굴과 골격에 나타난 기세를 잘 살펴보면 누구든 한 대로 내려오는 음택과 주택의 좋고 나쁨을 능히 알 수 있으므로 따라서 모든 기운을 결단해 본다.

무릇 머리라는 것은 사람들에게 있어서 으뜸가는 육양과 구양기세가 모여 쏘아주는 곳을 이르는 것으로 백 가지 부위의 신령스런 기운을 한곳으로 모아 쏘아주니 일신의 기운이 두루 두루 흐르므로 체력이 내부에서부터 튼튼해진다.

참으로 좋은 기운이 충족된 모든 사람은 골격이 풍륭한 자이다.

자연 그대로의 기운은 신선하여 정신이 맑은 즉 몸이 건강하면 신분이 안정되어 있어 복이 있고 수명도 좋은 것이다.

- 육양이라는 것은 경양, 양 태양, 양 화양, 후양을 이르며
- 구양이라는 것은 천양, 경양, 태양, 화양, 구양, 용양, 후양, 영양, 주양을 이른다.

九陽審風水訣
구양심풍수결

天陽氣上 … 主五代以上風水之善惡.
천양기상   주오대이상풍수지선악

❶ 천양기상 … 5대 이상 풍수의 기운을 알 수 있다.

景陽氣首 … 主三代以上風水之善惡.
경양기수   주삼대이상풍수지선악

❷ 경양기수 : 3대 이상 풍수의 기운을 알 수 있다.

太陽氣助主二代以上及祖宅, 水塘, 樹木, 等風水之善惡.
태양기조주이대이상급조택 수당 수목 등풍수지선악

❸ 태양기조 : 2대 이상 조상들의 주택과 저수지, 나무 등 풍수의 기운을 알 수 있다.

華陽氣則 … 華陽又曰 … 左爲丘陵, 右爲塚墓, 主墳穴一代以上之
화양기즉   화양우왈   좌위구릉 우위총묘 주분혈일대이상지

　　　　風水及住宅善惡.
　　　　풍수급주택선악

耳上一寸謂邱陵塚墓, 再上一寸 卽『頭角』謂山林是也.
이상일촌위구릉총묘 재상일촌즉 두각 위산림시야

❹ 화양기즉 : 화양을 말해 보면 좌(왼쪽)에는 구릉이라 하고 우(오른쪽)를 총묘라 한다.

　　일대 이상 조상의 묘에 미치는 풍수와 주택의 좋고 나쁨을 알 수 있다.

　　〈귀(좌우)의 위 한 마디(손가락) 위의 부위를 구릉 총묘라 이른다.〉

　　〈구릉 총묘 위의 또 한 마디 위의 부분을 산림이라 이른다.

　　즉, 두각을 산림 부위라 이른다.〉

若凸露超過山林骨者, 謂之氣急不美也. 陷者謂氣弱.
약철로초과산림골자 위지기급불미야 함자위기약

만약 산림 부분이 지나치게 솟아 凸자처럼 노출된 사람은 기운이 급하게 작용하므로 아름답지 못하며 그 부위가 꺼진 사람은 기운이 약한 사람이다.

九陽氣聚 … 主當代以上至二代風水, 住宅, 床位, 廚位, 門向, 厠
구양기취   주당대이상지이대풍수 주택 상위 주위 문향 측

位, 等之善惡.
위 등지선악

此陽爲最重要之氣也, 骨, 肉, 紋, 毛, 痣, 色, 型, 均宜細察也.
차양위최중요지기야 골 육 문 모 지 색 형 균의세찰야

❺ 구양기취 : 증조할아버지에서 당대에 이르는 풍수와 주택, 침실, 부엌의 위치, 대문의 방향, 화장실의 위치 등 기운의 좋고 나쁨을 알 수 있고 이러한 좋은 기운은 최고로 중요한 기운이기도 하며 뼈, 살비듬, 주름, 털, 사마귀나 점, 색, 형 등을 이어서 세밀하게 관찰하여야 한다.

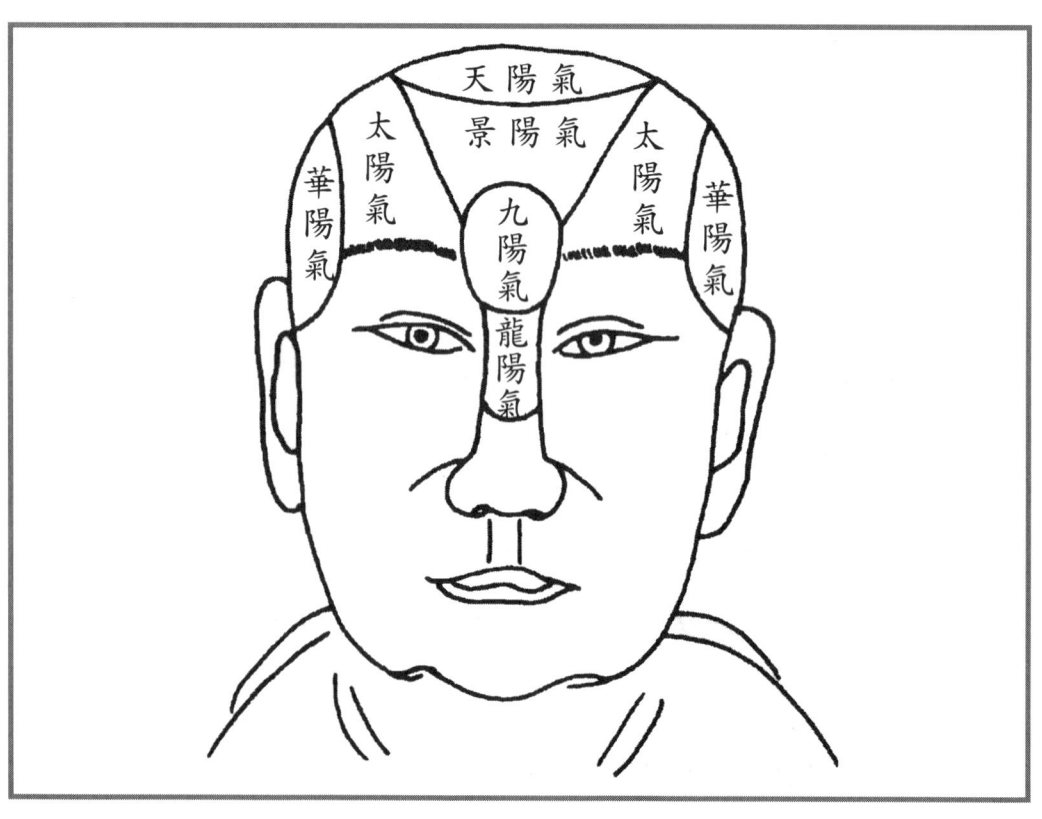

龍陽氣流 … 主當代上下風水之善惡.
용양기류　　　주당대상하풍수지선악

❻ 용양기류 : 당대를 기준하여 위아래 2대(아버지와 나) 풍수의 기운을 알 수 있고

後陽氣守 … 主上下 三代 風水之善惡.
후양기수　　　주상하 삼대 풍수지선악

❼ 후양기수 : 위아래의 3대(아버지, 나, 자식) 풍수의 기운을 알 수 있다.

靈陽氣藏 … 主一代上下及住宅左右風水氣勢之善惡.
영양기장　　　주일대상하급주택좌우풍수기세지선악

❽ 영양기장 : 위아래(나와 자식) 주택 좌우 풍수 기세의 기운을 알 수 있다.

主陽氣托 … 主當代風水及住宅, 地氣之善惡.
주양기탁　　　주당대풍수급주택　지기지선악

❾ 주양기탁 : 당대(나) 풍수와 주택의 기운에 미친다. 지기의 좋고 나쁨을 알 수 있다.

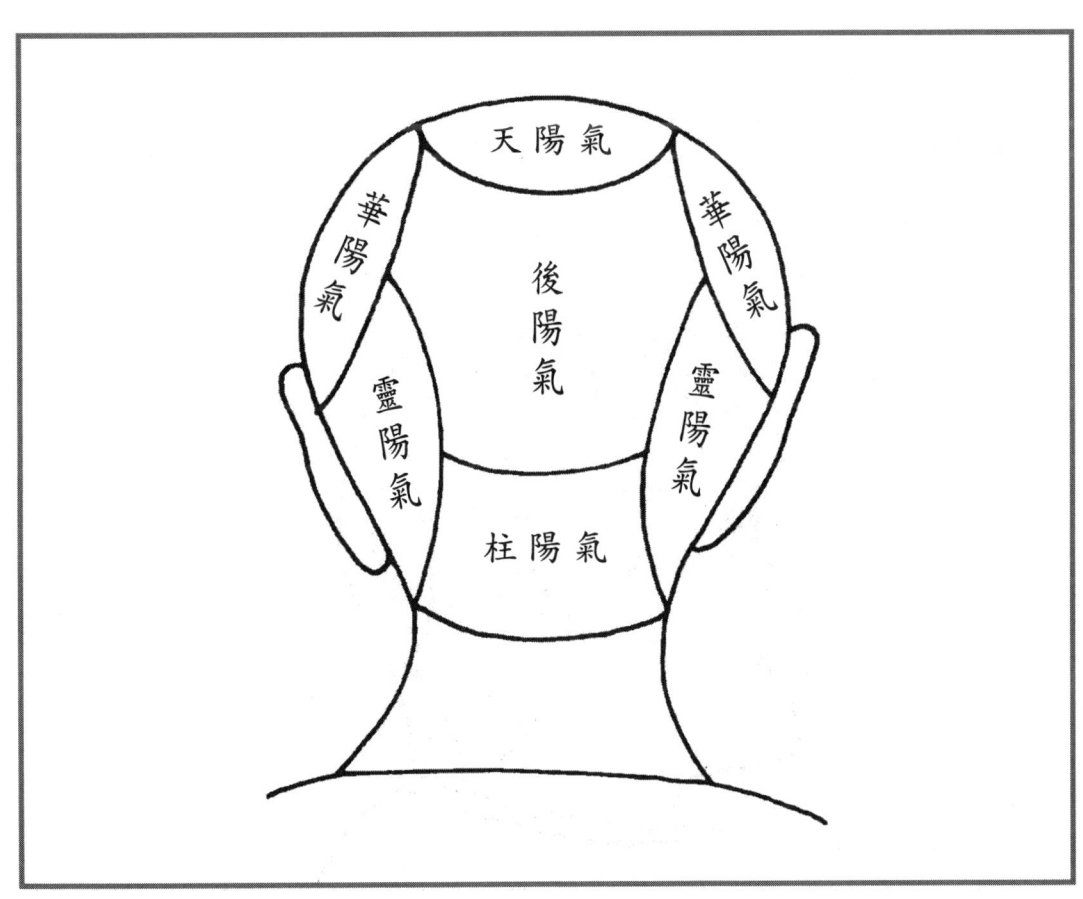

例如…
예여

九陽氣陷, (印堂是也) 此人祖父或曾祖父之風水及住宅等, 定有凶
구양기함　　인당시야　차인조부혹증조부지풍수급주택등　정유흉

殺和其他破壞, 此本人必多凶險及刑剋在事業上亦主多成多敗.
살화기타파괴　차본인필다흉험급형극재사업상역주다성다패

예를 들면,

구양기에 결함이 있으면, (인당을 말한다.)

이러한 사람은 조부모, 혹 증조부의 풍수와 주택 등이 평화로운 기운을 파괴하는 흉살의 작용이 있어 흉함이 형극에 닿고 위험함이 겹치고 겹쳐서 사업의 실패가 많아진다.

龍陽氣陷, 主此人祖父或曾祖父風水, 龍脈定爲不旺, 主此本人家中
용양기함　주차인조부혹증조부풍수　용맥정위불왕　주차본인가중

有凶死之人, 本身亦常帶疾病.
유흉사지인　본신역상대질병

용양기에 결함이 있으면,

이러한 사람의 조부, 증조부의 풍수를 보면 용맥이 왕하지 못하고 가문에 흉사로 죽은 사람이 있으며 본인 역시 질병이 끊이지 않고 시달리게 된다.

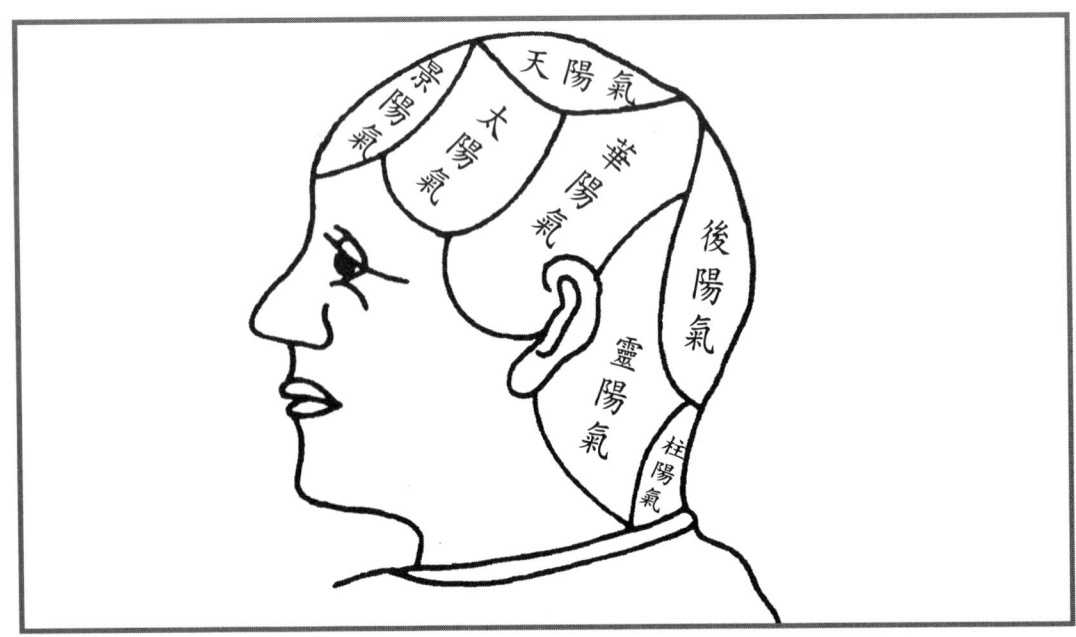

九陽氣訣
구양기결

天陽豊滿 … 主福祿壽俱全, 性直仁慈.
천양풍만　　　주복록수구전　성직인자

露者 … (卽尖也) 主毒而奸猾老必孤貧.
로자　　즉첨야　주독이간활노필고빈

陷者 … 主弱而多思, 不孤則夭.
함자　　　주약이다사　불고즉요

景陽豊滿 … 主當壽多貴, 性覺聰明.
경양풍만　　　주당수다귀　성각총명

露者, 孤苦波折, 性惡.
로자　고고파절　성악

陷者, 主傷, 性愚
함자　주상　성우

太陽豊滿 … 主極爲聰明, 亦多主貴人相遇
태양풍만　　　주극위총명　역다주귀인상우

露者, 主孤易投入道門, 若骨成一路線者, 修行易遇神仙而得道.
로자　주고역투입도문　약골성일로선자　수행역우신선이득도

常人必主破相. 陷者主愚, 性惡, 父母刑剋, 少運老運皆蹇, 主六親
상인필주파상　함자주우　성악　부모형극　소운노운개건　주육친

無靠
무고

華陽豊滿 … 主仁慈好施, 聰明爽直, 富而守財, 貴而淸正, 必得賢
화양풍만　　　주인자호시　총명상직　부이수재　귀이청정　필득현

妻內助, 露者 …
처내조　노자

主淫亂好勝, 亦主聰明爽直, 必多刑剋, 性極剛强. 陷者 … 主貧弱
주음난호승　역주총명상직　필다형극　성극강강　함자　　　주빈약

夭折, 賤而性惡.
요절 천이성악

九陽豊滿 … 主福祿壽俱全, 一生大禍不臨, 逢凶化吉, 爲人正直好
구양풍만　　주복록수구전　일생대화불임　봉흉화길　위인정직호

善, 主掌權柄, 得遇有力貴人幫助. 露者 … 多災難及凶險, 剋妻子
선　주장권병　득우유력귀인방조　노자　　다재난급흉험　극처자

離鄉奔走, 心性陰毒. 陷者, 主凶險波折疾病多災難及刑剋, 心性凶
이향분주　심성음독　함자　주흉험파절질병다재난급형극　심성흉

暴多思, 奔波勞碌, 妻子且不能早配, 祖產無靠, 事業多成多敗.
폭다사　분파노록　처자차불능조배　조산무고　사업다성다패

龍陽豊滿 … 主得賢美之妻, 如氣貫頂者, 身體健康少病, 膽大果斷,
용양풍만　　주득현미지처　여기관정자　신체건강소병　담대과단

心性爽直, 露者 …
심성상직　노자

(似腫也) 主破相或刑剋, 孤相也. 陷者 … 膽少刑剋, 六親難靠, 體弱
사종야　주파상혹형극　고상야　함자　　담소형극　육친난고　체약

多病, 主剋妻或招不美不賢之妻, 常遇小人妒忌. 離祖離鄉奔走勞碌
다병　주극처혹초불미불현지처　상우소인투기　이조이향분주노록

之相也.
지상야

後陽豊滿 … 主中老運佳, 得享遐齡, 子孫榮貴. 露者 … 主心性反
후양풍만　　주중노운가　득향하령　자손영귀　노자　　주심성반

常, 爲人奸猾亦主不忠, 刑剋孤壽, 若有肉包者, 必主財壽尤隆也.
상　위인간활역주불충　형극고수　약유육포자　필주재수우융야

陷者 … 主夭折多病, 中老年運敗, 子孫少而不貴, 『東北人不在此限』
함자　　주요절다병　중노년운패　자손소이불귀　동북인부재차한

靈陽豊滿 … 主壽年極高, 富貴必有, 妻榮子孝, 露者 … 主孤苦貧
후양풍만　　주수년극고　부귀필유　처영자효　노자　　주고고빈

賤, 性爆心強.
천　성폭심강

陷者 … 主奸狡夭折少中年大敗, 刑妻剋子, 六親無靠, 離鄉奔走.
함자　　주간교요절소중년대패　형처극자　육친무고　이향분주

柱陽豊滿 … 主逢凶化吉, 中老年大富, 壽旣高妻亦榮, 此人必得橫
주양풍만　　주봉흉화길　중노년대부　수기고처역영　차인필득횡

財. 肉包者 … 亦主財.
재　육포자　　역주재

露骨者 … 主孤獨性情反覆無常.
노골자   주고독성정반복무상

陷者 … 主多疾病, 萬事無成, 奔波勞碌, 必無大壽, 乃孤苦之相也.
함자   주다질병 만사무성 분파노록 필무대수 내고고지상야

察諸陽氣勢, 應驗凶吉者, 宜詳察各部配合而觀, 始爲驗也. 例如後
찰제양기세 응험흉길자 의상찰각부배합이관 시위험야 예여후

陽不好, 顴鼻縱然好者而運不發, 待至鼻準運方發. 靈陽不好, 顴好,
양불호 관비종연호자이운불발 대지비준운방발 영양불호 관호

諫臺, 廷尉亦好, 此運難發是也.
란대 정위역호 차운난발시야

구양기를 말한다.

●천양이 풍만하면

복록과 수명을 온전하게 갖추었으며 성정이 정직하고 인자하다. 노출된 사람은(즉, 뾰족하게 드러난 사람) 주로 교활하고 간교하고 독하여 늙어서 반드시 외롭고 빈한하다. 함몰된 사람은 걱정이 많고 약하여 외롭지 않으면 단명한다.

●경양이 풍만하면

부귀 겸전하고 수명이 길며 성품이 너그럽고 총명하다. 노출되어 드러난 사람은 외롭고 고난과 꺾임이 많고 성정이 포악하며 함몰된 사람은 본인이 상하고 그 성품이 어리석다.

●태양이 풍만하면

총명함이 극에 이르고 많은 귀인을 만나게 된다. 노출되어 드러난 사람은 외로우니 도문으로 들어가기 쉽고 만약에 태양기가 한 개의 선으로 드러난 사람이 수행하면 신선을 쉽게 만나 도를 얻게 된다.

보통 사람이 이러한 기운을 갖고 있으면 감당할 수 없으므로 반드시 깨어지는 상이다.

함몰된 사람은 주로 어리석고 성정이 악하다.

부모를 형극하고 젊어서 늙을 때까지 운로가 모두 절고 절게 되며 의지할 육친이 없다.

●화양이 풍만하면

인자하고 베풀기를 좋아한다. 밝고 맑아 정직하며 총명하고 재물을 지킬 수 있어 부자이다. 깨끗하고 바르고 귀한 사람이라 반드시 현처를 얻어 내조를 받는다.

노출되어 드러난 사람은 이기는 것을 좋아하고 음란하다. 역시 총명하고 정직하나 성정이 강강함이 극에 달하고, 밝고 맑으나 반드시 형극이 많아진다.

함몰된 사람은 주로 빈한하고 약하여 요절하며 성정이 포악하여 빈천하다.

●구양이 풍만하면

복록과 수명을 온전하게 갖추게 되고 일생에 큰 화를 당하지 않는다. 흉을 만나도 길로 변하고 그 사람됨이 정직하고 착하여 권력(병권)을 잡게 되고 유력한 사람을 만나 귀인을 받들게 된다. 드러난 사람은 재난이 많고 흉험이 미치게 되며 처자를 극하고 고향을 떠나 분주다사하며 마음이 음독하다.

함몰된 사람은 흉하고 험한 파란으로 꺾이고 질병이 많아 형극이 떠나질 않는다.

심성이 흉폭하여 걱정이 많고 고르지 않은 땅에 농사 짓는 것처럼 힘들기 그지없으며 처자 또한 일찍 만나지 못하고 기댈 조상과 유산이 없으며 사업이 되는 일이 없다.

●용양이 풍만하면

주로 아름다운 현처를 얻는다. 기운이 정수리로 관통하는 사람은 신체가 건강하고 병이 없다. 담이 크고 과단성이 있으며 심성이 밝고 맑고 정직하다.

드러난 사람은(부스럼과 같은 것) 깨어진 상으로서 형극이 있는 고독한 상이다.

함몰된 사람은 담(쓸개)이 작고 형극이 있으며 기댈 육친이 없고 체력이 약하여 병이 많다. 주로 처를 극하여 아름답지 못하고 어질지 못한 처를 부르게 되고 이러한 사람은 소인을 만나 질투와 시기를 당하고 조상을 떠나고 고향을 일찍 떠나 분파노록이 심한 분주한 상이다.

●후양이 풍만하면

주로 중년과 노년을 아름답게 장수하며 자손이 영귀하여 오래도록 복록을 누린다.

노출되어 드러난 사람은 심성이 자주 바뀌고 인성이 간교하고 교활하여 의롭지 못한 위인으로서 형극으로 외로운 생을 살게 되며 만약 두터운 살비듬으로 둘러싼 사람은 반드시 재물과 수명이 더욱 늘어난다. 함몰된 사람은 병이 많고 요절이 염려스러우며 중년과 노년의 운이 패하게 되며 자손이 없거나 귀하지 않다(동북에 사는 사람은 이렇지 않다).

●영양이 풍만하면

수명이 길고 극히 오래 산다. 반드시 부귀하고 처를 얻어 영화롭고 자손으로부터 효도를 받으며 드러난 사람은 빈천하고 곤고하며 성정이 강강하여 포악하다.

함몰된 사람은 간교하고 어려서 요절하지 않으면 중년에 대패한다. 처를 형하고 자손을 극하며 육친이 없어 의지할 데가 없고 고향을 떠나 분주하게 살아간다.

●주양이 풍만하면

흉이 변하여 길로 바뀌며 중년과 노년에 크게 발달하고 수명이 길어 처와 함께 영화롭게 살아가며 이러한 사람은 반드시 횡재를 얻는다. 살비듬이 포근히 감싼 사람도 역시 재물이 풍요롭다.

드러난 사람은 성정이 항상 하지 못하고 변덕이 있어 고독하다.

함몰된 사람은 주로 질병이 많고 만사가 되는 일이 없고 분주하기만 하고 힘들며 풀리지 않는다. 반드시 수명이 길지 못하다. 곤고한 지상으로 외롭고 고달프다.

양 기세를 모두 잘 살피면 흉길을 잘 판단할 수 있다. 마땅히 각 부분의 배합을 잘 관찰하여 상세히 살펴야 비로소 영험하다 할 수 있다.

예를 들어,

후양골이 좋지 못하면 관골과 코가 좋다 하더라도 운이 일어나지 않으며 운이 일어나려면 코의 준두에 이를 때까지 기다려야 한다. 영양골이 좋지 못하면 관골이 좋고 난대 정위가 역시 좋아도 운이 일어나기 어렵다는 것이다.

面部陰陽訣
면부음양결

人之陰陽者, 非指某一部份而言也, 反者爲陽, 覆者爲陰. 天有, 陰
인지음양자　비지모일부분이언야　반자위양　복자위음　천유 음

陽之氣 人有男女之別, 男人全體是陰, 生殖器爲陽. 女人周身純陽,
양지기 인유남녀지별　남인전체시음　생식기위양　여인주신순양

下部一點眞陰.
하부일점진음

又曰 … 骨爲陽, 肉爲陰, 面左爲陽, 面右爲陰, 面前爲陽, 面後爲
우왈　　골위양　육이음　면좌위양　면우위음　면전위양　면후위

陰, 面上爲陽, 面下爲陰, 體前爲陽, 體後爲陰, 眼上爲陽, 眼下爲
음　면상위양　면하위음　체전위양　체후위음　안상위양　안하위

陰, 左眼爲陽, 右眼爲陰, 面骨凸顯處爲陽, 面部凹暗處爲陰, 陰者
음　좌안위양　우안위음　면골철현처위양　면부요암처위음　음자

氣藏形而下, 陽者 … 氣露形而上, 陰性宜正, 陽性宜和, 陰本趨柔,
기장형이하　양자　　기로형이상　음성의정　양성의화　음본추유

陽本趨强, 陰陽不可不和不順, 和者氣舒骨正, 順者肉均色潤, 乃福
양본추강　음양불가불화불순　지자기서골정　순자육균색윤　내복

壽之相也, 陰陽如不和順, 骨必露必斜, 或陰盛陽衰(肉浮腫, 骨少是
수지상야　음양여불화순　골필로필사　혹음성양쇠　육부종　골소시

也) 或陽盛陰弱, (骨露肉少是也) 眼型不正亦同論. 均非美相, 凶險
야　혹양성음약　골로육소시야　안형부정역동논　균비미상　흉험

不可幸免也.
불가행면야

사람이 음양으로 되어 있다는 것은 어느 것 한 가지 일부분을 지칭하는 말이 아니다.

뒤집어진 부분은 양이 되고 엎어진 부분은 음이 된다.

하늘은 음양의 기로 되어 있고 사람도 남녀가 다르니 남자의 몸은 음으로 되어 있는데 생식기가 양이고, 여자의 몸은 두루 순양으로 되어 있으나 하부의 일점이 음으로 되어 있다. 또 가로대 뼈는 양이요, 살비듬은 음이다.

얼굴의 좌측은 양이요 우측은 음이며, 얼굴 앞부분은 양이요 얼굴 뒷부분은 음이다.

얼굴 윗부분은 양이요, 얼굴 아랫부분은 음이다. 몸의 앞부분은 양이요, 몸의 뒷부분은 음이다. 눈 위의 부분은 양이요, 눈 아래 부분은 음이다. 좌측 눈은 양이요, 우측 눈은 음이다. 얼굴에서 凸자처럼 나온 부분은 양이요, 凹자처럼 들어간 부분은 음이다.

음이란 것은 기가 아래에 저장되어 있는 모양이고 양이란 것은 기운이 위로 드러나는 모양으로, 음적인 성품은 반듯하여야 마땅하고 양적인 성품은 온화함이 마땅하다.

음은 본래 부드러움을 쫓고 양은 본래 강함을 취하며 음양은 순함으로 조화를 이루지 않으면 안 된다.

화(和)라는 것은 반듯한 골격에서 펼쳐지는 기운이고 순이란 것은 살비듬이 고르고 윤택한 색깔로서 수복을 누리는 상이 된다. 순함으로 조화롭지 못한 음양은 뼈가 드러나고 기울어지고 혹 음이 성하고 양이 쇠하던가(뼈가 너무 약하여 살비듬이 떠 있는 것을 말함) 혹 양이 성하고 음이 약하던가(뼈가 드러나고 살비듬이 메마른 것을 말함) 눈의 모양이 바르지 못한 것이나 양쪽이 똑같지 않은 것이나 같은 말이다.

따라서 모양이 조화를 이루지 못하면 흉험하여 재앙이나 죽음을 면할 수 없도록 운이 좋지 못하다.

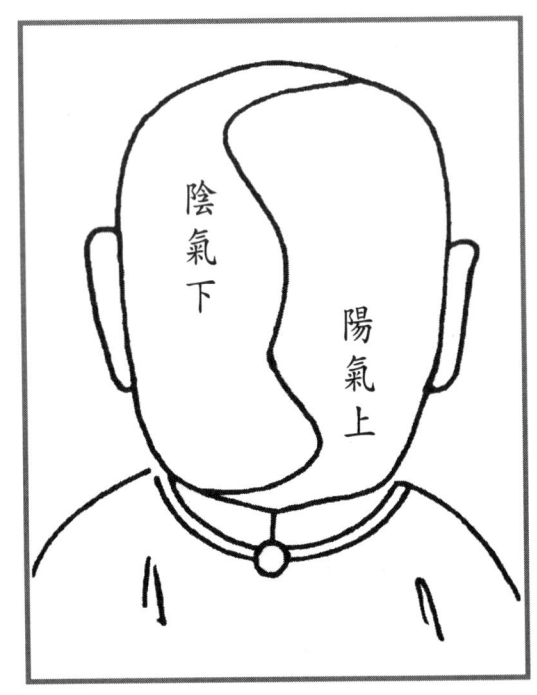

(甲) 子午線左爲陽面.
　　갑　자오선좌위양면

(乙) 子午線右爲陰面.
　　을　자오선우위음면

갑) 자오선을 중심으로 좌측의 얼굴을 양으로 보고

을) 자오선을 중심으로 우측의 얼굴을 음으로 본다.

(甲) 卯酉線上爲陽面.
　　갑　묘유선상위양면

(乙) 卯酉線下爲陰面.
　　을　묘유선하위음면

갑) 묘유선을 중심으로 위 부분의 얼굴을 양으로 보고

을) 묘유선을 중심으로 아래 부분의 얼굴을 음으로 본다.

(甲) 左眼爲陽.
　　갑　좌안위양

(乙) 右眼爲陰.
　　을　우안위음

갑) 좌측의 눈을 양으로 보고

을) 우측의 눈을 음으로 본다.

★ 여자는 반대로 보면 된다.

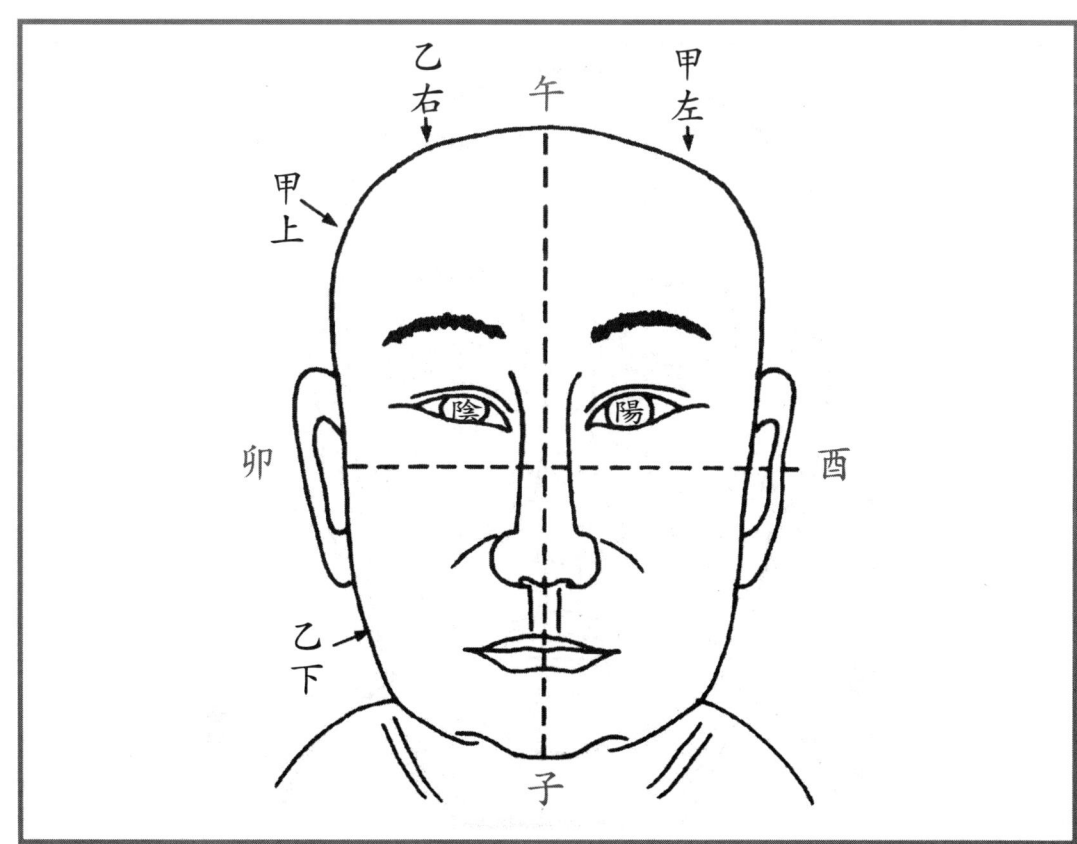

(一) 甲陽 … 名露三陽. 太陽, 正陽, 朝陽, 是也
　　　갑양　　명로삼양　태양　정양　조양　시야

1) 갑 양 … 삼양을 일반적으로 부르는 이름이다. 태양, 정양, 조양을 말한다.

(二) 甲陰 … 名爲顧陰.
　　　갑음　　명위고음

2) 갑음 … 음기를 도와주는 작용을 말한다.

(三) 眼上爲陽. 眼下爲陰.
　　　안상위양　안하위음

3) 눈의 윗부분을 양이라 한다. 눈의 아랫부분을 음이라 한다.

(四) 左眼下爲三陽. 太陽中陽少陽. 右眼下爲三陰. 太陰中陰少陰.
　　　좌안하위삼양　태양중양소양　　우안하위삼음　태음중음소음

4) 왼쪽 눈의 아랫부분은 삼양으로서 태양, 중양, 소양이다.

　　오른쪽 눈의 아랫부분은 삼음으로서 태음, 중음, 소음이다.

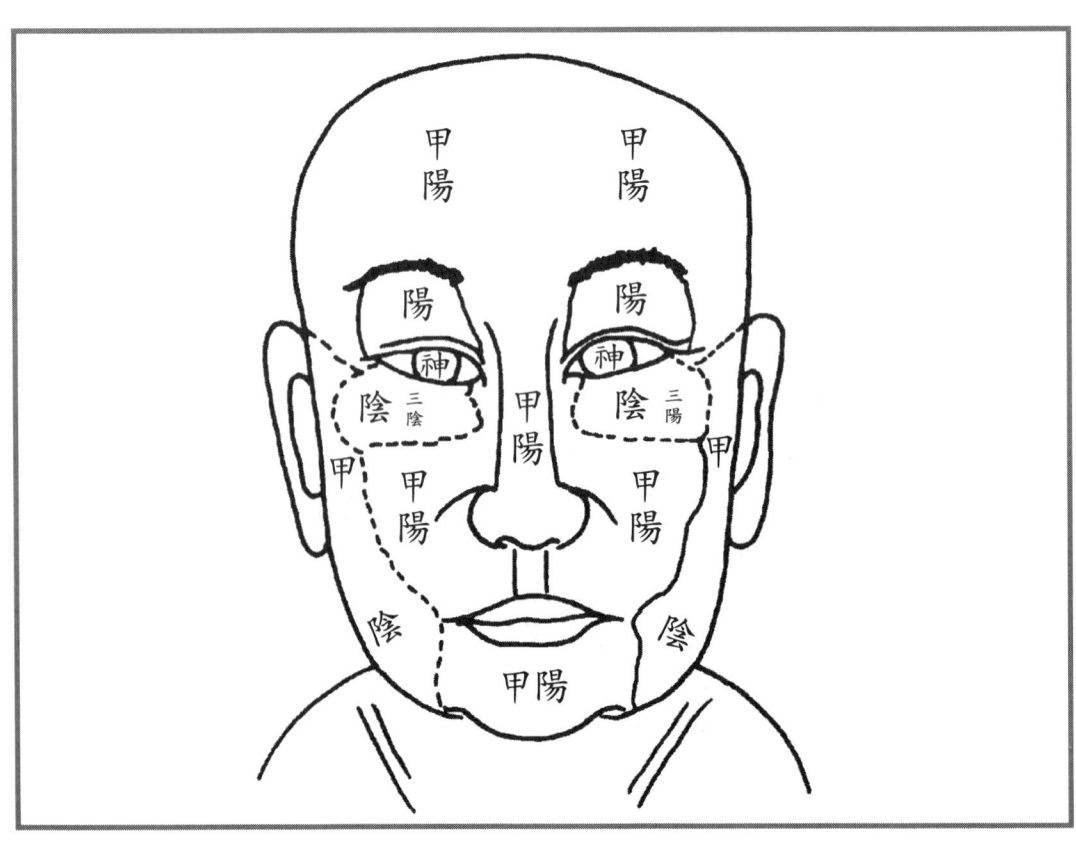

一 **面前爲陽.**
  면 전 위 양

  얼굴의 앞면은 양이 되고

二 **面後爲陰.**
  면 후 위 음

  얼굴의 뒷면은 음이 된다.

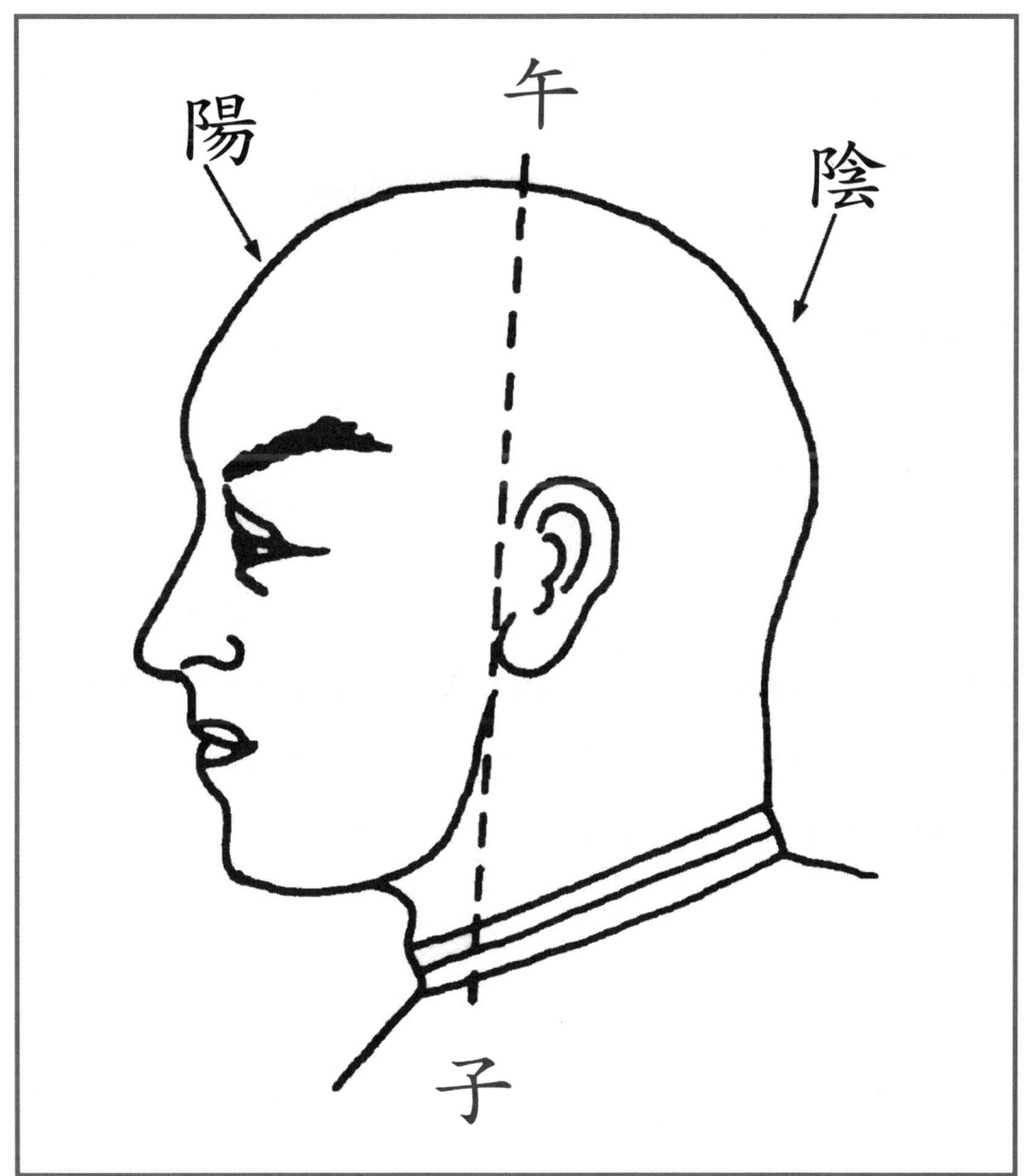

相配
상배

垂珠配鼻梁, 貴壽福榮相, 耳厚眼配秀, 聰明意長揚, 口正鼻直豊,
수주배비량　귀수복영상　이후안배수　총명의장양　구정비직풍

多見富貴翁,
다견부귀옹

舌長脣配正, 辦才理氣通, 眼黑配脣紅, 學問多成功, 眉秀眼配秀,
설장순배정　판재이기통　안흑배순홍　학문다성공　미수안배수

神氣未可量.
신기미가량

수주(귓밥)와 들보와 같은 코가 짝하면 귀와 수명 복과 영화가 있는 상이고,

두터운 귀와 빼어난 눈이 짝하면 총명하고 포부가 커서 이름을 날리고,

입이 반듯하고 코가 바르게 뻗어 풍륭하면 노년에 부귀를 겸할 훌륭한 사람이고,

혀가 길고 반듯한 입술이 짝하면 기운이 통하여 이치에 맞게 판단하는 재능이 뛰어나고,

눈동자가 검고 붉은 입술이 짝하면 학문을 이루고, 눈썹이 빼어나고 잘생긴 눈이 짝하면 신령스런 기운을 가히 헤아릴 수 없다.

相反
상반

耳大脣若薄, 男女定小福, 脣大耳若小, 問子多零落, 鼻大眼若小,
이대순약박　남녀정소복　순대이약소　문자다영락　비대안약소

有錢壽必夭,
유전수필요

耳小若眼大, 雖富容易了, 耳大眼若小, 前啼欠後瓜, 鼻小舌若大,
이소약안대　수부용이료　이대안약소　전제흠후과　비소설약대

一事煩不了.
일사번불료

귀가 큰데 만약 입술이 얇으면 남녀가 복이 작고,

입술이 큰데 귀가 만약 작은 사람은 (물었을 때) 자식은 많으나 초목이 시들어 떨어지듯이 하고,

코가 크고 눈이 만약 작으면 돈은 있으나 수명이 짧으며,

귀가 작고 만약 눈이 크면 비록 부를 누린다고 하더라도 쉽게 끝나고,

귀는 큰데 눈이 만약 작으면 흠이 있는 과일이 되어 굽이 있는 그릇에 담기지 못하고,

코가 작은데 혀가 만약 크다면 괴로운 일들이 끝나지 아니한다.

陰陽
음양

陽爲男, 陰爲女, 此男女之陰陽也. 男女之陰陽, 固然有定, 然則所
양위남 음위녀 차남녀지음양야 남녀지음양 고연유정 연즉소

謂陰陽者, 不論男女相中, 亦有形相之陰陽, 及性格, 氣色, 聲音, 擧
위음양자 불륜남녀상중 역유형상지음양 급성격 기색 성음 거

動, 思想, 有形, 無形, 無一不有陰陽.
동 사상 유형 무형 무일불유음양

故男人, 雖固屬陽, 必須有陰, 以和之. 女人雖固屬陰, 必須有陽, 以
고남인 수고속양 필수유음 이화지 여인수고속음 필수유양 이

資之. 庶幾男有剛氣, 柔情, 相濟之美. 女有貞烈, 和順, 相須之德.
자지 서기남유강기 유정 상제지미 여유정열 화순 상수지덕

不然男已屬陽, 若無陰以和之. 則亢陽無制.
불연남이속양 약무음이화지 전항양무제

女已屬陰, 若無陽以資之, 則孤陰無化. 而因之所謂, 起居進退, 日
여이속음 약무양이자지 즉고음무화 이인지소위 기거진퇴 일

常生活, 無所依據矣.
상생활 무소의거의

是故陽中喜陰者, 不宜陰氣太盛, 陰太盛者, 謂之陽差. 陰中含陽者,
시고양중희음자 불의음기태성 음태성자 위지양차 음중함양자

不宜陽氣太過, 陽太過者, 謂之陰錯. 茲將陰陽六格, 分釋於此. 苟
불의양기태과 양태과자 위지음착 자장음양육격 분석어차 구

能熟習, 吟味玩索, 而有得焉.
능숙습 음미완색 이유득언

남자는 양이요, 여자는 음이니 남녀를 음양이라 한다.

남녀의 음양은 항상 그렇게 정하여져 음양이라 하면 남녀라고 그렇게 고정되어 있으나

소위 음양이라는 것은 남녀만 말하는 것이 아니라 역시 모양이 있는 것은 음양의 상을 갖고 있으니 성격이 그러하고 기색, 음성, 거동, 사상을 비롯하여 모양이 있든지 없든지 간에 한 가지도 음양에 속하지 않는 것이 없다.

이러한 연유로 남성은 비록 양에 속하지만 반드시 음이 있다. 그래서 기운이 온화해지는 것이며, 여인은 음에 속하지만 반드시 양이 있다. 그래서 재물이 있는 것이다.

바라건대, 남자는 강한 기운에 부드러운 정이 있어야 많고 많은 상 가운데에서 아름답다고 할 수 있다.

여인은 지조가 굳고 순결을 지키며 행실이 바름은 순함으로 온화하게 이룬 상으로 모름지기 덕스러워야 한다. 남자는 양에 이미 속하지만 만약 온화하게 하는 음 기운이 없다면 극도로 성한 양 기운을 억제하지 못할 것이다.

여자는 이미 음에 속하지만 만약 재물을 이루게 하는 양 기운이 없다면, 즉 음이 고독하여 변화를 하지 못한다. 이러한 이유는 소위 일어나고 머물고 나아가고 물러나는 일상생활을 근거로 하는 바는 아니다.

그러한 연유로 양 가운데 음이 있는 것을 기뻐하고 음기가 왕성한 것은 마땅하지 못하여 음기가 크게 왕성한 사람을 양차(어긋나는 양)라고 이른다.

음 가운데 양이 있어야 하나 양기가 크게 지나치면 마땅하지 못하여 양 기운이 크게 지나치는 사람을 소위 음착(어긋나는 음)이라고 이른다.

이에 지금까지 음양의 여섯 격을 이와 같이 분석해 보았다.

진실로 이르노니 능숙하도록 연습하고 근본적인 기초를 잘 익혀서 그 뜻을 새겨 깊이 연구하여야 이루어질 것이다. 그러나 무엇보다 덕이 있어야 한다.

陽和 양화

頭圓頂平, 頭略有角, 面略方形, 額有圓骨, 五岳隱起, 山根托印, 眉
두원정평　두약유각　면약방형　액유원골　오악은기　산근탁인　미

高有勢, 眉略有角, 眉毛稍稍向上, 眼長含光, 聲喨韻淸, 面色和霽,
고유세　미약유각　미모초초향상　안장함광　성량운청　면색화제

言語緩急有情, 思想豁達, 臨事果斷, 處事光明, 行藏從容, 不威而
언어완급유정　사상활달　임사과단　처사광명　행장종용　불위이

嚴.
엄

머리는 둥글고 정수리가 평평하여야 하고 약간 각이 있어야 하며 얼굴도 약간 방형이여야 하며 이마는 둥근 골격이어야 하고 다섯 개의 산악이 은은하게 일어나 있어야 하며 인당은 산근을 밀듯이 있어야 하고 눈썹은 위에서 힘 있게 있어야 하며 눈썹에도 약간 각이 있어야 지혜로우며 눈썹 털 하나 하나는 약간 위를 향해 있듯이 하고 눈은 길고 빛을 머금고 있어야 하며 음성은 맑게 울려야 하며 소리의 끝나는 여음도 맑아야 하며 얼굴색은 비가 개인 날씨처럼 쾌청하여야 하며 언어는 느리고 빠름에 정이 있으며 사상이 활짝 열려 도량이 넓고 커서 일을 할 때 딱 잘라서 할 줄 알며 하는 일마다 밝고 투명하며 나아가고 물러날 때가 자연스럽고 태연스러워야 하며 위가 아니라 엄이 있어야 한다.

陰德
음덕

頭圓頂平, 面略方而圓, 五岳略帶丸味, 山根有勢, 印堂平滿, 眉略
두원정평 면약방이원 오악약대환미 산근유세 인당평만 미약

彎, 眼略長, 聲略細而似揚, 言語徐而不浸, 思想緩而不冷泛, 處事
만 안략장 성약세이사양 언어서이불침 사상완이불냉범 처사

溫柔, 面色和謁, 一見令人可敬.
온유 면색화알 일견영인가경

머리는 둥글고 정수리가 고르게 평평하여야 한다.

얼굴이 둥글면서 모가 나 있어야 다스릴 수 있으며 오악은 둥근 맛을 약간 띠어야 하며 산근에 힘이 있어야 한다.

인당이 평평하게 꽉 차 있어야 하고 눈썹은 해안선처럼 약간 굽으며 눈도 약간 길고 음성도 약간 가늘다면 이름을 드날릴 수 있을 것이며, 말을 할 때는 천천히 하더라도 말끝이 잠기면 안 되고 사상은 부 드럽고 차고 뜨지 않아야 하며 일을 처리할 때도 부드럽고 따뜻하게 하며 얼굴색이 온화하고 화기애애하면 지아비가 죽은 지어미라 하더라도 한 눈에 봐 존경받을 수 있을 것이다.

亢陽 항양

頭圓頂尖, 面丸凸起, 五岳丸帶尖味, 眉促而灣, 或短而勢向上, 眼
두원정첨 면환철기 오악환대첨미 미촉이만 혹두이세향상 안

露流光, 耳尖而縱, 聲大而粗, 或聲破而烈, 性急而躁, 處事粗略, 不
로류광 이첨이종 성대이조 혹성파이렬 성급이조 처사조략 불

慮前, 不顧後, 令人一見, 知其暴而識其簡, 或頭小面大, 仰首輕浮
려전 불고후 영인일견 지기폭이식기간 혹두소면대 앙수경부

等之大槪也.
등지대개야

머리는 둥글고 정수리가 뾰족하고 얼굴이 둥글면서도 凸 모양으로 일어났으며 오악이 둥글면서 뾰족한 맛이 나고 굽은 눈썹의 흐름이 급하고 혹은 짧게 위를 향하여 뻗었거나 눈이 드러나 빛이 흘러버리거나 귀가 뾰족하거나 멋대로 천하게 생겼거나 음성이 크고 거칠거나 혹은 음성이 깨어져 끝이 벌어지거나 성미가 급하고 마르거나 일을 할 때 정성을 들이지 않고 대충 거칠게 넘어가거나 생각하기 전도 없고 후에 돌아보고 반성하는 것도 없으며 지아비를 잃은 지어미를 보면 아는 것이 없어 거칠게 나타나는 것과 같다.

혹 머리가 작고 얼굴이 크거나 머리가 덜려 가볍게 뜨거나 하는 등등 대체로 그러하다.

孤陰
고음

頭面略帶方形, 或頭大面小, 正面如平, 側視中凹, 眼深眉低, 或平
두면약대방형   혹두대면소   정면여평   측시중요   안심미저   혹평

而粗, 毫濃而促, 長大壓眼, 鬚鬢深濃, 聲暗內喉, 語調緩中有刺, 或
이조   호농이촉   장대압안   수빈심농   성암내후   어조완중유자   혹

急而隱斷, 面色陰鬱, 處事過慮, 令人一見知其爲陰險, 執拗殘忍,
급이은단   면색음울   처사과려   영인일견지기위음험   집요잔인

無化者是也.
무화자시야

머리와 얼굴이 약간 모가 난 형으로 혹 머리가 크고 얼굴이 작거나 얼굴 앞면이 납작하거나 측면으로 보았을 때 중간 부분이 凹자이거나 눈이 깊고 눈썹이 낮게 있거나 혹 넓으면서도 거칠거나 터럭이 짙고 흐름이 급하거나 길고 큰 것이 눈을 누르거나 수염과 빈발이 무성하게 짙고 소리가 목구멍 안에서 어둡거나 말을 천천히 하는 가운데 날카로움이 있거나 혹 급하여 헤아림이 짧거나 얼굴 색이 음울하거나 일을 하는 데 있어서 지나치게 생각을 많이 하는 것이 지아비를 잃은 지어미를 보면 알고 있는 것이 음험하여 지나치게 고집이 세고 끈질기고 잔인하여 변화하는 세상의 모든 것을 모르는 사람과 같다.

陽差陰錯
양차음착

頭圓屬陽, 面方屬陰, 前面屬陽, 後腦屬陰, 頭大, 面大, 頭大, 面小,
두원속양 면방속음 전면속양 후뇌음속 두대 면대 두대 면소

前大, 後小, 前小, 後大, 此頭面此也.
전대 후소 전소 후대 차두면차야

頭方屬陰, 面圓屬陽, 前後比差, 太過謂之陰錯也.
두방속음 면원속양 전후비차 태과위지음착야

面凸屬陽, 凹者屬陰, 四嶽起而中嶽凹, 亦謂陽差. 四嶽凹陷, 尖削,
면철속양 요자속음 사악기이중악요 역위양차 사악요함 첨삭

而中嶽獨凸, 而高, 亦謂陰錯.
이중악독철 이고 역위음착

如有骨無肉, 露眼無眉, 人大聲小, 亦謂陽差. 有肉無骨, 眉重壓眼,
여유골무육 노안무미 인대성소 역위양차 유육무골 미중압안

髮際低, 而天倉夾, 鬢鬚重而聲韻焦, 亦謂陰錯.
발제저 이천창협 수빈중이성운초 역위음착

面雖大而色暗, 身雖男而步斜, 嬌娜如婦, 凡男體女行. 亦謂陽差.
면수대이색암 신수남이보사 교나여부 범남체여행 역위양차

女體男態者, 亦謂陰錯.
여체남태자 역위음착

然則陽差陰錯, 最爲複雜, 而相無全吉, 世少完人. 陽差陰錯者, 最
연즉양차음착 최위복잡 이상무전길 세소완인 양차음착자 최

多, 故相之爲難, 難在分別形狀, 況有陽相而懷陰行, 陰相而作陽擧
다 고상지위난 난재분별형상 황유양상이회음행 음상이작양거

者哉.
자재

둥근 머리는 양에 속하고 모가 난 얼굴은 음에 속하고 얼굴의 앞면은 양에 속하고 뇌가

있는 뒷면은 음에 속하고 머리가 크고 얼굴이 크고 머리가 크고 얼굴이 작고 앞이 크고 뒤가 작고 앞이 작고 뒤가 크고 이러한 머리와 얼굴의 차이를 말한다.

모가 난 머리는 음에 속한다. 둥근 얼굴은 양에 속한다.

앞뒤를 비교해서 생겨난 차이가 크게 지나칠 때 음착이라 이른다.

얼굴이 凸 모양으로 나온 얼굴은 양에 속하고 凹자 모양으로 생긴 얼굴은 음에 속하고 네 개의 산악이 일어나고 가운데 중악이 凹자 모양이면 역시 양차라 이른다.

네 개의 산악이 凹자 모양으로 꺼져 있거나 뽀족하게 깎이거나 한가운데 중악이 홀로 凸자 모양으로 나오면 곧 높은 것이니 이를 음착이라 한다.

뼈만 있고 살비듬이 없는 것과 같고 눈이 나오고 눈썹이 없고 사람은 큰데 목소리가 작거나 할 때 역시 양차라 이른다.

살비듬이 있고 뼈가 없거나 눈썹이 무겁게 눈을 누르거나 머리털이 나는 부분이 낮게 시작되거나 천창이 좁거나 수염이나 머리카락이 진하게 나서 내려오고 음성이 끝이 메말라 깨어지는 소리일 때도 역시 음착이라 이른다.

얼굴이 비록 크기는 하지만 색이 어둡거나 몸은 비록 남자라 하나 걸을 때 한쪽으로 기울어지거나 부녀자와 같이 아리땁거나 무릇 남자의 몸이 여자와 같은 행동을 할 때 역시 양차라 이른다.

여자의 몸이 남자와 같은 태도를 가진 사람은 역시 음착이라 부른다.

그렇다면 양차 음착이 제일 복잡한데 이러한 상은 전부가 길하지 않으며 세상에는 완전한 사람이 없으니 양차 음착에 속하는 사람이 제일 많으며 그런고로 상을 보기 어렵고 어려운 것은 형상을 나누어 분별함이니 하물며 양상이면서 음의 행동을 품고 있음과 음상이면서 양성적인 거동을 하는 사람이겠는가?

本篇已得捷經, 折衷綱領, 立陽差陰錯, 二法四例于後.
본편이득첩경 절충강령 입양차음착 이법사예우후

본편은 여러분들이 얻고자 하는 것의 가장 빠른 지름길이며 여러 가지 학설을 가려서 선택한 으뜸되는 줄거리로서 양차 음착을 바로 세워 두 가지 법을 네 가지로 예를 들어 놓았다.

(一) 男固陽, 混女行者, 正陽差.
남고양 혼녀행자 정양차

(二) 女固陰, 混男態者, 正陰錯.
여고음 혼남태자 정양착

右二法, 是男女之正陽差陰錯.
우이법 시남녀지정양차음착

(一) 남자는 양으로 굳힌다. 여자의 행위가 섞여 혼탁한 사람을 바로 양차로 본다.

(二) 여자는 음으로 굳힌다. 남자의 태도가 섞여 혼탁한 사람을 바로 음착으로 본다.

이러한 두 가지 법이 남녀의 양차 음착이다.

(一) 不論男女, 槪以頭形, 屬天, 以象陽, 而主骨主聲, 故聲開嗓長持
불론남녀 개이두형 속천 이상양 이주골주성 고성개상장지
有韻者, 爲陽, 是以不論身之大小, 槪以聲喨爲吉, 而聲暗韻短
유운자 위양 시이불론신지대소 개이성량위길 이성암운단
閉焦者爲陰是以身之大小不論, 槪以聲小不喨爲凶, 此爲骨氣
폐초자위음시이신지대소불론 개이성소불량위흉 차위골기
之陽差也.
지양차야

(一) 남녀를 논하지 말라. 대체로 머리형은 하늘에 속하고 양의 상으로서 뼈를 주재하고 음성을 주재하는 까닭으로 음성은 목구멍이 열려 여운이 길게 지속되어야 하는 것으로 양이 되고 몸이 크고 작음을 논하지 않는 것이 옳으며, 대체로 음성은 울림이 좋아야 길한 것으로 음성이 어둡고 말소리 끝이 짧고 닫히고 초열한 사람은 음으로써 몸이 크고 작은 것에 상관없이 대체로 음성은 작고 울림이 없으면 흉

하고 이러한 골기를 양차라 이른다.

(二) 不論男女, 開以面爲衆陽之宗, 而主骨肉儀表, 故五嶽隱起, 鬚
불론남녀 개이면위중양지종 이주골육의표 고오악은기 수

眉鬢髮中和爲吉, 凹陷重壓爲凶. 是以陰太盛者, 頭大面小, 後
미빈발중화위길 요함중압위흉 시이음태성자 두대면소 후

大前小, 髮際低, 眉重眉垂, 鬢重鬚重, 面凹色暗, 天倉夾, 有肉
대전소 발제저 미중미수 빈중수중 면요색암 천창협 유육

無骨, 槪爲陰錯, 陽氣太過者, 頭小面大, 有骨無肉, 眉少稜露
무골 개위음착 양기태과자 두소면대 유골무육 미소릉로

無眉, 露眼, 豁齒結喉, 前大後小, 聳肩, 尖面, 槪爲陽差.
무미 로안 활치결후 전대후소 용견 첨면 개위양차

二) 남녀를 논하지 말라. 대체로 이러한 얼굴은 양의 무리에서 뛰어난 얼굴로서 뼈와 살이 적절한 본보기로 외모를 갖추고 다섯 개의 산악이 은은하게 일어나고 수염과 눈썹 머리털이 중화를 이루면 길한 것으로 凹자 모양으로 꺼지고 무겁게 눌리면 흉한 것이다.

음이 지나치게 왕성한 사람은 머리가 크고 얼굴이 작으며 앞이 작고 뒤가 크고 머리털이 낮게 나고 눈썹이 진하고 눈썹이 아래로 드리워지고 빈발과 수염이 우거져 무성하고 얼굴이 凹자 모양에 색이 어둡고 천창이 좁고 살비듬은 있는데 뼈가 약한 사람은 대체로 음착이 되며 양기가 태과한 사람은 머리가 작고 얼굴이 크고 뼈는 있는데 살비듬이 없고 눈썹은 없는 듯한데 미릉골이 튀어 나왔거나 눈썹이 없거나 눈이 나왔거나 치아와 결후가 크거나 앞이 크고 뒤가 작거나 어깨가 솟았거나 얼굴이 뾰족하면 대체로 양차가 된다.

(三) 身材大而氣魄小, 處事侷促, 忸怩拘牽, 陰險殘忍, 執拗無化, 此
신재대이기백소 처사국촉 뉵니구견 음험잔인 집요무화 차

陽不能制陰, 謂之陽差.
양불능제음 위지양차

三) 몸은 큰데 기백이 작고 일을 처리함이 죄고 다그치며 부끄러움에 얽매이며 그늘에 가려져 삐뚤고 인정이 없이 모질며 집요하여 조화를 이루지 못하니 이러한 양은 음을 능히 제압하지 못하는 고로 양차라고 이른다.

(四) 人小而氣魄擴皇無度, 處事簡慢知進不知守, 此陰不能制陽,
인소이기백확황무도   처사간만지진부지수   차음불능제양
謂之陰錯.
위지음착

右四例中, 聲音之陽差, 氣本丹田應乎骨, 神靈而關壽夭.
우사예중 성음지양차 기본단전응호골 신령이관수요

第二例及前云二法, 關乎六親者, 如陽差仍作陽相, 陰錯仍作
제이예급전운이법 관호육친자 여양차잉작양상 음착잉작

陰相, 若夫陽和屬陽, 陰德屬陰, 固爲男女本性, 唯是亢陽反陰,
음상 약부양화속양 음덕속음 고위남녀본성 유시항양반음

孤陰反陽, 皆爲極變之例. 如男之陽差, 變陰, 女之陰錯, 變陽
고음반양 개위극변지예 여남지양차 변음 여지음착 변양

是也.
시야

四) 사람은 작은데 기백은 임금처럼 넓지만 법도가 없으며 하는 일마다 소홀히 하고 업신여기며 앞으로 나갈 줄은 알지만 지키는 것을 알지 못하여 능히 양을 억제하지 못하는 이러한 음을 음착이라 이른다.

오른쪽(위의) 네 가지 예문 중에서 양차로 나누는 소리의 음은 기로서 본래 뼈골이 부르는 것을 단전이 응답하는 것으로 (기골과 단전의 연관성) 수명의 길고 짧음에 관련되어 있으니 참으로 신기하고 영묘하다.

두 가지 법을 말하기 전에 제 2 예문이 미치는 것은 육친에 관해 말하는 것으로서 양차는 양상에서 지어지는데 인하고 음착은 음상이 지어지는데 인하므로 온화한 양 기운은 양에 속하며 음덕은 음에 속하는 것처럼 굳혀진 남녀의 본성으로서 오직 음이 반대로 양의 기운이 극도로 왕한 것을 항양이라 하고 양이 반대로 음의 기

운이 극도로 성하여 지극히 외롭던가 하는 이러한 모든 것은 변하여 다하는 가운데 되어지는 예가 되는 것이다.

양차의 남자는 어그러진 음이고 음착의 여자는 어그러진 양인 것이다.

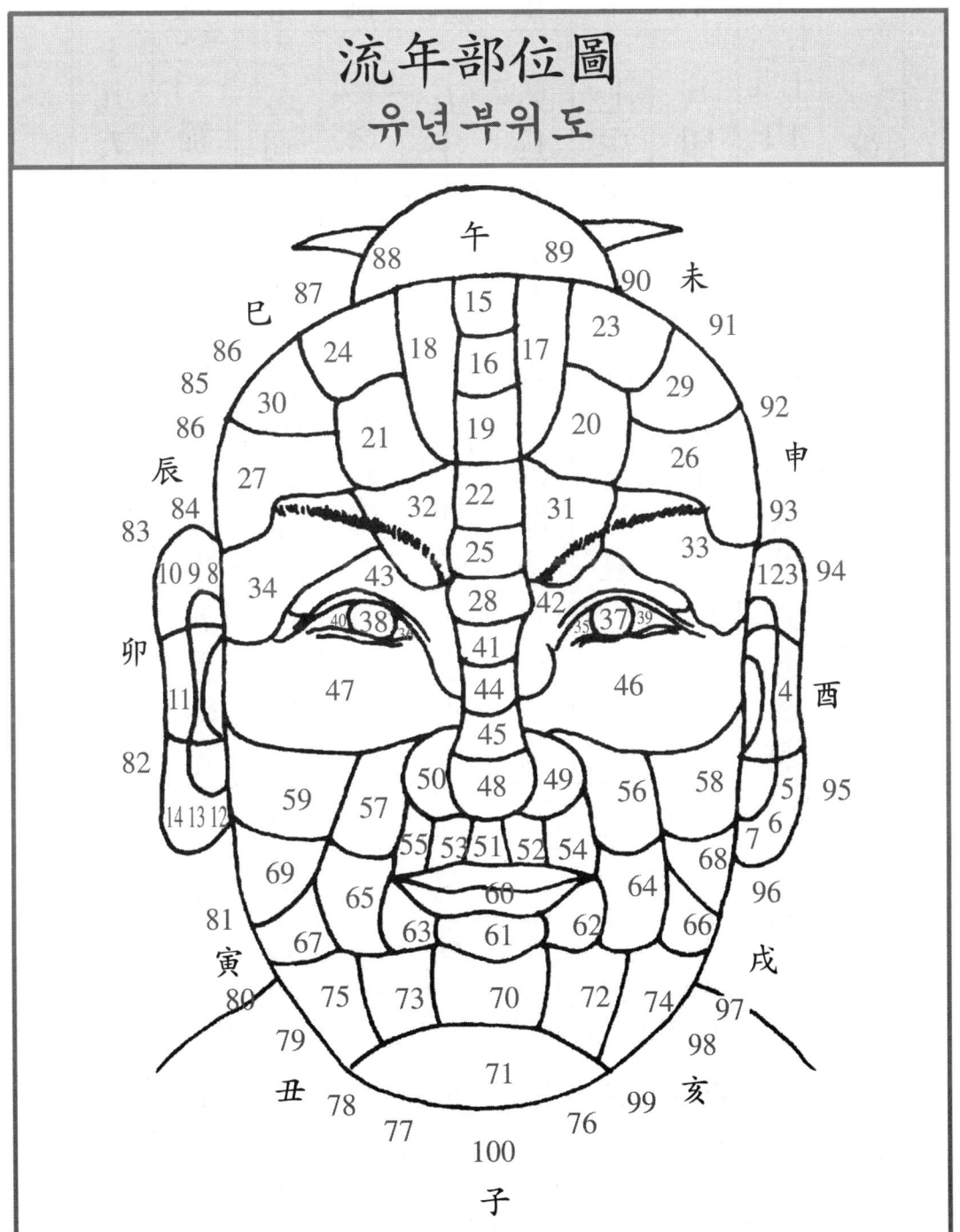

一二三 天輪	四 天城	五六七 天廓	八九十 天輪	十一 人輪	十二十三十四 地輪	十五 火星	十六 天中	十七 日角	十八 月角
十九 天庭	二十 輔角	二一 司空	二二二三二四 邊城	二五 中正	二六 丘陵	二七 塚墓	二八 印堂	二九三十 山林	三一 凌雲
三二 紫氣	三三 繁霞	三四 彩霞	三五 太陽	三六 太陰	三七 中陽	三八 中陰	三九 少陽	四十 少陰	四一 山根
四二 精舍	四三 光殿	四四 年上	四五 壽上	四六 顴骨	四七 顴骨	四八 準頭	四九 諫臺	五十 廷尉	五一 人沖
五四 食倉	五五 祿倉	五六五七 法令	五八五九 虎耳	六十 水星	六一 承漿	六二六三 地庫	六四 陂池	六五 鵝鴨	五二五三 仙庫
六八六九 歸來	七十 頌堂	七一 地閣	七二七三 奴僕	七四七五 腮骨	七六七七 子	七八七九 丑	八十八一 寅	八二八三 卯	六六六七 金縷
八六八七 巳	八八八九 午	九十九一 未	九二九三 申	九四九五 酉	九六九七 戌	九八九九 亥			八四八五 辰

若問百歲壽 週而復始推

新流年運限訣
신유년운한결

夫面部流年運限者, 亦有無窮之訣也, 其中分兩種辨別, 一曰, 九陽
부면부유년운한자 역유무궁지결야 기중분양종변별 일왈 구양

定流法, 一曰九陽混流法.
정류법 일왈구양혼류법

定流法, 就是一般所傳的, 眉型好, 交眉運必佳.
정류법 취시일반소전적 미형호 교미운필가

混流法, 眉雖好, 而眼鼻耳不好者, 眉運不發, 注受於鼻, 鼻運佳也.
혼류법 미수호 이안비이불호자 미운불발 주수어비 비운가야

(此乃眞傳秘訣也. 讀者宜留意參考.)
차내진전비결야 독자의류의참고

眉好不發運, 鼻壞反運佳, 其中是有定理也, 一般相書所註者, 如眉
미호불발운 비괴반운가 기중시유정리야 일반상서소주자 여미

好, 運交三十一至三十四, 必得佳運, 其中奧理非此簡單也.
호 운교삼십일지삼십사 필득가운 기중오리비차간단야

麻衣老祖云 … 『禾倉祿馬要相當, 不識之人莫亂指』, 就是此意也.
마의노조운 화창록마요상당 불식지인막난지 취시차의야

例如 … 年上壽上部位甚好, 而眉型六害者, 運交四十四歲, 四十五
예여 년상수상부위심호 이미형육해자 운교사십사세 사십오

歲, 定有大災也, 如壽上骨陷, 眉生五彩有勢, 眼覆眞光, 注射於鼻,
세 정유대재야 여수상골함 미생오채유세 안복진광 주사어비

運交壽上無有大害也.
운교수상무유대해야

其中氣勢相關, 官官相顧, 不可不察. 故以新流年運限分段註解也.
기중기세상관 관관상고 불가불찰 고이신유년운한분단주해야

本書注重, 混流法, 定流法容易察, 不加詳解也.
본서주중 혼류법 정류법용이찰 불가상해야

무릇 얼굴 부위에 흐르는 운을 헤아린다는 것은 역시 시간과 공간의 끝이 없는 말이므로 그중에서 두 가지로 나누어 보면 한 가지는 구양정류법, 또 한 가지는 구양 혼류법이다.

정류법이라는 것은 일반적으로 내려오는 것을 취하는 바로 눈썹이 잘생겨 있어야 하는 것으로 눈썹이 교차하는 운에서 반드시 아름다워야 한다.

혼류법이라는 것은 비록 눈썹이 좋아도 눈, 코, 귀가 좋지 못하면 눈썹에서 운이 일어나지 못하고 교차하는 코에서 운기를 주고 받으니 코가 아름다워야 한다. (이것이 진짜로 내려오는 비결이다. 독자들은 마땅히 마음에 새겨 두어 조심하며 참고하여 잘하라.)

눈썹이 좋아도 운이 일어나지 않는 것은 코가 무너져 아름다워야 하는 운이 반대로 되는 그 가운데 정해진 이치가 있는 것으로 일반 상서에서 풀어 밝힌 바에 의하면 눈썹이 좋으면 31세에서 34세까지의 운이 반드시 좋다고 하나 그 속에 있는 이치는 그렇게 간단하지가 않다.

마의 노조께서 말씀하시기를, 화창과 역마가 서로 잘 맞아야 하는 것이 중요하니 알지 못하는 사람들을 더할 나위 없이 어지럽게 가리키지 말라는 이러한 뜻을 염두에 두고 취하는 것이 옳을 것이다.

예를 들면, 년상과 수상의 부위가 진실로 좋은데 눈썹이 육해형에 속하는 사람이라면 44세나 45세에 재난이 있고 수상의 골격이 꺼져도 눈썹이 힘 있게 빛나고 눈이 살짝 가려져 빛이 나면 코에 운기를 쏘아주는 것으로 운이 교차하는 수상에서 있어야 하는 큰 해가 없는 것이다. 그러한 가운데 기운의 힘이 서로 서로 공유하고 서로 서로 잘 되게 돌아보니 자세히 살피지 않으면 안 된다. 고로 다가오는 새로운 해의 운을 볼 때는 여러 단계로 나누어서 풀어 밝히고 해석하여야 한다.

본서는 중요하게 이르는 혼류법과 정류법을 자세히 살펴서 쉽게 활용할 수 있도록 하였으니 더 이상 자세하게 풀이할 수가 없다.

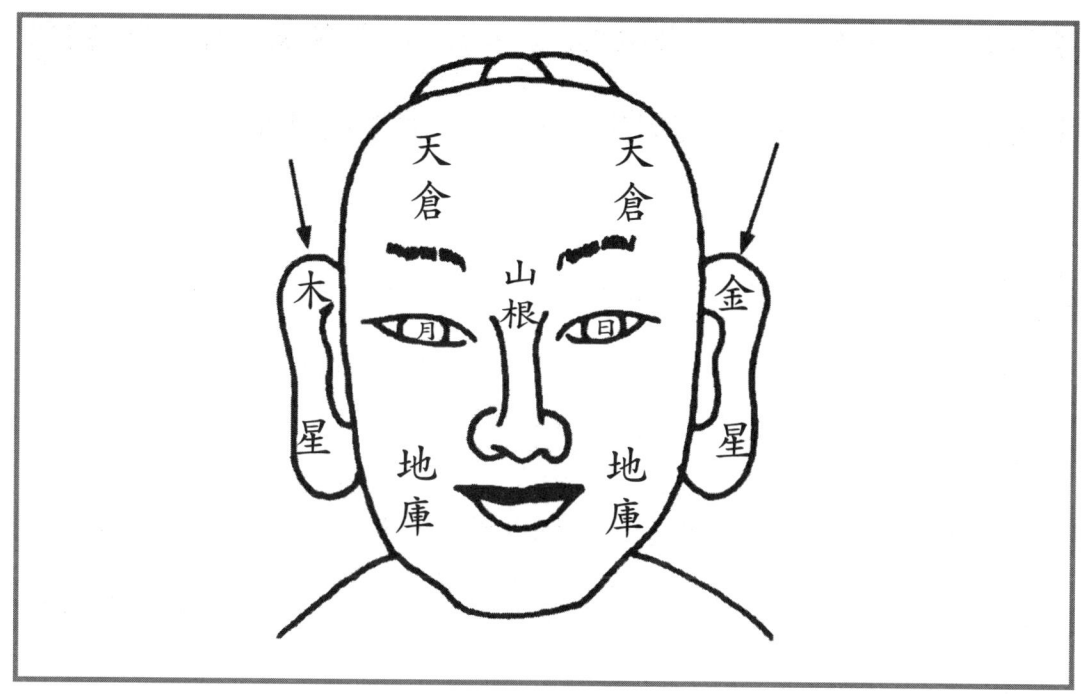

○ 金星
  금성

金星(左耳) : 一, 二, 三, 四, 五, 六, 七歲

● 金星觀天倉금성관천창 : 금성은 천창을 살펴라.

● 山根定大運산근정대운 : 산근이 대운을 다스린다.

金星 … 一歲至七歲, 天輪 一 二 三歲, 天城四歲.
금성   일세지칠세 천륜 일 이 삼세 천성사세

天廓 五 六 七歲, 其氣透射天倉. 以地庫爲托, 山根爲補.
천곽 오 육 칠세 기기투사천창   이지고위탁   산근위보

天倉骨起, 地庫不虧, 山根有勢, 金木不剋者, (金木不剋者乃是兩耳
천창골기 지고불휴 산근유세 금목불극자   금목불극자내시양이

一樣) 金星運佳.
일양 금성운가

本位縱有不美者, 亦主無大禍也. 若天倉陷, 地庫虧, 山根斷, 縱然
본위종유불미자   역주무대화야   약천창함 지고휴 산근단   종연

本位不陷, 定無佳運也. 或刑沖剋破災厄, 此年必見矣.
본위불함 정무가운야   혹형충극파재액   차년필견의

금성 1세에서 7세에 이른다. 천륜(귀의 윗부분)은 1, 2, 3세, 천성은 4세이다. 천곽은 5, 6, 7세이고 그 기운은 천창을 쏘아 통하게 하는 것이다.

그리고 지고도 밀어주고 산근도 도와준다.

- 천창의 골격이 일어나고 지고가 이지러지면 안 되며 산근이 힘이 있어야 한다. 금과 목이 극하지 않아야(금과 목이 극하지 않는다는 것은 양쪽 귀의 모양이 똑같아야 한다는 뜻이다) 금성에서의 운이 아름답다.

  본래의 위치에서 멋대로 생겨 아름답지 못하여도 큰 재난은 없다.

- 만약에 천창이 꺼지고 지고가 이지러지고 산근이 끊어지면 가령 본래의 위치에서 결함이 없어도 운이 아름답지 못하다.

  혹 형·충·극·파재의 위기가 해당하는 나이에 반드시 나타나게 된다.

木星(右耳) : 八, 九, 十, 十一, 十二, 十三, 十四歲

- **木星察地庫**목성찰지고 : 목성은 지고를 잘 살펴라.
- **山根定大運**산근정대운 : 산근이 대운을 다스린다.

木星 … 八歲 至 十四歲, 天輪 八 九 十歲, 人輪 十一歲, 地輪 十二
十三 十四歲.

與金星同論, 但 最忌金剋木, (左耳反輪, 右耳不反輪, 是也) 主幼小
時, 凶危, 及剋父母.

목성 8세에서 14세까지 이르고 천륜이 8, 9, 10세이고 인륜이 11세, 지륜이 12, 13, 14세에 해당한다.

이 부위의 운기의 작용도 금성과 동일한 내용이며 단, 최고로 싫어하는 것이 금극목 작용이다(한쪽 귀가 뒤집어지고 한쪽 귀가 뒤집어지지 않은 것을 말한다).

주로 유아기와 소년기에 부모를 극하여 흉하고 위험하다.

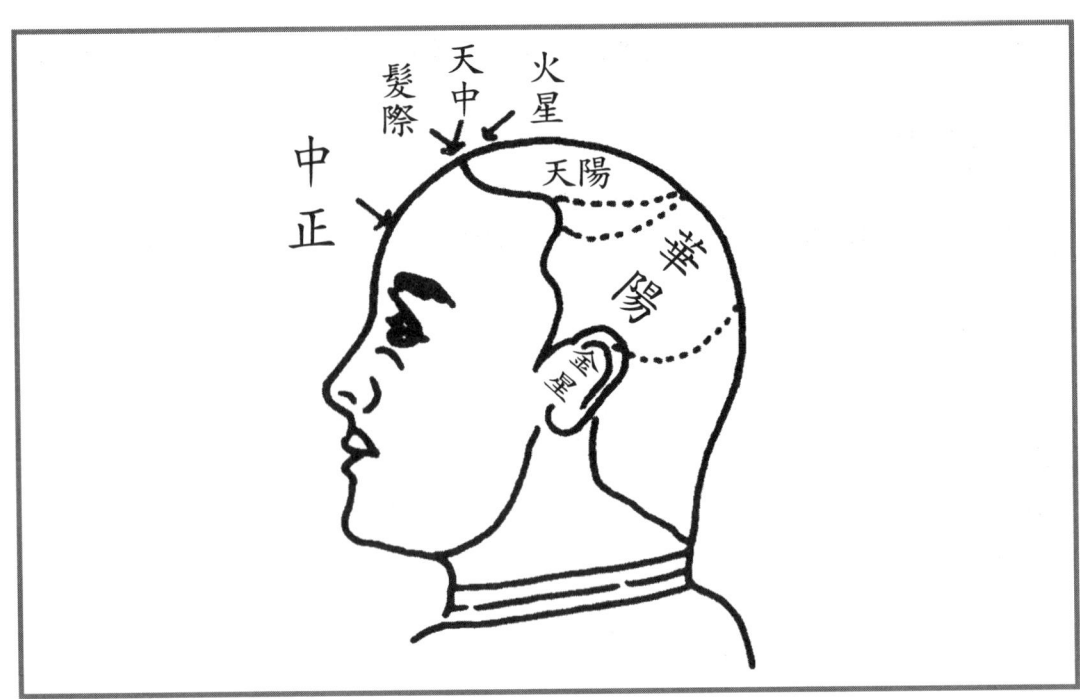

火星 화성

火星화성(天中上천중상) : 十五歲십오세

● 火星觀天陽화성관천양 : 화성은 천양골을 살펴라.

● 中正定運중정정운 : 중정이 운을 다스린다.

火星 … (却天中之上) 十五歲交此運. 氣貫天陽, 注射華陽, 托在景
화성　　　각천중지상　십오세교차운　기관천양　주사화양　탁재경

陽, 補爲金木二星天骨華骨有氣勢, 景骨不虧, 髮際齊而幽美, 兩耳
양　보위금목이성천골화골유기세　경골불휴　발제제이유미　양이

高縱照額, 十五十六歲運必佳也, 幼年易養少病.
고종조액　십오십육세운필가야　유년이양소병

若天陽景陽華陽骨陷或露髮脚沖印而不齊金木低弱者, 刑剋多病災
약천양경양화양골함혹로발각충인이부제금목저약자　형극다병재

厄破祖離宗, 速宜過房, 可免其半.
액파조이종　속의과방　가면기반

화성 천중의 윗부분이다. 15세의 운에서 만난다.

천양골의 기운을 뚫고 나오는 기운이며 화양골을 쏘아주고 경양골을 밀어주며 금, 목 二星 두 개의 귀가 도와주고 천골과 화골에 기세가 있으며 경골이 이지러지지 않고 발제가 가지런하게 그윽하고 아름다우며 양쪽 귀가 세로로 높이 솟아 이마를 비추면 15, 16세에는 반드시 운이 좋은 것이므로 유년에는 병이 없이 쉽게 무럭무럭 자라날 수 있는 것이다.

만약에 천양골과 경양골, 화양골이 꺼지거나 혹 발제 부분이 뾰족하게 인당을 충하거나 발제 부분이 가지런하지 못하거나 양쪽 귀가 낮게 있는 사람은 약하여 병이 많고 형극과 재액으로 조상을 떠나게 되니 빨리 양자로 보내면 흉액을 반으로 면할 수 있다.

天中천중(髮際발제) : 十六歲십육세

- **天中察木星**천중찰목성 : 천중은 목성을 살펴라.
- **中正定運**중정정운 : 중정이 운을 다스린다.

天中 … (卽髮際) 十六歲同論, 短日月角宜豐滿也.
천중   즉발제 십육세동론 단일월각의풍만야

천중 (즉 발제) 16세에 만나고 화성과 같은 내용이다.

단, 일각과 월각이 마땅히 풍만해야 한다.

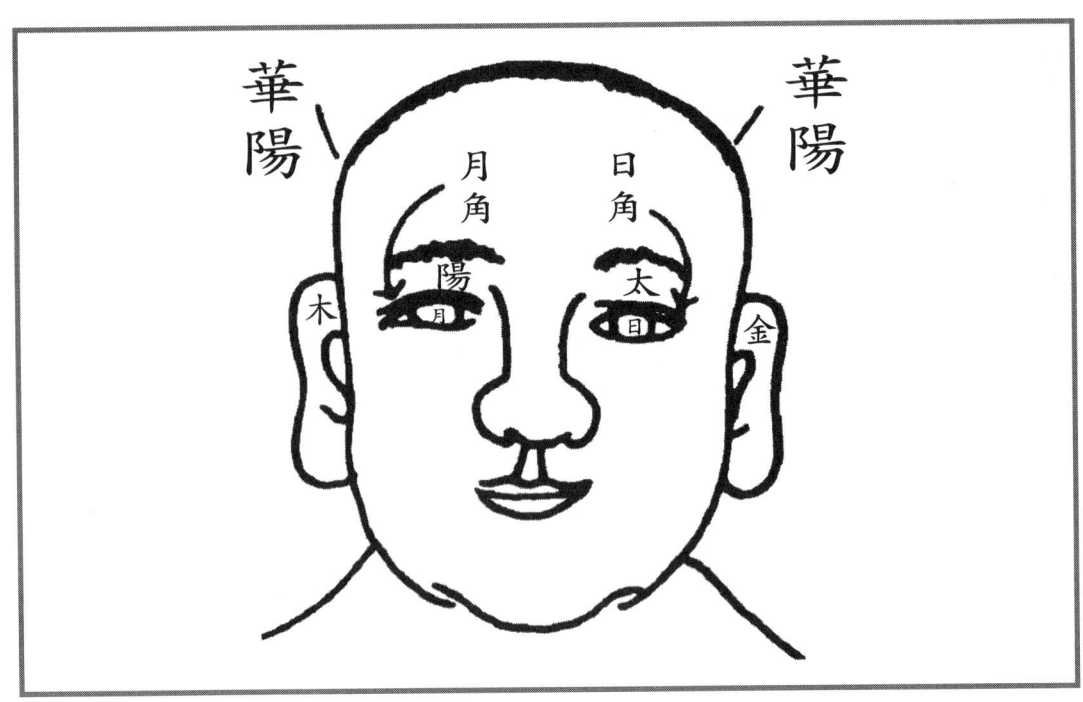

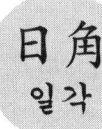

日角일각 : 十七歲십칠세

- 日角觀太陽일각관태양 : 일각은 태양을 살펴라.
- 華陽定大運화양정대운 : 화양골이 대운을 다스린다.

日角 … 運交 十七歲, 氣接太陽卽『兩眼』注射華陽, 金木爲托.
일각   운교십칠세 기접태양즉 양안 주사화양 금목위탁

兩目有神光彩, 天倉不陷, 華陽骨隆, 兩耳高縱過眉, 龍虎不爭者,
양목유신광채 천창불함 화양골융 양이고종과미   용호부쟁자

(髮際不閉日月角是也) 十七 十八 得好運.
 발제불폐일월각시야   십칠 십팔 득호운

此年必逢貴人也. 若是雙目不秀而無光者.
차년필봉귀인야   약시쌍목불수이무광자

金木相剋, 華陽氣衰, 龍虎相爭者, 此年必見刑剋, 或自身不利.
금목상극 화양기쇠 용호상쟁자   차년필견형극 혹자신불리

일각 17세의 운에서 만난다. 태양(두 눈)과 기운이 접하는 즉 (두 눈) 화양골에서 기운을 쏘아주고 금 목이 밀어준다.

두 눈은 빛나야 하고 천창이 꺼지지 않아야 하고 화양골이 일어나야 하고 양쪽 귀가 높이 솟아 눈썹을 지나야 하며 용각과 호각이 다투지 않으면 (발제 부분이 일각과 월각을 막지 않아야 한다.) 17, 18세의 운이 좋으며 해당하는 나이에 반드시 귀인을 만나게 된다.

만약 두 눈이 잘 생기지 못하여 빛이 없고 금, 목(두 귀)이 서로 극하고 화양골의 기운이 쇠약하고 용각과 호각이 서로 다투면 해당하는 나이에 반드시 형극을 만나게 되는 것으로써 자신에게 이롭지 못하다.

月角 월각

月角월각 : 十八歲십팔세

- 月角察兩耳월각찰양이 : 월각은 양쪽 귀를 살펴라.
- 華陽定大運화양정대운 : 화양골이 대운을 다스린다.

月角 … 十八歲仝論, 但 月角看木星爲主.
월각   십팔세동론   단 월각간목성위주

월각 18세의 운을 논하며 일각에 해당하는 내용과 같다.

단, 월각을 볼 때는 목성을 위주로 봐야 한다.

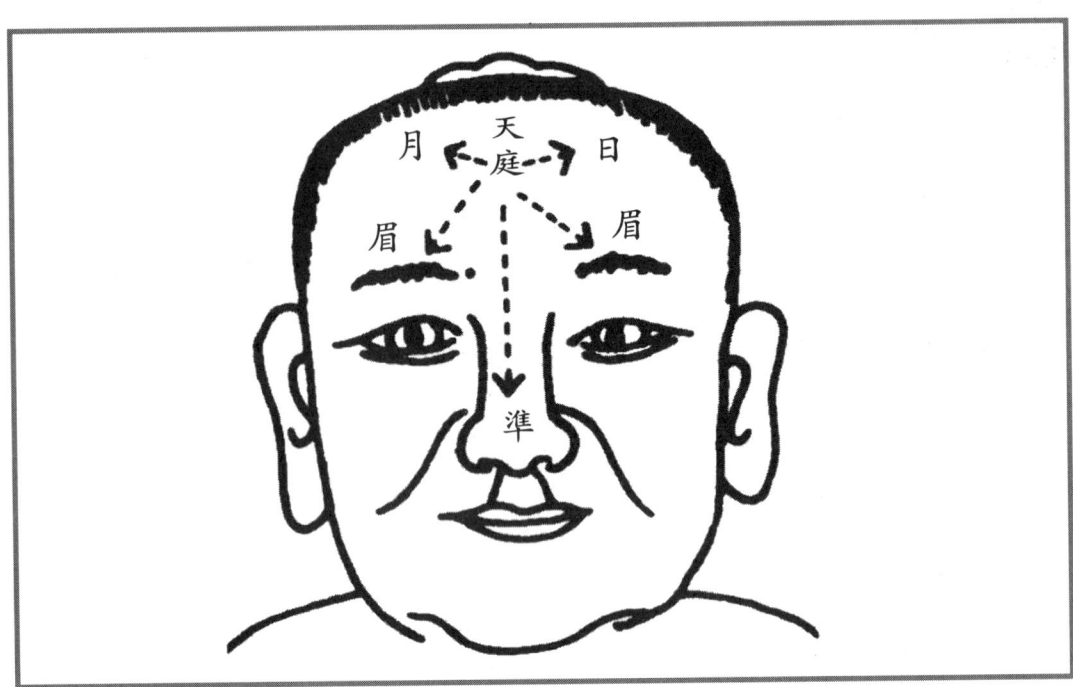

天庭 천정

天庭천정 (卽髮際下즉발제하) : 十九歲십구세

- 天庭觀眉勢천정관미세 : 천정은 눈썹의 기세를 잘 살펴야 한다.
- 日月爲照顧일월위조고 : 일각과 월각을 돌아보고 비춘다.
- 準頭定大運준두정대운 : 준두가 대운을 다스린다.

天庭 … 運接十九歲, 須察眉目氣勢向上者, (向上者尾向上是也)
천정　　운접십구세　수찰미목기세향상자　　향상자미향상시야

日月兩角明而圓滿, 準頭有收.
일월양각명이원만 준두유수

(收者, 不過高不過低, 是也) 直縱氣勢透頂, 髮脚不沖者, 此年運必
수자　불과고불과저　시야　직종기세투정　발각불충자　차년운필

佳也.
가야

若眉目無勢, 日月角陷而不齊, 鼻準傾而不正型陷氣弱者, 縱然天庭
약미목무세 일월각함이부제 비준경이부정형함기약자 종연천정
骨好亦難發大運矣, 運發於顴也.
골호역난발대운의 운발어관야

천정 19세의 운에서 만나며 모름지기 눈썹과 눈의 기세가 위로 향하는 사람인지 살피고(위로 향한다는 것은 꼬리 부분이 위를 향한다는 말이다) 일각과 월각 양각은 밝고 둥글게 꽉 차야 하며 준두는 거두어들일 수 있어야 한다는 것이다(거두어들일 수 있다는 것은 코가 지나치게 높지도 낮지도 않아야 한다는 말이다).

곧게 뻗은 기세가 정수리로 이어져 통하고 머리 나는 끝 부분이 인당을 충하지 않는 사람은 해당하는 나이의 운세가 반드시 좋다.

만약 눈썹과 눈에 힘이 없고 일각과 월각이 꺼지거나 가지런하지 못하거나 코가 기울고 형이 반듯하지 못하고 꺼져서 기운이 약한 사람은 가령 천정골이 좋다 하더라도 역시 대운이 일어나기 어렵다. 관골에 와서 운이 일어난다.

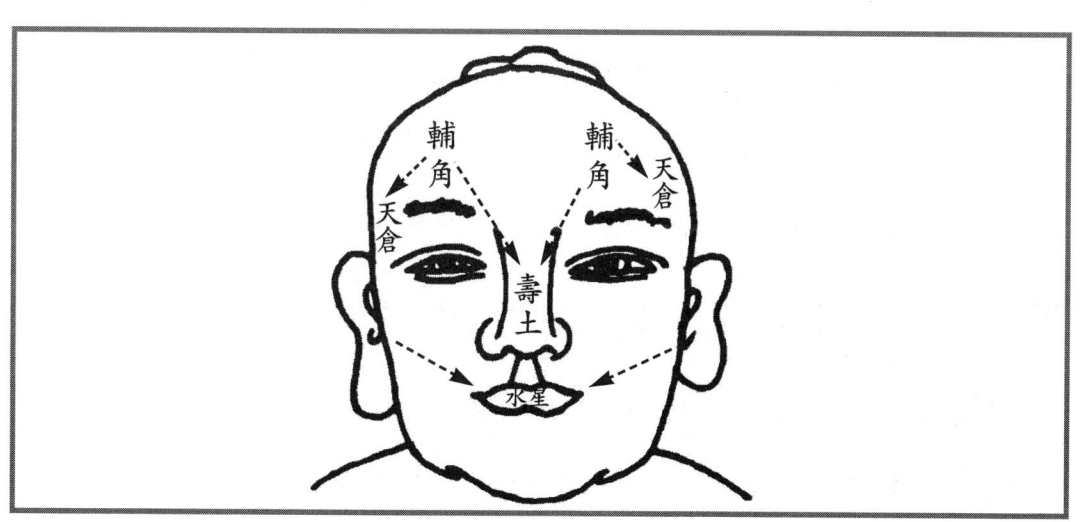

輔角
보각

輔角보각(卽福堂즉복당) : 左좌 二十歲이십세

- 左輔觀年壽좌보관년수 : 좌측 보각은 년상 수상을 보라.
- 天倉定大運천창정대운 : 천창이 대운을 다스린다.

左輔角 … 運逢二十歲, 年壽爲輔, 水星爲托, 天倉爲助, 年壽高平
좌보각   운봉이십세 년수위보 수성위탁 천창위조 년수고평
直上, 水星得配, 天倉圓滿榮靜者.
직상 수성득배 천창원만영정자
此年運佳, 或遇貴人, 逢凶化吉.
차년운가 혹우귀인 봉흉화길
若年壽陷鼻傾, 水星不佳, 天倉陷或過露者, 二十 二十一歲多爲惡
약년수함비경 수성불가 천창함혹과로자 이십 이십일세다위악
運也.
운야

좌보각 20세의 운에서 만나고 년상과 수상을 도와주고 수성을 밀어주게 되며 천창을 도와주고 년상과 수상의 윗부분이 높고 평평하게 바르게 뻗었을 때 수성과 짝이 되고 천창이 둥글게 꽉 차서 고요하게 밝으면 번창하는 사람이다.

해당하는 나이에 운이 좋으며 혹 귀인을 만나 흉한 일도 길하게 변한다.

만약 년상과 수상이 꺼지고 코가 기울고 수성이 좋지 못하고 천창이 꺼지거나 혹 지나치게 드러난 사람은 20세나 21세에 많은 악운이 이르게 된다.

輔角보각(卽福堂즉복당) : 右우 二十一歲이십일세

- 右輔察火星우보찰화성 : 우측 보각은 화성을 살펴라.
- 天倉定大運천창정대운 : 천창이 대운을 다스린다.

右輔角 … 水星爲重, 餘部欠之矣.
우보각   수성위중 여부흠지의

우보각 수성이 중요하며 모자라는 나머지 부분은 좌보각과 같다.

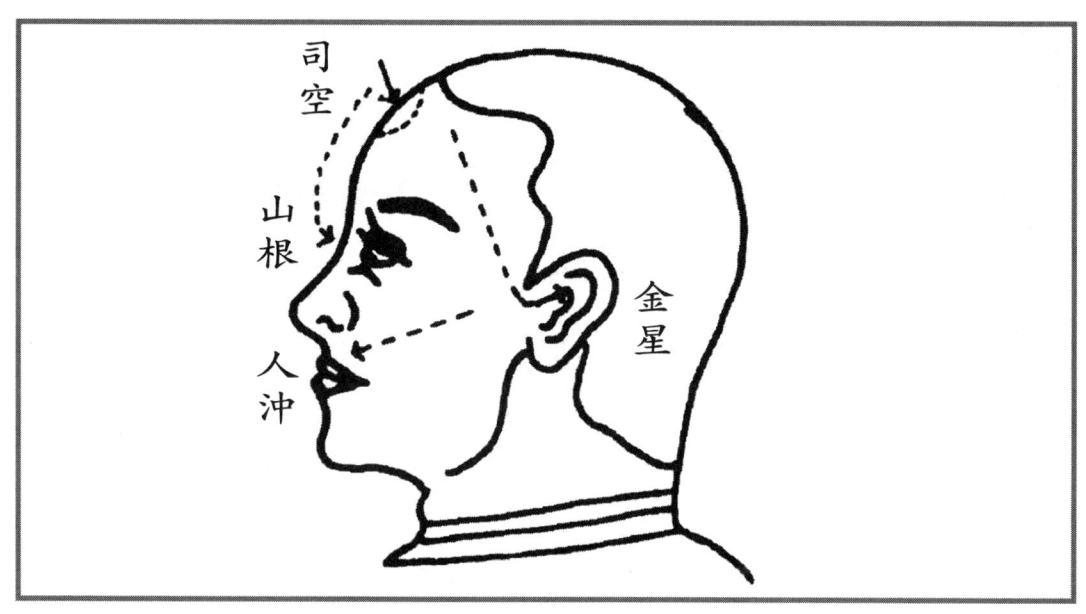

司空 사공

司空사공(中正上中正上):二十二歲이십이세

- **司空觀金星**사공관금성 : 사공은 금성(왼쪽 귀)을 잘 살피고
- **山根來龍托**산근래용탁 : 산근으로 내려가는 용맥을 밀어주며
- **人沖定大運**인충정대운 : 인충이 대운을 다스린다.

司空 … 年逢二十二歲, 金星過眉照額, 木星不剋, 山根氣上透天,
사공   년봉이십이세   금성과미조액   목성불극   산근기상투천

人沖淸流 (淸流者乃上硤下大端正, 上脣不捲土星不覆是也) 交此運
인충청류   청류자내상협하대단정   상순불권토성불복시야   교차운

者佳, 若金木二星相剋, 低陷生斑, 山根斷折, 人沖斜而傾曲, 四水
자가   약금목이성상극   저함생반   산근단절   인충사이경곡   사수

不暢反被土覆, 再本位顯有凶紋痣痕者, 二十二歲必見大凶厄也.
불창반피토복   재본위현유흉문지흔자   이십이세필견대흉액야

眉覆彩型眼藏眞光, 雖見凶而不死也, 所謂天關定運是也, 此年最重
미복채형안장진광   수견흉이불사야   소위천관정운시야   차년최중

要焉.
요언

사공 22세에 만나고 금성이 눈썹을 지나 높게 있어 이마를 비추고 목성을 극하지 않고 산근의 기상이 하늘(이마)의 부위까지 통하고 인충이 맑게 흐르면(맑게 흐른다는 것은 위가 좁고 아래가 넓어 단정하고 윗입술이 말려들지 않고 토성이 엎어지지 않은 것을 말한다) 교차하는 해당하는 나이에 운이 아름답고 만약 금, 목 두 개의 별 성이 서로 극하거나 해당 부위(사공)가 낮거나 꺼지거나 얼룩이 생겼거나 산근이 끊어졌거나 인충이 비뚤거나 굽고 기울어져 사수가 통하지 못하거나 반대로 토가 엎어져 덮어버리거나 더불어 흉한 주름이나 사마귀 흉터가 있는 사람은 22세에 반드시 큰 흉액을 만나게 된다.

눈썹이 빛나고 눈이 감춰져 참으로 빛나면 모름지기 흉을 만나도 죽지 않는다.

소위 하늘이 관련되어 운을 다스리는 것이다.

여기에 해당되는 나이가 인생에 있어서 최고로 중요하다.

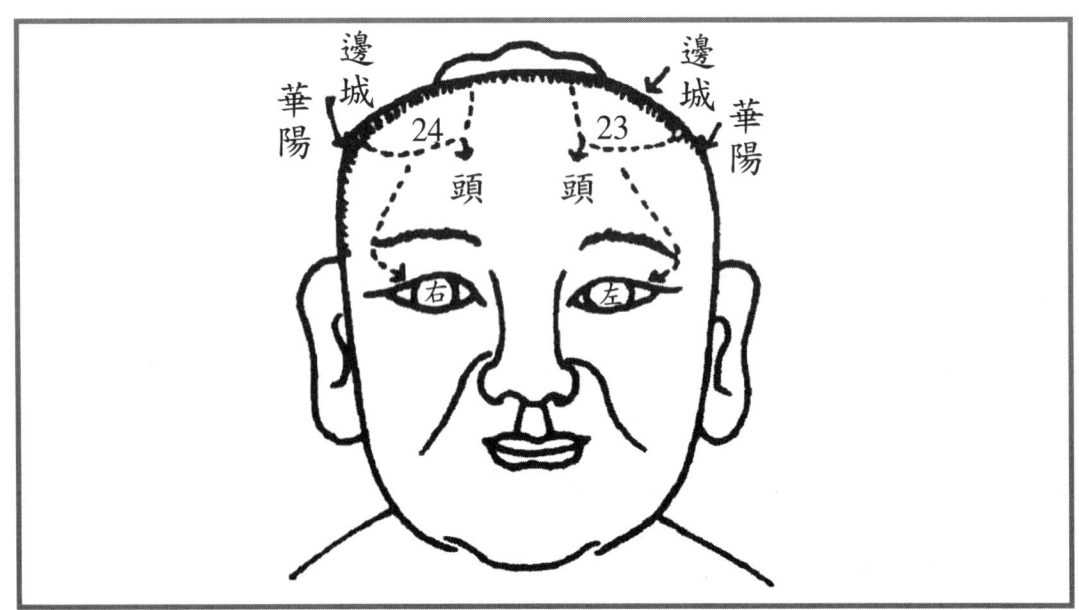

邊城
변성

邊城변성(左좌) : 二十三歲이십삼세

- 邊城觀目神변성관목신 : 변성은 눈빛을 함께 보고
- 華陽爲氣輔화양위기보 : 화양골이 기운을 도와주어야 한다.
- 額頭定大運액두정대운 : 이마를 비롯한 머리가 운기를 다스린다.

左邊城 … 交運二十三歲, 重在眼神, 尤其左目更爲重要, 華陽爲輔,
좌변성　　　교운이십삼세　　중재안신　　우기좌목경위중요　　화양위보

其氣勢最要豊滿, 額頭平靜光彩豊廣, 此年運定佳也.
기기세최요풍만　　액두평정광채풍광　　차년운정가야

若是兩目昏而無神, 型惡深露, 華陽氣弱而陷, 額乍成坑, 本位型弱
약시양목혼이무신　　형악심로　　화양기약이함　　액사성갱　본위형약

髮脚不淸者, 運交此年必多凶危也.
발각불청자　　운교차년필다흉위야

좌변성 23세의 운기에서 만나며 눈빛이 있는 것이 중요하고 왼쪽 눈은 더욱 중요하며 화양골이 도와주어야 하며 그 기세는 풍만한 것이 제일 중요하고 이마와 머리는 넓고 평평하고 풍만하여 빛이 나면 여기에 해당하는 나이의 운기는 아름답게 정하여진다.

만약 양쪽 눈이 혼미하여 빛이 없고 생긴 형이 깊거나 드러나거나 하여 못생기고 화양골이 꺼져 기운이 약하거나 이마가 구덩이처럼 패였거나 본래의 생김새가 약하고 머리나는 부분이 깨끗하지 못한 사람은 운을 주고받는 나이에 해당되면 반드시 많은 흉액이 있게 된다.

邊城변성(右우) : 二十四歲이십사세

右邊城 … 注重在額, 餘者同論也.
우변성　　　주중재액　　여자동론야

우변성 운기의 흐름에서 중요한것은 이마이다. 나머지는 같은 내용이다.

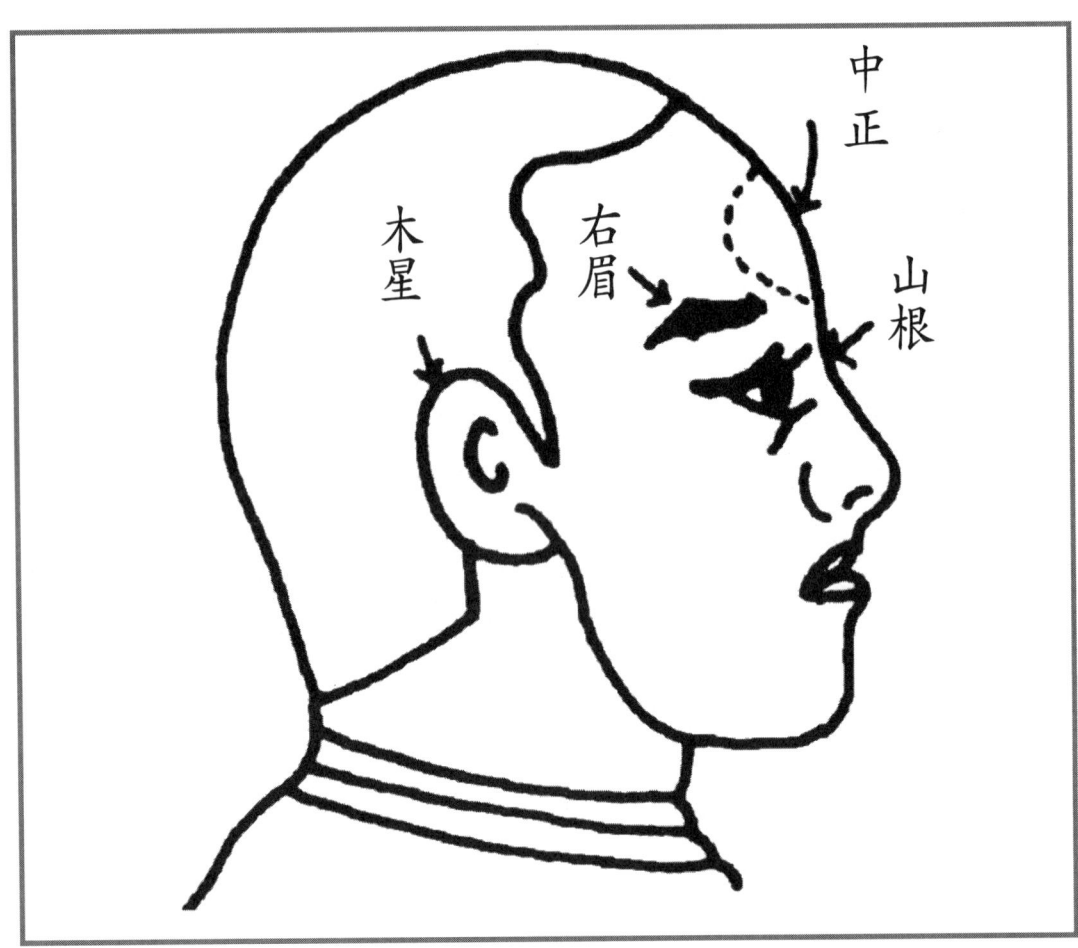

中正
중정

中正중정(印堂之上인당지상) : 二十五歲이십오세

- 中正觀雙眉중정관쌍미 : 중정은 양 눈썹과 함께 본다.
- 山根爲氣托산근위기탁 : 산근에 기운을 밀어준다.
- 木星定大運목성정대운 : 목성이 대운을 다스린다.

中正 … 上運二十五歲, 兩眉光彩勢上, 退印覆射天倉尤重於右眉,
중정   상운이십오세   양미광채세상   퇴인복사천창우중어우미

山根潤豊圓滿, 來龍氣托, 金木高縱照眉, 金木, (乃兩耳型狀一樣) 輪
산근활풍원만 내룡기탁 금목고종조미 금목 내양이형상일양 윤

廓不露, 珠朝海口, 色白潤明者.
곽불로 주조해구 색백윤명자

此運必見財喜重重.
차운필견재희중중

若是右眉帶殺兩眉型狀不一, 山根斷折, 金星剋木, (乃左耳反輪是
약시우미대살양미형상불일 산근단절 금성극목 내좌이반륜시

也) 型惡無珠者.
야 형악무주자

此年運招凶, 再本位陷者必是大凶也.
차년운초흉 재본위함자필시대흉야

二十二歲, 二十五歲, 謂之天關定運, 此二年多爲不喜則凶.
이십이세 이십오세 위지천관정운 차이년다위불희즉흉

不凶則見喜, 非平常之年也.
불흉즉견희 비평상지년야

중정 25세의 운에서 만나고 양 눈썹이 빛이 나고 위로 힘 있게 뻗으며 인당에서 물러나 천창을 비호하며 쏘아주고 무엇보다 중요한 것은 오른쪽 눈썹이 되며 산근이 넓고 둥글게 풍만하고 내룡으로 기운을 밀어주고 금, 목(두 개의 귀)이 높게 솟아 눈썹을 비추며, 금, 목(양쪽 귀의 모양이 같아야 함)의 윤곽이 드러나지 않고 수주가 입을 향하여 도우며 색이 희고 윤택하고 밝아야 한다.

이러한 운기에 이르면 반드시 재물이 거듭거듭 더하여져 기쁘고 만약 오른쪽 눈썹이 살기를 띠고 있거나 양쪽 눈썹이 똑같지 않고 산근이 끊어지거나 금성이 목성을 극하거나 (좌이가 뒤집어진 윤곽을 말한다) 수주가 없이 못생긴 사람은 해당하는 나이가 되면 흉운을 불러들이게 되고 더하여 본위가 꺼진 사람은 반드시 큰 흉에 이르게 된다.

22세, 25세는 하늘이 관련되어 운을 다스리므로 해당하는 2년은 매우 기쁘지 않은 즉 흉이 많이 일어나고 흉하지 않은 즉 기쁨을 보는 것이 늘 있는 평범한 해년이 아닌 것이다.

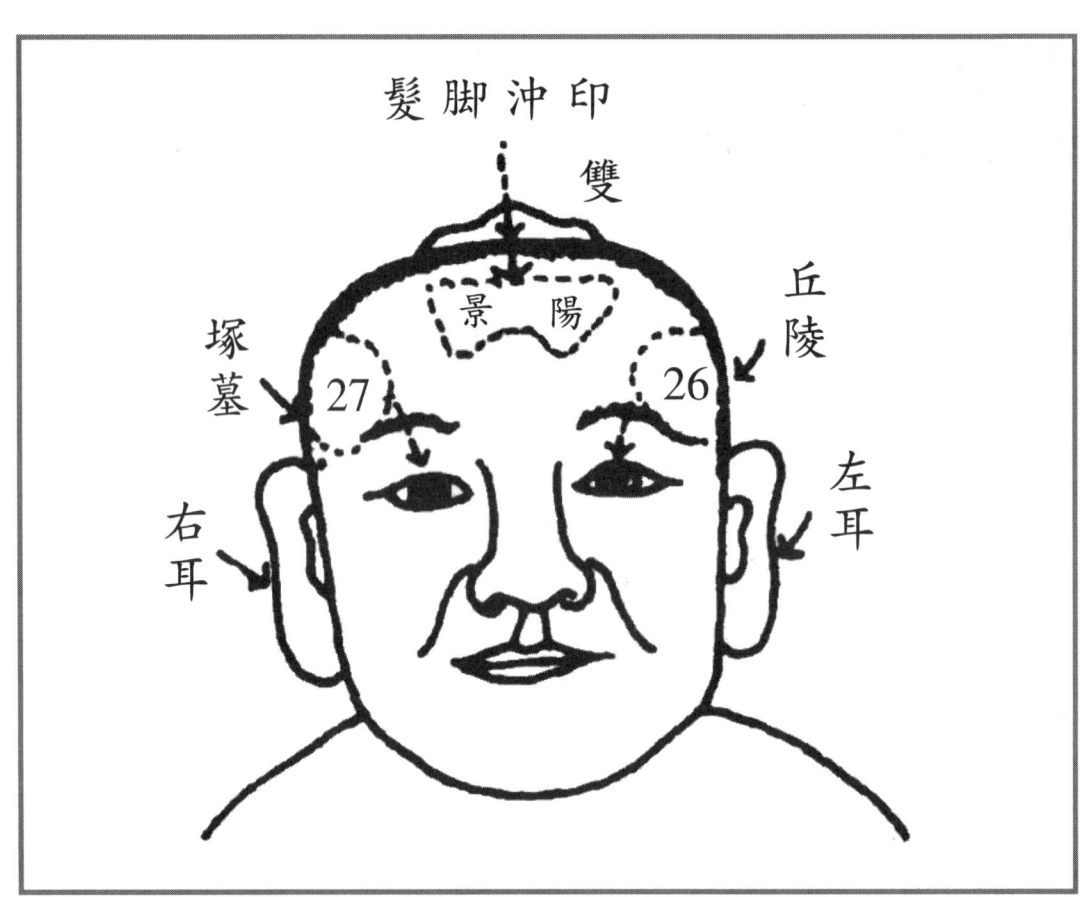

丘陵・塚墓
구릉·총묘

丘陵구릉 : 二十六歲이십육세

● 丘陵觀太陰구릉관태음 : 구릉은 태음과 함께 본다.

● 景陽定大運경양정대운 : 경양골이 대운을 다스린다.

丘陵 … 定運 二十六歲, 最重要是太陰星, 『右眼』神藏型秀, 黑白
구릉　정운 이십육세 최중요시태음성　우안　신장형수 흑백

分明, 雙目一樣更佳, 耳硬垂珠, 型秀色美, 更宜居高照額, 景陽骨
분명　쌍목일양경가 이경수주 형수색미 경의거고조액　경양골

圓潤, 豊滿型秀. 二十六七歲得佳運也.
원활　풍만형수　이십육칠세득가운야

若是雙目不秀神滯型惡. 兩耳薄而無珠, 輪飛廓反, 低而無氣勢. 景
약시쌍목불수신체형악   양이박이무주   윤비곽반   저이무기세   경

陽骨陷. 髮脚沖印者.
양골함   발각충인자

運交二十六七歲, 見厄. 如本位骨露者, 更凶, 此年防破相也.
운교이십육칠세   견액   여본위골로자   경흉   차년방파상야

구릉 26세의 운기를 다스리고 태음성이 제일 중요하며 (오른쪽 눈) 빛이 감추어져 빛나야 하고 모양이 빼어나게 잘생겨야 하며 흑백이 분명하고 두 눈의 모양이 똑같고 아름다우며 귀는 수주가 단단하고 모양이 빼어나고 색이 아름다우면 다시 말해 귀가 높이 있어 이마를 비추고 경양골이 원만하고 넓으며 풍만하게 모양이 빼어나 잘생기면 26, 27세에 운이 아름답다.

만약 두 눈이 못생기고 빛이 없으며 양쪽 귀가 얇고 수주도 없고 윤비와 곽이 뒤집어지고 낮아 기세도 없으면서 경양골마저 함몰되고 머리의 발제 끝 부분이 인당을 충하는 사람은 26, 27세의 운에서 액을 만나게 된다.

본래의 골격이 그 부분이 드러난 것처럼 생긴 사람은 다시말해 흉하게 생기면 해당되는 나이에 깨어지는 상이니 막아야 할 것이다.

塚墓총묘 : 二十七歲이십칠세

- **塚墓察木星**총묘찰목성 : 총묘는 목성과 함께 살핀다.
- **景陽定大運**경양정대운 : 경양골이 대운을 다스린다.

塚墓 ··· 觀右耳氣勢爲重. 餘者, 同論.
총묘   관우이기세위중   여자   동론

총묘 오른쪽 귀의 기세를 중요하게 관찰하여야 한다.

그 이외의 내용은 구릉과 같다.

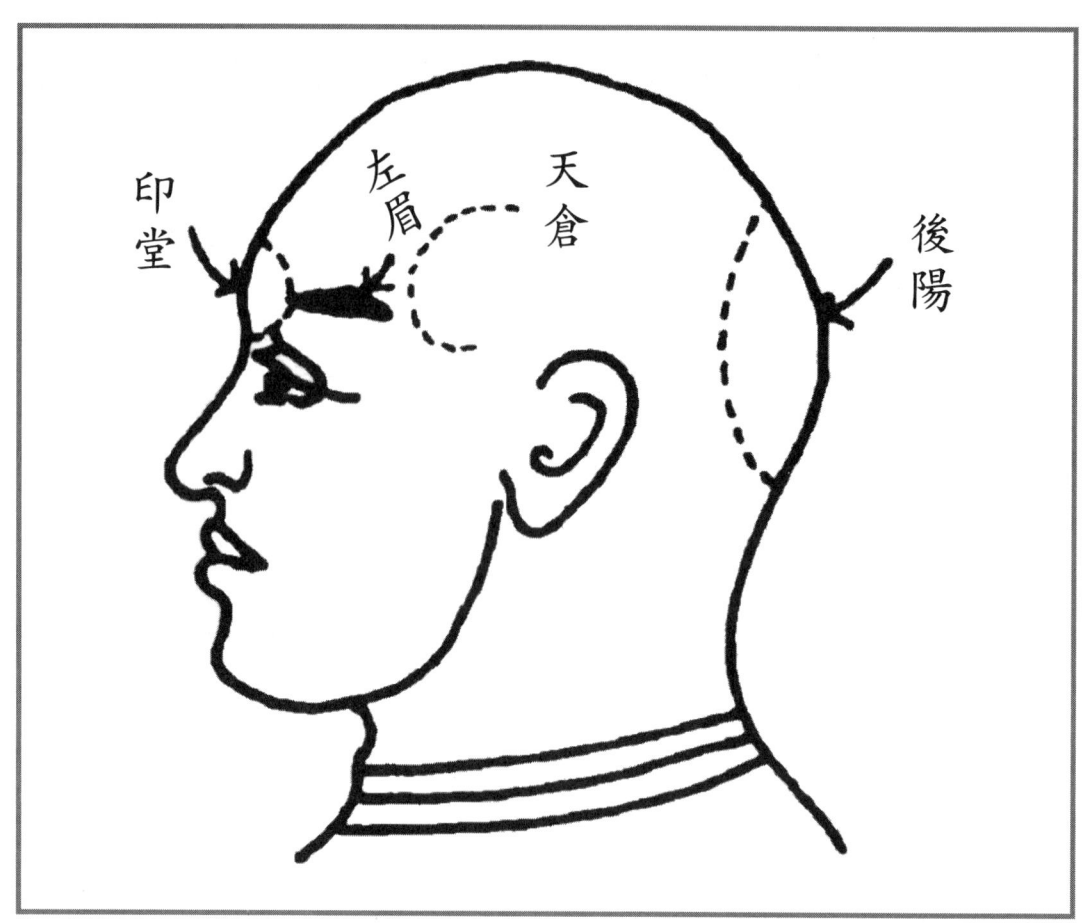

印堂
인당

印堂인당 : 二十八歲이십팔세

- 印堂觀左眉인당관좌미 : 인당은 왼쪽 눈썹과 함께 자세히 살펴라.
- 天倉爲助氣천창위조기 : 천창이 기운을 도와준다.
- 後陽定大運후양정대운 : 후양골이 대운을 다스린다.

印堂 … 運達二十八歲, 最要之部, 左眉尾, 兩眉一樣華彩, 勢上而
인당   운달이십팔세 최요지부 좌미미 양미일양화채 세상이

豪毛不散不逆, 退印居額, 更宜三輕, (眉輕賓輕, 鬚輕是也) 天倉豊
호모불산불역 퇴인거액 경의삼경 미경빈경 수경시야 천창풍

滿, 不陷不露, 後陽氣托, (乃豐滿有勢是也) 如再眼有眞光者, 此年
만   불함불로   후양기탁   내풍만유세시야   여재안유진광자 차년

必得官位.
필득관위

縱本位較陷者, 不出大凶也, 若左眉毛逆, 型帶六害, 天倉氣弱或骨
종본위교함자 불출대흉야 약좌미모역 형대육해 천창기약혹골

露, 平弱無勢者. 本位雖好, 此年大運難發矣.
로 평약무세자   본위수호 차년대운난발의

此位乃九氣聚散之要處, 最關一生之禍福, 而非只二十八歲也.
차위내구기취산지요처   최관일생지화복   이비지이십팔세야

인당 28세에 운이 발달하며 최고로 중요한 부위로서 좌측 눈썹의 꼬리이며, 양 눈썹이 같은 모양으로 밝게 빛나고 눈썹의 작은 털 하나 하나가 어긋나지 않고 흩어지지 않으며 힘 있게 위를 향하여 인당에서 벗어나 이마에 있고, 다시 말하면 마땅히 삼경에 속하여야 하는데 (삼경이란 – 미경, 빈경, 수경을 말한다) 천창이 풍만해야 하며 꺼지지도 말며 드러나지도 말고 후양기가 밀어주고 (풍만하여야 힘이 있는 것이다) 거기에 눈까지 참으로 빛나는 사람은 해당하는 나이에 반드시 벼슬에 오른다.

가령 본위를 비교하였을 때 꺼진 사람은 크게 흉하니 나가지 말며 만약 좌측 눈썹 털이 거꾸로 났거나 생긴 모양이 육해에 속하거나 천창 기운이 약하거나 혹 골격이 드러났거나 평평하면서도 약하여 기세가 없는 사람이라면 본위가 비록 좋더라도 해당하는 나이에 큰 운이 일어나기 어렵다.

인당은 아홉 개의 기운이 모이고 흩어지는 중요한 곳으로 일생의 화복에 관련된 제일 중요한 곳이므로 28세뿐만이 아니다.

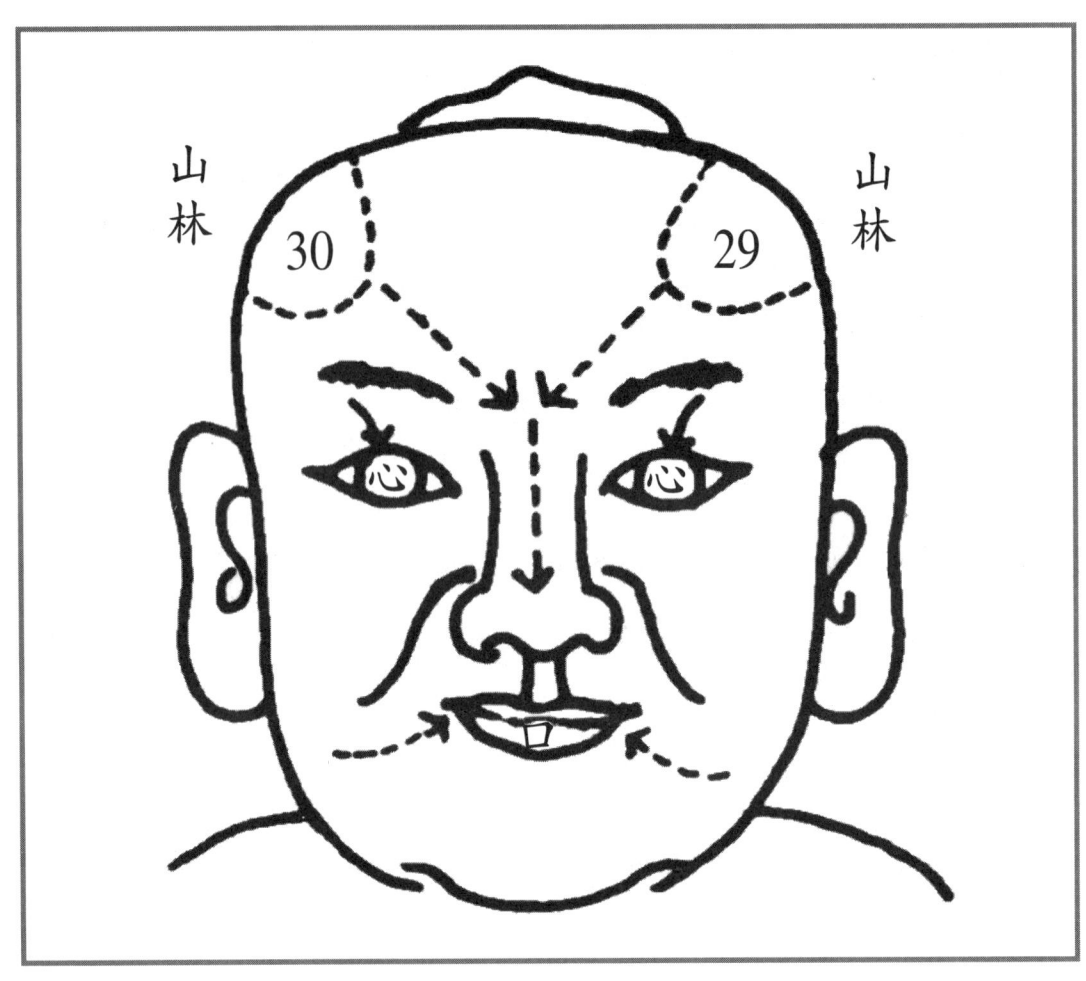

山林
산림

山林산림(左좌) : 二十九歲이십구세

- 山林(左)重在鼻산림(좌)중재비 : 좌측 산림은 코가 중요하다.
- 口定大運구정대운 : 입이 대운을 다스린다.

山林 …『左』二十九歲, 注射於鼻, 鼻正有勢, 爲最要也, 眼再有神,
산림   좌 이십구세 주사어비 비정유세 위최요야 안재유신

印堂不陷, 本位型秀者交此年運, 主財喜. 更宜出外. 鼻弱勢惡者.
인당불함 본위형수자교차년운 주재희 경의출외 비약세악자

定難發運也.
정난발운야

산림(좌) 29세에 해당되고 코를 향해 쏘아주니 코가 반듯하게 생기고 힘이 있어야 하는 것이 제일 중요하며 눈은 또 빛이 있고 인당이 꺼지지 않고 본래의 생김새가 빼어나게 잘생기면 해당되는 나이의 운기에 재물의 기쁨을 누리게 되므로 다시 말해 마땅히 나가서 활동을 하여야 한다.

코가 잘생기지 못하여 기세가 약하면 운이 발달하기 어렵다.

山林산림(右우) : 三十歲삼십세

- 山林(右)重在印堂산림(우)중재인당 : 우측 산림은 인당이 중요하다.
- 口定大運구정대운 : 입이 대운을 다스린다.

山林『右』運逢三十歲, 首觀印堂有否帶殺, 次察水星『卽口』尤是
산림   우   운봉삼십세 수관인당유부대살 차찰수성 즉구 우시
上下脣須要整齊, 書云 … 三十印堂莫帶殺, 卽是此意一部份也. 若
상하순수요정제 서운   삼십인당막대살 즉시차의일부분야 약
印堂藏殺或陷者, 口再無氣勢者, 運交此年招凶.
인당장살혹함자 구재무기세자 운교차년초흉

산림(우) 30세의 운에 만나게 되고 인당이 살기를 띠지 않은지 잘 살피고 다음은 수성(즉 입)을 살피는데 모름지기 입술은 상하 입술이 가지런히 정돈되어야 하는 것이 무엇보다 중요하다.

옛 사람의 글에 이르되 30세에는 인당에 살기를 띠면 절대로 안 되는 즉 다음과 같은 내용의 일부분으로서 만약에 인당에 살기가 감춰져 있거나 혹 꺼져 있는 사람이 입도 더하여 기세가 없는 사람은 해당하는 나이에 흉을 부르게 된다.

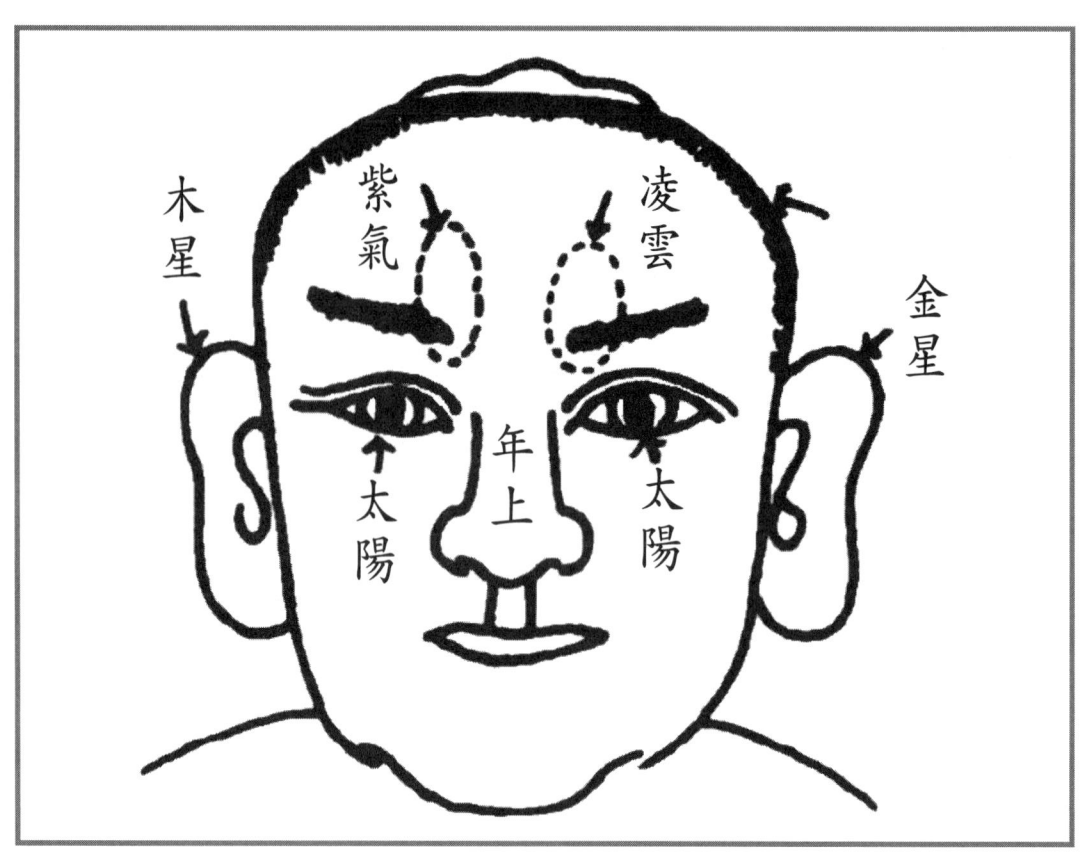

凌雲·紫氣
능운·자기

凌雲능운(左眉頭上좌미두상) : 三十一歲삼십일세 능운 좌측 눈썹 머리 위

- 凌雲觀金星능운관금성 : 능운은 금성과 함께 자세히 살핀다.

- 年壽定大運년수정대운 : 년상과 수상이 운을 다스린다.

凌雲…『左眉頭及左眉頭上』運交 三十一二歲, 此運兩耳爲最重
능운   좌미두급좌미두상   운교 삼십일이세   차운양이위최중

要, 尤其是金星『左耳』雙耳一樣輪廓分明, 高過於眉色潤明, 年壽
요 우기시금성 좌이 쌍이일양윤곽분명 고과어미색윤명 년수

骨起, 平直有勢, 色潤潔, 雙目黑白分明有神者.
골기 평직유세 색윤결 쌍목흑백분명유신자

此運佳, 如本位再好, 此運更美, 必遇貴人交友得利, 事業重新發展.
차운가 여본위재호 차운경미 필우귀인교우득리 사업중신발전

財喜重重.
재희중중

若金木二星型惡, 年壽帶陷, 眼無神而型劣者. 雖然本位好亦無大運
약금목이성형악 년수대함 안무신이형렬자 수연본위호역무대운

也.
야

능운 (좌측 눈썹 머리에서 눈썹 머리 윗부분까지) 31, 32세의 운이 교차하는 곳이며 여기에 해당하는 운기는 양쪽 귀가 무척 중요하고 그 중에서도 금성(좌측 귀)이 더욱 중요하며 양쪽 귀가 똑같은 모양으로 윤곽이 분명하고 눈썹을 지나 높이 있고 색이 윤택하고 밝아야 하며 년상과 수상의 골격이 일어나고 평평하고 바르게 기세가 있어야 하며 색깔이 윤기 있게 깨끗하고 두 눈은 흑백이 분명하고 눈빛이 있어야 한다.

이러하면 가히 운이 좋다고 할 수 있으며 본위가 더불어 연속해서 아름다우면 반드시 귀인을 만나 친한 교우가 되어 이익을 얻을 수 있으며 사업도 날로 발전하여 재물이 쌓여 가니 기쁨이 거듭될 것이다.

만약 금, 목 두 개의 별 성 모양 자체가 못생기고 년상과 수상이 꺼지고 눈의 모양이 정도에 미치지 못하고 눈빛이 없는 사람은 비록 본위가 좋다 하더라도 큰 운은 없다.

紫氣자기 (右眉頭上우미두상) : 三十二歲삼십이세 자기 우측 눈썹 머리 위

- **紫氣察太陽자기찰태양** : 자기는 태양과 함께 자세히 살핀다.
- **年壽定大運년수정대운** : 년상과 수상이 운을 다스린다.

紫氣 ··· 餘者 同論
자기   여자 동론

자기 위의 내용과 동일하다.

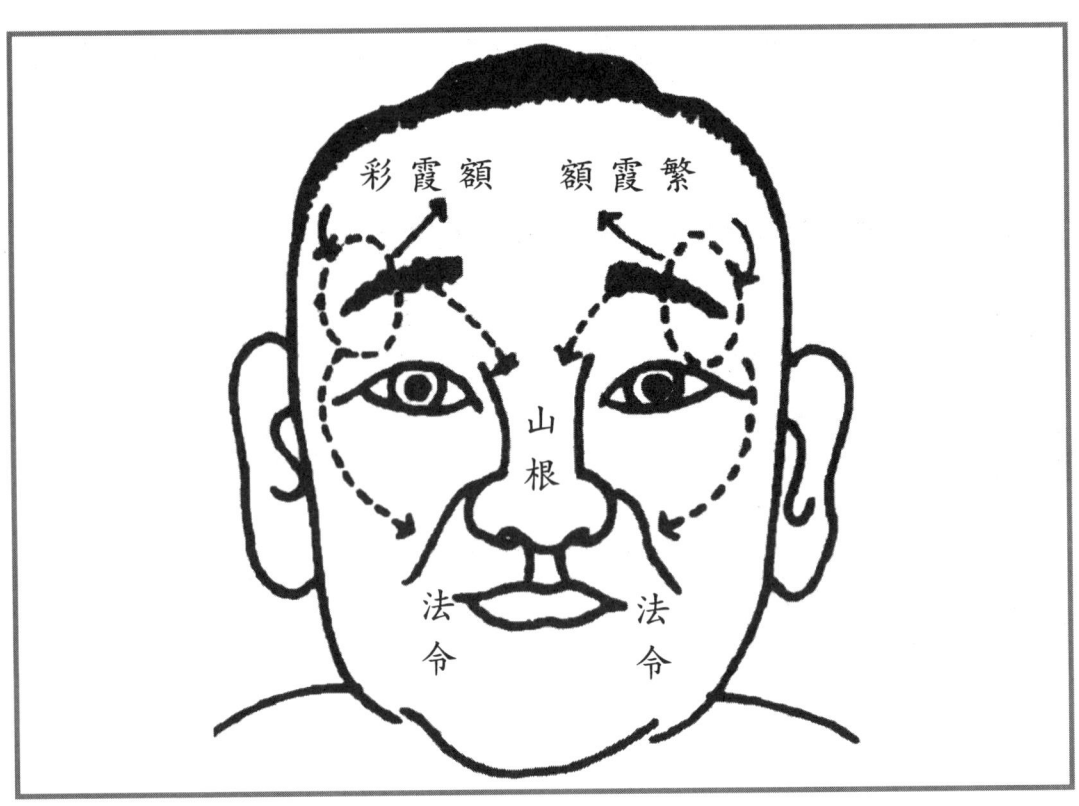

繁霞·彩霞
번하·채하

繁霞번하(左眉尾좌미미) : 三十三歲삼십삼세

- 繁霞觀正額번하관정액 : 번하는 이마가 반듯한지 자세히 살펴야 한다.

- 山根爲托산근위탁 : 산근을 밀어주어야 한다.

- 法令正運법령정운 : 법령이 대운을 다스린다.

繁霞…『左眉尾部』逢運三十三歲, 其氣注受於額, 山根爲托, 法令
번하   좌미미부 봉운삼십삼세 기기주수어액 산근위탁 법령

爲輔. 額勢平滿, 無破傷紋痕, 髮脚整齊而居上, 山根來龍有勢, 法
위보 액세평만 무파상문흔 발각정제이거상 산근내룡유세 법

令隱隱下遊, 氣得四正, 目再有神者, 大運至矣. 反則定有不美也.
령은은하유 기득사정 목재유신자 대운지의 반즉정유불미야

번하 (좌측 눈썹 꼬리 부분) 33세의 운을 만나며 그 기운은 이마로 보내주고 받으며 산근을 밀어주고 법령을 도와준다. 이마는 평평하면서 꽉 차서 힘이 있고 흉터나 주름, 깨어진 상처가 없고 머리 나는 부분이 가지런하고 높이 있어야 하며 산근은 힘 있는 내룡이어야 하며 법령이 이루어져 아래로 흐르면 반듯한 네 가지의 기운을 얻을 수 있는데 더불어 눈빛이 있으면 큰 운에 이르게 된다. 반대인즉 아름답지 못하다.

彩霞채하(右眉尾우미미) : 三十四歲삼십사세

- 彩霞察計都채하찰계도 : 채하는 계도와 함께 잘 살펴야 한다.
- 山根爲托산근위탁 : 산근을 밀어주어야 한다.
- 法令正運법령정운 : 법령이 대운을 다스린다.

彩霞 … 右眉尾部, 運定三十四歲, 最重要本位之好壞, 餘部仝論也.
채하   우미미부   운정삼십사세   최중요본위지호괴   여부동론야

眉運乃三十一至三十四歲, 如果眼秀有神, 鼻直有勢, 額再豊滿者,
미운내삼십일지삼십사세   여과안수유신   비직유세   액재풍만자

眉雖欠佳, 亦能發運矣.
미수흠가   역능발운의

白三輕三濃示須配觀.
백 삼 경 삼 농 시 수 배 관

채하 (오른쪽 눈썹 꼬리 부분) 34세의 운을 다스리며 본위가 잘생기고 못생긴 것이 최고로 중요하며 나머지 부분은 번하의 내용과 동일하다.

눈썹 운은 31세에서 34세까지 이르게 되는데 눈의 모양과 눈빛이 빼어나고 코가 바르고 힘이 있고 이마가 더하여 풍만한 사람은 눈썹이 비록 흠이 있게 아름답더라도 역시 능히 운은 발달한다. 깨끗한 삼경(수경·빈경·미경)과 삼농(수농·빈농·미농)이 알려주는 것 중에서 모름지기 어느 것과 배합이 되어 있는지 잘 살펴라.

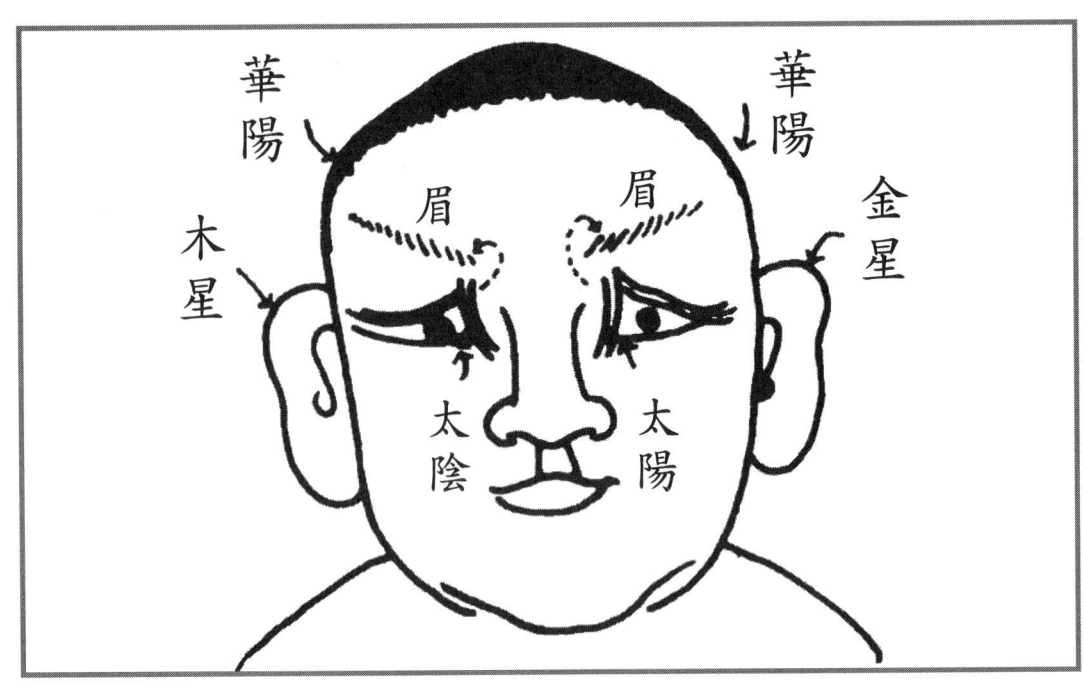

太陽・太陰
태양・태음

太陽(左眼白瞳人)태양좌안백동인 : **三十五歲**삼십오세
좌측 눈 안쪽 부분의 흰자위

- **太陽觀木星**태양관목성 : 태양은 목성과 함께 살펴야 한다.
- **眉覆五彩**미복오채 : 눈썹의 모양이 잘생기고 아름답게 빛나야 한다.
- **華陽正運**화양정운 : 화양골이 운을 다스린다.

太陽 … 『左眼白瞳人』運交三十五歲, 最要右耳型正潤明, 居上照
태양   좌안백동인   운교삼십오세   최요우이형정윤명   거상조

額, 眉長過目, 伏射天倉, 型帶五彩, 華陽有氣而不陷, 本位不惡者,
액 미장과목 복사천창 형대오채 화양유기이불함 본위불악자

此年大運必至, 財喜重重而見也.
차년대운필지 재희중중이견야

若木星 型劣金星又爲不秀, 眉生六害, (六害者乃黃薄一害, 散而不
약목성 형렬금성우위불수 미생육해 육해자내황박일해 산이불

收二害, 亂逆三害, 交加四害, 鎖印五害, 低壓六害, 是也) 華陽無勢
수이해 난역삼해 교가사해 쇄인오해 저압육해 시야 화양무세

者, 本位縱然好, 大運難發矣.
자 본위종연호 대운난발의

태양 (좌측 눈의 흰자위) 35세에서 만나며 우측 귀의 모양이 반듯하고 윤택하게 밝아야 하는 것이 제일 중요하고 높게 있어 이마를 비추고 눈썹은 눈보다 길며 천창을 쏘아야 한다. 눈썹은 오채의 아름다운 빛을 띠어야 하고 화양골이 함몰되지 않아 기운이 있으며 본위가 못생기지 않으면 해당하는 나이에 이르러 반드시 운이 좋아져 재물이 거듭거듭 쌓여 기쁨을 보게 된다.

만약 목성도 부족하고 금성도 빼어나지 못하고 눈썹도 육해 (① 황박한 눈썹 ② 흩어진 눈썹 ③ 어지러이 거꾸로 난 눈썹 ④ 양쪽이 붙은 눈썹 ⑤ 고리처럼 꼬인 눈썹 ⑥ 낮아서 눈을 압박하는 눈썹)에 속하고 화양골의 기세가 없는 사람은 가령 본위가 좋다 하더라도 큰 운이 발달하기가 어렵다.

太陰(右眼白瞳人)태음우안백동인 : 三十六歲삼십육세
우측 눈 안쪽 부분의 흰자위

- **太陰陽宜明**태음양의명 : 태양과 태음은 마땅히 밝아야 한다.
- **眉覆五彩**미복오채 : 눈썹의 모양이 잘생기고 아름답게 빛나야 한다.
- **華陽正運**화양정운 : 화양골이 운을 다스린다.

太陰…『右眼白瞳人』, 運逢三十六歲, 重在左眼, 餘部仝論也.
태음 우안백동인 운봉삼십육세 중재좌안 여부동론야

태음 (우측 눈의 흰자위) 36세의 운에서 만나고 태양(좌측 눈)이 중요하며 나머지 부분은 태양의 내용과 같다.

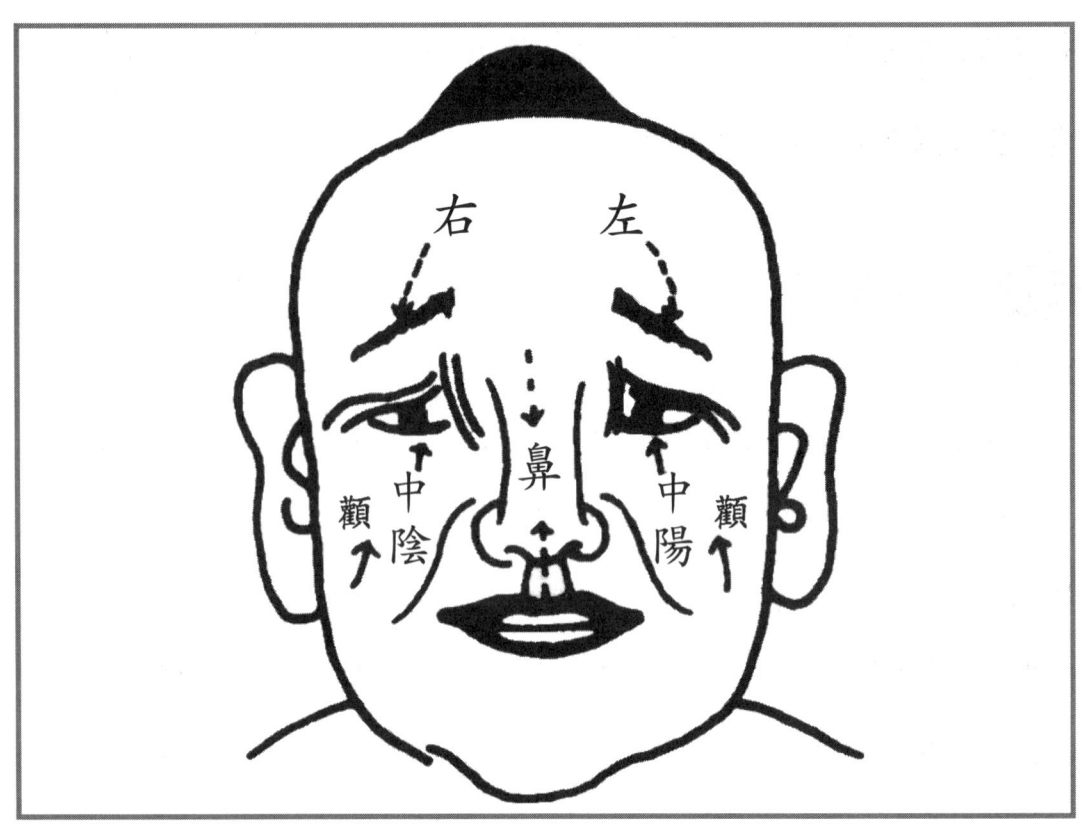

中陽・中陰
중양・중음

中陽(左眼黑瞳人)중양좌안흑동인 : 三十七歲삼십칠세
좌측 눈의 검은 동자

● 中陽觀左眉중양관좌미 : 중양은 좌측 눈썹과 함께 살펴야 한다.

● 雙觀定大運쌍관정대운 : 양 관골이 운을 다스린다.

中陽 …『左眼黑瞳人』正交運三十七歲, 要觀左眉之華彩, 鼻骨之
중양   좌안흑동인   정교운삼십칠세 요관좌미지화채 비골지

起勢, 觀之光華有托, (有托者卽顴勢隱隱而藏是也) 後陽不陷, 本位
기세 관지광화유탁 유탁자즉관세은은이장시야 후양불함 본위

再佳者, 此年定爲大發其財, 如是年不見大財而運亦順遂也.
재가자 차년정위대발기재 여시년불견대재이운역순수야

若是眉無氣勢, 兩觀陷而不托, 所謂, 『漏氣』是也, 後陽骨陷者, 縱
약시미무기세 양관함이불탁 소위   루기 시야 후양골함자 종

然本位好亦難發運也.
연본위호역난발운야

중양 (좌측 눈의 검은 동자) 바로 37세의 운이 교차하며 중요한 것은 좌측 눈썹이 아름답게 빛나는지 살피며 코의 골격이 일어나 힘이 있고 드러나게 밝고 윤택한 기운이 밀어주고(밀어준다는 것은 즉 관골의 성한 기운이 은은하게 감춰져 있어야 한다) 후양골이 꺼지지 않고 중양도 더불어 아름다운 사람은 해당되는 나이에 재물이 크게 발달될 수 있으나 이 나이에 다음과 같으면 도리를 좇아 나아가더라도 큰 재물을 만나지 못한다.

만약 눈썹의 기세가 없거나 양 관골이 꺼져 있어 밀어주지 못하는 것이다. 이른바 (기운이 새어나가는 것)을 말하는 것이다.

후양골이 함몰된 사람은 가령 본위가 잘생겼다 하더라도 역시 운이 발달하기 어렵다.

中陰(右眼黑瞳人)중음우안흑동인 : 三十八歲삼십팔세
우측 눈의 검은 동자

- 中陰鼻勢取중음비세취 : 중음은 코의 기세를 취한다.
- 雙觀定大運쌍관정대운 : 양 관골이 운을 다스린다.

中陰 … 『右眼黑瞳人』逢運三十八歲, 重在於鼻梁之勢, 諫臺廷尉,
중음   우안흑동인   봉운삼십팔세 중재어비량지세 난대정위

分明而不露, 方能發運. 餘部仝論.
분명이불로 방능발운 여부동론

중음 (우측 눈의 검은 동자) 38세의 운에서 만나고 중요한 것은 코의 기세에 있으며 난대 정위가 덜리지 않고 분명하면 어느 곳에서든 능력을 발휘할 수 있어 운이 발달된다. 나머지 부분은 중양의 내용과 같다.

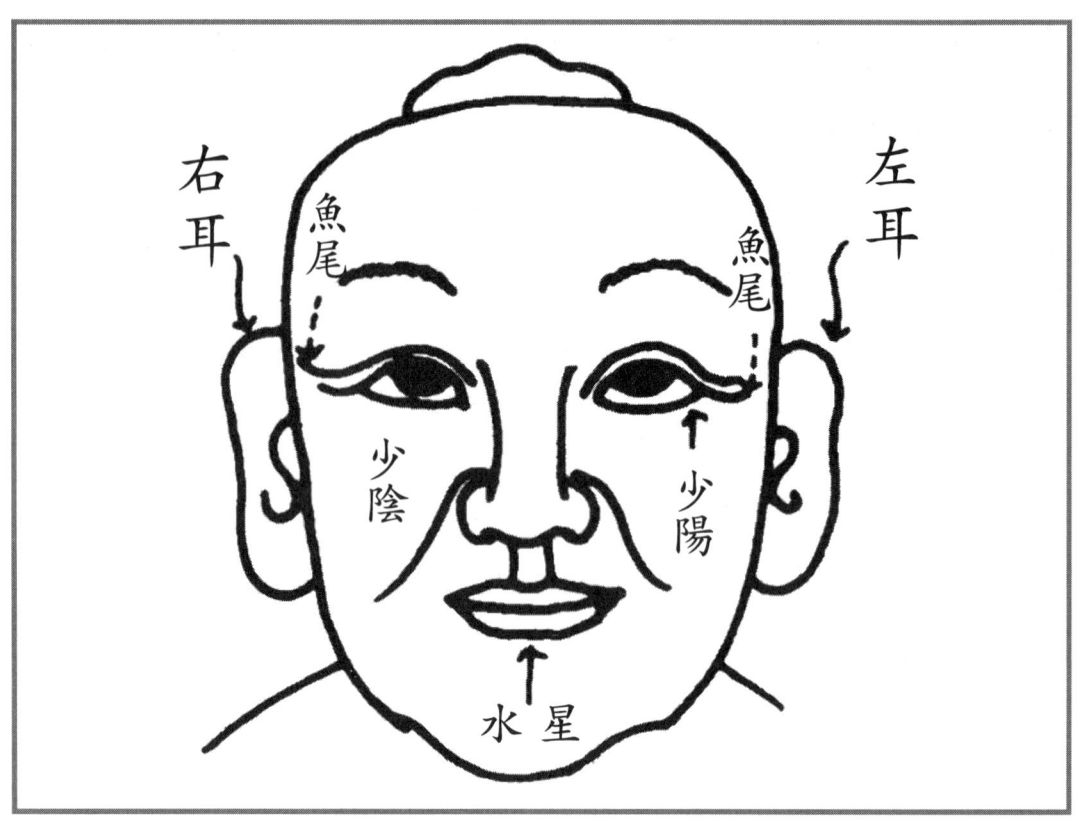

少陽
소양

少陽(左眼眉白瞳人)소양좌안미백동인 : 三十九歲삼십구세
　　좌측 눈 꼬리 부분의 흰자위

少陰(右眼眉白瞳人)소음우안미백동인 : 四十歲사십세
　　우측 눈 꼬리 부분의 흰자위

- 少陽觀水星소양관수성 : 소양은 수성을 잘 살펴보아야 한다.

- 少陰金木明소음금목명 : 소음은 금, 목성이 밝아야 한다.

- 魚尾定大運어미정대운 : 어미가 대운을 다스린다.

少陽 … 『左眼尾白瞳人, 附魚尾』運行三十九歲, 注重在水星上下
소양　　　좌안미백동인　부어미　운행삼십구세　주중재수성상하

口脣, 宜紅厚有紋, 上下整齊雙耳明潔高縱照眉垂珠朝口, 魚尾骨平
구순 의홍후유문 상하정제쌍이명결고종조미수주조구 어미골평

滿, 最忌急露, 魚尾紋向上, 一二條不亂, 本位黑白分明藏神, 此年
만 최기급로 어미문향상 일이조불난 본위흑백분명장신 차년

必運佳也.
필운가야

若水星陷, 金木不明, 魚尾紋亂多氣下 (向下是也) 骨陷或露, 露者
약 수성함 금목불명 어미문란다기하 향하시야 골함혹로 로자

骨凸, 謂遮蔽日光是也, 主多困多敗. 本位縱然好亦不發運也.
골철 위차폐일광시야 주다곤다패 본위종연호역불발운야

少陰 … 同論.
소음   동론

소양 (좌측 눈 꼬리 부분의 흰자위와 어미 부분도 속한다) 39세를 지나면서 만나고 운기를 도와주는 수성인 상하 입술이 중요하고 마땅히 붉고 두터워야 하며 주름이 있고 상하 입술이 가지런히 정돈되어야 하며 두 귀가 밝고 깨끗하고 높이 솟아 눈썹을 비추어주고 수주가 입을 도우며 눈꼬리가 평평하니 꺼지지 않아야 하며 급한 경사가 이루어져 노출된 것이 제일 나쁜데 하나 또는 두 개 정도의 어미 주름이 위로 향하여 있는 조건을 갖추고 어지럽지 않아야 한다.

본위가 흑백이 분명하고 눈빛이 감추어져 있는 모습을 갖추었다면 해당하는 나이의 운은 반드시 아름답다. 만약 수성이 빈약하고 금, 목성이 밝지 않고 어미의 주름이 많아 어지러이 복잡하게 운기가 저하(아래로 향했다는 말이다)되고 골격이 꺼졌거나 혹은 날카롭게 드러나거나 – 드러났다는 것은 뼈가 凸자 모양을 가진 사람은 태양을 가로막아 쇠하게 하는 것을 이르는 것으로 주로 많이 실패하게 하는 원인을 제공하게 되는 것이다. 가령 본위가 잘생겼다고 하더라도 운이 발달하지 못한다.

소음 소양과 같은 내용이다.

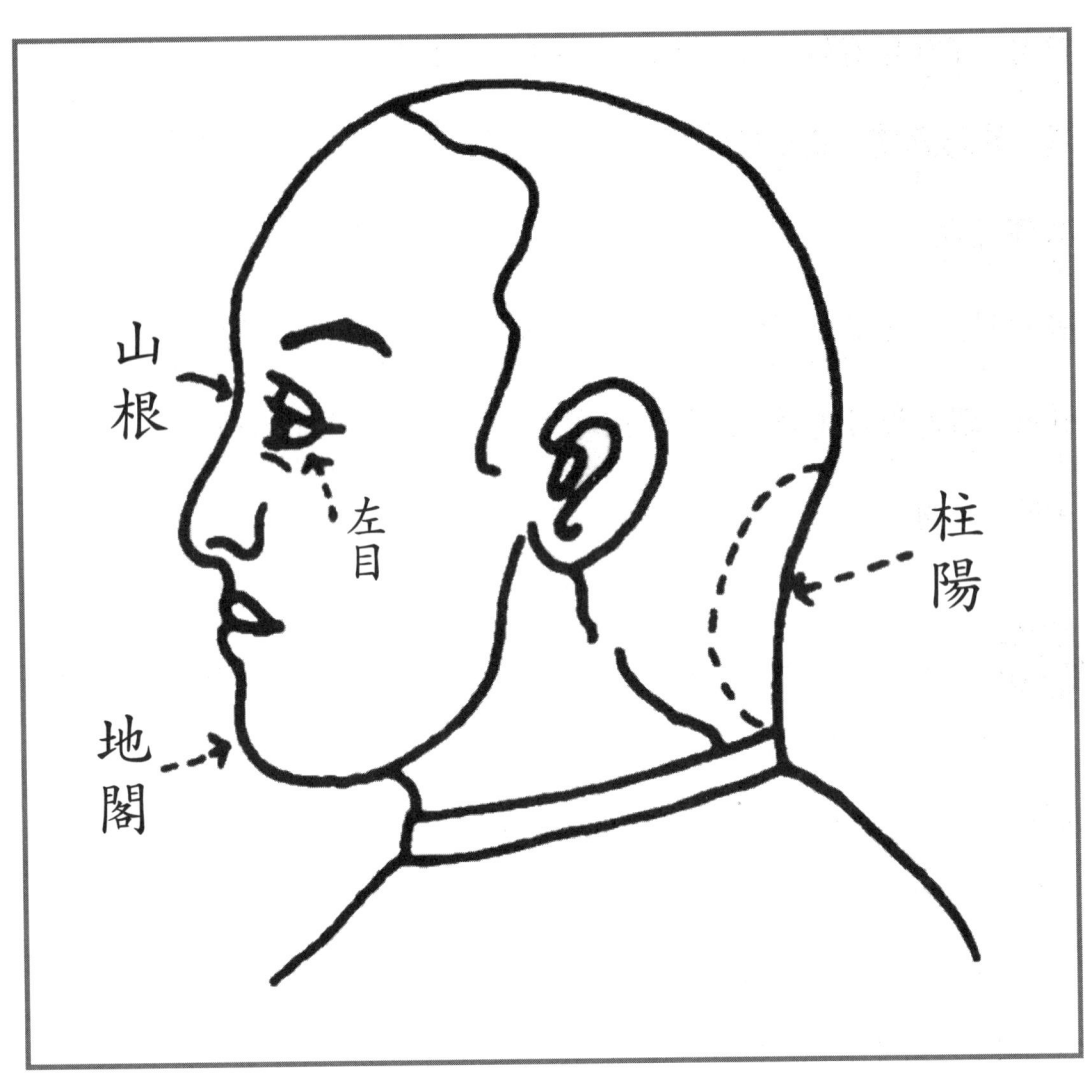

山根
산근

山根(乃兩目中央)산근 내양목중앙 : 四十一歲 사십일세
　　　　　　　양 눈의 중간 부분

- **山根觀柱陽산근관주양** : 산근과 주양골을 함께 자세히 관찰하고
- **地閣爲托氣지각위탁기** : 지각의 기운을 밀어준다.
- **左目定大運좌목정대운** : 좌측 눈이 대운을 다스린다.

山根 … (乃是兩目中央) 運正四十一歲, 其氣貫柱陽, 宜骨豊肉厚,
산근   내시양목중앙 운정사십일세 기기관주양 의골풍육후

更宜有餘皮, 雙目淸秀有神, 尤其是左目更爲重要, 地圓而上朝, 但
경의유여피 쌍목청수유신 우기시좌목경위중요 지원이상조 단

忌超過鼻準. 雖本位低弱者, 亦無大禍矣, 如本位隆起者, 此年必定
기초과비준 수본위저약자 역무대화의 여본위융기자 차년필정

發達也. 若是柱陽無氣.
발달야 약시주양무기

雙目陷而神滯, 地閣無托者, 此年定見災厄矣.
쌍목함이신체 지각무탁자 차년정견재액의

산근 (양측 눈의 가운데를 이른다) 바로 41세의 운이 이르고 그 기운은 주양골의 기운이 통하는 것이므로 마땅히 주양골의 살비듬이 넉넉하고 두터워야 하며 다시 말해서 피부에 여유가 있어야 마땅하다는 것이고 양쪽 눈의 빛이 맑게 빛나야 하며 좌측 눈이 더욱 그러하여야 하니 다시 말해서 좌측 눈이 매우 중요하고 지각이 둥글면서 도우듯이 위를 향하고 단 코끝이 지나치게 넘어서는 것이 제일 나쁘며 비록 본위가 낮고 약한 사람이라도 큰 재난의 화는 없다.

본위가 풍륭하게 일어난 사람은 해당하는 나이에 반드시 운이 발달하게 되며 만약 주양골의 기운이 없거나 양 눈이 깊거나 눈빛이 막히거나 지각의 턱이 없는 사람은 해당하는 나이에 재액을 만나게 된다.

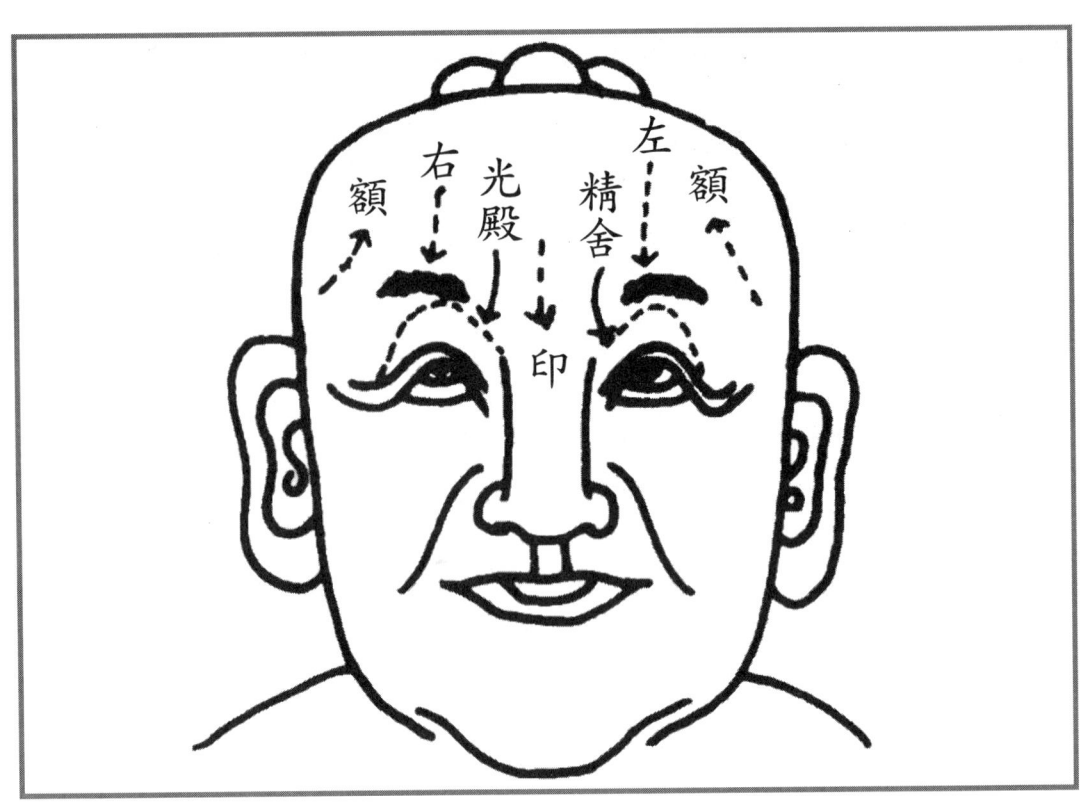

精舍・光殿
정사・광전

精舍左眼頭上정사좌안두상(좌측 눈의 윗꺼풀 부분) : 四十二歲사십이세

- 精舍觀額圓정사관액원 : 정사는 머리의 둥근 부분을 잘 관찰해야 한다.

- 印堂定大運인당정대운 : 인당이 대운을 다스린다.

精舍…『左眼頭皮外包是也』逢運四十二歲, 其氣貫額, 宜豊滿, 眉
정사   좌안두피외포시야   봉운사십이세 기기관액 의풍만 미

退印居額, 印堂平滿光亮, 雙目神彩溫藏, 本位皮肉潤明而不黑者.
퇴인거액 인당평만광량   쌍목신채온장 본위피육윤명이불흑자

此年必達佳運也, 若是額窄或露或陷, 眉濁印惡, 本位皮肉枯黑,
차년필달가운야 약시액착혹로혹함 미탁인악 본위피육고흑

『黑者最忌也』如此者交運必劣也.
흑자최기야   여차자교운필렬야

정사 (좌측 눈 윗꺼풀의 살비듬이 잘 감싸고 있어야 한다) 42세의 운에서 만나게 되고 그 기운은 이마의 기운이 통하는 것이므로 마땅히 보기 좋게 풍만해야 하며 눈썹은 마땅히 인당에서 떨어져 이마에 있어야 하며 인당은 평평하게 꽉 차고 좋게 빛나야 하며 두 눈은 살짝 감춰져 따뜻하게 빛나야 하며 본위의 살비듬이 윤기 있게 밝으면서 어둡지 않은 사람은 해당하는 나이에 반드시 운이 아름답게 발달하지만 만약 이마가 좁거나 혹 불거져 나오거나 함몰되거나 탁한 눈썹이 인당을 아름답지 못하게 하거나 본위의 살비듬이 검고 메마른(어두운 것이 제일 나쁘다) 사람은 반드시 운이 정도에 미치지 못한다.

光殿右眼頭上광전우안두상(우측 눈의 윗꺼풀 부분) : 四十三歲사십삼세

- 光殿計都論광전계도론 : 광전은 우측 눈썹의 내용을 접목하여 살피고
- 印堂定大運인당정대운 : 인당이 대운을 다스린다.

光殿 … 『右眼頭上皮外同是也』宜察右眉, 『乃都計星也』形秀居
광전   우안두상피외동시야   의찰우미   내도계성야   형수거

額, 始能發運矣.
액   시능발운의

餘部仝論.
여부동론

광전 (우측 눈 윗꺼풀의 거죽이며 그 외의 내용은 정사와 동일하다.)
당연히 오른쪽 눈썹(나도 계후의 이 성을 말한다)을 잘 살펴야 하는데 잘생겨 이마에 높이 떠 있으면 능력이 비롯되는 시점부터 발달하게 된다.

나머지 부분은 정사와 같은 내용이다.

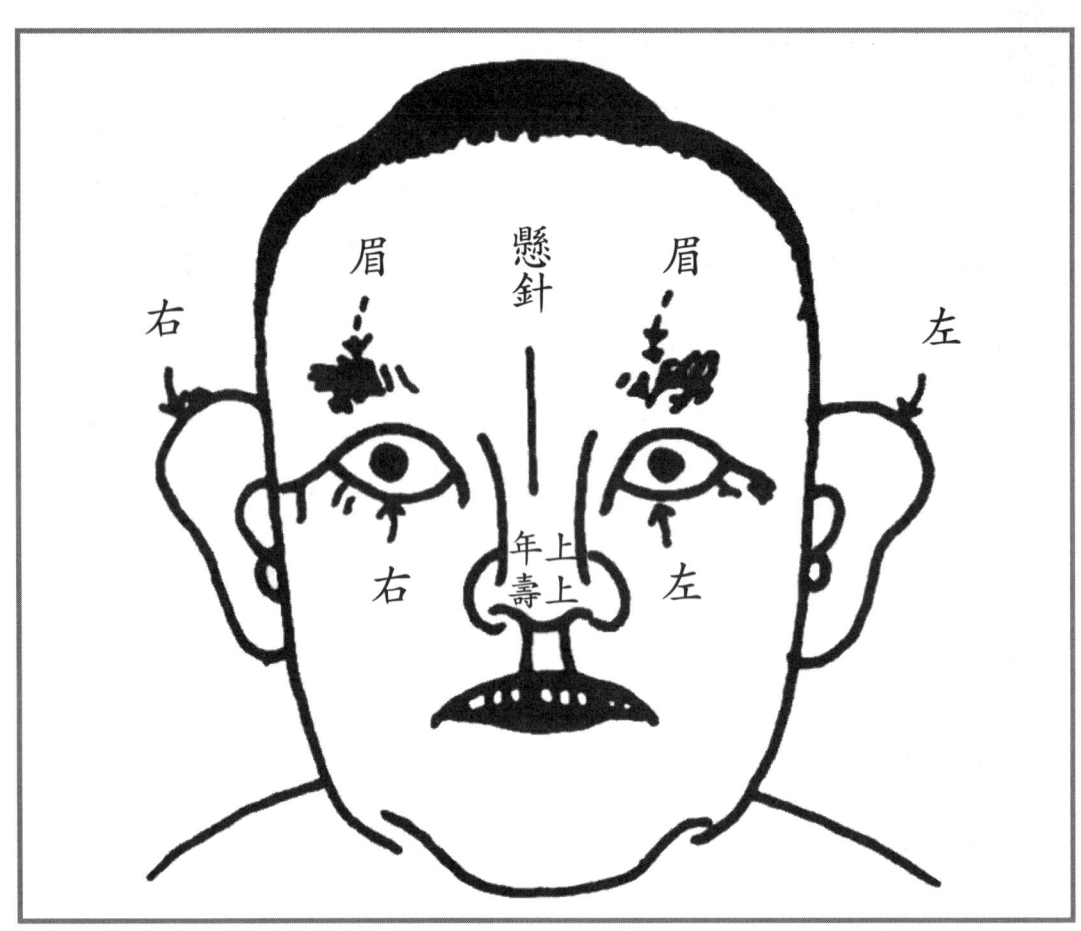

年上 · 壽上
년상 · 수상

年上『壽上以上』년상 수상 이상(수상 윗부분) : 四十四歲사십사세

● 年上重右眼년상중우안 : 년상은 오른쪽 눈이 중요하다.

● 眉勢定大運미세정대운 : 눈썹의 기운이 대운을 다스린다.

年上 …『壽上之上』運接四十四歲, 右眼爲輔宜形秀有神, 金木高
년상   수상지상 운접사십사세 우안위보의형수유신 금목고

縱垂珠, 色白過面, 輪廓分明, 不露, 雙眉刑秀退印居額, 毛顯五彩
종수주 색백과면 윤곽분명 불로 쌍미형수퇴인거액 모현오채

而堅, 印堂平無凶紋, 年上壽上均得發運也.
이견   인당평무흉문   년상수상균득발운야

若眼陷耳惡, 鬼眉壓眼而鎖印再本位骨露者, 交此年運必定大凶.
약안함이오   귀미압안이쇄인재본위골로자   교차년운필정대흉

鬼眉六害, 耳薄無珠者, 縱然本位好亦主大凶也.
귀미육해   이박무주자   종연본위호역주대흉야

년상 (수상의 윗부분) 44세의 운을 이어주고 오른쪽 눈이 마땅히 잘생겨 도와줄 수 있어야 하며 금, 목(양 귀)이 높이 있고 이어서 수주가 드리워져 있고 색이 얼굴보다 깨끗해야 하며 윤곽이 분명하여야 하고 보잘것없이 드러나지 않아야 하며 양 눈썹이 잘생기고 인당에서 물러나 이마에 높이 있으며 털이 힘 있고 빛나게 나타나 보이며 인당이 평평하고 흉터나 주름이 없으면서 년상과 수상이 고르면 운이 발달한다.

만약 눈이 꺼지고 귀가 못생기고 鬼, 眉(귀신 눈썹처럼 긴 것)가 눈과 가까이 있어 압박하거나 꼬인 눈썹에다 인당과 더불어 본위가 살비듬이 빈약하여 뼈가 드러나 있는 사람은 해당 나이에 반드시 흉을 만나게 된다.

귀미나 육해에 해당하는 눈썹이나 귀가 얇고 수주가 없는 사람은 가령 본위가 잘생겼다 하더라도 흉이 주재하게 된다.

壽上『準頭以上』수상 준두 이상(준두 윗부분) : 四十五歲사십오세

- 壽上木星觀수상목성관 : 수상은 목성을 잘 살펴라.

- 眉勢定大運미세정대운 : 눈썹의 기세가 대운을 다스린다.

壽上 … 『準頭之上』, 其氣注受右耳, 宜明而垂珠方能發運也.
수상   준두지상   기기주수우이   의명이수주방능발운야

수상 (준두의 위) 우측 귀와 기운을 주고받으니 마땅히 수주가 맑고 밝아야 능히 운이 발달한다.

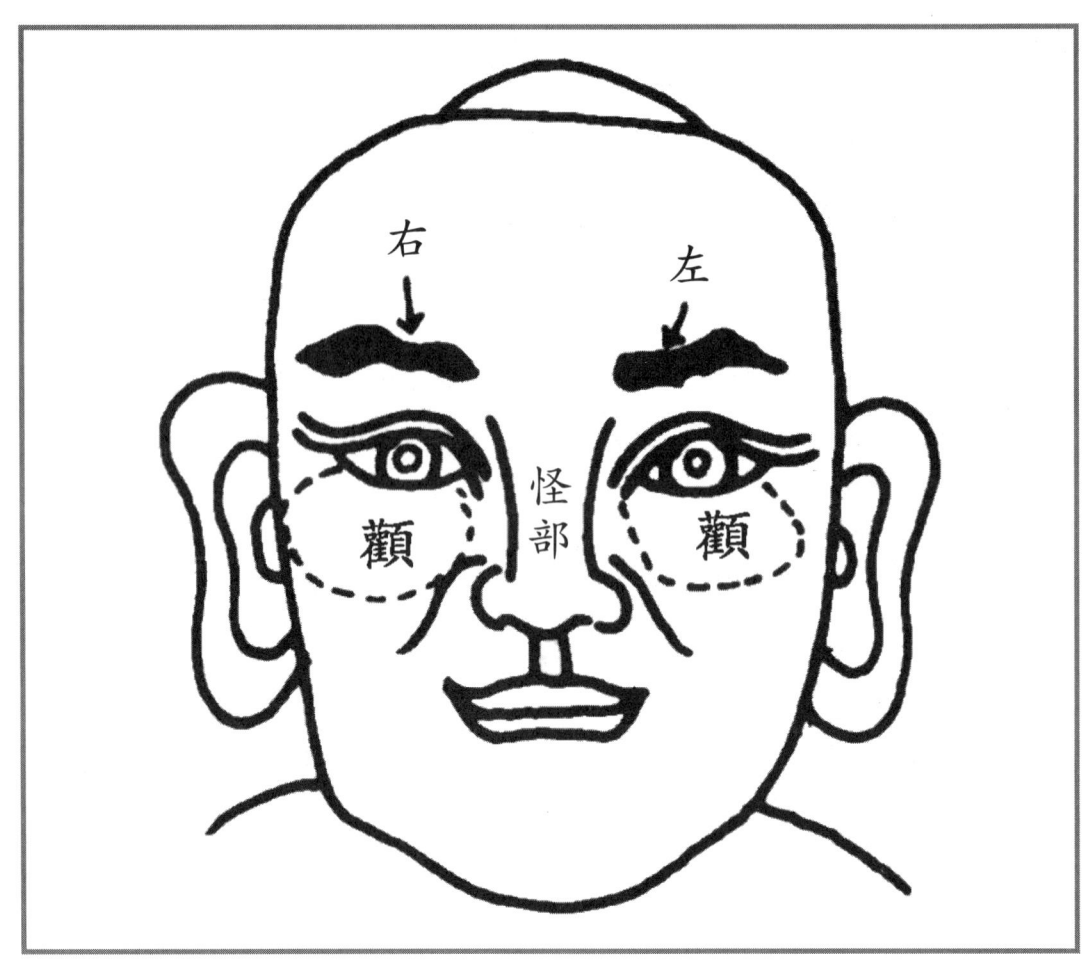

左顴 · 右顴
좌관 · 우관

左顴 좌관(좌측 관골) : 四十六歲 사십육세

- 顴勢觀左眉 관세관좌미 : 관골의 기세는 좌측 눈썹과 함께 살핀다.
- 後陽定大運 후양정대운 : 후양골이 대운을 다스린다.

左顴 … 逢運四十六歲, 氣透於左眉須察眉眼之善惡, 鼻之氣勢, 尤
좌관   봉운사십육세 기투어좌미수찰미안지선오 비지기세 우

是怪部,『卽年壽是也』最要者後陽托氣, 諸部位佳者, 顴運方發.
시괴부 즉년수시야 최요자후양탁기 제부위가자 관운방발

若雙眉不秀, 鼻惡無氣, 後陽再陷者, 縱然顴好, 亦難發運矣.
약쌍미불수 비오무기 후양재함자 종연관호 역난발운의

좌관 46세의 운에서 만나고 좌측 눈썹의 기운이 통하는 것이므로 모름지기 눈썹과 눈의 생김새가 잘생겼는지 못생겼는지를 잘 살펴야 하며 코의 기세는 더욱 불가사의한 부분으로 (즉 년상과 수상을 말한다) 잘 살펴야 하며 최고로 중요한 것은 밀어주는 후양골인데 모든 부위가 잘생긴 사람은 관골운에서 어느 곳에서든 널리 뻗어 발달하게 된다.

만약 양 눈썹이 아름답지 못하고 코가 못생겨서 기운이 없고 거기에 후양골까지 함몰되어 있으면 가령 관골이 잘생겨도 역시 운이 발달하기 어렵다.

右顴 우관(우측 관골) : 四十七歲 사십칠세

- 右顴怪部看 우관괴부간 : 우측 관골은 불가사의한 부분이므로 잘 살펴야 한다.

- 後陽定大運 후양정대운 : 후양골이 대운을 다스린다.

右顴… 轉運, 四十七歲, 鼻勢爲先, 餘部仝論.
우관 전운 사십칠세 비세위선 여부동론

우관 흐르는 운이 47세로서 코의 기세를 먼저 살피고 나머지 부분은 좌측 관골과 같은 내용이다.

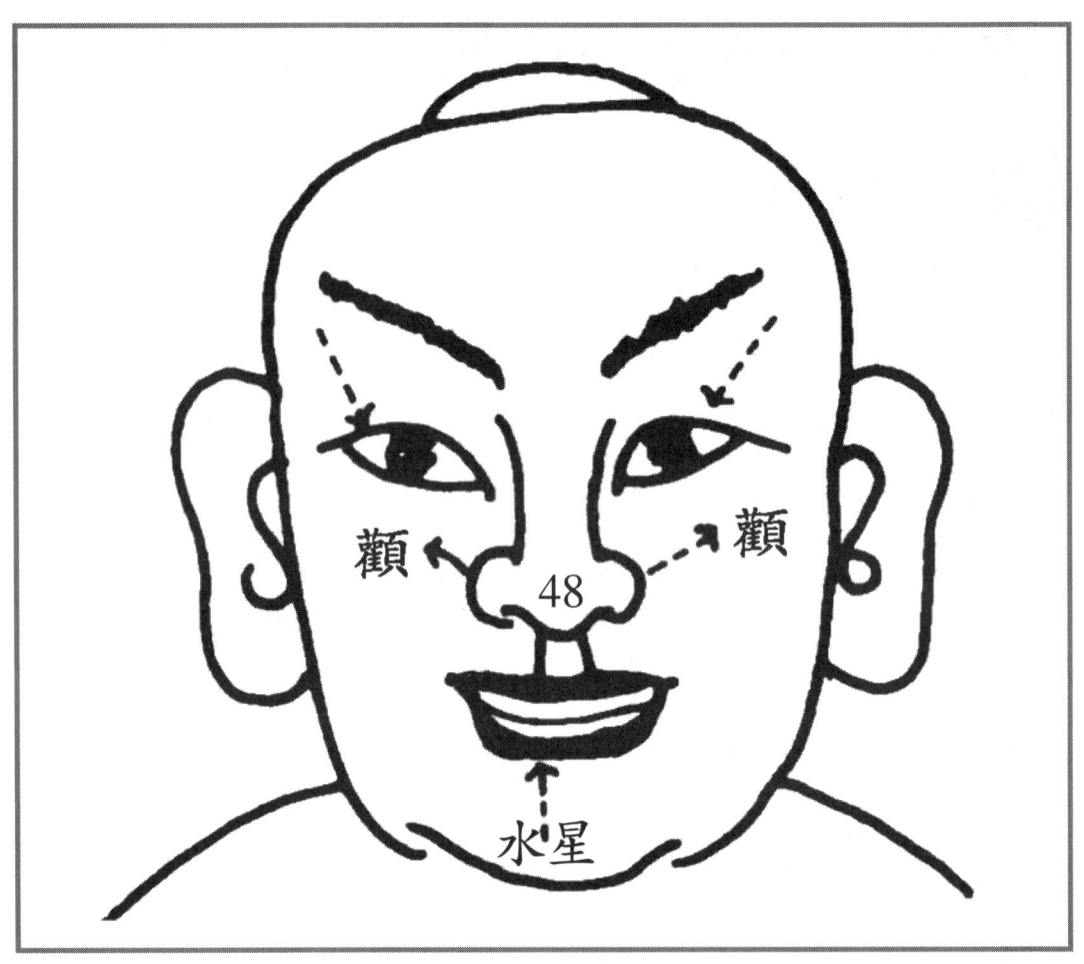

準頭
준두

準頭준두(鼻尖비첨 – 코의 뾰족한 부분) : 四十八歲사십팔세

- 準頭觀兩目준두관양목 : 준두는 양 눈과 함께 살피고
- 顴陷怕高峰관함파고봉 : 관골이 꺼지면 홀로 외로워질까 두려우며
- 水星定大運수성대정운 : 수성이 대운을 다스린다.

準頭 …『鼻尖是也』正運四十八歲, 氣透於目, 覆顧於顴, 托受於
준두   비첨시야   정운사십팔세   기투어목 복고어관 탁수어

口, 雙目秀而神藏, 兩顴隱隱有勢, 不陷不露, 口角向上脣齒相稱, 本
구 쌍목수이신장 양관은은유세 불함불로 구각향상순치상칭 본

位不惡者. 此年財喜重重.
위불오자 차년재희중중

若雙目無神, 無勢突出孤峰, 水不容土者, 『口劣是也』雖然本位好
약쌍목무신 무세돌출고봉 수불용토자 구열시야 수연본위호

亦難發運也.
역난발운야

最忌下鉤,『乃土伏水是也』.
최기하구 내토복수시야

此年定大災矣.
차년정대재의

준두 (코의 뾰족한 부분을 말한다) 바로 48세의 운에서 만나게 된다.

눈에서 통하는 기운으로 반복하여 관골을 보살피며 밀어주는 기운은 입에서 받고 잘생긴 두 눈에 빛이 저장되어 있고 양 관골에는 기세가 은은하게 살아 있으며 꺼지지 않고 드러나지도 않으며 입의 양 각은 위를 향하고 입술과 치아가 서로 균형을 이루고 본위가 미웁게 생기지 않은 사람은 해당되는 나이에 재물이 쌓여 거듭거듭 기뻐할 것이다.

만약 두 눈이 빛이 없고 코의 기세가 없거나 돌출되어 외로운 봉우리가 되거나 수성이 잘생기지 못하여 토성의 기운을 받아들이지 못하는 사람은(입의 모양이 정도에 미치지 못한다는 말이다) 비록 본위의 모양이 괜찮다 하더라도 운이 발달하기 어렵다.

최고로 나쁜 것은 코의 아래가 갈고리처럼 꼬부라진 것으로(토성이 수성을 덮어버리는 것을 이른다) 해당하는 나이에 큰 재난을 만나게 된다.

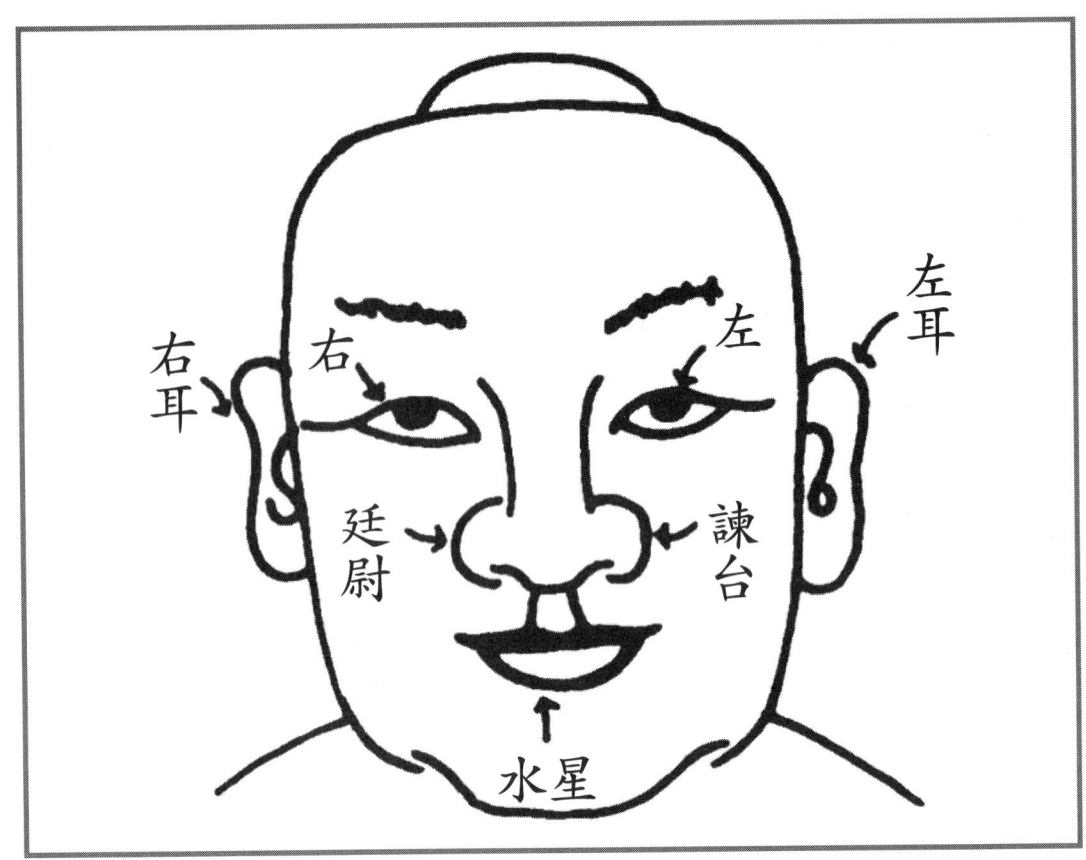

諫台・廷尉
난대·정위

諫台난대(鼻左비좌 – 좌측 콧구멍을 감싼 부분) : 四十九歲사십구세

● 諫台左耳看난대좌이간 : 난대는 좌측 귀를 살펴보아야 한다.

● 水星定大運수성정대운 : 수성이 대운을 다스린다.

諫台 …『鼻頭左』轉運四十九歲, 左耳爲重, 兩耳一樣, 色白過眉垂
난대   비두좌 전운사십구세 좌이위중 양이일양 색백과미수

珠. 雙目形秀黑白分明,『太陽者左眼, 太陰者右眼是也』.
주 쌍목형수흑백분명   태양자좌안   태음자우안시야

水星『口』宜正脣紅齒齊, 上下得配. 此年運必見偏財, 本位再好更
수성 구 의정순홍치제   상하득배   차년운필견편재 본위재호경

佳也. 若耳陷眼口不托者,『不托者, 乃不端不秀形劣是也』此年運
定爲不美矣.

縱然本位好亦難發運也. 是年應注意用人與財政.

> **난대** (콧구멍의 좌측 부분) 49세의 운이 흐르고 양측 귀의 모양이 똑같아야 하고 무엇보다 좌측 귀가 중요하며 희고 깨끗하게 눈썹을 지나 있어야 하고 수주가 있어야 한다. 두 눈의 모양이 빼어나고 검은 동자와 흰자위가 분명(좌측 눈의 태양과 우측 눈의 태음이라는 것을 이른다)해야 된다.

수성(입)은 마땅히 반듯하고 입술이 붉고 치아가 가지런하여야 되며 입술의 상하가 아주 잘 맞게 배합되면 해당하는 나이에 반드시 편재를 얻게 되는데 본위가 더하여 잘생겨야 하며 다시 말해 아름다워야 한다.

만약 귀가 부족하여 눈과 입을 밀어주지 못하는 사람은(밀어주지 못한다는 것은 단정하지 못하고 잘생기지 못하여 부족한 모양을 말한다) 해당하는 나이의 운이 아름답지 못하게 다스려진다. 가령 본위가 잘생겼다 하더라도 운이 발달하기 어려우니 해당하는 해년에는 응당 주의 하여 사람을 고용하고 재물을 다스려야 할 것이다.

廷慰정위 (鼻右비우 - 우측 콧구멍을 감싸는 부분) : 五十歲오십세

- **廷尉太陽明**정위태양명 : 정위는 태양이 밝은지 살펴야 한다.
- **水星定大運**수성정대운 : 수성이 대운을 다스린다.

廷慰 … 同論.

> **정위** 난대의 내용과 같다.

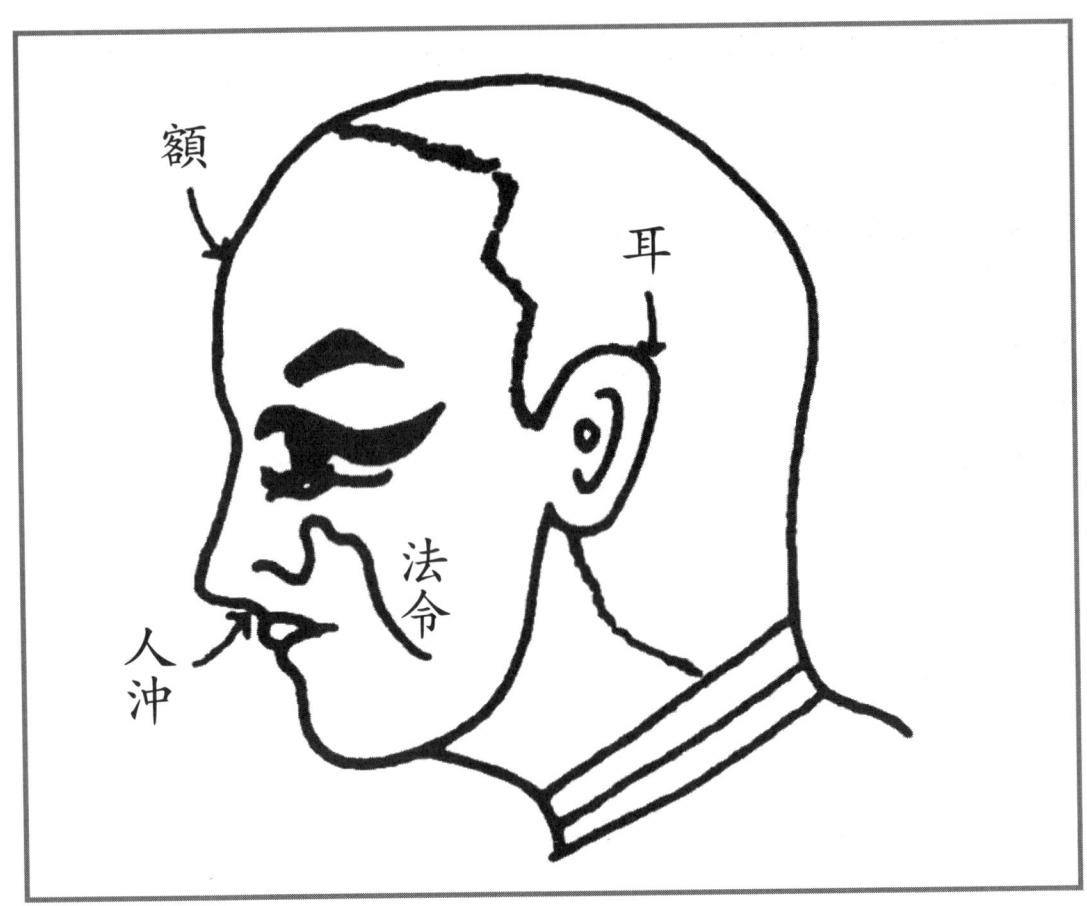

人沖 인충

人沖인충 : 五十一歲 오십일세

- **人沖觀額秀**인충관액수 : 인충은 이마가 잘생겼는지 함께 관찰하여야 한다.
- **耳明爲四流**이명위사류 : 귀가 밝으며 네 개의 물길이 순환되어야 한다.
- **法令隱過口**법령은과구 : 법령이 부드럽게 입을 지나야 하고
- **不沖壽星頭**불충수성두 : 머리로부터 이어지는 수명의 별이 되므로 흠이 있으면 안 된다.

人沖 … 謂之五十, 一人沖, 運逢此年多爲不利, 此位居四水總脈,
인충　　위지오십　일인충　운봉차년다위불리　차위거사수총맥

人之最要之部, 心性壽命子息, 均在此位決定也.
인지최요지부　심성수명자식　균재차위결정야

此氣注射於額, 週流一身也, 額宜豊滿潤秀, 耳白過面垂珠朝口, 法
차기주사어액　주류일신야　액의풍만윤수　이백과면수주조구　법

令隱隱下遊過口, 本位縱有不美者亦不出大禍也.
령은은하유과구　본위종유불미자역불출대화야

如本位再佳, 此年必見財喜.
여본위재가　차년필견재희

若是額陷, 耳惡, 法令過長到地閣困口, 粗深不整或無者, 本位縱然
약시액함　이오　법령과장도지각곤구　조심부정혹무자　본위종연

好, 亦是劣運也.
호　역시열운야

인충 51세에 이르고 한 일(一)자의 흠이 있는 사람은 해당하는 나이의 운이 매우 이롭지 못한 것으로 인충은 사수의 총맥으로서의 역할을 하고 있으므로 사람에게 있어 최고로 중요한 부분으로 마음의 성품과 수명·자식을 결단내려 확정짓는 곳이므로 고르게 되어 있어야 한다.

이마로부터 쏘아주는 기운은 인충을 통하여 온 몸으로 돌아 흐르므로 이마는 당연히 풍만하고 윤택하고 잘생겨야 하며 귀는 얼굴보다 깨끗해야 하며 수주는 입을 도와주어야 하고 법령은 은은하게 입을 지나 아래로 흘러 내려가야 하나 본위가 가령 아름답지 못하면 큰 화가 있을 것이니 나가지 말아야 한다.

그러나 본위가 더불어 아름답다면 해당하는 나이에 반드시 재물의 기쁨을 만나게 될 것이다.

만약 이마가 함몰되고 귀가 못생기고 법령이 지나치게 길어서 지각까지 이르면 곤란한 입으로서 법령이 거칠거나 깊고 가지런하지 않거나 혹 없는 사람은 본위가 가령 좋다 하더라도 역시 운이 정도에 미치지 못하게 된다.

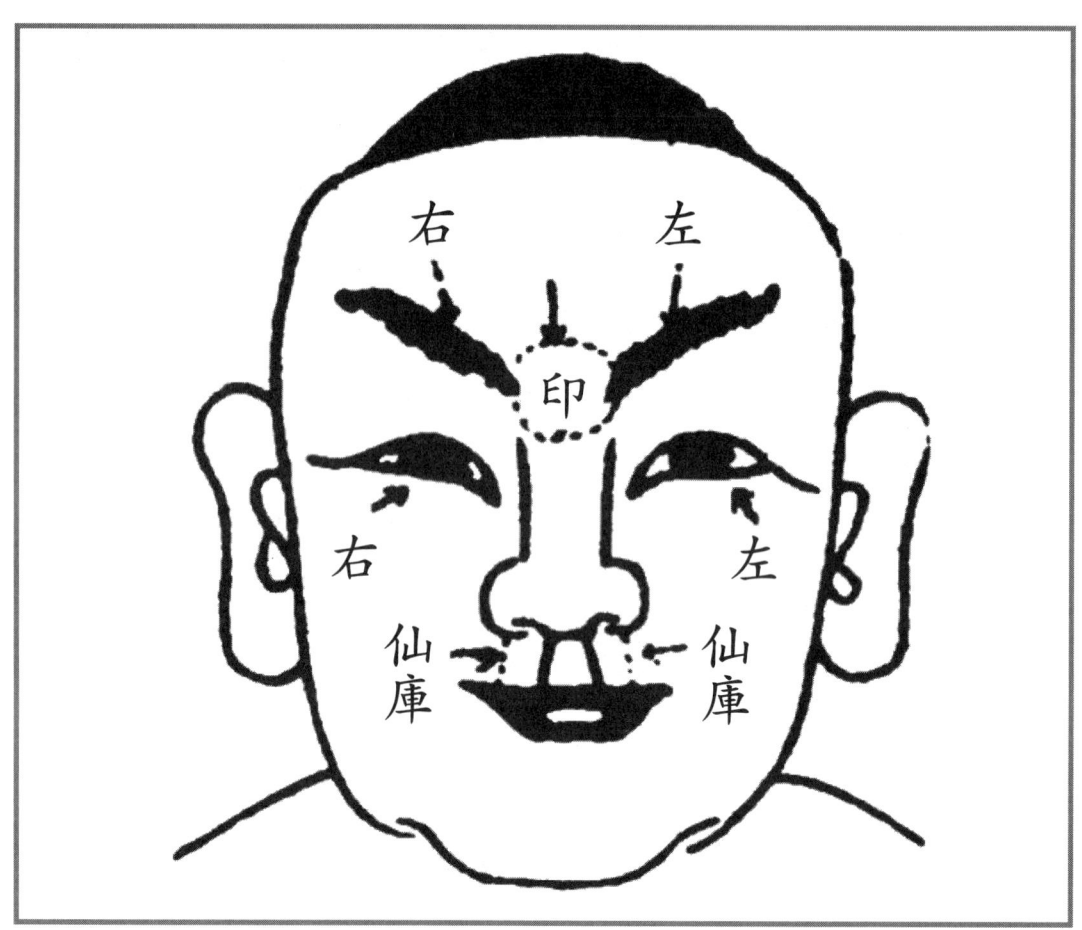

仙庫
선고

左仙庫좌선고(人沖旁인충방) : 五十二歲오십이세

- 左庫計都上좌고계도상 : 좌측의 선고는 계도의 윗부분과 함께 관찰한다.
- 印堂定大運인당정대운 : 인당이 대운을 다스린다.

左仙庫 … 位在『人沖旁』運逢五十二歲, 主要在右眉中端, 宜出長
좌선고   위재 인충방 운봉오십이세 주요재우미중단 의출장

眉二三條, 型秀色潤.
미이삼조 형수색윤

目有足神, 眼伏眞光. 印寬紫光外透. 鼻孔隱隱有收.
목유족신 안복진광 인관자광외투 비공은은유수

『仍不過露是也』運達此年財貨廣進.
 잉불과로시야   운달차년재화광진

若眉落型惡. 眼劣神脫印堂枯滯.
약미락형오 안열신탈인당고체

此年多爲不利, 人沖再偏斜者, 定主破敗也.
차년다위불리 인충재편사자 정주파패야

좌선고 인충 옆 좌측에 있는 부분이고 52세의 운에서 만나게 되며 주로 우측 눈썹의 중간 부분이 끊기지 않아야 하는 것이 중요하고 마땅히 눈썹에서 두세 개의 긴 털이 나야 하며 형이 잘생기고 색이 윤택하게 빛나야 한다.

눈빛이 충족되고 숨어서 자연 그대로 빛나야 한다는 것이다.

인당도 너그럽게 넓으며 자기의 빛으로 투명하게 빛나야 하며 콧구멍도 은은하게 숨어 있어 거두어들일 수 있어야 한다(지나치게 콧구멍이 노출되면 안 된다는 말에 인한다).

이러하면 해당되는 나이에 재물과 화폐가 나아갈수록 넓어진다.

만약 눈썹이 떨어지거나 못생기고 눈이 못생기거나 눈빛이 벗어나고 인당이 메마르고 막히면 해당하는 나이에 매우 이롭지 못하게 되며 인충이 더하여 한쪽으로 비뚤어진 사람은 주로 깨어지고 패하게 된다.

右仙庫우선고(人沖旁인충방) : 五十 三歲오십삼세

- **右庫太陰明**우고태음명 : 우측의 선고는 태음이 밝은지 잘 살핀다.
- **印堂定大運**인당정대운 : 인당이 대운을 다스린다.

右仙庫 … 同論.
우선고   동론

 좌선고와 같은 내용이다.

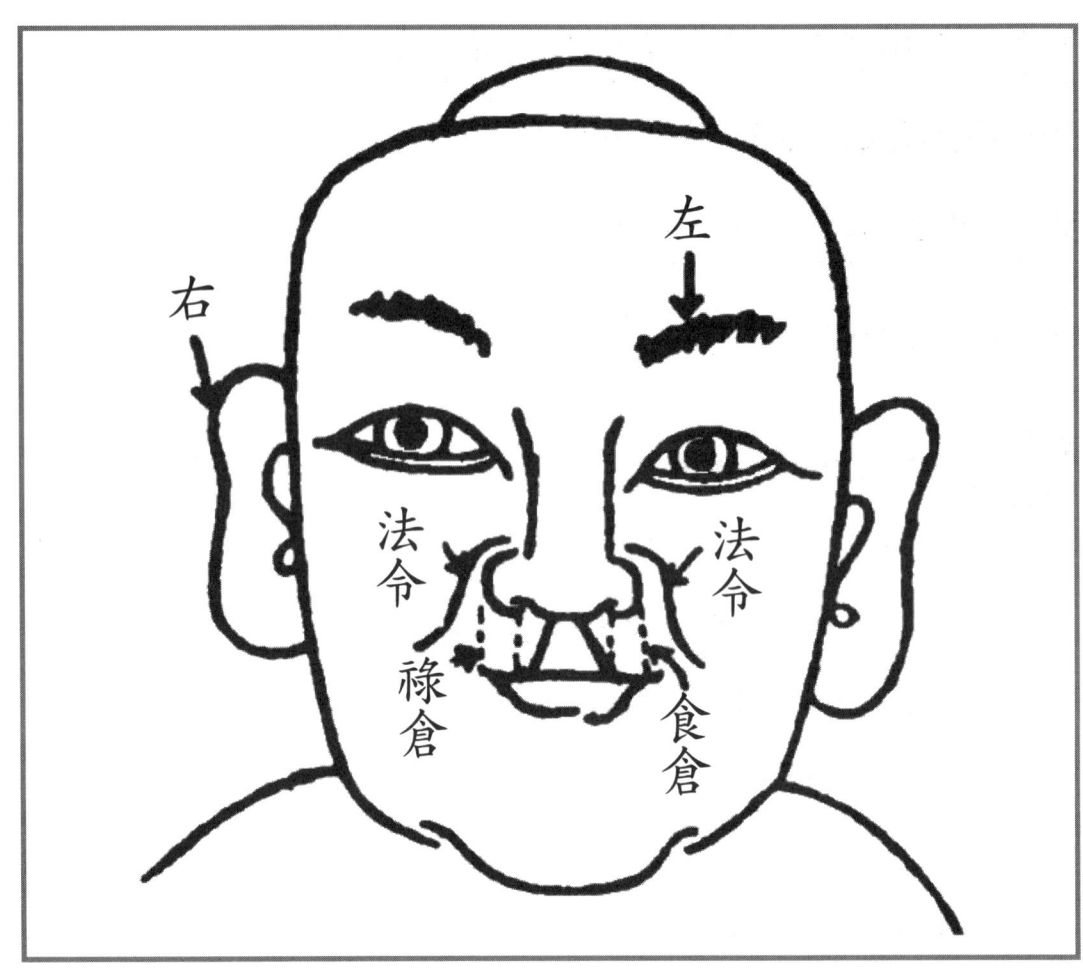

食倉 · 祿倉
식창 · 녹창

食倉식창 : 五十四歲오십사세

● 食倉右耳明식창우이명 : 식창은 우측 귀가 밝은지 함께 살펴야 한다.

● 法令定大運법령정대운 : 법령이 대운을 다스린다.

食倉 … 位居左『法令內旁』交運五十四歲.
식창   위거좌 법령내방   교운오십사세

靈陽爲氣托. 注受在右耳, 宜輪廓分明垂珠朝口.
영양위기탁 주수재우이 의윤곽분명수주조구

眉伏五彩出毫.
미복오채출호

法令隱隱下遊, 色潤氣光者.
법령은은하유 색윤기광자

交此年運必多順利, 若是靈陽無氣.
교차년운필다순리 약시영양무기

耳陷眉惡.
이함미오

法令斷亂型劣者.
법령단란형렬자

是年定見不吉也.
시년정견불길야

식창 위치는 좌측으로서(법령 안에서 가까운 곳) 54세 운에서 만난다.

영양골에서 기운을 밀어주고 우측의 귀와 기운을 주고 받으므로 마땅히 윤곽이 분명하고 수주가 입을 도우며 엎드려 있는 눈썹 털에서 오색의 빛이 발하고 법령이 은은하게 아래로 잘 흐르며 색깔이 윤택하고 빛이 나는 사람은 해당하는 나이에 반드시 많은 이익이 순리적으로 따르고 만약 영양골의 기운을 받지 못하고 귀가 모자라고 눈썹이 못생기고 법령이 끊어졌거나 모양이 여러 갈래로 정도에 못 미치는 사람은 해당되는 나이에 좋은 운을 만나지 못한다.

祿倉녹창 : 五十五歲오십오세

● 祿倉左眉光녹창좌미광 : 녹창은 좌측 눈썹이 밝게 빛나야 한다.

● 法令定大運법령정대운 : 법령이 대운을 다스린다.

祿倉 … 位居右『法令, 内旁』交運五十五歲. 左眉爲要. 餘部同論.
녹창   위거우 법령 내방 교운오십오세 좌미위요 여부동론

녹창 위치는 우측(법령 안에서 가까운 곳)에 있고 55세에서 만나며 좌측 눈썹이 중요하다. 나머지 부분은 식창의 내용과 같다.

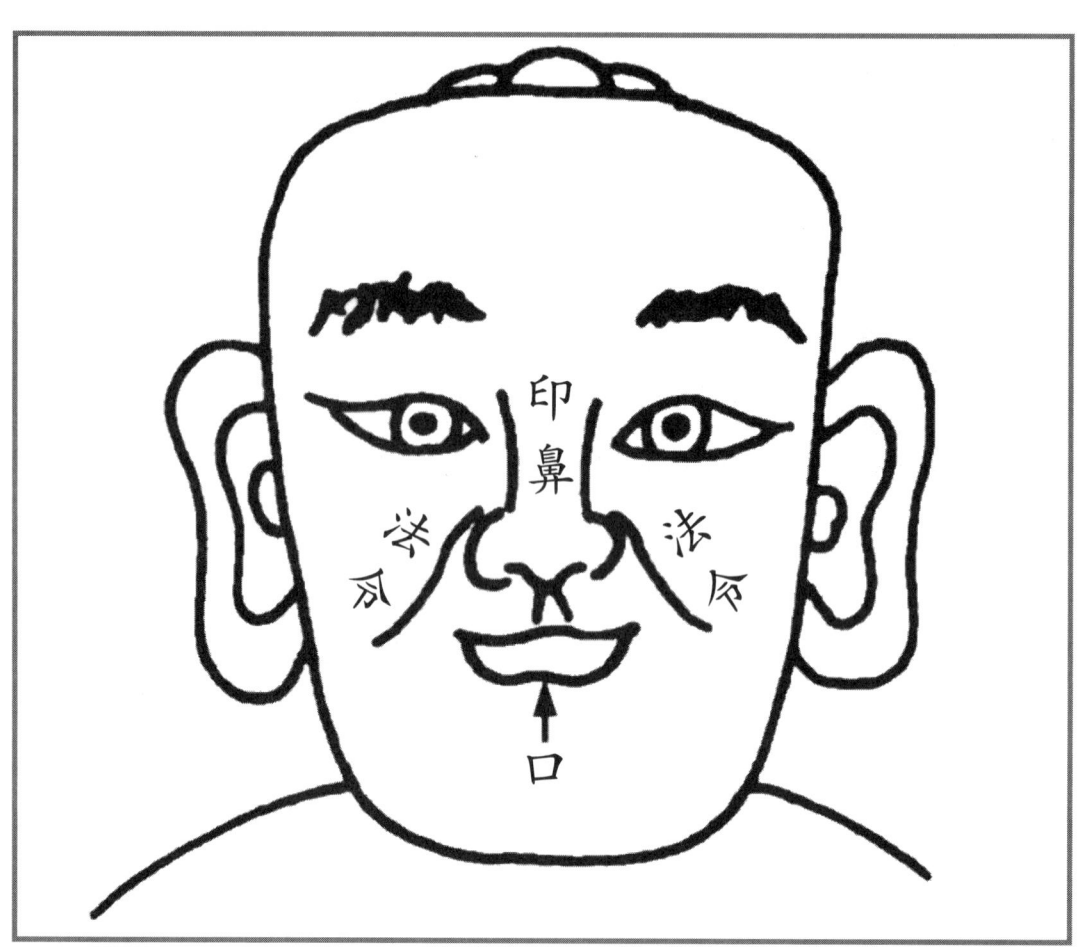

法令
법령

法令법령(左좌) : 五十六歲오십육세

- 法令左行鼻勢上법령좌행비세상 : 좌측 법령은 코의 윗부분에서 힘 있게 흘러야 한다.

- 印堂定運인당정운 : 인당이 대운을 다스린다.

法令…『左』運逢五十六歲, 最重要者, 年上 壽上 準頭,『乃鼻勢是
법령   좌 운봉오십육세 최중요자 년상 수상 준두 내비세시
也』, 骨起肉包色潤明.
야   골기육포색윤명

水星卽是口也, 宜端正型方脣厚色紅.
수성즉시구야   의단정형방순후색홍

印堂闊而平, 紫光透外.
인당활이평   자광투외

本位隱隱有勢者.
본위은은유세자

五十六七歲運佳, 若鼻陷口惡印堂帶暗者.
오십육칠세운가   약비함구오인당대암자

本位縱然較好, 亦難免災危矣.
본위종연교호   역난면재위의

> **법령** (좌) 56세의 운에서 만나게 되고 최고로 중요한 것은 년상, 수상, 준두로서(코의 기세를 말한다) 골격이 일어나고 살비듬이 잘 감싸야 하며 색이 윤택하고 밝아야 한다.
>
> 수성은, 즉 입을 말하며 마땅히 단정하고 아름답게 모가 난 입술로서 두텁고 색이 붉어야 한다.
>
> 인당은 넓고 평평하여야 하며 자기색의 광으로 빛나야 하며 본위가 은은하게 흐르며 기세가 있는 사람은 56, 57세의 운이 아름다우며 만약 코가 꺼지고 입이 못생기고 인당의 빛이 어두운 사람은 본위가 가령 비교적 좋다 하더라도 역시 재액을 면하기 어렵다.

法令법령(右우) : 五十七歲오십칠세

- 右察水星土不伏우찰수성토불복 : 우측 법령은 코의 준두가 수성을 향해 엎어지지 않았는지 자세히 살핀다.

- 印堂定運인당정운 : 인당이 대운을 다스린다.

法令 … 『右』轉運五十七歲, 重在口, 餘部仝論.
법령   우 전운오십칠세   중재구   여부동론

> **법령** (우) 57세의 운이 흐르고 입이 중요하며, 남은 부분은 앞의 설명과 같다.

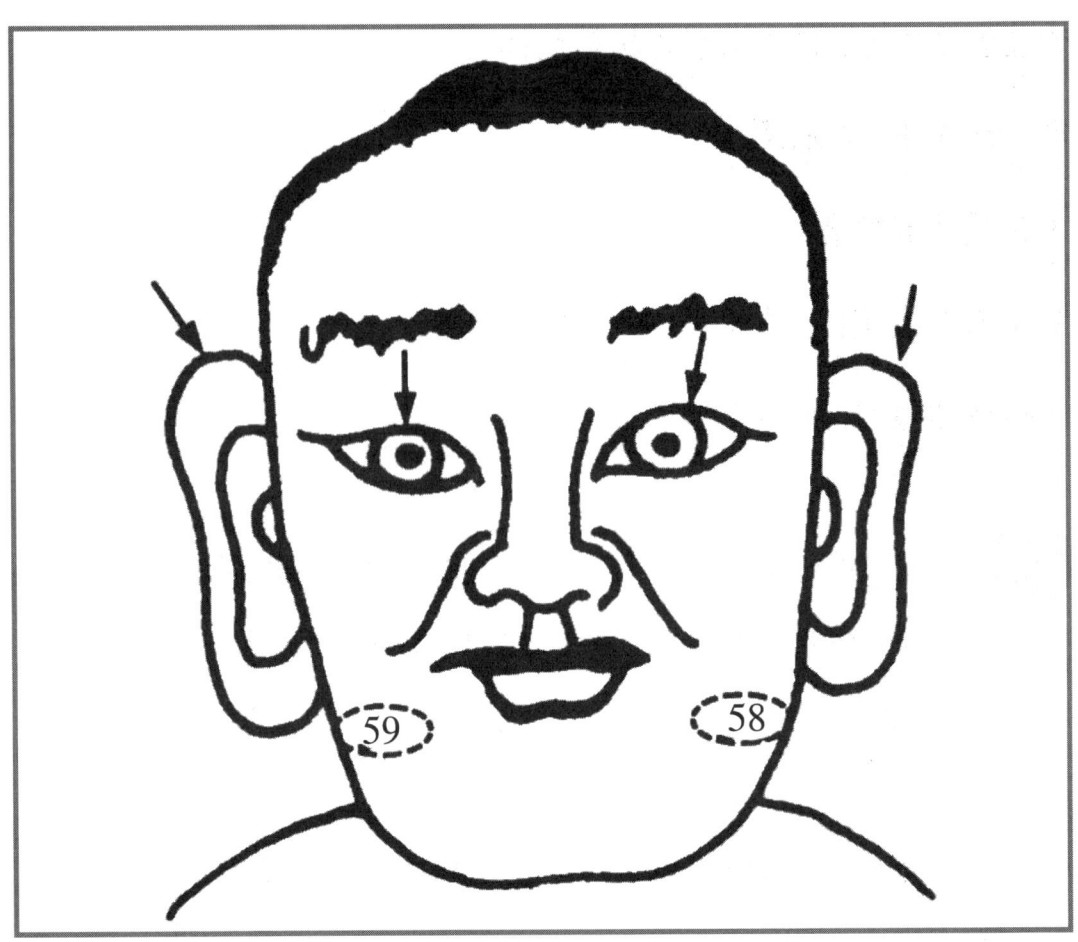

虎耳
호이

虎耳호이(左좌) : 五十八歲오십팔세

- 虎耳左太陽호이좌태양 : 좌측 호이는 좌측 눈을 함께 살핀다.
- 靈陽定大運영양정대운 : 영양골이 대운을 다스린다.

虎耳…『左』運交五十八歲, 以左眼型神爲主, 左耳氣色爲助, 靈陽
호이   좌 운교오십팔세 이좌안형신위주 좌이기색위조 영양

爲托. 雙目神足.
위탁 쌍목신족

兩耳垂珠有勢, 靈陽骨豊滿肉包, 本位氣色潤明者.
양이수주유세   영양골풍만육포   본위기색윤명자

此年運必佳, 最宜求財.
차년운필가   최의구재

若太陽神滯金星塵色, 靈陽骨陷, 本位氣暗者.
약태양신체금성진색   영양골함   본위기암자

是年定見奇災或大破財物也.
시년정견기재혹대파재물야

호이 (좌) 58세의 운에서 만나며 좌측 눈의 모양과 빛이 주재하고 도와주는 좌측 귀의 기색이 좋아야 하며 영양골이 밀어준다.

양 눈의 빛이 넉넉하여야 하고 양 귀의 수주가 힘이 있어야 하며 영양골이 풍만하게 살 비듬이 잘 감싸져야 하며 본위의 생긴 기색이 윤택하고 밝은 사람은 해당하는 나이의 운이 반드시 좋으니 재물을 구하는데 가장 마땅하며, 만약 좌측 눈의 빛이 막히고 금성의 색이 지저분하며 영양골이 꺼지거나 본위의 기색이 어두운 사람은 해당하는 나이에 기이한 재난이나 혹 크게 재물을 깨뜨리게 된다.

虎耳호이(右우) : 五十九歲오십구세

- 右察金星明우찰금성명 : 우측 호이는 금성이 밝은지 자세히 살피고
- 靈陽定大運영양정대운 : 영양골이 대운을 다스린다.

虎耳 …『右』運逢五十九歲, 重在左耳, 餘部同論.
호이   우 운봉오십구세   중재좌이   여부동론

호이 (우) 59세에 운을 만나고 좌측 귀가 중요하며, 나머지 부분은 앞의 설명과 같다.

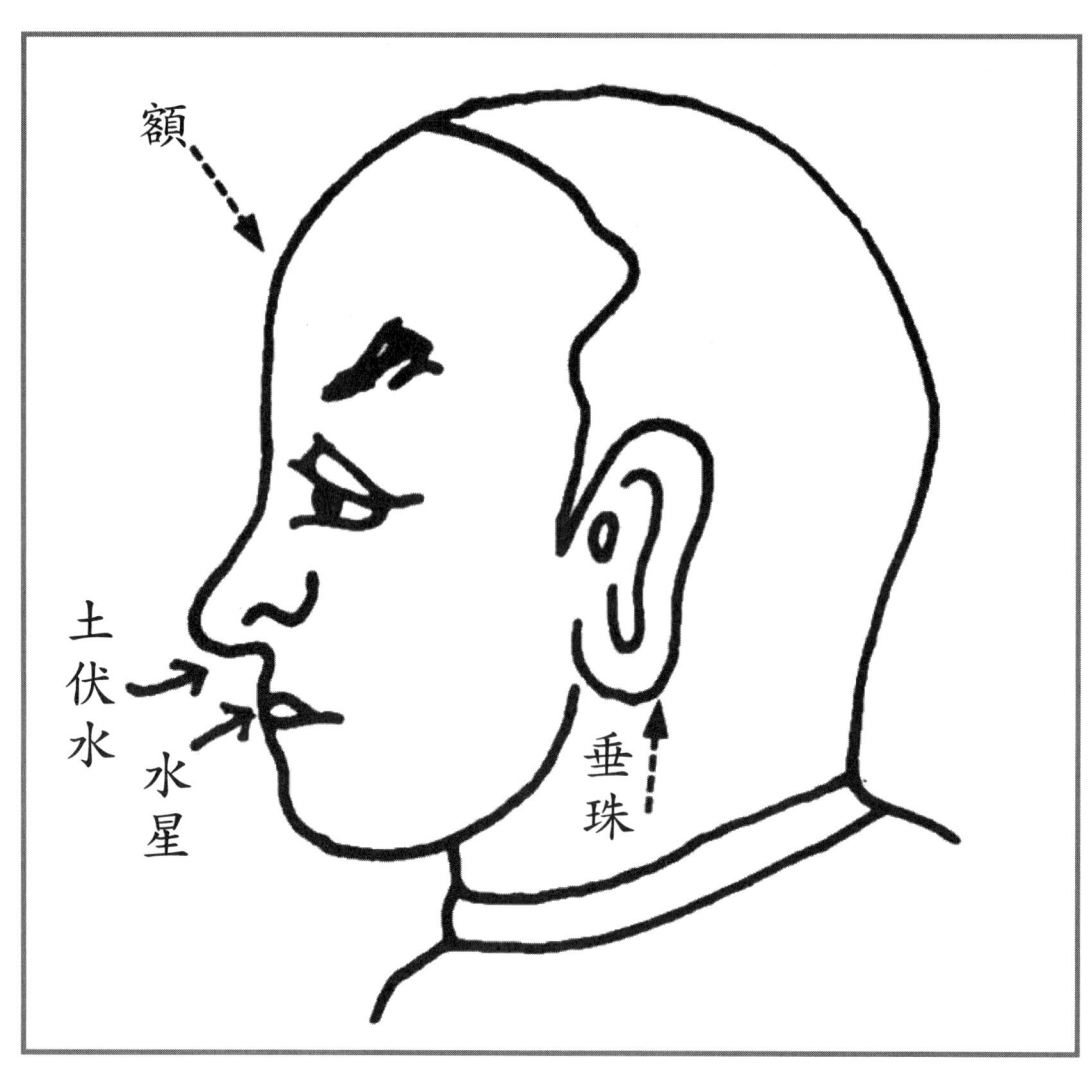

水星 수성

水星수성(口구) : 六十歲육십세

- **水秀火星明**수수화성명 : 수성의 흐름은 빼어나야 하고 화성은 밝아야 한다.
- **最忌土星伏**최기토성복 : 토성(코의 준두)이 엎어진 것을 제일 싫어한다.
- **四水通流者**사수통류자 : 사수가 통하여 흐르는 것이다.
- **垂珠定大運**수주정대운 : 수주가 대운을 다스린다.

水星 …『口』運定花甲, 宜額及印堂紫光外透, 準頭居正而潤明, 耳
수성   구 운정화갑 의액급인당자광외투 준두거정이윤명 이

紅垂珠朝口, 本位秀者.
홍수주조구 본위수자

六十歲得佳運也.
육십세득가운야

若額部氣殘耳暗型惡, 最怕水星已被土星伏, 伏者『乃準頭型惡下鉤
약액부기잔이암형오 최파수성이피토성복 복자 내준두형오하구

氣劣入口是也』除四十八歲有災之外, 運交六十亦難順利也.
기열입구시야 제사십팔세유재지외 운교육십역난순리야

雖然本位好, 運也難發矣.
수연본위호 운야난발의

수성 (입)은 새롭게 60년만에 돌아오는 운에서 만나며 인당에서 쏘아주는 자기 광으로 이마가 빛나는 것이 마땅하며 이마가 훤하고 준두가 반듯하고 윤택하게 밝고 붉은 홍색의 수주가 입을 도우면 본위의 모습이 빼어나게 잘생긴 사람으로서 60세의 좋은 운을 얻을 것이다.

만약 이마 부분이 살성을 띠어 해칠 기운이고 귀의 색깔이 어둡고 못생기고 긴 토성이 엎어져 수성을 덮어버리면 벗어날 수가 없으니 수성이 제일 두려워하는 것으로서 토성이 엎어져 덮은 사람은(준두가 갈고리처럼 꼬부라지게 생겨 입을 위협하도록 못생긴 것을 말한다) 48세에 들어가면 외부로부터 재앙이 생기고 60세에 주고받는 운기가 역시 순리적으로 돌아가기가 매우 어렵다. 가령 본위는 잘생겼다 하더라도 운이 발달하기 어렵다.

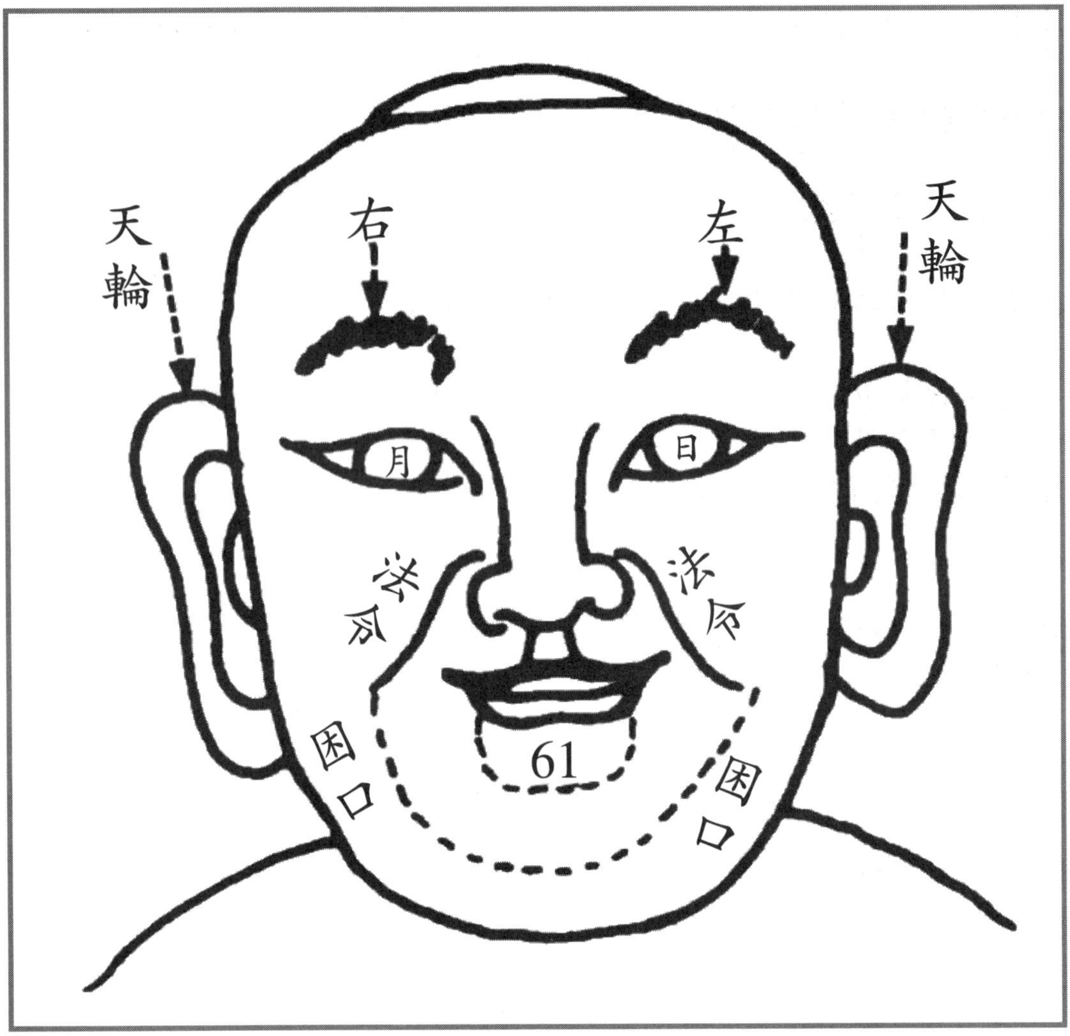

承漿 승장

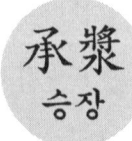

承漿승장 : 六十一歲육십일세

- 承漿眉放光승장미방광 : 승장은 눈썹이 빛나야 한다.
- 天輪紫氣揚천륜자기양 : 천륜이 자기색으로 이마를 아름답게 비춰야 한다.
- 陰騭不困口음즐불곤구 : 보이지 않는 음덕을 집결시키는 곳으로 없다면 곤궁한 수성이 된다.

● 法令論壽堂법령논수당 : 수명을 말하는 법령의 기운이 모이는 곳이다.

承漿 …『脣下深處是也』運爲六十一歲.
승장   순하심처시야   운위육십일세

內氣注受於右眉, 外宜放光, 『紫黃透射印堂.』
내기주수어우미 외의방광   자황투사인당

天輪紅活氣鮮, 陰騭紋者『乃是法令是也』隱隱下遊, 切忌困口, 法
천륜홍활기선 음즐문자   내시법령시야   은은하유 절기곤구 법

令名壽堂之帶, 老人不可無也, 如上諸部得佳者, 此年運定爲亨通
령명수당지대 노인불가무야 여상제부득가자 차년운정위형통

也.
야

若眉無長毫色滯型惡, 雙耳乾枯法令困口, 是年必見災害或破敗.
약미무장호색체형오 쌍이건고법령곤구 시년필견재해혹파패

如眼神脫體者, 不久於人世矣.
여안신탈체자 불구어인세의

 (입술 밑 깊은 곳을 말한다) 61세의 운에서 만난다.

오른쪽 눈썹에서부터 내적인 기운을 주고받으며 겉은 밝고 당연히 빛이 나야 하며(인당이 자기와 황기를 쏘아주어야 한다) 천륜의 붉은 기운이 깨끗하게 살아 있어야 한다. 음즐문이 있는 사람(법령으로 생각하면 된다)으로서 성하게 아래로 흘러 내리면 곤궁한 입으로 심히 꺼린다.

좁고 길다랗게 띠처럼 생겨 수명을 관장하는 것을 법령이라 부르는데 노인은 없으면 안 되며 위와 같이 모든 부분이 아름다운 사람은 해당하는 나이에 운이 형통해진다.

만약 눈썹이 없거나 털의 색이 막히고 못생기고 두 귀가 말라 생기가 끊어지고 법령이 못생긴 곤궁한 입은 해당되는 해년에 반드시 재해를 만나게 되거나 혹 깨어지고 패하게 되는데 눈빛까지 몸에서 벗어난 사람(눈빛이 산만하게 흩어지는 것을 말한다)은 인간 세상에서 오래하지 못한다.

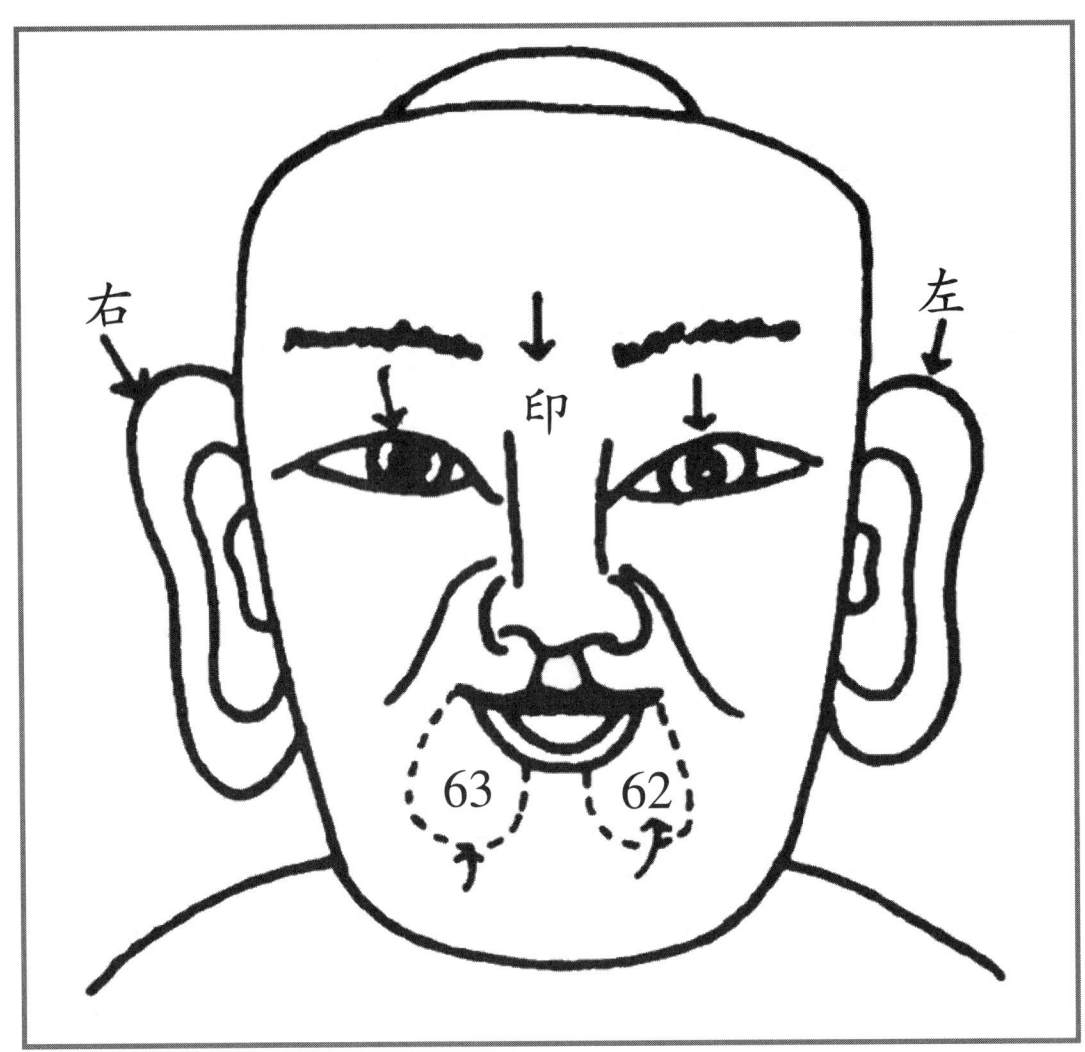

地庫
지고

地庫지고(左좌) : 六十二歲육십이세

- 庫左耳色明고좌이색명 : 좌측 지고는 귀가 밝고 깨끗해야 한다.
- 柱陽氣滿주양기만 : 주양골의 기운이 충만하여야 된다.
- 印堂定運인당정운 : 인당이 대운을 다스린다.

地庫 … 『口脣兩角下是也』運逢六十二三歲, 重在耳色鮮明, 眼秀
지고　　　구순양각하시야　운봉육십이삼세　중재이색선명　안수

而神足, 柱陽豊滿肉堆, 印堂紫光透天者, 此年運大進財物.
이신족　주양풍만육퇴　인당자광투천자　차년운대진재물

若雙耳氣枯色暗, 柱陽無氣, 目神脫體, 印堂再枯暗者, 卽死之兆也.
약쌍이기고색암　주양무기　목신탈체　인당재고암자　즉사지조야

目神不脫無防.
목신불탈무방

지고 (입술 양 각의 아래쪽 부위를 말한다) 62, 63세의 운에서 만나고 귀의 색깔이 맑고 밝고 깨끗해야 된다는 것이 중요하며 눈이 빼어나고 빛이 충족되고 주양골이 풍만하고 살비듬이 두텁고 인당의 자기가 빛나서 이마를 통하는 사람은 해당하는 나이에 재물이 크게 발전하게 된다.

만약 두 귀의 색이 마르고 어둡고 주양골의 기운이 없다거나 눈빛이 몸을 이탈하여 유산되고 인당이 더불어 마르고 어두운 사람은 곧 죽음의 조짐이 있는 것이다.

눈빛이 벗어나지 않는다면 괜찮다.

地庫지고(右우) : 六十三歲육십삼세

- **庫右目神足**고우목신족 : 우측 지고는 눈의 빛이 충족되어야 한다.
- **柱陽氣滿**주양기만 : 주양골의 기운이 충만하여야 된다.
- **印堂定運**인당정운 : 인당이 대운을 다스린다.

庫右重在『右目』餘部仝論.
고우중재　우목　여부동론

지고 우측 지고는 오른쪽 눈이 중요하다. 이외의 부분은 앞의 내용과 같다.

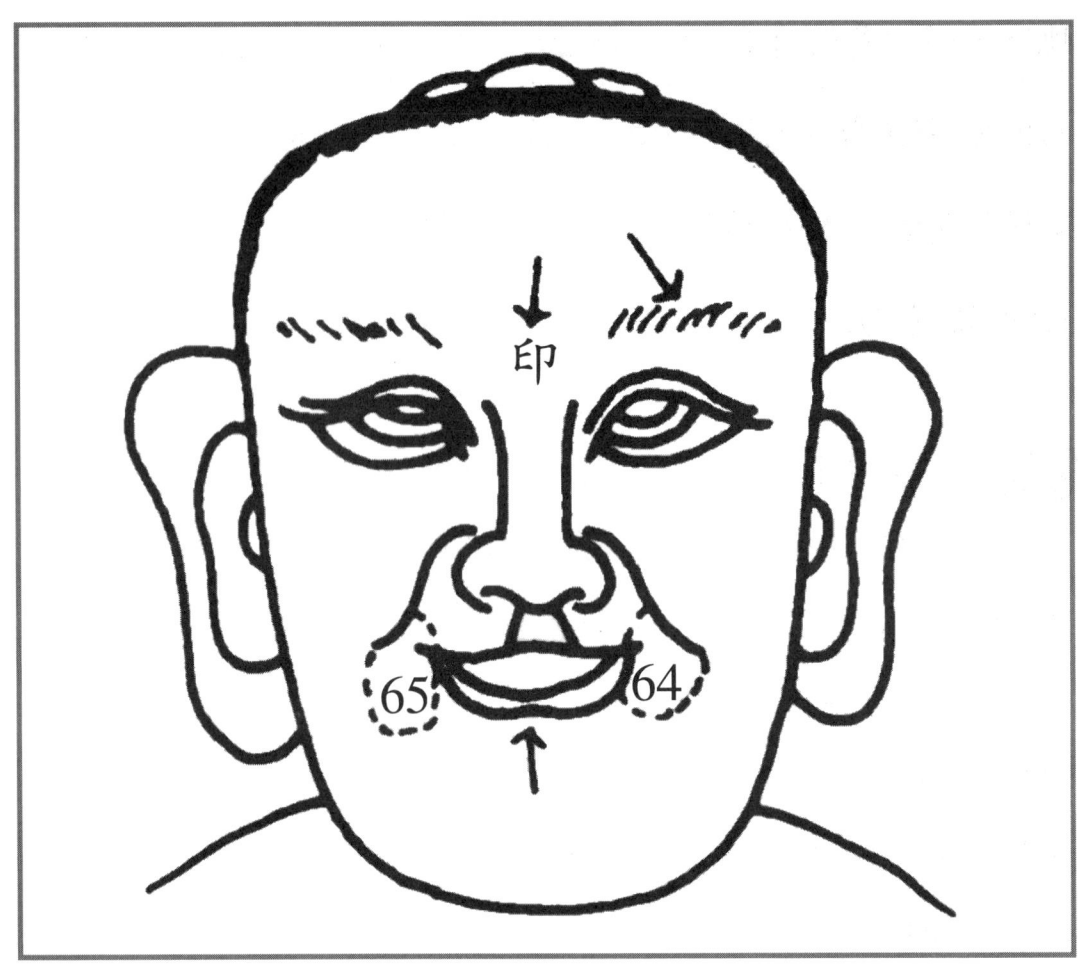

陂池・鵝鴨
피지・아압

陂池피지 : 六十四歲육십사세

● 陂池左耳眉피지좌이미 : 피지는 좌측 귀와 눈썹을 함께 살핀다.

● 眉印氣透頂미인기투정 : 눈썹과 인당의 기운이 정수리까지 통하는지 잘 살핀다.

● 人沖爲壽根인충위수근 : 인충이 수명의 근원이 된다.

陂池…『口角左』交運六十四歲, 注受在左耳, 氣貫於眉, 透射到印
피지   구각좌   교운육십사세 주수재좌이 기관어미 투사도인

堂, 人沖爲四水總路, 口者水之正也, 宜明潔色鮮, 六十四, 六十五
당   인충위사수총로   구자수지정야   의명결색선   육십사   육십오

時運亨通矣.
시운형통의

若耳枯眉落, 印堂發乾, 人沖不明, 口脣帶暗者, 本位雖好亦難得運.
약이고미락 인당발건 인충불명 구순대암자 본위수호역난득운

目神脫體應不久於世也.
목신탈체응불구어세야

피지 (왼쪽 구각)으로서 64세의 운에서 만나며 좌측 귀와 기운을 주고받고 눈썹의 기운이 관통하고 인당에서 쏘는 빛이 이르고 인충으로 사수가 모여 흐르는 입을 가진 사람은 반듯한 수성이라 이르며 마땅히 밝고 깨끗하게 색깔이 고우면 64, 65세가 되면 운이 형통해진다. 만약 귀가 마르고 눈썹이 낮아 인당이 마르고 인충이 밝지 못하고 입술이 어두운 기운을 띠우면 본위가 비록 좋다 하더라도 역시 운을 얻기가 어렵다. 안신이 안정되지 못하고 몸을 벗어나면 당연히 세상에서 오래하지 못한다.

餓鴨아압 : 六十五歲육십오세

- 餓鴨水星明아압수성명 : 아압은 수성이 밝아야 한다.
- 眉印氣透頂미인기투정 : 눈썹과 인당의 기운이 정수리까지 통하는지 잘 살핀다.
- 人沖爲壽根인충위수근 : 인충이 수명의 근원이 된다.

餓鴨…『口角右』運轉六十五歲, 重在水星, 餘部仝論.
아압   구각우   운전육십오세   중재수성   여부동론

아압 (오른쪽 구각)으로서 65세의 운이 흐르고 수성이 제일 중요하며 나머지 부분의 내용은 앞의 설명과 같다.

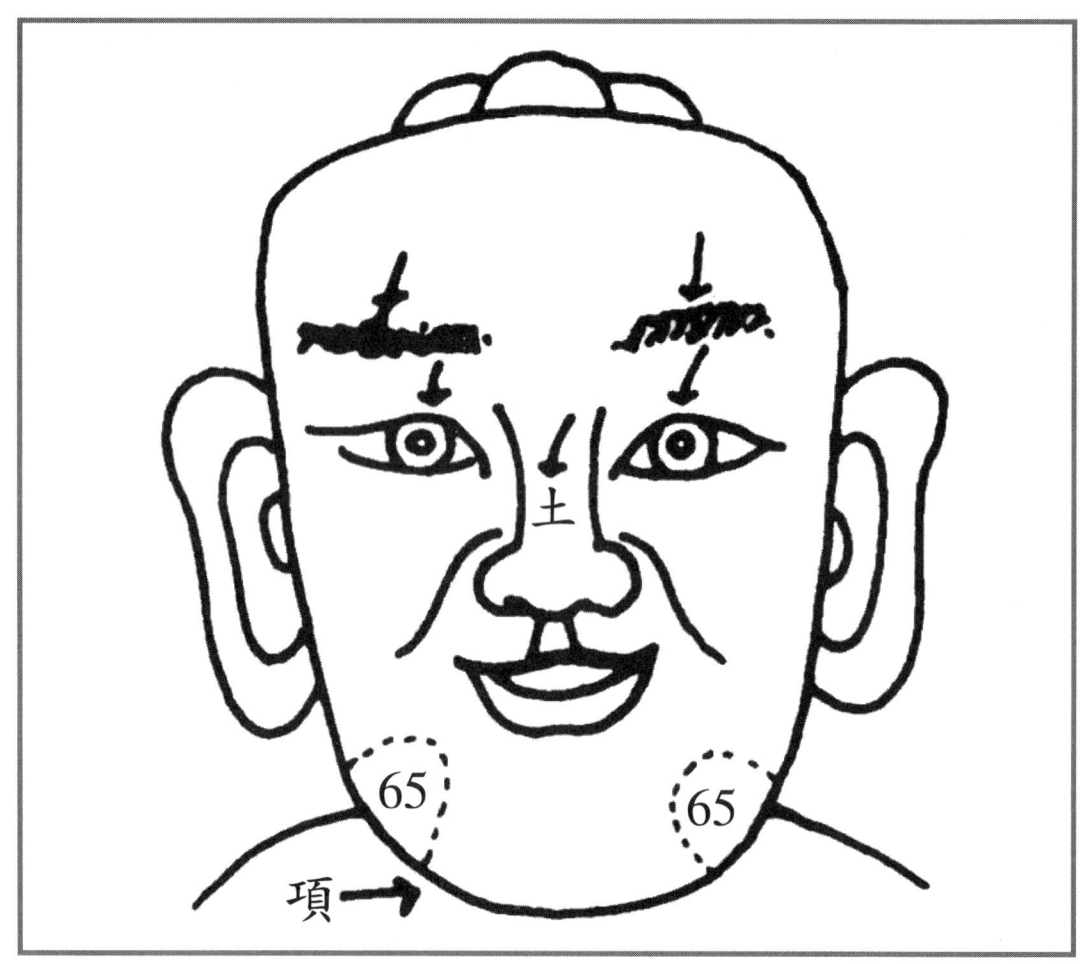

金縷
금루

金縷금루(左좌) : 六十六歲육십육세

- 金縷土氣足금루토기족 : 금루는 토의 기운이 충족되어야 한다.
- 目神不脫體목신불탈체 : 눈빛이 몸을 벗어나면 안 된다.
- 頸下有餘條경하유여조 : 목 밑 살비듬이 넉넉한 조건을 갖추어야 하며
- 眉心定大運미심정대운 : 눈썹에서 나타나는 심성이 대운을 다스린다.

金縷 …『左』運逢六十六歲, 鼻爲土星, 最要準頭及壽上氣色潤明,
금루   좌 운봉육십육세 비위토성 최요준두급수상기색윤명

眉生長毫, 或毛現光彩, 眼伏眞光, 頸下餘皮成條者, 此年運必佳,
미생장호 혹모현광채 안복진광 경하여피성조자 차년운필가

壽亦增高也.
수역증고야

若是準頭及壽上發暗, 眉無彩色頸無餘皮縱然目有神光, 亦主暗疾
약시준두급수상발암 미무채색경무여피종연목유신광 역주암질

或大破資財.
혹대파자재

금루 (좌) 66세의 운에서 만나며 코는 토성이 되며 준두와 수상의 기색이 윤택하게 밝은 것이 제일 중요하고 눈썹에서 긴 털이 생기거나 혹 털에서 광채가 나며 눈에 빛이 나고 목 밑의 살비듬이 넉넉하니 여유가 있는 조건을 갖춘 사람이라면 해당하는 나이에 운이 반드시 아름다우며 수명 역시 오래 살 수 있다.

만약 준두와 수상이 어둡고 눈썹에 빛이 없고 목 밑 부분의 살비듬이 여유가 없다면 가령 눈빛이 있어도 역시 질병과 재물의 손실을 피할 수 없다.

金縷금루(右우) : 六十七歲육십칠세

- 金縷土氣足금루토기족 : 금루는 토의 기운이 충족되어야 한다.
- 目神不脫體목신불탈체 : 눈빛이 몸을 벗어나면 안 된다.
- 頸下有餘條경하유여조 : 목 밑 살비듬이 넉넉한 조건을 갖추어야 하며
- 眉心定大運미심정대운 : 눈썹에서 나타나는 심성이 대운을 다스린다.

金縷 …『右』運交六十七歲重在雙目神光, 餘部仝論.
금루   우 운교육십칠세중재쌍목신광 여부동론

금루 (우) 67세의 운을 주고받으며 두 눈의 빛이 있음이 중요하며 나머지 부분은 앞의 내용과 같다.

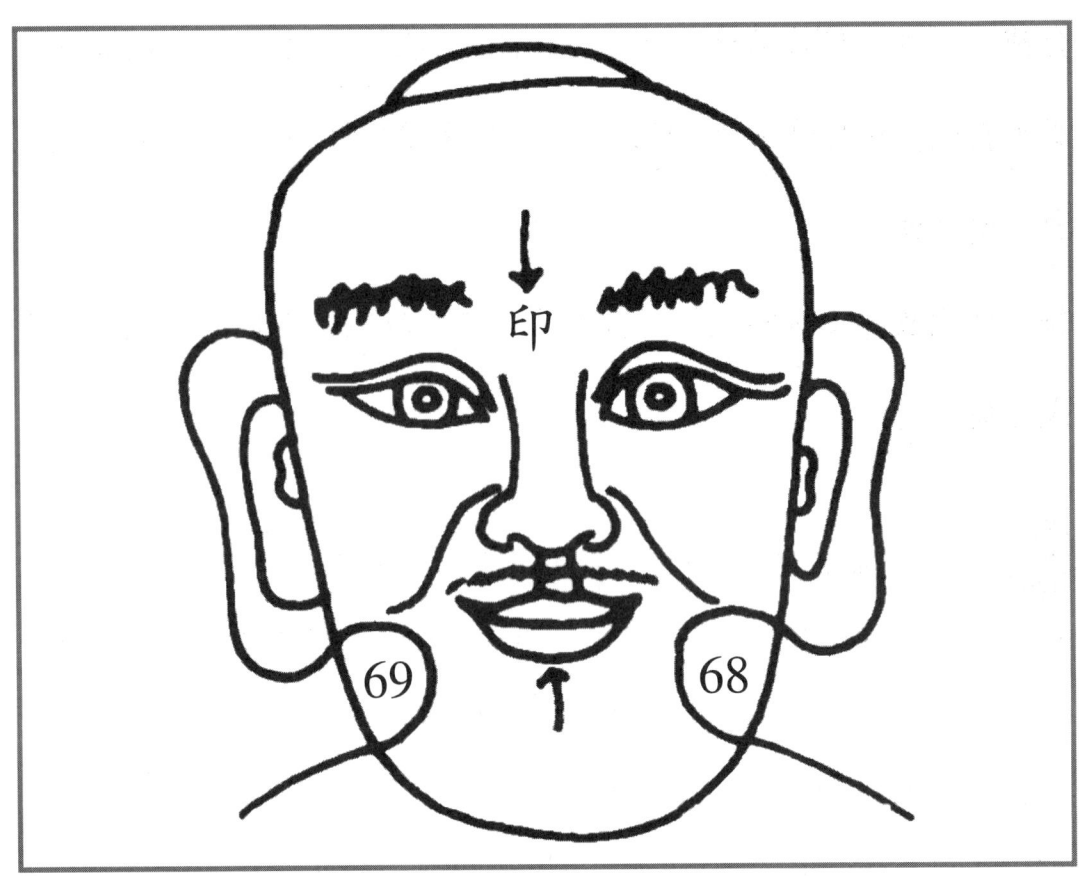

歸來
귀래

歸來귀래(左좌) : 六十八歲육십팔세

- 歸來左看印堂求귀래좌간인당구 : 좌측 귀래는 도와주는 인당을 잘 살펴야 한다.

- 柱陽托氣少外害주양탁기소외해 : 주양골에서 밀어주는 기운이 없으면 외부로부터 해롭다.

- 滿面紫氣老壽頭만면자기노수두 : 얼굴에 가득한 자기는 노년의 수명에 으뜸이다.

歸來 …『左』運達六十八歲, 印堂紫光透頂, 口正脣紅, 鬍鬚不枯,
귀래   좌   운달육십팔세 인당자광투정 구정순홍 호수불고

柱陽有氣而肉豊滿面光彩眼有神, 此年運特佳壽年大增, 財物廣進.
주양유기이육풍만면광채안유신 차년운특가수년대증 재물광진

如果修道者, 必得神仙之路也.
여과수도자 필득신선지로야

若是印堂無氣, 脣鬚欠有美色, 柱陽不托,『無肉是也』滿面氣滯者,
약시인당무기 순수흠유미색 주양불탁 무육시야   만면기체자

是年交運必惡, 資財亦破, 壽不永矣.
시년교운필악 자재역파 수불영의

귀래 (좌) 68세의 운에서 발달하며 인당에 자기가 정수리로 통하여 빛나고 반듯한 입술이 붉으며 수염이 마르지 않고 주양에 살비듬이 넉넉하여 기운이 있고 광채가 얼굴 가득하고 눈에 빛이 있을 때 해당하는 나이가 되면 특별히 운이 아름다우며 수명도 크게 증가하고 재물도 갈수록 넓혀지게 된다. 수도자가 이러한 모습과 같으면 반드시 신선의 경지를 얻을 것이다.

만약 인당에 기가 없고 입술 수염의 아름다움이 미치지 못하고 주양골이 기운을 도와주지 못하고(살비듬이 없다는 말이다) 얼굴 전체적으로 기운이 막힌 사람은 해당 나이가 되면 반드시 운이 나빠 자본까지 깨어져 수명을 오래 하지 못한다.

歸來귀래(右우) : 六十九歲육십구세

● 右來脣潤壽無憂우래순윤수무우 : 우측 귀래는 입술이 윤택하면 수명에 근심이 없다.

歸來 …『右』交運六十九歲, 重在口, 餘部仝論.
귀래   우 교운육십구세 중재구 여부동론

귀래 (우) 69세의 운을 주고받으며 입이 중요하고 나머지는 앞의 설명과 내용이 같다.

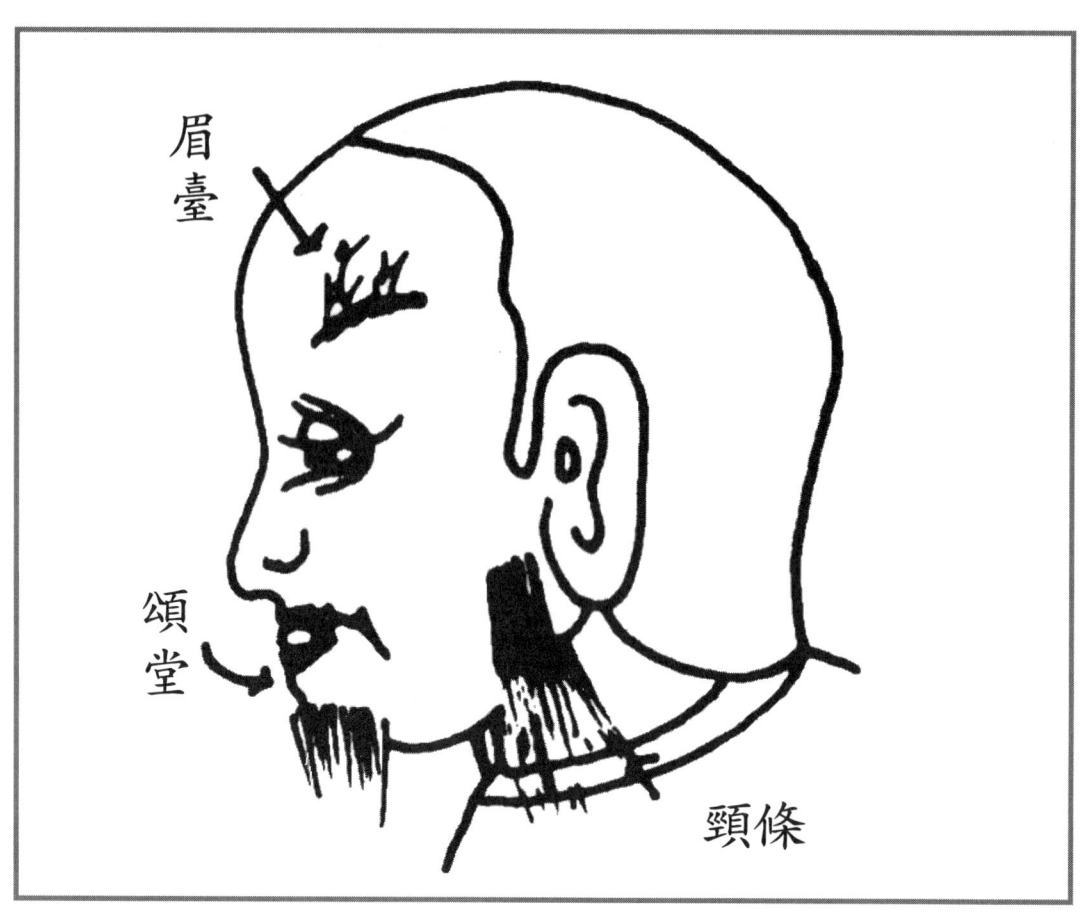

頌堂
송당

頌堂송당 : 七十歲칠십세

- 頌堂觀鬚白眉毫송당관수백미호 : 송당은 수염과 하얀 눈썹 털이 있는지 살펴야 한다.

- 眼有眞神形體正안유진신형체정 : 눈의 빛이 참되고 체형이 반듯해야 한다.

- 頸條多增液漕漕경조다증액조조 : 많이 생겨나는 액즙을 실어 나를 수 있는 목을 갖추어야 한다.

● 滿面營光壽滔滔 만면영광수도도 : 얼굴 전체에 수명을 관장하는 빛이 물이 흘러가듯이 두루 돌아야 한다.

頌堂 … 承漿下, 是也, 運交七十歲:宜觀髭鬚之彩色, 眉之善惡, 更爲重要, 尤其是眉之黑長毫, 與白長毫. (421페이지 참조)

老人眉生毫主壽, 眉毫不如頸下餘條, 頸下條不如液漕漕, (乃口水是也) 液漕不如眼神好, 神足形正滿面光彩當是壽年滔滔, 老運佳也.

若鬚枯眉落, 神滯形傾, 頸無餘皮, 滿面氣嫩者, 非吉祥之兆也, 不貧卽夭矣.

송당 승장 아래에 있고 70세의 운에서 만나며 마땅히 수염이 빛나고 눈썹의 좋고 나쁨을 살펴야 하며 다시 말해서 중요하다는 것이다. 더욱이 눈썹의 검고 긴 털 가운데 흰색의 긴 털이 있어야 한다.

노인의 눈썹에서 생겨나는 털은 수명을 주관하는데 눈썹의 털이 목 밑의 여유 있는 살비듬의 조건보다 못하고 목 밑의 넉넉한 조건이 액즙이 입에 가득한 것만 못하고(입의 수성을 말한다) 액즙이 통하는 것이 눈빛이 좋은 것만 못하며 얼굴이 반듯하고 빛이 가득하면 해마다 수명이 늘어나 노년이 아름답다.

만약 수염이 마르고 눈썹이 말라빠지고 모양이 한쪽으로 기울고 눈빛이 막히고 목에 여유로운 살비듬이 없이 얼굴 가득 새로운 기운이 돋아나는 사람은 좋은 길 작용의 조짐이 아니니 가난하지 않은 즉 요절하게 되는 것이다.

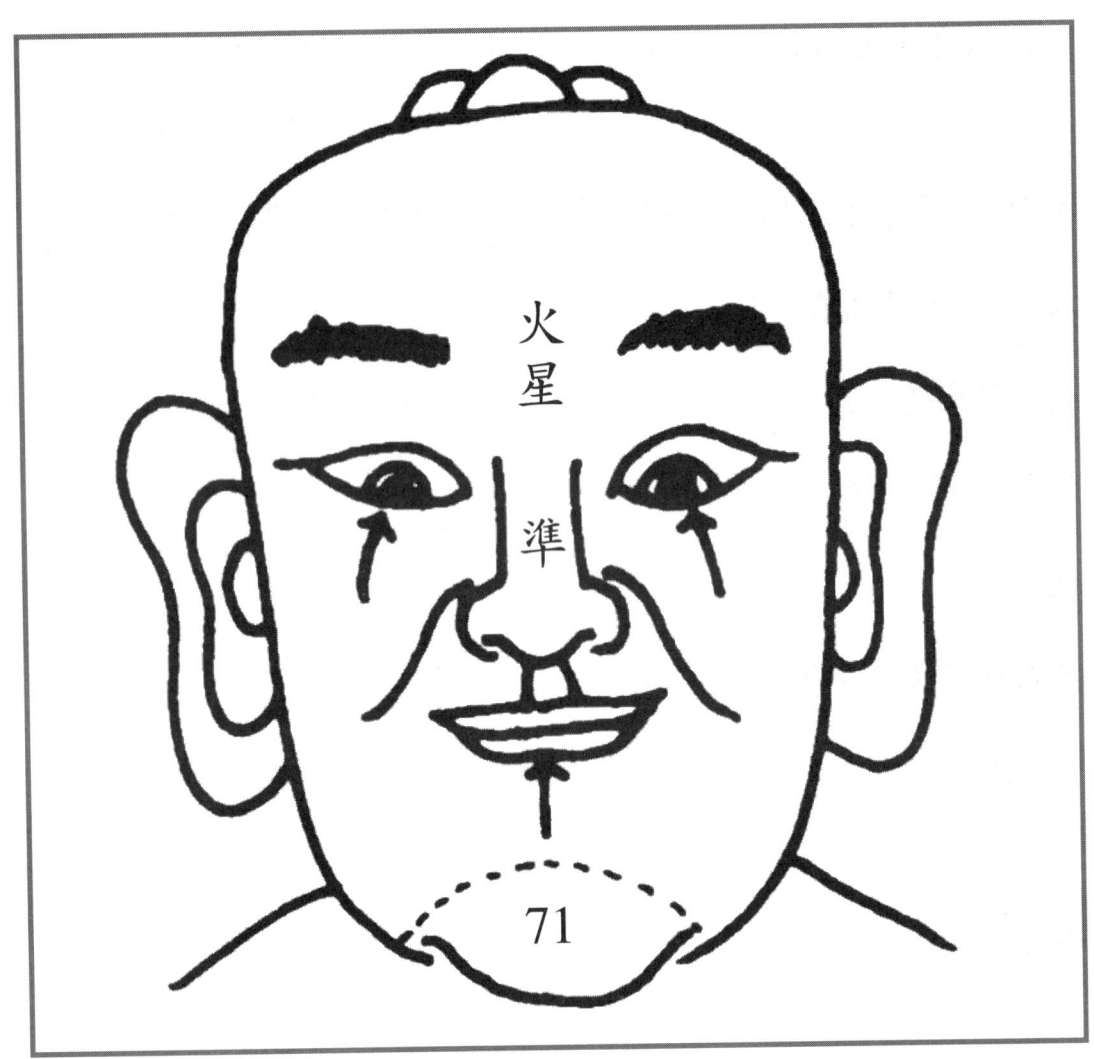

地閣
지각

地閣지각 : 七十一歲 칠십일세

- **地閣豊滿水星慈**지각풍만수성자 : 지각이 풍만하여야 수성이 자비롭게 잘 생긴 것이다.

- **目伏眞光不脫體**목복진광불탈체 : 눈빛이 숨어서 빛나고 몸을 벗어나지 않아야 한다.

- **滿面營光土不欺** 만면영광토불기 : 만면에 두르는 윤택한 토의 기운은 속일 수 없다. 토의 기운이다.

- **火星柱陽爲壽基** 화성주양위수기 : 화성(인당)과 주양골은 수명을 관장하는 토대가 된다.

地閣 … 運正七十一歲, 脣紅鬚秀, 如齒不落者更佳.
지각　　운정칠십일세　순홍수수　여치불락자경가

準頭不可低, 地閣如果高於準頭者, 爲土被水欺運交七十一定死矣
준두불가저　지각여과고어준두자　위토피수기운교칠십일정사의

不死亦防大災, 欲目有神光柱陽有肉印堂發紫色者, 是年運佳亦多
불사역방대재　욕목유신광주양유육인당발자색자　시년운가역다

增壽也.
증수야

若脣暗鬚濁準印氣滯目神脫體, (脫體者乃目無神光是也) 乃壽年不
약순암수탁준인기체목신탈체　탈체자내목무신광시야　내수년불

永也.
영야

지각 71세의 운에서 만나고 입술이 붉고 수염이 빼어나고 치아가 빠지지 않아 아름다우며 준두가 낮지 않고 지각과 준두의 높이가 같은 사람이 토성이 수성을 덮어버리면 속이는 운을 주고받아 71세에 반드시 죽느냐 사느냐 하는 큰 재난을 예방하여야 하며 눈에 빛이 있고 주양골의 살비듬과 인당의 자기가 피어나는 사람은 해당하는 나이에 역시 운이 아름답고 수명도 늘어나는 것이다.

만약 입술이 어둡고 수염이 탁하고 준두와 인당의 기색이 막히고 눈빛이 몸을 벗어났다면(눈빛이 몸을 벗어났다는 것은 눈에 빛이 없음을 말한다) 수명을 보전하기 어렵다.

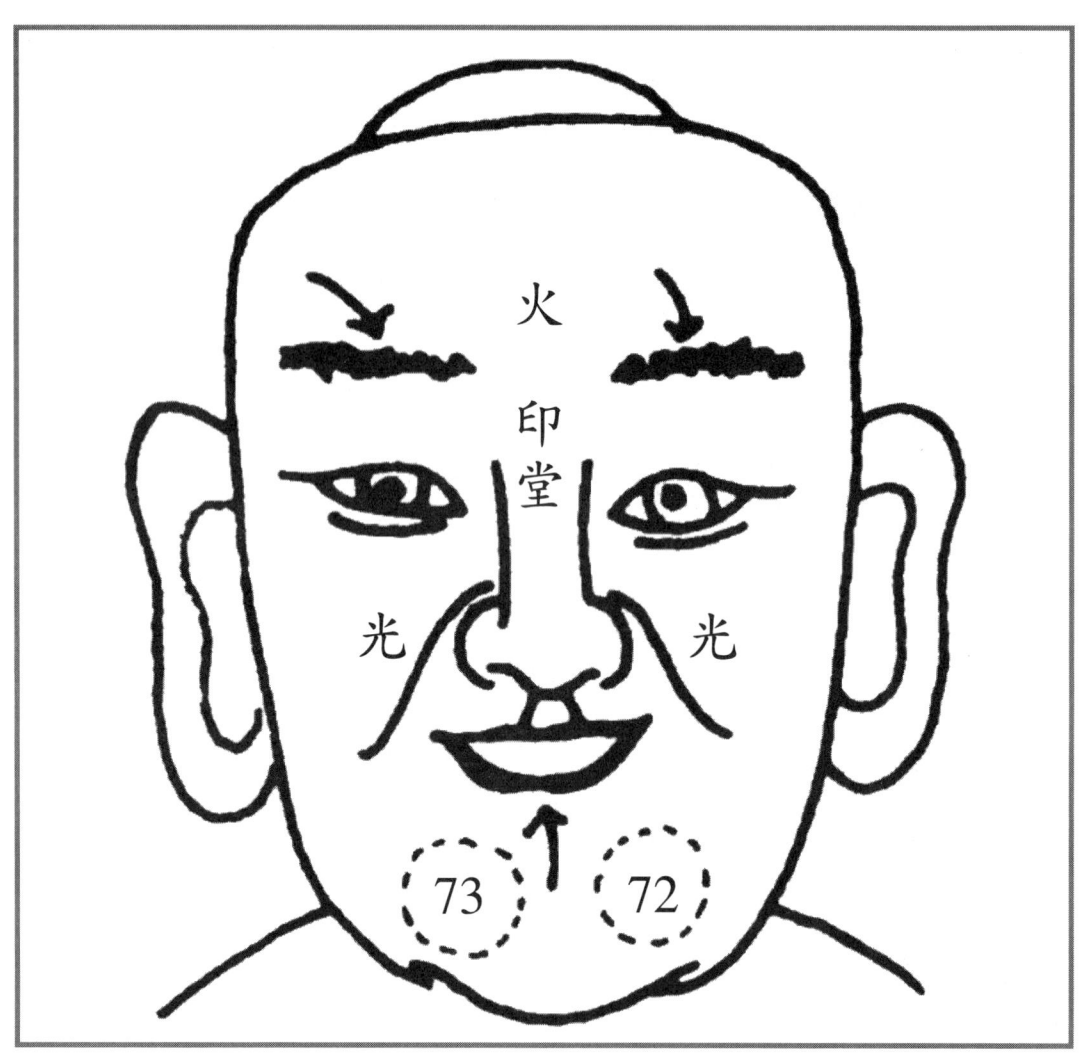

奴僕
노복

奴僕노복(左좌) : 七十二歲칠십이세

奴僕노복(右우) : 七十三歲 칠십삼세

- **奴僕地閣傍**노복지각방 : 노복 궁은 지각 곁에 있다.
- **四水不可傷**사수불가상 : 사수(하독·강독·제독·회독)가 이지러지면 안 된다.
- **眉心伏五彩**미심복오채 : 엎드려 잘생긴 눈썹에서 오채가 빛나는지 살핀다.

● **火星顴放光**화성관방광 : 화성에서 쏘아주는 빛이 관골에서 빛나는지 살핀다.

奴僕 … 在地閣傍, 運逢七十二三歲, 最宜髭鬚淸秀, 四水通流,『乃
노복   재지각방   운봉칠십이삼세   최의자수청수   사수통류   내

是人沖正而明是也』眉爲此年重要部, 形帶五彩, 內氣透光更宜出
시인충정이명시야   미위차년중요부   형대오채   내기투광경의출

毫. (421페이지 참조)
호

火星乃印堂是也, 紫光透頂覆射兩顴.
화성내인당시야   자광투정복사양관

所謂 …『光彩滿面, 如果目再有眞光神藏者. 此年應是大運欲修心
소위   광채만면   여과목재유진광신장자   차년응시대운욕수심

行道者, 必達神仙之露, 壽增十二年, 不以本位論也. 反此者非美相
행도자   필달신선지로   수증십이년   불이본위논야   반차자비미상

矣.』
의

노복 지각 곁에 있으며 72, 73세의 운에서 만나고 수염이 깨끗하게 빼어나야 최고로 마땅하며 사수가 통하여 순환되어야 한다(인충이 반듯하고 밝아야 한다는 말이다).

눈썹은 해당되는 나이에서 중요한 부분으로 모양이 오채의 빛을 띠고 내적인 기운이 통하여 빛나며 다시 말해 당연히 상서로운 털이 나와야 한다.

인당과 화성이 자기로 정수리까지 통하여 빛나고 다시 양 관골을 향하여 쏜다.

이른바 얼굴 전체 빛이 가득하다는 것은 잘생긴 눈이 살짝 가려진 상태에서 보석처럼 빛난다는 것과 같은 것이다.

해당하는 년에 마음 닦기를 원하고 그 길을 걸어온 사람은 응하는 큰 운이 따르니 반드시 신선의 지위를 통하게 되며 수명이 12년은 더 늘어나게 될 것이니 본위에 대해서는 더 이상 말하지 말라.

이러한 모습과 반대로 생긴 사람은 아름답지 못한 상이다.

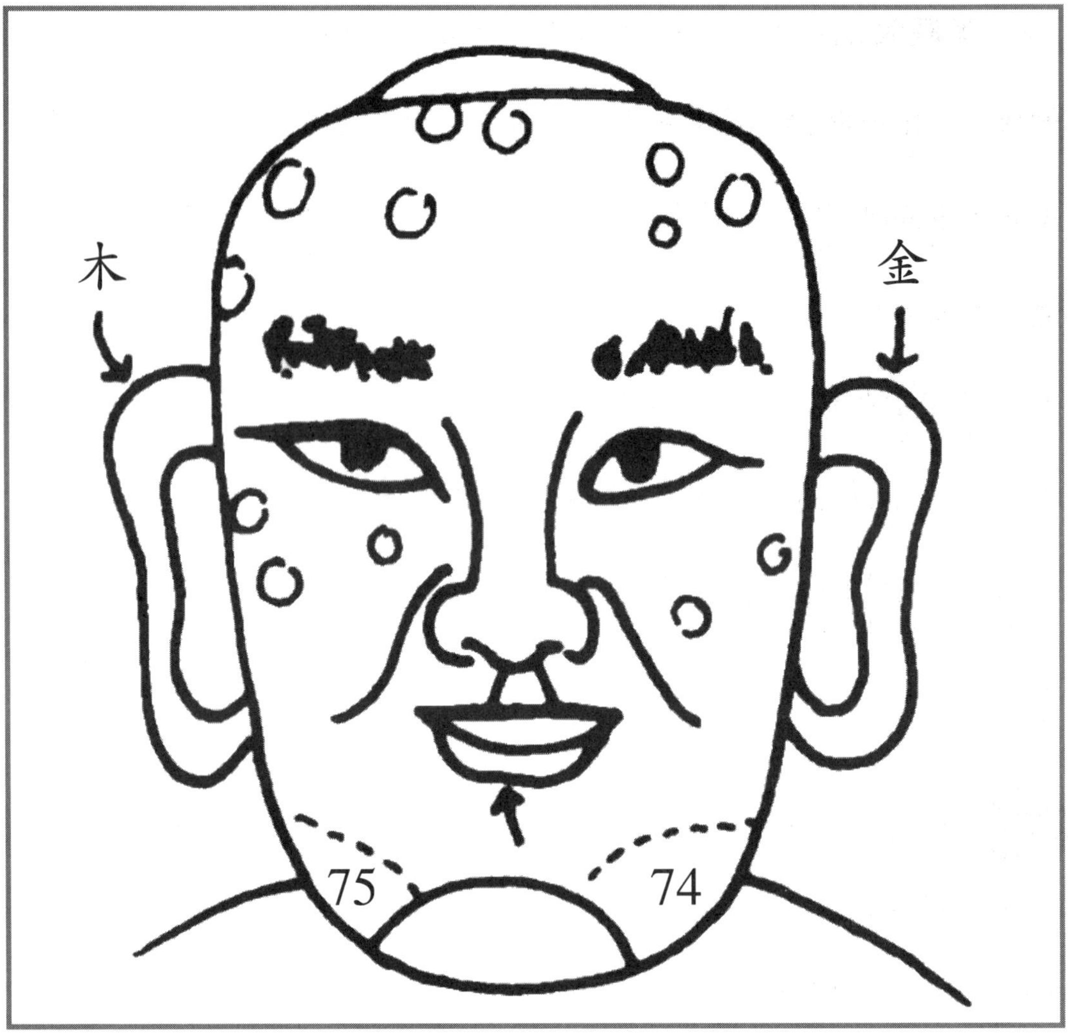

腮骨
시골

腮骨시골(左좌) : 七十四歲칠십사세

腮骨시골(右우) : 七十五歲칠십오세

• **腮骨不露地閣圓**시골불로지각원 : 시골은 지각이 둥글어 드러나지 않아야 한다.

- **滿面麟班多增壽**만면인반다증수 : 얼굴 가득 인반이 증가하면 수명이 증가한다.

- **耳潤脣紅光透天**이윤순홍광투천 : 귀가 윤택하고 입술이 붉고 빛이 이마를 통하면

- **福祿天降又年年**복록천강우년년 : 해마다 복록이 하늘에서 내려온다.

腮骨 … 逢運七十四五歲, 最要本位骨不露.
시골   봉운칠십사오세   최요본위골불로

地閣微微朝圓口正脣紅, 耳色鮮明, 目伏眞神, 若生壽班者,
지각미미조원구정순홍   이색선명   목복진신   약생수반자

更爲長壽但要黑而大方宜, 最忌白而小主夭貧, 口傾耳枯防多疾,
경위장수단요흑이대방의   최기백이소주요빈   구경이고방다질

神脫氣短壽不永. 左右仝論.
신탈기단수불영 좌우동론

시골 74, 75세에 만나며 본위가 드러나지 않아야 하는 것이 최고로 중요하다. 지각이 아주 그윽하게 둥글며 반듯한 입과 붉은 입술 그리고 귀의 색깔이 선명하고 눈이 숨어서 참으로 빛나야 하며 만약 수명의 반점이 생긴 사람은 새로워져 장수하게 되며 단, 검고 모가 나게 커야 마땅하다.

작고 하얀 반점은 짧은 수명과 가난함을 주재하므로 제일 나쁘고 입이 삐뚤고 귀가 메마르면 질병을 예방하여야 하며 눈빛이 이탈하고 기운이 단촉되면 수명을 오래하지 못한다.

좌우가 같은 내용이다.

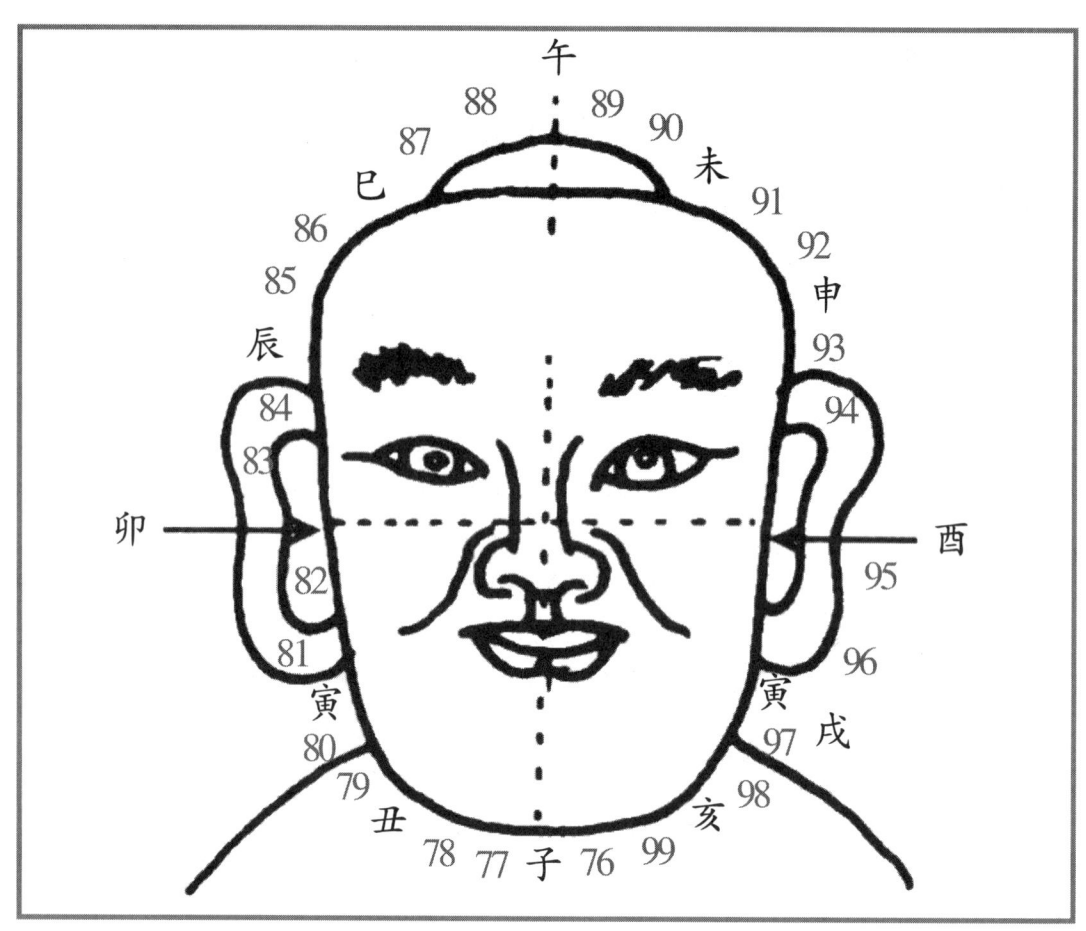

地支
지지

地支十二宮流年行運圖 지지십이궁 유년행운도

地支 … 接運七十六, 週而復始氣通流, 骨格部位不重要, 精氣神色
지지   접운칠십육   주이부시기통류   골격부위부중요   정기신색

必要求.
필요구

子宮正北壬癸水, 草木清秀水星爲, 若得火星來相助, 水火通明氣魁
자궁정북임계수   초목청수수성위   약득화성래상조   수화통명기괴

魁.
괴

丑逢七八七十九, 形神固體不傾頭, 最怕神滯氣又短, 不久人間有壽
축봉칠팔칠십구 형신고체불경두 최파신체기우단 불구인간유수

憂.
우

寅交八十八十一, 液漕頸條, 不可忽, 後陽眉毫兼察看, 切忌色嫩目
인교팔십팔십일 액조경조 불가홀 후양미호겸찰간 절기색눈목

神急.
신급

卯遇八二八十三, 子午卯酉正沖關, 欲求此年得過去, 紫氣添增火星
묘우팔이팔십삼 자오묘유정충관 욕구차년득과거 자기첨증화성

間.
간

辰居眉尾東南角, 八十四五眉增白, 目有眞光面有氣, 前山不倒壽近
진거미미동남각 팔십사오미증백 목유진광면유기 전산부도수근

百.
백

巳轉上角逢太陽, 龍爭虎鬪定有傷, 假如是年, 無損害, 八十六七入
사전상각봉태양 용쟁호투정유상 격여시년 무손해 팔십육칠입

仙堂.
선당

午正南方火星位, 冬寒逢水必難維, 八十八九如無事, 滿面營光頸條
오정남방화성위 동한봉수필난유 팔십팔구여무사 만면영광경조

堆.
퇴

未輪九十九十一, 眼神眉頭觀禍福, 最忌眉枯眼神滯, 子孫三代亦主
미륜구십구십일 안신미두관화복 최기미고안신체 자손삼대역주

哭.
곡

申運九二九十三, 滿面週流增壽班, 如若是年人不死, 神仙之體內氣
신운구이구십삼 만면주류증수반 여약시년인불사 신선지체내기

還.
환

酉居卯下四異正, 金木紫光火星明, 九十四五人雖好, 半身不隨兩相
유거묘하사이정 금목자광화성명 구십사오인수호 반신불수양상

拚.
변

戌宮九六九十七, 形正氣爽精神足, 最怕頭傾前山倒, 子子孫孫逢孝
술궁구육구십칠　형정기상정신족　최파두경전산도　자자손손봉효

服.
복

亥歲難得交末宮, 內外形脫憂如同, 九十八九若不死, 目藏眞光一仙
해세난득교말궁　내외형탈우여동　구십팔구약불사　목장진광일선

翁.
옹

若問百歲何處有, 耳大五寸壽星頭, 如再延生百歲外, 魁首靈臺復始
약문백세하처유　이대오촌수성두　여재연생백세외　괴수영대부시

求.
구

지지 76세부터의 운이 이어지고 기운이 처음부터 다시 돌아가 통하여 흐르므로 골격과 부위가 중요하지 않고 정·기·신·색이 중요하므로 반드시 찾아 구하여야 한다.

자궁: 정 북쪽 임·계·수의 위치로서 초목이 맑고 빼어나는 수성이 되고 만약 화성의 도움을 받으면 수, 화가 통하여 밝으니 기운이 빼어나고 빼어나다.

축봉: 77, 78세 혹은 79세에 만나고 모양과 정신이 단단한 몸으로써 머리가 한쪽으로 기울지 않아야 하며 안신이나 기운이 막히고 숨이 가쁘면 인간의 수명에 근심이 생겨 오래 하지 못하니 제일 두려운 것이다.

인교: 80, 81세에 만나고 많은 액즙을 실어 나를 수 있는 목을 살피는데 소홀히 하지 말며 후양과 눈썹 털을 겸하여 자세히 살피고 새로운 색이 돋아나거나 눈빛이 급한 것을 심히 꺼린다.

묘우: 82, 83세에 만나고 자·오·묘·유·사정(四正)의 하나로서 마주 보는 방향에서 충하는 관계에 있으며 과거에 얻고자 하던 것을 자기가 화성에 더욱 증가하면 해당하는 나이에 얻을 수 있다.

진거: 눈썹의 꼬리 부분인 동남 방향의 각진 부분이며 84, 85세에 눈썹의 하얀 털이 더

욱 많아지고 눈이 빛나고 얼굴에 기운이 가득하며 머리가 앞으로 넘어지지 않으면 백살 가까이 살 수 있다.

사전 : 태양과 만나는 액각의 윗부분이며 용각과 호각에 상처가 있어 서로 싸우면 해당하는 나이에 이르러 아무 손해 없이 86, 87세에 선당에 들어간다.

오정 : 정 남쪽인 화성에 위치하고 겨울의 차가운 수의 기운을 만나면 반드시 어려워지니 오직 88, 89세에도 아무 일이 없으려면 얼굴 가득 빛이 나고 목살이 두툼하여야 한다.

미륜 : 90, 91세를 흐르고 눈썹 머리와 눈빛에 복과 화가 있으니 눈썹이 마르고 눈빛이 막힌 것이 제일 나쁘니 자손 삼대에 곡소리가 나게 된다.

신운 : 92, 93세의 운이 흐르고 얼굴 가득 수명의 반점이 두루 증가하여 해당하는 나이에 만약 죽지 않으면 체내에 신선의 기운이 돌아온다.

유거 : 묘궁의 맞은 편에 있는 다른 사정(四正)의 지지이고 화성에서 금, 목까지 자광으로 밝게 빛나면 94, 95세가 되어도 비록 좋다고 하나 몸 반쪽이 따르지 않으면 다해 가는 양상이다.

술궁 : 96, 97세에 만나며 형이 반듯하고 기운이 상쾌하면 정신이 족한 것으로 제일 두려운 것이 머리가 한쪽으로 기울어지는 것으로 자손들이 상복을 입게 된다.

해세 : 해궁에 해당하는 나이가 되면 마지막 궁의 기운 교류가 어렵게 되어 몸과 마음이 분리되어 같지 않을까 근심이 되며 98, 99세에 만약 죽지 않고 눈에 감춰진 일점의 진 광이 있으면 신선 노인이 된다.

만약 백세는 어디에 해당하느냐고 묻는다면 머리에 수명의 별인 귀가 커서 5촌이나 되면 100세를 지나 다시 생을 늘여 우두머리(살아 있는 사람들의 최고 원로)로 몸과 정신이 처음부터 다시 시작하기를 원해도 된다.

五行形
오행형

金
금

金形, 取端方, 耳額面鼻, 口頤腰背身手腹足, 皆色白, 端方, 神淸氣
금형 취단방 이액면비 구이요배신수복족 개색백 단방 신청기

正蘭庭紫色盈面者, 眞金形也.
정난정자색영면자 진금형야

金形人, 取面方, 耳正, 眉目淸秀, 脣齒得配手端小而方, 腰腹圓正,
금형인 취면방 이정 미목청수 순치득배수단소이방 요복원정

色白, 氣淸爲正, 三陽不宜帶赤, 有土內埋金之象, 主多災難, 輕者
색백 기청위정 삼양불의대적 유토내매금지상 주다재난 경자

破家, 重者死亡, 最忌火旺, 然氣淸色冷, 宜微火煉金, 方成大用.
파가 중자사망 최기화왕 연기청색냉 의미화련금 방성대용

詩云 … 金形忌烈火　部位要週重　三停俱方正　富貴有聲名
시운   금형기열화   부위요주중   삼정구방정   부귀유성명

又曰 … 金形火旺濁難淸　面部多虧必主貧　相中若有爲官者　終是
우왈   금형화왕탁난청   면부다휴필주빈   상중약유위관자   종시

區區不出名
구구불출명

금형　단정하게 모가 나야 하며 귀, 이마, 얼굴, 코, 입, 턱, 허리, 등, 몸과 손, 배, 발 모두 피부색이 희어야 하며 단정하게 모가 나고 정신이 맑고 기가 바르며 난대 정위에 자기가 가득한 얼굴의 소유자가 참으로 금형이다.

금형의 사람은 얼굴이 모가 난 듯하고 귀가 바르게 있고 눈썹과 눈이 맑고 빼어나며 입술과 치아가 짝을 이루며 손도 단정하게 작고 모가 나며 허리, 배가 둥글면서 바르고 색이 희고 기운이 맑아야 제대로 갖추어진 것으로 삼양이 붉은 기를 띠면 마땅하지 못하며 흙 속에 금이 묻힌 상은 많은 재난으로 어렵게 되고 가볍게는 가정이 깨어지며 심하게는 죽음에 이르게 되고 제일 나쁜 것은 화의 기운이 왕한 것이다. 그러나 기운이 서늘하고 색이 맑으면 작은 화의 기운이 금을 정련하게 되니 가는 곳마다 크게 쓰여 뜻한 바를 이룬다.

시로 말하면, 금형은 맹렬하게 타오르는 불의 기운은 나쁘고 부위에 골고루 돌아 순환되는 것이 매우 중요하고 삼정을 네모 반듯하게 갖추고 단정하게 품격이 있으면 이름을 날리고 부귀를 함께 한다.

또한 가로대, 금형에 화의 기운이 왕하면 맑기 어려워 탁하고 얼굴 부위가 이지러진 곳이 많으면 반드시 가난한 것으로 상 가운데 만약 이러한 사람이 관직에 있으면 끝내 변변하지 못하여 이름을 날리지 못한다.

木
목

木形, 取瘦直, 頭面骨瘦, 鼻修直, 目細長, 手指細而多紋, 鬚髮皆
목형 취수직 두면골수 비수직 목세장 수지세이다문 수발개

清, 肩背挺眞, 色清氣秀, 眞木形也.
청 견배정진 색청기수 진목형야

木形人, 取疊直修長, 目秀鬚清, 脣紅紋佃, 體長挺直, 腰瘦圓滿, 手
목형인 취첩직수장 목수수청 순홍문전 체장정직 요수원만 수

紋細潤, 方爲棟樑, 不宜偏削枯薄, 浮肉浮筋, 露骨露頂, 木形宜帶
문세윤 방위동량 불의편삭고박 부육부근 노골로정 목형의대

微火, 爲木火通明之象, 若土赤金紅, 不宜所用, 些須帶金還是求名
미화 위목화통명지상 약토적금홍 불의소용 사수대금환시구명

之客, 木削金重, 乃成敗無休.
지객 목삭금중 내성패무휴

詩曰 … 稜稜形格瘦　凜凜瘦修長, 秀氣生眉目　方言作棟樑
시왈　　 릉릉형격수　늠름수수장　수기생미목　방언작동량

又曰 … 骨重肉肥神氣濁 背薄腰軟扁非宜 若有疊金來尅陷 不貧
우왈　　골중육비신기탁　배박요연편비의　약유첩금래극함　불빈

則夭破爲泥
즉요파위니

목형　약간 여윈 듯하고 곧아야 한다. 머리와 얼굴의 골격이 여위고 코가 길게 곧고 눈이 가늘고 길며 손가락이 가늘고 주름이 많으며 터럭(머리털, 수염, 등) 모두가 깨끗하고 맑아야 하며 어깨와 등이 특출하게 솟은 몸으로 색이 맑고 기운이 빼어나야 참으로 목형이다.

목형의 사람은 거듭하여 곧고 길어야 하고 눈이 빼어나고 수염이 맑고 입술이 붉고 밭이랑과 같이 고르게 주름이 지고 몸도 길고 빼어나게 곧아야 하며 허리가 여윈 듯하면서 둥글고 꽉 차고 손도 윤택하고 가는 주름이 있으며 모가 난 듯하여야 큰 재목으로 쓰이는 대들보가 될 수 있으니 한쪽으로 깎이거나 마르거나 얇아서 살비듬이 뜨고 힘줄이 나오고 뼈와 정수리가 드러나면 안 되며 목형은 마땅히 아주 약한 화의 기운을 띠고 있어야 목, 화 통명의 상이 될 수 있다.

만약 붉은 적색의 토 기운과 붉은 홍색의 금 기운은 쓰임이 마땅하지 못하고 약간의 금 기운을 띠면 타향에 나가 이름을 날리고 돌아오게 되는 것이나 금 기운이 무거워 목이 깎이면 패하여 이룸이 없고 만사가 정지된다.

시로 말하면, 추위가 살을 에이 듯 파리한 격으로 여윈 듯하면서 곧게 길어 늠름하고 눈썹과 눈이 빼어난 기운으로 살아 있으면 어디서나 들보로 크게 쓰이는 나무가 될 것이라 말한다.

또한 가로대, 살이 쪄서 정신의 기운이 탁하거나 등이 얇고 허리가 가늘어 연약하여 한쪽으로 기울어지면 마땅하지 못하고 만약 금기가 거듭되면 날이 갈수록 심하게 패이니 가난하지 않으면 깨어지고 피폐해져 요절하게 된다.

水
수

水形, 取肥圓肉重, 骨輕頭面身手耳目口鼻皆肥圓, 色黑而氣靜者,
수형 취비원육중 골경두면신수이목구비개비원 색흑이기정자

色玄而有寶光, 眞水形也.
색현이유보광 진수형야

水形人, 要骨正肉骨堅實, 色黑帶潤, 體發面圓, 後看爲伏, 前觀如
수형인 요골정육골견실 색흑대윤 체발면원 후간위복 전관여

仰, 腹圓臀圓, 指掌微圓而方, 是水形, 不宜氣粗色暗, 骨露肉浮, 不
앙 복원둔원 지장미원이방 시수형 불의기조색암 골로육부 불

宜皮白如粉, 如色紅無鬚, 皮滑肉冷者皆主無子.
의피백여분 여색홍무수 피활육냉자개주무자

詩云… 眼大井眉粗 城廓要團圓 黑色氣無滯 平生神自然.
시운 안대정미조 성곽요단원 흑색기무체 평생신자연

又曰 ⋯ 骨小肉流水泛浮 名爲水溢不停舟 更嫌神氣短而促 土重
우왈　　골소육류수범부　　명위수일부정주　　갱혐신기단이촉　　토중

刑傷事事休.
형 상 사 사 휴

수형 　살비듬이 둥글둥글 살이 쪄야 하며 뼈가 가볍고 머리와 얼굴과 몸, 손, 귀, 눈, 입, 코 모두 둥글게 살이 찌고 기운이 고요하고 색은 검으면서 보석처럼 빛나면 참된 수형이다.

수형인에게 중요한 것은 뼈는 바르고 살비듬은 튼튼하고 실해야 하며 색은 검고 윤택하여야 하고 몸과 얼굴이 둥글게 발달되고 뒷모습은 엎드린 것 같고 앞모습은 덜린 것처럼 보이고 배고 둥글, 엉덩이도 둥글, 손가락과 손도 약간 둥글면서 모가 나야 수형이라 할 수 있다. 기운이 거칠고 색이 어두우면 아름답지 못하고 뼈가 드러나고 살비듬이 뜨고 피부가 가루분 같이 희면 마땅하지 못하며 수염이 홍색과 같거나 없거나 피부가 미끄럽고 살비듬이 차가운 사람은 모두 자식을 두지 못한다.

시로 말하되, 눈이 크며 눈썹이 우물 정자로 거칠고 성곽과 같이 둥글고 단단한 것이 중요하며 검은색의 기운이 막히지 않을 때 평생 동안 복록이 기묘하게 저절로 끊이지 않을 것이다.

또한 가로대, 뼈가 약하고 살비듬이 떠 있으면 물이 넘쳐 배가 멈추지 못하는 것이 되고 이어서 신기가 짧고 급하면 수명을 재촉하게 되므로 싫어하고 토의 기운이 지나치면 형벌을 받아 상하게 되어 매사가 정지된다.

火 화

火形, 取紅活, 頭長而尖, 眉鼻目齒耳皆露, 耳高尖反, 鬚髮微赤, 聲
화형 취홍활 두장이첨 미비목치이개로 이고첨반 수발미적 성

音焦熱, 性急多暴, 色鮮紅神氣, 筋骨俱露, 眞火形也.
음초열 성급다폭 색선홍신기 근골구로 진화형야

火形人, 上尖下闊, 行動躁急, 鬚少面紅竝鼻僑耳高露廓, 色明紅
화형인 상첨하활 행동조급 수소면홍병비교이고로곽 색명홍

潤, 鬚髮少而赤, 口不宜大因水剋火也, 故口大者爲剋火, 凡火形人
윤 수발소이적 구불의대인수극화야 고구대자위극화 범화형인

聰明, 氣色光彩紅潤發家極速, 但貴在武職, 財星高而尖有子, 不然
총명 기색광채홍윤발가극속 단귀재무직 재성고이첨유자 불연

少子.
소자

詩曰… 欲職火形貌　三停俱帶尖　身體全無靜　腮邊更少髥
시왈　　욕직화형모　삼정구대첨　신체전무정　시변경소염

又曰… 面赤最怕水星侵　五露不全部位傾　體貌肉粗又外細　初年
우왈　　면적최파수성침　오로부전부위경　체모육조우외세　초년

縱好末無終
종호말무종

화형　살아 있는 붉은 기운을 취하고 머리 모양이 길고 뾰족하며 눈썹, 코, 눈, 치아, 귀 모두가 뒤집어져 드러나고 특히 귀는 뾰족하고 뒤집어져 높게 있고 수염이나 머리털은 조금 붉고 소리음은 불이 맹렬하게 타 들어가 듯하고 성정이 매우 급하고 사나우며 피부색은 깨끗하면서 붉고 정신적인 기운이 있으며 골격에 힘줄이 드러남을 갖추면 참된 화형이다.

화형인은 위가 좁고 아래가 넓으며 행동이 조급하고 수염이 적고 얼굴이 붉으며 아울러 코가 높게 덜리고 귀의 곽이 드러난 채 높이 있으며 색깔은 밝은 홍색으로 윤택하고 수염이나 머리카락이 적고 붉다. 입이 크면 수극화로 말미암아 마땅하지 못하다. 그러므로 입이 큰 것은 화를 극하게 된다.

무릇 화형인은 총명하여 기색의 광채가 붉게 윤택하면 가산이 빠르게 발달하는데 단, 무직에 있어야 귀를 누리며 코가 뾰족하게 높으면 자식이 있고 그러하지 못하면 자식을 갖기 힘들다.

시를 한 수 읊으면, 화형의 모양을 알고자 원한다면 삼정이 뾰족한 기운을 띠며 갖추어야 하고 몸 전체가 고요하지 말아야 하며 턱 주변에 수염이 적어야 한다.

또한 가로대, 붉은 얼굴에는 수성이 침범할까 제일 두려우며 다섯 가지가 뒤집어져 드러나도 전 부위가 삐뚤어지지 않아야 하며 체모의 살비듬이 거칠고 겉모양이 가늘게 여위면 초년에는 가령 좋아도 말년에는 이룸이 없는 끝이 된다.

土 토

土形, 取厚重, 骨重肉實頭面厚大, 鼻準豊隆, 口闊脣厚頤豊, 腰背如
토형 취후중 골중육실두면후대 비준풍륭 구활순후이풍 요배여

龜聲重, 手足皆重厚色明黃, 氣魄廣大, 眞土形也.
귀성중 수족개중후색명황 기백광대 진토형야

土形人, 敦厚肥大而重實背高皮厚, 氣魄宏大聲響如雷, 項短頭圓骨
토형인 돈후비대이중실배고피후 기백굉대성향여뢰 항단두원골

肉完全, 乃眞土形也, 如骨肉露薄神昏聲細步輕, 氣暗色滯, 乃土形,
육완전 내진토형야 여골육로박신혼성세보경 기암색체 내토형

不得土格與土性, 不貧則賤, 是亦屬於下格.
부득토격여토성 불빈즉천 시역속어하격

詩云 … 端厚仍深重　端祥居泰山　心謀難測度　信義重人間
시운　　　단후잉심중　　단상거태산　　심모난측도　　신의중인간

又曰 … 背豊浮厚黃金色　面深骨重體神堅　安祥泰山機莫測　富兼
우왈　　　배풍부후황금색　　면심골중체신견　　안상태산기막측　　부겸

誠實不浮言
성실불부언

토형 두텁고 무거움을 취하는데 뼈가 무겁고 살비듬이 튼튼하고 머리와 얼굴이 크고 두터워야 하는 것으로 콧마루가 풍요롭게 솟아야 하며 입이 넓고 입술이 두텁고 턱이 넉넉하여야 하며 허리와 등이 거북이와 같고 음성이 무겁고 손과 발 모두 두텁고 밝은 황색으로서 진취성 있는 씩씩한 기상이 크고 넓어야 참으로 토형이라 할 수 있다.

토형인은 두텁게 살이 쪄서 크고 실하며 등이 높고 피부가 두터워 튼튼하여야 한다.

씩씩한 기상이 크고 음성이 우레와 같이 울리며 정수리가 짧고 머리가 둥글고 뼈와 살비듬이 조화롭게 이루어져야 참으로 토형이 되며 뼈와 살비듬이 얇아 드러나고 정신이 혼미하고 음성이 가늘고 걸음이 가벼우며 기가 어둡고 색깔이 막힌 이러한 토형은 토의 성정과 품격을 얻지 못하여 가난하지 않은 즉 천하여 하격에 속하게 된다.

시로 말하면, 생각이 깊고 침착함은 단정하고 온후함에 인하고 단정한 상서로움은 앉아 있는 태산으로 마음의 지혜를 헤아리기 어려우며 신의가 두터운 사람이다.

또한 가로대, 등은 넉넉하게 둥실둥실하고 두터운 살비듬이 황금색이며 깊은 얼굴에 뼈가 무겁고 몸과 정신이 견고하여 태산과 같은 편안함의 좋은 기상이 헤아릴 수 없는 넉넉한 부와 성실함이 참되어 허튼 소리를 하지 않는다.

五行總論
오행총론

人之本源, 受精于水稟氣於火而爲人精, 合而後神生, 神生而後形全, 是
인지본원 수정우수품기어화이위인정 합이후신생 신생이후형전 시

得之金木水火土而成形也, 故五行中有得其一行眞者, 不貴亦爲福
득지금목수화토이성형야 고오행중유득기일행진자 불귀역위복

相, 五行一形得合其性者, 不貴亦壽相也.
상 오행일형득합기성자 불귀역수상야

靈臺秘論云, 五行雖分肥瘦長短, 亦必須要合五行中, 靑黃赤白黑,
영대비론운 오행수분비수장단 역필수요합오행중 청황적백흑

之本源而辨精氣神之淸濁爲最要訣, 故木色取靑 火色取紅 土色取
지본원이변정기신지청탁위최요결 고목색취청 화색취홍 토색취

黃 水色取黑 金色取白, 五般顔色各不相同, 配合五行也.
황 수색취흑 금색취백 오반안색각불상동 배합오행야

사람 본바탕의 근원은 수 기운의 정을 받아 화에서 기를 주어 정이 있는 사람이 되므로 합한 후에 신이 생겨나고 신이 생한 후에 형이 갖추어지니 이에 금·목·수·화·토를 얻어 형을 이루게 되는 것이다.

이런 고로 오행 가운데 일행을 얻어 진실로 갖춘 사람은 귀하지 않으면 역시 복상이고 오행 가운데 갖춘 한 형에 그 성정이 합한 사람은 귀하지 않으면 역시 수명의 상이다.

정신과 육체의 비밀을 말하면 오행을 비록 살찌고 수척하고 길고 짧은 것으로 나누지만 역시 꼭 필요한 것은 오행 가운데 합을 이루고 있는 것이다. 청·황·적·백·흑이 본바탕의 근원으로서 정·기·신으로 나누고 청·탁에 이르면 최고로 중요한 결단이 된다.

목은 청색을 취하고 화는 홍색을 취하고 토는 황색을 취하고 수의 색은 흑색을 취하고 금은 백색을 취하니 다섯 가지의 얼굴색이 돌고 각 서로 같지 않으면서 균형이 잡히는 것이 오행이다.

神農經分定東南西北中央之位, 五方各有定色
신농경분정동남서북중앙지위 오방각유정색

신을 모시는 사람인지 농사를 짓는 사람인지 글을 읽는 사람인지 나누고 동·남·서·북·중앙의 다섯 가지 방위를 정하고 각 색을 정한다.

東方 甲乙 木 靑 (동방 갑을 목 청)
西方 庚辛 金 白 (서방 경신 금 백)
南方 丙丁 火 赤 (남방 병정 화 적)
北方 壬癸 水 黑 (북방 임계 수 흑)
中央 戊己 土 黃 (중앙 무기 토 황)

●金形人 取方而白 金不嫌方 金宜帶土
금형인 취방이백 금불혐방 금의대토

금형인은 깨끗하고 하얀 피부와 모가 난 듯한 기운을 취하여야 하고 금은 모가 나지 않은 것을 싫어하며 금형은 마땅히 토의 기운을 띠어야 한다.

●木形人 取秀而淸 木不嫌瘦 木宜帶水
목형인 취수이청 목불혐수 목의대수

목형인은 푸르고 빼어난 기운을 취하여야 하고 목은 마른 듯하지 않은 것을 싫어하며 목형은 마땅히 수의 기운을 띠어야 한다.

●水形人 取圓而黑 水不嫌肥 水宜帶金
수형인 취원이흑 수불혐비 수의대금

수형인은 둥글고 검은 기운을 취하여야 하고 수는 살찌지 않은 것을 싫어하며 수형은 마땅히 금의 기운을 띠어야 한다.

●火形人 取尖而赤 火不嫌尖 火宜帶木
　화형인　취첨이적　화불혐첨　화의대목

화형인은 뾰족하고 붉은 기운을 취하여야 하고 화는 뾰족한 기운을 싫어하지 않으며 화형은 마땅히 목의 기운을 띠어야 한다.

●土形人 取黃而厚 土不嫌厚 土宜帶火
　토형인　취황이후　토불혐후　토의대화

토형인은 두터운 황색 기운을 취하여야 하고 두텁지 않으면 안 되고 토형은 마땅히 화의 기운을 띠어야 한다.

相中雖論五行爲根本, 然而奧妙之法, 皆不脫首採眉目之淸秀, 口鼻
상중수론오행위근본　연이오묘지법　개불탈수채미목지청수　구비

之端正精神之榮暢氣宇之廣大爲枝葉, 庶可十不失一也.
지단정정신지영창기우지광대위지엽　서가십불실일야

상을 보는 데 있어서 비록 오행에 근본을 두지만 오묘한 것이 자연의 법이므로 모두 머리에서 가려내며 눈과 눈썹의 맑고 빼어난 것을 벗어나면 안 되고 입과 코는 반듯한 정신이 뻗어 나가는 기운의 거대한 지붕이자 지엽(가지와 잎)이 되므로 많은 여러 가지 중에서 한 가지도 잃어버리면 안 된다.

●金形方正色白潔　　肉不盈兮骨不薄
　금형방정색백결　　　육불영혜골불박

금형은 모가 난 듯 반듯하고 피부색은 희고 깨끗하며 살이 찌지 않은 가운데 뼈가 약하면 안 된다.

●木形瘦直骨節堅　　色帶靑兮人卓肇
　목형수직골절견　　　색대청혜인탁조

목형은 여윈 듯 곧고 뼈마디가 튼튼하여야 하며 피부색이 푸른빛을 띠면 일찍부터 뛰어난 사람이다.

●水形圓厚重而黑　　腹垂背聳眞氣魄
　수형원후중이흑　　　복수배용진기백

수형은 둥글고 두텁고 무거운 가운데 피부색이 검어야 하며 배가 낮게 드리워지고 등이

솟아야 씩씩한 기상과 늘품이 있는 사람이다.

● **火形豊銳赤焦燥　　反露氣枯無常好**
　화형풍예적초조　　반로기고무상호

화형은 예의바르며 날카롭고 마르게 타는 듯한 적기와 뒤집어지고 드러난 기운이 마르지 않아야 언제나 좋다.

● **土形敦厚色黃之　　臀背露兮性樂靜**
　토형돈후색황지　　둔배로혜성락정

토형은 친절하고 정중하며 피부색은 황색으로서 둔부와 배가 드러나고 성품은 고요하고 낙천적이다.

五行形凶
오행형흉

金形帶木, 斷削方成, 初主蹇滯, 未主超群.
금형대목　단삭방성　초주건체　미주초군

금형에 목기를 띠면 자르고 깎아서 어디서든 이루고 처음은 주로 막히고 절지만 나중에는 뛰어난 사람이 된다.

體形方長修直者, 甲木内氣淸色白方正者金也爲金形木質.
체형방장수직자　갑목내기청색백방정자금야위금형목질

체형이 모가 난듯 단정하고 길고 곧게 뻗은 사람으로 아름드리 나무의 푸른 기운에 살결이 희고 모가 난 듯 반듯한 금형에 목성의 본질을 갖고 있다.

木形多金, 一生剝落, 父母早刑, 妻子不成.
목형다금　일생박락　부모조형　처자불성

목형에 금 기운이 많은 사람은 일생을 깎이고 떨어지니 부모를 일찍 떠나고 처와 자식을 두지 못하여 가정을 지키지 못한다.

形體疲弱, 而削薄乙木也, 氣薄色白者金也, 眇細之木. 豈宜金來
형체피약   이삭박을목야   기박색백자금야   묘세지목   기의금래

砍削.
감삭

체형은 지친 듯 약하고 깎여서 보잘것없는 을, 목이다. 얇은 흰색의 기운은 금이다. 가늘고 작은 나무가 어찌 베고 깎으려 다가오는 금이 마땅하겠는가?

水形遇土, 忽破家財, 疾苦連年, 終身逗遛.
수형우토   홀파가재   질고연년   종신두전

수형이 토를 만나면 갑자기 가정과 재물이 깨어지고 질병과 고생이 해마다 이어져 종신토록 머뭇거리며 잘 나아가지 못한다.

肉肥骨肥水也, 氣色黃滯者土也, 爲水形遇土剋害, 不利也.
육비골비수야   기색황체자토야   위수형우토극해   불리야

살이 찌고 뼈가 튼튼하면 수이다. 오래된 황색의 기운은 토이다. 수형에 토성의 극하고 해로운 기운을 만나게 되어 이롭지 못하다.

火形水性, 兩不相竝, 剋破妻兒, 錢財無剩.
화형수성   양불상병   극파처아   전재무잉

화형에 수성을 띠면 화와 수의 두 가지 상은 서로 아우르지 못하므로 처와 자녀를 극하고 파하여 돈과 재물 또한 남는 것이 없다.

頭尖耳尖鼻尖耳露目露火形也, 肉肥氣靜而色黑者水也, 爲火形水
두첨이첨비첨이로목로화형야   육비기정이색흑자수야   위화형수

相, 兩不相容.
상   양불상용

머리가 좁고 귀가 뾰족하고 코가 날카롭고 귀가 드러나고 눈이 나오면 화형이다. 살이 찌고 기운이 고요하고 피부색이 검으면 수이다. 화형에 수의 상이 되므로 서로가 어울리지 못한다.

土形重木, 作事不成, 若不夭折, 家道伶仃.
토형중목   작사불성   약불요절   가도영정

토형에 목 기운이 많으면 하는 일마다 이루지 못하고 만약 요절하지 않으면 집에서 홀로 걸으며 고독하다.

形體敦厚, 骨重肉實土也, 鬚多靡亂, 木重也, 若木露而神昏, 爲太
형체돈후 골중육실토야 수다미란 목중야 약목로이신혼 위태

歲氣也, 不利.
세기야 불리

친절하고 인정이 두터운 형체에 뼈가 튼튼하고 살비듬이 탄탄한 것이 토형이다. 수염이 많으면 죽 먹기도 어려우니 목 기운이 많은 탓이라, 만약 목 기운이 드러나고 정신이 혼미하면 그 해 년의 기운이 이롭지 못하다.

五行形吉
오행형길

●金逢厚土 足實足珍 諸事營謀 遂意稱心
　금봉후토　족실족진　제사영모　수의칭심

금이 온후한 토를 만나면 재물이 충족되고 꾀하고 있는 모든 일이 마음먹은 대로 이르게 된다.

●木水相資 富而且貴 文學英華 出塵之器
　목수상자　부이차귀　문학영화　출진지기

수와 목은 서로 도우니 부하고 또 귀하게 되며 문학으로 뛰어나서 빛나고 세간을 넘어서는 도량을 가졌다.

●水得金生 利名雙成 智圓行方 明達果毅
　수득금생　이명쌍성　지원행방　명달과의

수형에 금의 기운을 얻으면 재물과 명예를 이루고 원만한 지혜와 바르고 넓은 행동이 사리에 밝게 통달하여 굳세고 용감하다.

●火局遇木 鳶肩騰上 三十爲卿 功名蓋世
　화국우목　연견등상　삼십위경　공명개세

화국에 목을 만나고 솔개처럼 치올라간 어깨라면 삼십에 높은 벼슬을 하게 되고 세상에 이름을 날린다.

● **戊己丙丁 愈煖愈佳 得氣易發 其道生成**
무기병정 유난유가 득기이발 기도생성

토를 상징하는 무기와 화를 상징하는 병정은 점점 따뜻하게 좋아지고 아름다워지는 기운으로서 쉽게 발전할 수 있는 근원이 생겨나게 하는 것이다.

故金形主方得五方之氣色不什, 動止規模坐, 久而端重也, 木形主長
고 금형주방득오방지기색불십 동지규모좌 구이단중야 목형주장

得其五長氣色不什, 精神不亂, 動止溫柔, 涉久而挺直也, 水形主圓
득기오장기색불십 정신불난 동지온유 섭구이정직야 수형주원

得其五圓氣色不什, 精神不亂, 動止寬容, 行久而條達也, 火形主明
득기오원기색불십 정신불난 동지관용 행구이조달야 화형주명

得其五露氣色不什, 精神不亂, 動止發揚, 聰明而敏捷也, 土形主重,
득기오로기색불십 정신불난 동지발양 총명이민첩야 토형주중

而實得其五藏氣色不什, 精神不亂, 動止持重, 臥久而安泰也, 是以
이실득기오장기색불십 정신불난 동지지중 와구이안태야 시이

五行之相, 必要分五行之形, 而辨五行之性, 及其骨其肉而定也.
오행지상 필요분오행지형 이변오행지성 급기골기육이정야

● 고로 금형으로 모가 난 듯한 단정함을 갖춘 그 오방의 기색이 열 사람이면 열 사람이 다른 것으로 움직이고 멈추며 앉아 있는 구조나 구상의 크기가 오래 있어도 단정하고 정중하다.

● 목형은 길게 빼어난 기운을 갖춘 그 오장의 기색이 열 사람이면 열 사람이 다른 것으로 정신이 어지럽지 않고 움직임과 멈춤이 따뜻하고 부드러우며 아무리 오랫동안 돌아다녀도 곧은 모습이 특출하다.

● 수형은 원만하고 지혜로운 기운을 갖춘 그 오원의 기색이 열 사람이면 열 사람이 다른 것으로 정신이 어지럽지 않고 움직임과 멈춤이 너그럽게 받아들이는 용모로서 오랫동안 움직여도 나뭇가지가 자라서 사방으로 퍼지듯 하다.

- 화형은 밝은 기운을 갖춘 그 오로의 기색이 열 사람이면 열 사람이 다른 것으로 정신이 혼란스럽지 않고 움직임과 멈춤에서 정신을 떨쳐 일으키듯 하며 총명하고 민첩하다.
- 토형은 주로 무겁고 탄탄함을 갖춘 그 오장 기색이 열 사람이면 열 사람이 다르고 정신이 문란하지 않으며 움직임과 멈춤을 신중히 하여 오랫동안 쉬어도 직장이나 가정에 아무 탈이 없다.

이것이 오행의 상으로서 반드시 오행의 형으로 나누는 것이 중요하며 오행의 성품으로 분별하고 끝에 가서 골격과 살비듬으로 정하여야 한다.

陳搏先生云, 相法雖論, 金木水火土, 五行中自有各別分相生, 與相
진박선생운 상법수론 금목수화토 오행중자유각별분상생 여상

剋之理, 然就一行中, 而更有分別, 種種不同, 且論金有丹爐煉足紫
극지리 연취일행중 이경유분별 종종부동 차론금유단로연족자

赤之金, 亦有沙水冷寒之金, 亦有燒煉於力火之薄金.
적지금 역유사수냉한지금 역유소연어력화지박금

且論木有蒼松翠柏之木, 亦有千丈擎天棟梁之木, 亦有盆景草花, 與
차론목유창송취백지목 역유천장경천동량지목 역유분경초화 여

楊枝斜曲浮朴之木, 且論水有干巖萬壑流泉之水, 亦有江海相聚相
양지사곡부박지목 차론수유간암만학류천지수 역유강해상취상

交和靜廣大之水, 亦有汗濁混雜浮泛淺狹之水, 且論火有上下通明
교화정광대지수 역유한탁혼잡부범천협지수 차론화유상하통명

無所不照之火, 亦有鬱鬱不明草木將灰淹滯之火, 亦有炎炎急燥暴
무소부조지화 역유울울불명초목장회엄체지화 역유염염급조폭

烈之火, 且論土有萬年山水, 永結一氣厚重之土, 亦有沙石灰污, 不
열지화 차론토유만년산수 영결일기후중지토 역유사석회오 부

實之土, 亦有水泛木浮, 而不得氣之土.
실지토 역유수범목부 이부득기지토

진박 선생님께서 말씀하시기를, 상법에서 비록 금목수화토를 논하지만 그 가운데 스스로 나누어져 있는 상생과 더불어 상극의 이치이고 또 취한 일행 가운데 다시 말해 분별

되어 나누어진 것이 때때로 함께 하지 않는다는 것이다.

● 또 한 가지 말하면 붉은 금도 화로에 충분히 달구어진 자적색의 금도 있고 물가의 모래 같은 차디찬 금도 있고 불에 달군 쇠붙이에 화의 기운이 남은 엷은 금도 있다.

● 또 한 가지 말하면 나무에도 우거진 숲의 빛인 푸른 소나무도 있고 물총새 꽁지빛 푸른 측백 나무도 있다. 그리고 역시 길이가 천장이나 되어 하늘도 들어 올리는 동량의 나무와 동이에 밝게 피어나는 아름다운 꽃도 있으니 더불어 버드나무 가지처럼 비뚤게 굽어 소박하게 둥실둥실 움직이는 나무도 있다.

● 또 한 가지 덧붙여 水에 대해 말해 보면 물도 바위를 방패 삼는 깊은 골짜기에서 솟아 흐르는 샘물도 있고 또 서로 모여 화합하면서 이룬 고요하고 넓은 큰 강과 바다도 있고 또 더러운 찌꺼기들이 섞여 둥실둥실 떠 있는 얕고 좁은 물도 있다.

● 또 한 가지 말해 보면 火도 비추지 않는 불은 없는 바 아래 위가 막힘없이 환하게 밝은 것이 불로서 불은 장차 초목을 다 태우고 재가 되면 막힘이 오래 가니 답답한 것이기도 하고 또 타오르는 세찬 불기운은 마르고 급하여 사납게 쏟아지는 것이 불이기도 하다.

● 또 한 가지 덧붙여 토에 대해서 말해 보면 오래도록 영원한 산수가 두텁고 무거운 하나의 기운으로 맺어진 것이 흙으로서 흙에는 모래와 돌, 타고 남은 재와 더러운 흙으로 가치가 떨어지는 흙도 있고 넘치는 물에 떠다니는 나무 같은 토의 기운을 갖추지 못한 것도 있다고 하였다.

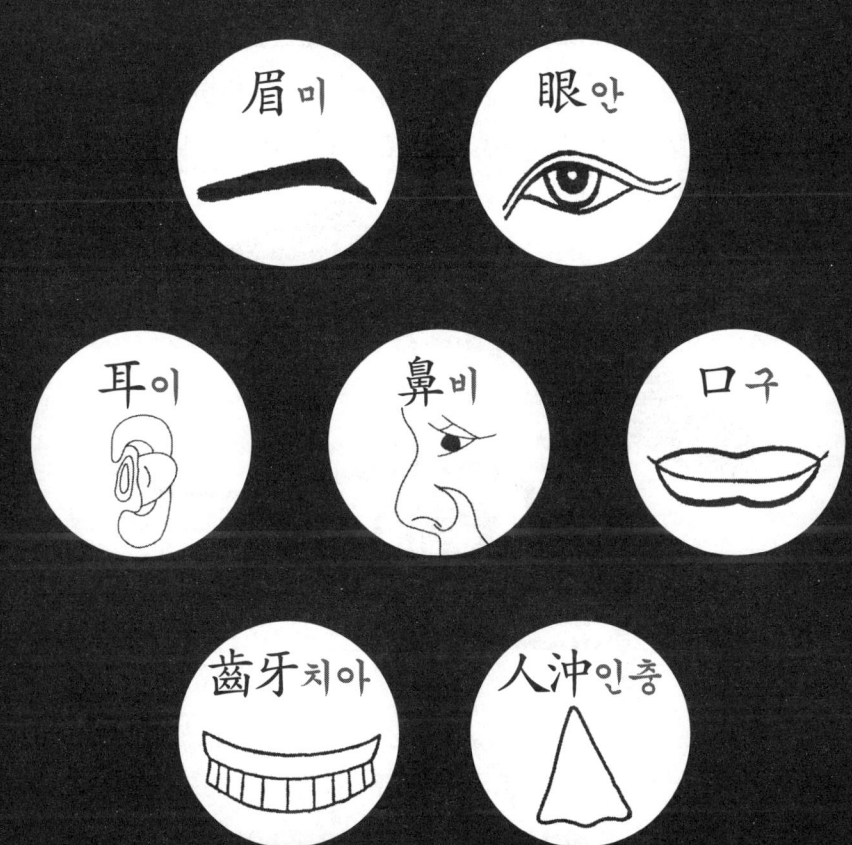

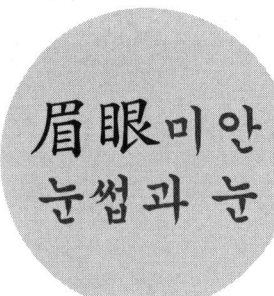

眉眼 미안
눈썹과 눈

遊龍眉유룡미, 宜配의배, 伏龍眼복룡안
유룡미에는 복룡안이 제일 잘 어울리는 짝이 된다

大富大貴대부대귀
대부대귀하는 눈썹과 눈이다

型狀 … 眉堅淸秀寬而成角色潤黑, 居額勢上.
형상   미견청수관이성각색윤흑 거액세상

伏龍眼, 型大有神瞳人更大, 下陰騭紋隱隱而藏是也.
복룡안 형대유신동인경대 하음즐문은은이장시야

형상 눈썹이 굳고 맑은 것이 빼어나며 넓고 각이 이루어져 있으며 윤기 나는 검은색이다. 위를 향하여 힘 있게 이마에 있다.

복룡안은 큰 눈과 빛이 있는 눈동자에 비치어 나타난 사람의 형상이 크게 통과하여 나타나며 아래에는 음즐문이 은은하게 감춰져 있다.

休咎 … (甲) 此種眉主聰明精幹, 勇敢果斷.
　　　　(乙) 配伏龍眼, 再懸膽鼻者, 大富貴, 位至極品.
　　　　(丙) 配三角眼者, 中貴主奸毒.
　　　　(丁) 配雜眼者, 亦主小貴也.

 길흉

(갑) 이러한 종류의 눈썹을 가진 사람은 주로 총명하고 뛰어난 수완이 있으며 용감하고 과단성이 있다.

(을) 복룡안과 함께 하고 또 현담비를 가진 사람은 대부귀자로서 지극히 높은 지위에 이르게 된다.

(병) 삼각안을 가진 사람은 중귀는 누리지만 간교하고 거칠기 이를 데 없다.

(정) 그 이외의 눈을 가진 사람도 역시 작은 귀는 누린다.

臥蠶眉와잠미, 宜配의배, 丹鳳眼단봉안
와잠미에는 단봉안이 함께 하여야 한다

主忠義過人大貴주충의과인대귀
충과 의로 이루어진 뛰어난 사람으로서 크게 귀하다

型狀 … 眉身微曲上竪, 濃黑伏射天倉, 形色五彩.
형상   미신미곡상수 농흑복사천창 형색오채

丹鳳眼, 型極長上下雙波, 尾上竪, 魚尾亦長, 黑白明分.
단봉안 형극장상하쌍파 미상수 어미역장 흑백명분

眉與竪心眉, 龍眉, 相似.
미여수심미 용미 상사

眼與睡鳳眼, 孔雀眼, 鵲眼瑞鳳眼, 鷺鷥眼, 均爲相似.
안여수봉안 공작안 작안서봉안 로자안 균위상사

형상 눈썹의 모양에 약간의 굴곡이 있고 높이 세워져 있으며 진한 흑색에 검은 기운이 엎드려 천창을 향해 쏘며 형과 색이 오채로 빛난다.

단봉안은 형이 지극히 길고 상파와 하파에 쌍꺼풀이 있으며 끝 부분이 위로 살짝 이어져 있고 어미 역시 길게 이어져 있으며 흑백이 분명하다.

눈썹은 마음이 드리워져 나타나는 것이 눈썹이다. 용미와 비슷하다.

단봉안은 수봉안, 공작안, 작안, 서봉안, 로자안과 비슷하게 생겼다.

休咎 … **(甲)** 此種眉主忠義過人, 若配丹鳳眼者智慧極高, 心性剛直,
휴구   갑   차종미주충의과인   약배단봉안자지혜극고 심성강직

　　　　　文武雙全, 大貴之相.
　　　　　문무쌍전   대귀지상

(乙) 配睡鳳眼者, 富貴兼淫.
을   배수봉안자   부귀겸음

길흉

(갑) 이러한 눈썹을 가진 사람은 충과 의로 이루어진 뛰어난 사람으로서 만약 단봉안과 함께 하는 사람이라면 뛰어난 지혜로 지극히 높은 지위에 이르고 그 심성이 강직하여 문과 무를 함께 겸비한 대귀지상이다.

(을) 수봉안과 짝하는 사람이라면 부귀하고 또 음란하기도 하다.

新月眉신월미, 宜配의배, 雁眼안안
신월미는 기러기 안과 짝을 이룸이 마땅하다

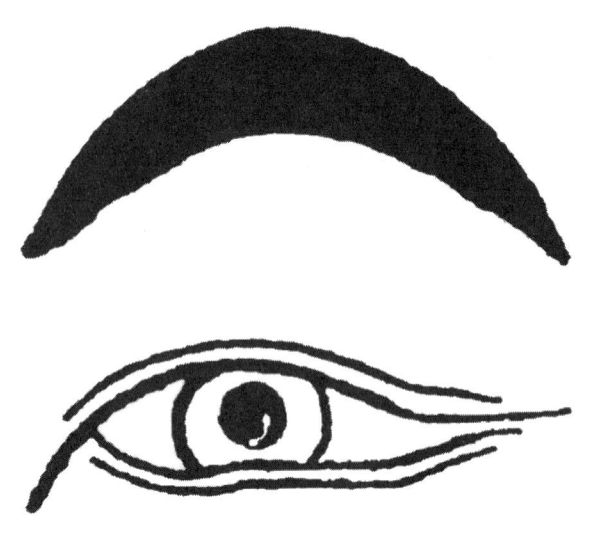

富貴兼仁慈부귀겸인자
부귀한 사람이면서 인자한 사람이다

型狀 … 眉如半月, 居額形彩放光.
형상   미여반월 거액형채방광

雁眼, 睛似黑漆微帶黃, 上下波紋一樣長, 內藏溫情外有神光是也.
안안 정사흑칠미대황   상하파문일양장   내장온정외유신광시야

眉與柳葉眉相似, 眼與鳴鳳眼, 瑞鳳眼, 相似.
미여유엽미상사 안여명봉안   서봉안   상사

형상 눈썹이 반달과 같고 이마에 있으며 형채가 아름답게 빛난다.

기러기 눈은 눈동자가 검은 칠을 한 것과 같으며 아주 약한 황기를 띠고 상파와 하파에 한 개씩의 긴 문채가 있고 빛나는 눈동자에 맑고 따뜻한 온정이 숨어 있어야 한다.

신월미는 유엽미와 비슷하고 기러기 눈은 명봉안과 비슷하고 서봉안과도 같게 생겼다.

休咎 … **(甲)** 此種眉主兄弟衆多而和順, 心性善慈.
　　　　 차종미주형제중다이화순 심성선자

　　　　若配雁眼者, 富貴雙全, 三代有德終身少凶險之事.
　　　　약배안안자 부귀쌍전 삼대유덕종신소흉험지사

　　　　必遇有力貴人, 妻賢子貴.
　　　　필우유력귀인 처현자귀

　　(乙) 若配其型惡之眼者, 心性極惡, 雖貴而不久,
　　　　약배기형악지안자 심성극악 수귀이불구

　　　　鼻再不端者, 更爲招凶也.
　　　　비재부단자 경위초흉야

길흉

(갑) 이러한 눈썹을 가지면 형제가 많고 온화하고 순량하여 그 심성이 착하고 자애롭다. 만약 기러기 눈과 조화를 이룬 사람이면 부와 귀를 같이 누리며 삼대에까지 덕이 있어 종신토록 흉하고 험한 일이 없으며 반드시 힘이 있는 귀인을 만나고 처가 어질며 자식도 귀하게 된다.

(을) 만약 눈 모양이 못생긴 사람이라면 심성이 지극히 나빠서 비록 귀하다고는 하나 오래하지 못하며 더하여 코가 단정하지 못하면 흉을 부르게 된다.

豎心眉수심미, 宜配의배, 三角眼삼각안
수심미는 삼각안과 어울린다

大貴心亦毒대귀심역독
크게 귀한 사람이나 역시 마음이 거칠다

型狀 … 眉尾上豎型狀似刀過目俊秀.
형상   미미상수형상사도과목준수

三角眼雙波藏內魚尾紋上豎, 黑白分明是也.
삼각안쌍파장내어미문상수 흑백분명시야

眉與龍眉, 臥蠶眉, 尖刀眉, 相似.
미여용미 와잠미 첨도미 상사

眼與狗眼相似.
안여구안상사

형상 눈썹 꼬리가 위로 이어지고 눈을 지나 길게 빼어나며 칼 모양과 비슷하게 생겼다. 삼각안은 상파와 하파에 쌍꺼풀이 숨어 있으며 어미가 위로 이어져 있으며 흑백이 분명하다.

수심미는 용미와 비슷하며 와잠미, 첨도미와도 같게 생겼다.

삼각안은 개 눈과 비슷하게 생겼다.

休咎… (甲) 此種眉主勇敢好勝, 獨斷.

若配三角眼者大貴心亦奸險, 定剋妻, 少年得志, 鼻好者中運大發, 老平平.

(乙) 配其他凶型眼者多凶之相矣.

길흉

(갑) 이러한 눈썹을 가지면 주로 용감하고 이기는 것을 좋아하며 자기 혼자의 생각만으로 모든 것을 결정한다.

만약 삼각안을 가진 사람은 큰 귀는 누리지만 역시 마음이 간사하고 위험한 자로서 처를 극하고 젊어서 뜻을 세운다. 코가 잘생긴 사람은 중년운에서 크게 발달하여 노년을 평탄하게 보내게 된다.

(을) 기타 다른 형의 흉하게 생긴 눈을 가진 사람은 흉이 많은 상이다.

弔喪眉조상미, 宜配의배, 三角眼삼각안
조상미는 삼각안과 어울린다

貴而多奸귀이다간
귀는 누리지만 매우 간교하다

型狀 … 眉尾勢下, 眉頭細而勢上, 尾型散亂, 短而不過眼角.
형상   미미세하 미두세이세상 미형산란 단이불과안각

三角眼者分二論也,『甲』三角眼黑白分明神足型彩有威.
삼각안자분이론야   갑 삼각안흑백분명신족형채유위

『乙』型三角眼, 黑白不分, 赤筋貫睛, 魚尾紋勢下而多.
 을   형삼각안 흑백불분 적근관정 어미문세하이다

眉與婆婆眉相似.
미여파파미상사

형상 눈썹 머리는 가늘고 위를 향하며 눈썹의 끝 부분은 아래로 향하고 어지럽게 흩어져 있으며 짧아서 눈초리를 지나지 못한다.

삼각안 가진 사람을 둘로 나누면 「갑」 삼각안이 흑백이 분명하고 눈빛이 충족되어 빛나 위엄이 있는 것. 「을」 삼각안의 형이지만 흑백이 분명하지 못하고 붉은 실핏줄이 눈동자를 관통하고 아래로 이어진 어미에 주름이 많은 것이 있다. 눈썹은 파파미와 비슷하게 생겨 보인다.

休咎 … (甲) 此種眉主自私對人無誠, 桃花運重.

若配「甲」型三角眼貴而奸毒, 亦有忠義, 配「乙」型三角

眼者, 亦主小貴, 爲人狡毒奸貪多淫之相, 假仁假義.

(乙) 配其他眼者, 此人多爲無能之類, 宜做技術和商業.

길흉

(갑) 이러한 눈썹을 가진 사람은 개인적인 대인 관계에서 이룸이 없고 도화의 기운이 심하다.

「甲」 만약 조상미에 삼각안을 가진 사람이 흑백이 분명하고 눈빛이 충족되어 위가 있으면 간교하고 거칠기는 하나 충과 의가 있어 귀는 누린다.

「乙」 만약 삼각안과 짝하여도 흑백이 분명하지 못하고 눈동자에 붉은 실핏줄이 보이면 사람됨이 교활하고 거칠고 간사하고 음탐하여 역시 작은 귀는 누리지만 어질지도 못하고 의롭지도 못하다.

(을) 기타 다른 눈을 가진 사람은 무능한 사람에 속하므로 마땅히 기술을 익히거나 상업에 종사하여야 삶이 평온해진다.

短箭眉단전미, 宜配의배, 猿猴眼원후안

단전미는 원후안과 만나야 한다

中貴而好淫중귀이호음

중귀는 누리나 노는 것을 좋아한다

型狀 … 眉毛淡薄, 根根見肉, 型短而直, 退印居額, 五彩放光,『五
형상　　미모담박　근근견육　형단이직　퇴인거액　오채방광　오

彩者』退印爲一彩. 居額爲二彩. 見肉爲三彩. 緊直爲四彩. 色潤爲
채자　퇴인위일채　거액위이채　견육위삼채　긴직위사채　색윤위

五彩. 是也.
오채　시야

專指此種眉而論, 他眉五彩另有別論也.
전지차종미이론　타미오채령유별론야

猿猴眼, 圓而微黃, 瞳正弔上, 上波層層, 時爲仰視是也.
원후안　원이미황　동정조상　상파층층　시위앙시시야

眉與短淸眉相似.
미여단청미상사

眼與猴眼相似.
안여후안상사

형상 눈썹털이 묽으면서 얇아 뿌리 뿌리마다 살비듬이 보이고 생긴 모양이 짧고 곧으며 인당에서 멀리 떨어져 이마에 떠 있으며 오채가 돌며 아름답다.

오채란 것은 ❶ 인당에서 떨어져 있는 것이 하나요

❷ 이마에 있는 것이 둘이요

❸ 눈썹 털 사이로 살비듬이 보이는 것이 셋이요

❹ 팽팽하고 굳센 모양이 넷이요

❺ 색이 윤기 있게 빛나는 것이 다섯이다.

이러한 다섯 가지의 모양을 오채라 한다. 오로지 단전미를 가리켜 말하는 것으로 다른 눈썹의 오채와는 다르게 구별하여 말하는 것이다.

원후안은 둥글고 얇은 황기가 돌며 바로 볼 때도 눈동자가 위에 이르고 상파가 층층이 겹쳐지며 때때로 위를 쳐다보게 된다.

눈썹은 단청미와 비슷하고 눈은 후안과도 비슷하게 생겨 보인다.

休咎 … (甲) 此種眉主兄弟衆多, 作事果斷, 若配猿猴眼者, 多慮而
휴구   갑   차종미주형제중다 작사과단 약배원후안자 다려이

清貴, 性淫亦剋妻,
청귀 성음역극처

(乙) 其他眼者, 酌情而論也.
을   기타안자 작정이론야

길흉

(갑) 이러한 눈썹은 주로 형제가 많고 과단성이 있게 일을 처리하며 만약 원후안을 가진 사람은 걱정 근심은 많으나 맑고 귀하며 성품이 음란하여 처를 극한다.

(을) 기타 다른 눈을 가진 사람은 정이 많아 헤프다고 하겠다.

短淸眉宜配猴眼 단청미의배후안

단청미는 후안을 만나야 한다

大貴亦多疑 대귀역다의

큰 귀는 누리지만 의심이 많다

型狀 … 眉輕微曲成角, 寬而短秀, 氣色潤明.
형상   미경미곡성각   관이단수   기색윤명

猴眼圓而昂上, 黃而有神, 上有雙波, 魚尾不重, 眼深面瘦, 眼眨頭低
후안원이앙상   황이유신   상유쌍파   어미부중   안심면수   안잡두저

是也.
시야

眉與短足眉短箭眉相似.
미여단족미단전미상사

眼與猿猴眼, 苗眼相似.
안여원후안   묘안상사

형상 눈썹이 가볍게 살짝 굽어 각이 이루어져 있고 넓고 짧으며 빼어나 기색이 윤기 있고 밝다.

후안은 둥글고 위를 향하며 황기의 빛이 있고 위가 쌍꺼풀이며 어미 쪽은 진하

지 않으며 얼굴이 수척하면 눈은 깊고 머리를 숙이면 눈을 깜짝인다.

눈썹은 단촉미와도 같고 단전미와도 흡사하다.

눈은 원숭이 눈이나 고양이 눈과도 비슷하게 생겼다.

休咎 … (甲) 此種眉主聰明能幹, 做事果斷勇敢.
휴구   갑   차종미주총명능간 주사과단용감

若配猴眼者大貴, 但多勞碌, 亦主思慮多, 好菓食, 性急
약배후안자대귀 단다노록   역주사려다   호과식   성급

燥, 文武雙全之相.
조   문무쌍전지상

(乙) 配露殺眼者, 萬事無成亦多凶險, 鼻再曲者, 定不善終矣.
을   배로살안자   만사무성역다흉험   비재곡자   정불선종의

길흉

(갑) 이러한 눈썹을 가진 사람은 주로 총명하여 일을 감당하는 재주와 능력이 뛰어나서 용감하고 과단성 있게 일을 처리한다.

만약 후안을 같이 가진 사람은 대귀를 누리게 되는데, 단 몹시 애써 일하는 분주함을 면치 못하며 역시 생각해야 할 걱정과 근심이 많고 과자나 설탕 같은 달콤한 음식을 좋아하며 성품이 마르고 급하지만 문무를 겸비한 상이다.

(을) 눈에서 살기가 드러나는 사람은 만 가지 일을 이룰 수 없으며 역시 흉험이 많으며 더하여 코가 굽어 있는 사람은 마지막이 좋지 못하다.

獅子眉宜配獅子眼 사자미의배 사자안

사자눈썹에는 사자의 눈이 어울린다

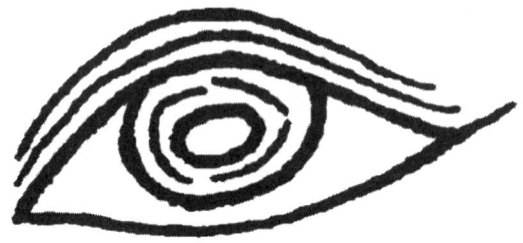

富貴正直兼大壽 부귀정직겸대수

부와 귀 그리고 정직하며 겸하여 수명이 길다

型狀 … 眉寬彎曲肥大, 粗中帶濁, 濁中見淸, 型如伏獅之狀是也.
형상   미관만곡비대   조중대탁   탁중견청   형여복사지상시야

獅子眼, 大而有威, 瞳人仰上, 黑白分明, 上波重重而秀, 型狀勢上
사자안 대이유위   동인앙상   흑백분명   상파중중이수   형상세상

是也.
시야

형상 눈썹이 넓고 완만하게 굽어 있으며 크고 두꺼우며 거친 가운데 탁하고 탁한 가운데 맑게 보이며 사자가 누워 있는 것과 같은 형상이다.

사자안은 크고 위엄이 있게 보이며 눈동자에 비치는 사람의 형상이 위를 향하고 흑과 백이 분명하며 상파가 아름답게 겹쳐져 위를 향하여 이어져 있는 형상이다.

休咎 … (甲) 此種眉, 處人極爲溫和, 亦當文武雙全, 若配獅子眼,
鵝眼者, 大富大貴, 體型帶肥者大壽之相也, 乃忠直良
將, 必定刑剋骨肉.

(乙) 配象眼龜眼者亦主富壽也.

眉與淸秀眉相似. 眼與鶴眼, 鳴鳳眼, 牛眼, 鵝眼, 相似.

(丙) 女人生此眉者剋夫之相矣.

길흉

(갑) 이러한 눈썹을 가진 사람은 어디에 있으나 지극히 온화하며 역시 문무를 겸하여 갖추어 떳떳하며 만약 사자안을 갖고 있거나 아안(거위의 눈)을 가진 사람은 대부 대귀하며 체형이 살찌고 크면 오랜 수명을 누리는 상이다.

이러한 상은 충직하고 착한 장군의 상으로 반드시 골육은 형극하게 된다.

(을) 코끼리 눈을 가지거나 거북이 눈을 가진 사람은 오랜 수명과 부를 누리게 된다.

눈썹은 청수미와 비슷하게 생겼다.

눈은 학안이나 명봉안 그리고 우안이나 아안과 같이 비슷하게 생겼다.

(병) 여인이 이러한 눈썹으로 생기면 남편을 이기는 상이 된다.

劍眉宜配鶴眼검미의배학안
검미는 마땅히 학안과 어울린다

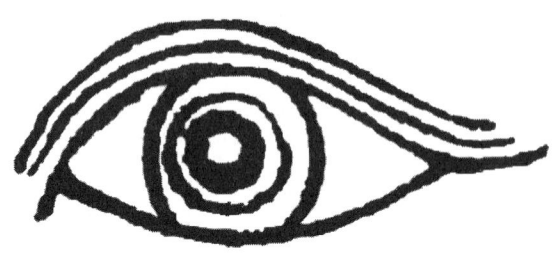

大富大貴대부대귀
대부 대귀하는 눈썹과 눈이다

型狀 … 眉長而直, 寬而淸秀, 居高於額, 緊而不亂, 尾微上竪, 印堂
형상   미장이직 관이청수 거고어액 긴이불란 미미상수 인당

平滿開潤.
평만개윤

鶴眼較圓而大, 瞳人正有神, 黑白分明, 上數波紋隱隱淸秀是也.
학안교원이대 동인정유신 흑백분명 상수파문은은청수시야

眉與一字眉相似, 眼與獅子眼, 鳴鳳眼, 牛眼相似.
미여일자미상사 안여사자안 명봉안 우안상사

형상 눈썹은 길고 곧게 뻗었으며 넓고 맑게 빼어나게 잘생겼으며 이마 높이 떠 있고 굳게 얽어도 어지럽게 널려 있지 않으며 끝 부분이 살짝 위로 향하여 이어져 있으며 인당이 꽉 차고 보기 좋게 평평하고 윤기 있게 열려 있다.

학안은 비교적 둥글고 크며 사람을 바라보는 눈동자가 바르고 눈빛이 있으며 흑백이 분명하고 눈의 위 꺼풀에 촘촘한 주름이 은은하게 겹쳐진 것이 맑게 빼

어나다.

눈썹은 일자 눈썹과 비슷하게 생겨 보이며 눈은 사자안과 더불어 명봉안 또는 우안과도 비슷하게 생겨 보인다.

休咎 … (甲) 此種眉, 主子孫衆多, 極爲高壽, 若配鶴眼者, 大貴大
휴구   갑 차종미 주자손중다 극위고수 약배학안자 대귀대

富, 心寬體魁, 文武雙全.
부 심관체괴 문무쌍전

女人次之, 反主刑尅.
여인차지 반주형극

(乙) 配鳴鳳眼 雁眼 虎眼者 均主富貴.
을   배명봉안 안안 호안자 균주부귀

(갑) 이러한 눈썹을 가진 사람은 자손이 많고 지극히 수명이 길며 만약 학안을 가지면 대부 대귀하고 마음이 넓고, 우두머리 격인 몸을 갖추고 있으면 문무를 겸하였다.

여인은 반대로 형극을 주장하게 되어 나아가지 못하게 된다.

(을) 명봉안이나 기러기 눈이나 호안을 가진 사람은 주로 부와 귀를 누리게 된다.

輕淸眉宜配鸞眼 경청미의배란안
경청미에는 란안(난새의 눈)이 어울린다

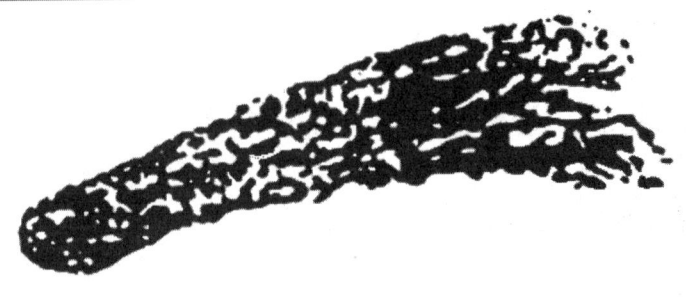

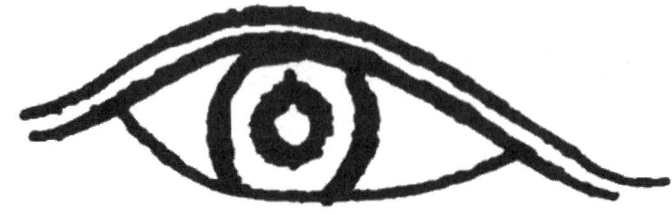

富貴 부귀
부와 귀를 주장한다

型狀 … 眉秀灣長, 尾帶疎, 濃中見輕, 輕中帶濁, 濁又有淸是也.
형상 미수만장 미대소 농중견경 경중대탁 탁우유청시야

鸞眼, 微黃秀長藏神, 上有雙波淸秀, 黑白分明.
란안 미황수장장신 상유쌍파청수 흑백분명

眉與淸秀眉, 柳葉眉, 新月眉相似.
미여청수미 유엽미 신월미상사

眼與鳴鳳眼相似.
안여명봉안상사

형상 눈썹이 완만하게 길어 빼어나며 끝 부분이 거친감이 있어 진한 가운데 가볍게 보이고 가벼운 가운데 탁한 기운을 띠고 있어 탁하면서 또 깨끗하게 보인다고 하겠다.

란안은 빼어나게 길며 빛이 숨겨져 있고 엷은 황기를 띠고 있으며 위에 있는 쌍꺼풀의 주름이 맑고 빼어나며 흑백이 분명하다.

눈썹은 청수미와 비슷하게 생겨 보이며 유엽미나 신월미와도 비슷하다.

눈은 명봉안과 비슷하게 생겨 보인다.

休咎 … **(甲) 此種眉, 主遇貴人及善好朋友, 貴至三品到五品.**
휴구　　갑　차종미　주우귀인급선호붕우　귀지삼품도오품

　　　　若配鸞眼者, 大富兼貴亦得賢妻內助,
　　　　약배란안자　대부겸귀역득현처내조

(乙) 也配型劣之眼者, 眉運不發, 四十四歲後較爲順利.
을　야배형렬지안자　미운불발　사십사세후교위순리

길흉

(갑) 이러한 눈썹은 주로 착하고 좋은 친구나 귀인을 만나게 되며 삼품이나 오품의 귀격에 도달하게 된다.

만약 란안을 짝한 사람은 대부에 귀를 겸하며 어질고 선량한 처의 내조를 받게 된다.

(을) 또 란안보다 모자라는 다른 눈으로 짝한 사람은 눈썹에서 운이 발달하지 못하여 44세 이후에 비교적 순리적으로 흐르게 된다.

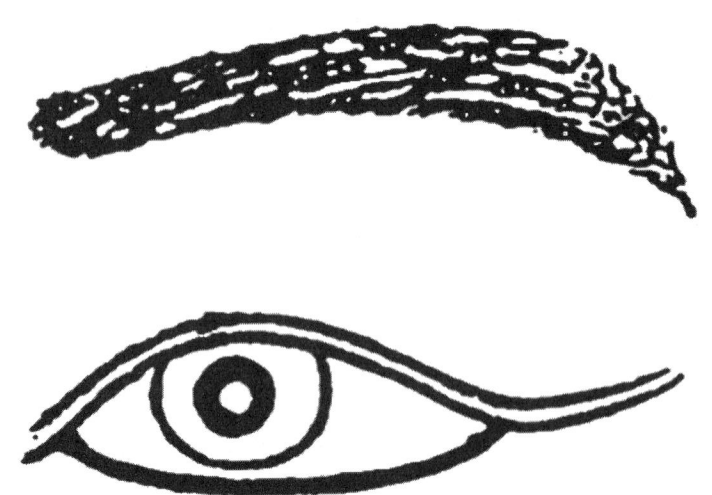

柳葉眉宜配鳴鳳眼 유엽미의배명봉안
유엽미는 명봉안과 잘 어울린다

忠信顯達慈善 충신현달자선
충과 신으로 자애롭고 지혜로워 벼슬과 덕망이 높아 이름이 세상에 드러나게 된다

型狀 … 眉堅灣秀而長伏射天倉, 濃中帶清亦有輕而居額.
형상   미견만수이장복사천창   농중대청역유경이거액

鳴鳳眼, 上有重波, 眼尾上竪, 瞳人昂上黑白分明, 視者睜睜不露神
명봉안   상유중파   안미상수   동인앙상흑백분명   시자정정불로신

是也.
시야

眉與輕清眉, 新月眉, 清秀眉相似.
미여경청미   신월미   청수미상사

眼與獅眼, 鸞眼, 相似.
안여사안   란안   상사

형상 눈썹이 힘차고 완만하게 빼어나며 길어서 눈을 덮고 천창을 향해 쏜다. 진한 가운데 맑은 기운이 흐르고 또 가벼우며 이마에 높이 떠 있다.

명봉안은 위의 눈꺼풀에 주름이 분명하게 있으며 눈의 끝 부분은 위로 향하여

이어져 있으며 눈동자에 비치어 나타난 사람의 형상이 위로 오르고 흑백이 분명하며 눈을 부릅뜨고 보아도 눈빛이 드러나지 않는다.

눈썹은 경청미와 비슷하고 신월미나 청수미와도 같게 생겨 보인다.

눈은 사자안과 더불어 란안과도 같게 생겼다.

休咎 … (甲) 此種眉, 主交友忠義, 心善心慈, 聰明好學, 子息見遲,
휴구   갑 차종미 주교우충의 심선심자 총명호학 자식견지

男女均主多情而貪淫, 若配鳴鳳眼者, 貴而顯達.
남녀균주다정이탐음 약배명봉안자 귀이현달

(乙) 配猪眼及魚眼等交眉運反主大凶也.
을   배저안급어안등교미운반주대흉야

(갑) 이러한 눈썹을 가진 사람은 주로 충과 의가 있는 친구를 사귀게 되고 마음이 착하고 자애로우며 학문을 좋아하고 총명하나 자식을 늦게 얻으며 남녀 똑같이 다정하며 음란함을 즐긴다. 만약 명봉안과 짝한 사람은 덕망 있는 사람으로서 이름을 떨치며 귀한 신분에 이르게 된다.

(을) 저안(돼지 눈)이나 어안(고기 눈) 등이 유엽미와 어울리게 되면 반대로 큰 재앙을 주장하게 된다.

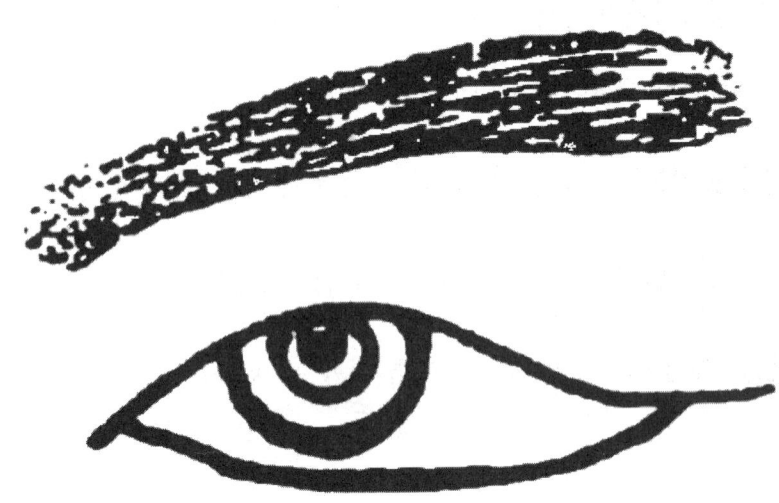

臥龍眉宜配遊龍眼 와룡미의배유룡안
와룡미는 유룡안이 어울린다

大貴文武雙全 대귀문무쌍전
대귀하며 문무를 같이 겸하였다

型狀…眉秀灣長, 毫稀根根見肉, 眉尾上豎伏射天倉, 居額色彩.
형상   미수만장 호희근근견육   미모상수복사천창   거액색채

遊龍眼, 上下單波, 眼大有神如電, 瞳人昂上, 黑白分明, 魚尾勢上
유룡안 상하단파 안대유신여전 동인앙상 흑백분명 어미세상

有威是也.
유위시야

眉與豎心眉, 遊龍眉, 臥蠶眉相似.
미여수심미 유룡미 와잠미상사

眼與伏龍眼, 牛眼, 鳴鳳眼, 相似.
안여복룡안 우안 명봉안 상사

형상 눈썹이 완만하게 길고 잘생겼으며 털이 드물게 나서 사이 사이의 살비듬이 보이고 눈썹의 끝 부분이 위로 세워져 눈을 덮고 천창을 향하여 쏘며 이마에 높이 아름답게 떠 있다.

유룡안은 쌍꺼풀이 없으며 눈은 크고 눈빛이 전기와 같이 밝으며 눈동자에 비치어 나타난 사람의 형상이 위를 향하고 흑백이 분명하며 어미 부분은 위를 향하여 있어 위엄이 있게 보인다.

눈썹은 수심미와 더불어 유룡미, 와잠미와 비슷하게 생겼다.

눈은 복룡안과 같고 우안이나 명봉안과도 비슷하게 생겨 보인다.

休咎…(甲) 此種眉 主兄弟衆多, 或只一位.
　　　　　若配遊龍眼者, 此人文武雙全, 極爲富貴, 五代榮昌.
　　　(乙) 配其他眼者主中貴, 女人有此眉不利, 有此眼者貴而
　　　　　剋夫之相也.

길흉

(갑) 이러한 눈썹은 혹 하나만 있다 하더라도 많은 형제를 주장한다.

만약 유룡안을 가진 사람은 문무를 겸한 사람으로서 지극한 부귀를 누리게 되고 오대까지 번창하게 된다.

(을) 기타 다른 눈과 짝하는 사람은 중귀는 누리지만 여인에게 있어서는 이롭지 못한 눈썹이고 이러한 눈을 가진 사람은 귀하나 남편을 이기는 상이라 하겠다.

銀河眉喜配天鵝眼 은하미희배천아안
은하미는 천아안과 짝하는 것을 기뻐한다

主富貴性溫好淫剋妻刑子 주부귀성온호음극처형자
부귀를 주장하고 성품은 따뜻하나 색정을 좋아하니 처를 극하고 자식에 해롭다

型狀 … 眉寬成角神彩, 濃中見輕, 輕中帶濃.
형상　　미관성각신채　농중견경　경중대농

天鵝眼, 上波微重, 下見蔭隲, 魚尾紋多而勢上, 睛黃睜是也.
천아안　상파미중　하견음즐　어미문다이세상　정황정시야

眉與武明眉, 北斗眉, 鬪心眉, 大短促眉, 相似, 眼與猫眼, 鶴眼, 獅
미여무명미　북두미　투심미　대단촉미　상사　안여묘안　학안　사

子眼, 相似.
자안　상사

형상 눈썹은 각 부분이 넓게 이루어져 있으며 형체에 빛이 있고 진한 가운데 가볍게 보이며 가벼운 가운데 짙게 보인다.

천아안은 상파에 가는 주름들이 겹쳐져 있고 하파에는 음즐문이 보이고 어미에도 주름이 많으며 꼬리는 위를 향하여 이어져 있는데 눈을 크게 뜨면 눈동자에 황기가 보이며 눈썹은 무명미와 북두미, 투심미, 대단촉미와 비슷하고 눈은

묘안과, 학안, 사자안과도 비슷하게 생겨 같아 보인다.

休咎 … (甲) 此種眉, 處人援和, 性溫自重, 人緣極好常帶桃花.

若配天鵝眼主富貴貪淫.

剋妻刑子, 下見陰騭紋者, 逢凶化吉. 亦多奔波勞碌

(乙) 女人有此眉或此眼者必然剋夫極爲好淫.

길흉

(갑) 이러한 눈썹은 어디에 있든지 도와주고 화합하는 사람이며 성품이 따뜻하고 스스로 자제하며 인연을 지극히 좋아하니 항시 도화를 띠고 있다.

만약 천아안과 어울리면 부귀는 누리지만 색정을 탐하여 처를 극하고 자식을 형하나 아래에 음즐문이 나타나 보이는 사람은 흉을 만나도 길로 변한다.

역시 바쁘고 노고가 심하다.

(을) 여인에게 이러한 눈썹이나 혹 이러한 눈을 가진 사람은 반드시 남편을 극하고 색정을 지극히 좋아하며 음란하다.

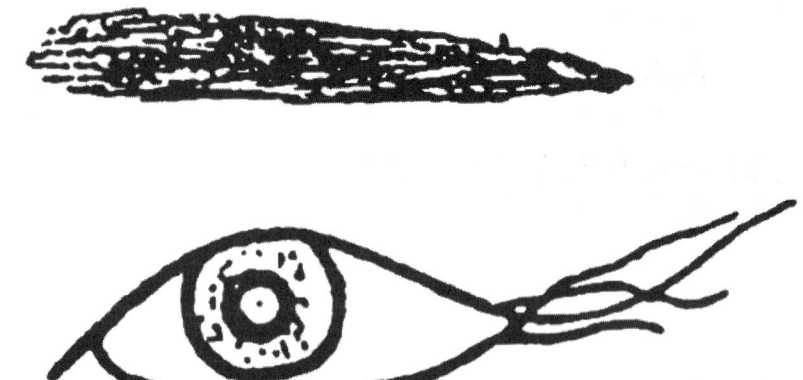

川山眉宜配虎眼 천산미의배호안
천산미는 호안과 어울림이 마땅하다

忠勇武將大貴 충용무장대귀
충의롭고 용감하여 장차 무장으로 크게 귀에 오른다

型狀 … 眉毛堅緊尾尖型直光彩有威是也.
형상　　미모견긴미첨형직광채유위시야

虎眼, 挺視上下波紋藏內, 眼黃金沙色, 魚尾多而豎上有神有威,
호안　정시상하파문장내　안황금사색　어미다이수상유신유위

微微勢上.
미미세상

眉與一字眉尖刀眉相似.
미여일자미첨도미상사

眼與狼目相似.
안여랑목상사

형상 눈썹털이 굵게 얽고 꼬리 부분이 뾰족하게 일직선형으로 광채가 나며 위엄이 있게 보인다.

호안은 길게 늘여 보며 상, 하파에는 주름이 안쪽으로 숨겨져 있으며 눈은 황

금 모래색이고 어미의 주름들이 위를 향하여 이어져 있어 위엄이 있게 보이며 그윽하고 고요한 주름이 힘 있게 위로 뻗어 있다.

눈썹은 일자 눈썹, 첨도미와 같게 생겼다.

눈은 낭안과 비슷하게 생겨 보인다.

休咎 … (甲) 此種眉, 多爲武職心性聰明, 做事勇敢果斷, 心猾亦有,
휴구   갑   차종미 다위무직심성총명 주사용감과단 심활역유

若配虎眼, 鸞眼主大富貴, 亦必剋妻.
약배호안 란안주대부귀   역필극처

(乙) 配夜明眼主毒中富貴. 智慧超群. 此種眉俗人不利.
을   배야명안주독중부귀 지혜초군   차종미속인불리

길흉

(갑) 이러한 눈썹은 무장직에 많으며 심성이 총명하고 용감하고 과단성 있게 일을 실행하나 교활함도 함께 갖고 있으며 만약 호안이나 란안과 짝한다면 대 부귀는 누리나 역시 처는 극한다.

(을) 야명안과 짝한다면 중간 부귀는 누리지만 마음이 거칠다.

지혜로워서 여러 사람 가운데 뛰어나지만 속인이 이러한 눈썹을 가지면 이롭지 못하다.

北斗眉宜配象眼 북두미의배상안
북두미는 상안과 어울림이 마땅하다

大富貴而長壽宜文 대부귀이장수의문
큰 부귀를 누리고 오래 살며 문장으로 이름을 떨친다

型狀 … 眉頭微曲, 寬而長, 豪毛垂下, 色黑有光, 極爲精彩.
형상   미두미곡 관이장 호모수하 색흑유광 극위정채

象眼長而小黑白分明, 瞳人勢下, 魚尾竪上, 波紋上下重重而長, 神
상안장이소흑백분명 동인세하 어미수상 파문상하중중이장 신

守內藏是也.
수내장시야

眉與鬪心眉, 武明眉相似.
미여투심미 무명미상사

眼與鵲眼 睡鳳眼相似.
안여작안 수봉안상사

형상 눈썹 머리가 약간 구부러지고 넓고 길며 가는 털이 아래로 드리워졌으며 색이 검고 광채가 나고 지극히 아름답다.

상안(코끼리 눈)은 길면서도 작은 눈으로 흑백이 분명하고 눈동자에 비치어 나

타난 사람의 형상은 아래로 하고 어미는 위를 향하여 이어져 있고 상파와 하파에 주름이 길게 겹쳐져 있으며 눈빛은 안에 감추어져 있다.

눈썹은 투심미, 무명미와 비슷하게 생겼다.

눈은 작안, 수봉안과 비슷하게 생겨 보인다.

休咎 … (甲) 此種眉極爲長壽, 亦是好淫, 文學出衆.
휴구   갑   차종미극위장수   역시호음   문학출중

若配象眼者, 福祿壽俱全. 性多慈善也.
약배상안자   복록수구전   성다자선야

길흉

(갑) 이러한 눈썹은 수명이 길어 지극히 오래 살며 역시 색정을 좋아하고 문학에 뛰어나다. 만약 상안과 짝한 사람은 복록과 수명을 갖추었고, 성품은 매우 자상하고 지혜로워 착하기 그지없다.

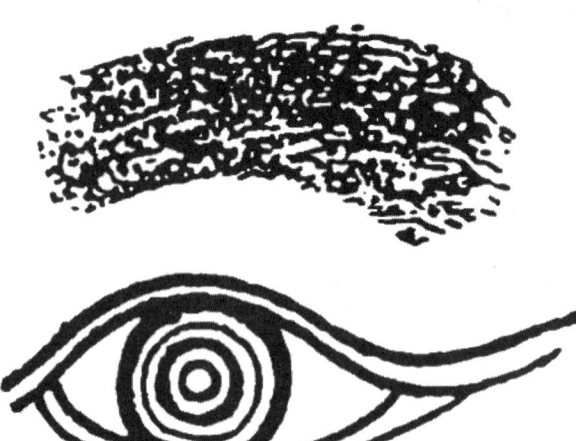

短促眉宜配水牛眼 단촉미의배수우안
단촉미는 수우안과 어울림이 마땅하다

大富中上貴 대부중상귀
큰 부자로 중 상귀는 한다

型狀 … 眉短淸秀, 濃寬居高, 尾微散.
형상   미단청수 농관거고 미미산

水牛眼大而有溫神, 睛大而不露, 黑白分明, 上下波長,
수우안대이유온신 정대이불로 흑백분명 상하파장

魚尾勢上, 是也.
어미세상 시야

眉與羅漢眉, 相似, 眼與獅眼, 鶴眼, 鳴鳳眼相似.
미여나한미 상사 안여사안 학안 명봉안상사

형상 눈썹은 짧으면서 깨끗하게 빼어나며 진하고 넓게 높이 있으며 끝 부분이 약간 흩어져 있다.

수우안은 크고 눈빛이 따뜻하며 눈동자는 크더라도 튀어 나오면 안 되고 흑백이 분명하며 상파와 하파에 주름이 길게 지어졌고 어미가 길게 위로 향하여 이어져 있다.

눈썹은 나한미와 비슷하게 생겼다.

눈은 사자안, 학안, 명봉안과 비슷하게 생겼다.

休咎 … (甲) 此種眉, 主忠實勇敢, 重義多情, 長壽.
휴구   갑   차종미 주충실용감 중의다정   장수

若配水牛眼者, 大富中上貴, 子孫滿堂.
약배수우안자 대부중상귀   자손만당

(乙) 配鷺鵝眼等不貧卽夭.
을   배로아안등불빈즉요

길흉

(갑) 이러한 눈썹은 주로 용감하고 충실하며 다정하여 의가 두텁고 수명이 길다.

만약 수우안과 짝하는 사람은 큰 부자로 중 상귀는 누리고 자손이 집안에 가득 차게 된다.

(을) 해오라기나 거위의 눈과 짝하는 사람은 가난하지 않으면 수명이 짧다.

鬪心眉宜配陰陽眼 투심미의배음양안
투심미는 음양안과 어울린다

富貴兼壽心性奸狡 부귀겸수심성간교
부귀하고 수명이 길지만 심성이 간악하고 교활하다

型狀 … 眉濃粗大而長, 色黑微亂.
형상   미농조대이장 색흑미란

陰陽眼, 雙目瞳人有一向左視, 有一向右視, 眼較大而長, 上下波紋
음양안 쌍목동인유일향좌시 유일향우시 안교대이장 상하파문

亦長是也.
역장시야

眉與掃帚眉, 短促眉, 北斗眉, 銀河眉相似,
미여소추미 단촉미 북두미 은하미상사

眼與瑞鳳眼, 孔雀眼相似.
안여서봉안 공작안상사

형상 눈썹은 진하고 거칠고 크고 길며 색깔이 검고 약간 흩어져 있다.

음양안은 두 눈동자가 사람을 볼 때 하나는 좌측으로 쏠리고 다른 하나는 우측으로 쏠리며 비교적 눈이 크고 길며 상파와 하파에 주름이 길게 지어져 있다.

눈썹은 소추미, 단촉미, 북두미, 은하미와 비슷하게 생겼다.

눈은 서봉안, 공작안과 비슷하게 생겨 보인다.

休咎 … (甲) 此種眉, 主性急性操, 亦主多情重義.
휴구   갑 차종미 주성급성조 역주다정중의

若配陰陽眼及三濃合局者,『三濃』者乃眉濃濱濃鬚濃
약배음양안급삼농합국자   삼농 자내미농빈농수농

是也, 主富貴兼淫亦主孤.
시야 주부귀겸음역주고

(乙) 配也明眼, 密縫眼, 大不宜也, 貧苦之相.
을 배야명안 밀봉안 대불의야 빈고지상

길흉

(갑) 이러한 눈썹은 성품이 급하고 메마르나 역시 다정하고 의를 중시한다.

만약 음양안과 짝하고 세 가지 짙은 종류를 합한 사람은 부귀는 누리지만 겸하여 음란하고 역시 고독을 벗어나지 못한다. 삼농이란 눈썹이 짙고 빈발이 진하고 수염이 진한 것을 말한다.

(을) 야명안이나 밀봉안과 짝하면 크게 마땅하지 못하니 가난하여 고생이 막심하다.

春心眉宜配桃花眼 춘심미의배도화안
춘심미는 도화안과 어울린다

聰明極淫 총명극음
총명하나 지극히 음란하다

型狀 … 眉細勢下, 居上不散. 長而過目.
형상   미세세하 거상불산 장이과목

桃花眼, 長而身弓睛弔上斜視, 筋赤水多, 喜笑眉開是也.
도화안 장이신궁정조상사시 근적수다 희소미개시야

眉與弔喪眉, 婆婆眉, 相似.
미여조상미 파파미 상사

眼與鷓鴣眼, 相似.
안여자고안 상사

형상 눈썹이 가늘고 아래로 힘이 있으며 이마 가운데 높이 떠 흩어지지 않고 길며 눈을 지난다.

도화안은 길고 몸통 부분이 활처럼 휘어지고 눈동자가 불러들이듯 위를 향하여 곁눈질하여 보며 붉은 실핏줄이 흑정에 많고 즐거움과 웃음은 눈썹에서 비롯한다.

눈썹은 조상미와 더불어 파파미와도 비슷하게 생겨 보인다.

눈은 자고새 눈과 비슷하게 생겨 보인다.

休咎 … **(甲)** 此種眉, 主聰明虛僞, 膽小貪色.
若配桃花眼者, 常招女人相愛, 極爲貪淫, 亦主技術藝
術, 小貴中富之相也.
(乙) 配露殺眼者招凶, 一無所成之相.

길흉

(갑) 이러한 눈썹은 주로 총명함이 헛되며 쓸개가 없고 색을 탐한다.

만약 도화안과 짝하는 사람은 항상 여인을 불러들여 서로 사랑하며 지극히 음란하기 그지없으며 역시 기술이나 예술을 익히면 소귀에 중부는 한다.

(을) 눈에 살기가 드러나는 사람은 흉을 불러들이니 한 가지도 이룰 바가 없는 상이다.

武明眉宜配鸛形眼 무명미의배관형안
무명미는 관형의 눈이 어울린다

富貴亦主文武雙全 부귀역주문무쌍전
문무를 모두 갖추었으니 부귀를 누린다

型狀 … 眉極爲淸秀, 彎長有角, 根根見肉, 居額過目, 不散不亂,
형상   미극위청수 만장유각 근근견육 거액과목 불산불란

眉伏五彩.
미복오채

鸛形眼, 型如仰月, 上下波長而秀, 黑白分明, 見之可喜, 久視可愛,
관형안   형여앙월   상하파장이수 흑백분명 견지가희 구시가애

瞳人居下有神『微微弔下』是也.
동인거하유신   미미조하   시야

眉與北斗眉相似.
미여북두미상사

眼與鵲眼蟹眼相似.
안여작안해안상사

형상 눈썹은 지극히 맑고 빼어나며 완만하게 길고 각이 져 있으며 털 하나 하나의 뿌리마다 살비듬이 보이고 눈을 지나고 이마에 있으며 흐트러지지 않고 가지런

히 눈을 덮은 눈썹이 오채로 밝게 빛난다.

관형안은 달을 우러러 보는 것과 같은 모양으로서 상파와 하파가 길고 빼어나며 흑백이 분명하고 기분 좋게 보이며 오랫동안 보아도 사랑스럽고 눈동자에 비치어 나타난 사람의 형상이 아래로 하여 빛이 난다(고요하게 아래를 보는 모습이 끌리는 듯하다).

눈썹은 북두미와 비슷하게 생겨 보인다.

눈은 작안, 해안과 비슷하게 생겼다.

休咎 … (甲) 此種眉, 兄弟六七均爲富貴, 主得美賢之妻, 亦生貴子,
휴구   갑 차종미 형제육칠균위부귀 주득미현지처 역생귀자

聰明能幹, 富貴之相也.
총명능간 부귀지상야

若配鸛形眼者, 文武雙全, 非常富貴.
약배관형안자 문무쌍전 비상부귀

(乙) 配劣型眼者, 眉運不發, 註射於鼻運及口運也.
을 배열형안자 미운불발 주사어비운급구운야

길흉

(갑) 이러한 눈썹은 형제 6, 7명이 되어도 모두 부귀하고 주로 아름다운 현처를 얻으며 역시 귀한 자식을 두게 되며 총명하고 뛰어나 능력 있는 부귀의 상이다.

만약 황새 형의 눈과 짝한 사람은 문무를 같이 갖추어 예사롭지 않은(특별한) 부귀를 누린다.

(을) 만약 모자라는 눈을 가졌다면 눈썹 운에서도 발달을 못하는데 풀어 밝히면 코에서 쏘아주는 기운이 입에 미치는 운까지 이르러야 한다.

新縮眉宜配鷺鷥眼 신축미의배로자안
신축미는 로자안(해오라기 눈)과 어울린다

孤貧奸猾 고빈간활
외롭고 가난하며 간교하고 교활하다

型狀 … 眉短而不收, 頭尾同寬微見彎曲, 毛毫或濃或淡, 猶如由長
형상   미단이불수 두미동관미견만곡 모호혹농혹담 유여유장

而縮之狀是也.
이축지상시야

鷺鷥眼, 上有兩波極長, 下無蔭隲紋, 眼小細長微黃, 瞳人弔上.
로자안 상유양파극장 하무음즐문 안소세장미황 동인조상

眉與短促眉, 短箭眉, 短淸眉, 相似.
미여단촉미 단전미 단청미 상사

眼如鵲眼, 孔雀眼相似.
안여작안 공작안상사

 **형상** 눈썹이 짧아서 거두어들이지 못하고 눈썹 머리와 끝 부분의 넓이가 같고 약간 완만하게 굽어 보이며 하나 하나의 털이 혹 진하거나 혹 연하기도 하며 길게 이어질 것 같은데 오히려 줄어진 상이다.

로자안은 위의 쌍꺼풀이 지극히 길며 아래에는 음즐문이 없으며 눈은 작으면서 가늘고 길며 엷은 황색이고 눈동자에 비치는 사람의 형상이 측은한 듯 위에 이른다.

눈썹은 단촉미, 단전미, 단청미와 비슷하게 생겨 보인다.

눈(로자안)은 작안, 공작안과 같게 보인다.

休咎 … (甲) 此種眉, 易犯官府, 兄弟雖 一 二亦全無靠,
휴 구   갑 차종미 이범관부 형제수 일 이역전무고

孤苦貧而多奸.
고고빈이다간

若配鷺鷥眼者, 四十後始較富.
약배로자안자 사십후시교부

(乙) 配露殺眼者, 短壽凶死之相也.
을   배로살안자 단수흉사지상야

길흉

(갑) 이러한 눈썹은 쉽게 법을 어기고 형제가 한두 명 있다고 하나 역시 의지할 데가 없이 외롭게 고생하고 가난하며 매우 간사하다.

만약 해오라기(로자안) 눈을 가진 사람이라면 40세 후에 비교적 넉넉해진다.

(을) 살기가 드러나는 눈을 가진 사람이라면 수명이 짧고 흉하게 죽을 상이다.

五毒眉嘆配蛇眼 오독미탄배사안

오독미가 사안과 어울리면 한탄하게 된다

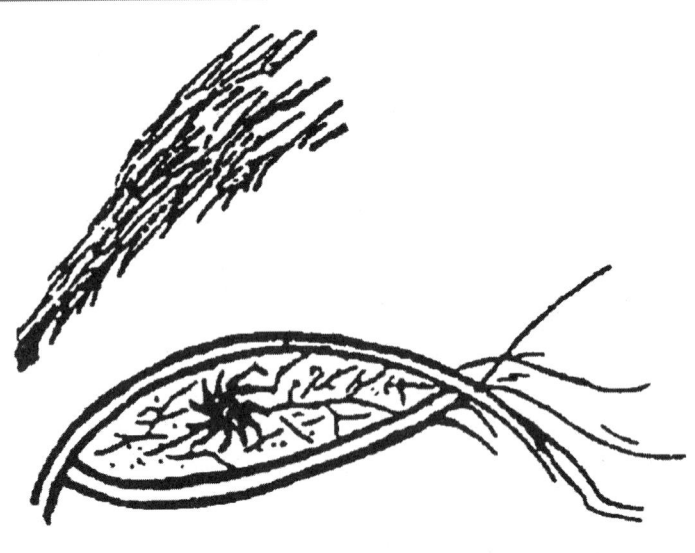

極毒陰奸凶死 극독음간흉사

지극히 독하고 음험하고 간교하여 흉하게 죽는다

型狀 … 眉短頭尖尾散, 毛硬或濃或輕, 眉尾竪上, 印堂現直紋.
형상   미단두첨미산   모경혹농혹경   미미수상   인당현직문

蛇眼分兩種, (甲) 種眼深光赤如火, 赤筋赤沙, 睛小而黃, 眼小神急,
사안분량종   갑   종안심광적여화   적근적사   정소이황   안소신급

魚尾紋多而長, 視物似怒, 久看帶凶, 上下單波是也.
어미문다이장   시물사노   구간대흉   상하단파시야

(乙) 種眼小青瘇水多筋赤, 瞳人帶露, 上下雙波, 魚尾少紋是也.
을   종안소청종수다근적   동인대로   상하쌍파   어미소문시야

眉與尖刀眉輕斷眉 相似, 眼與夜明眼相似.
미여첨도미경단미 상사   안여야명안상사

형상 눈썹이 짧고 눈썹 머리가 뽀족한 듯하며 끝 부분이 흩어져 있고 털이 억세거나 혹 진하거나 혹 가벼우며 눈썹 끝 부분이 위를 향하여 이어져 있으며 인당에 일직선의 주름이 나타나 있다.

사안을 두 종류로 나누어 보면,

(갑) 눈이 깊으면서 불같은 적색의 빛으로 붉은 실핏줄이나 붉은 모래알과 같은 것이 있고 눈동자가 작으면서 황색이고 눈빛이 급하게 내리 쏘는 듯하며 어미에 주름이 많고 길며 사물을 보는 눈이 성낸 것 같고 오랫동안 보고 있으면 뱀처럼 흉하며 상하의 눈꺼풀은 하나씩이다.

(을) 눈이 작고 푸른 물집과 같은 종기와 붉은 실핏줄이 많으며 사람을 보는 눈동자가 노출되고 상파와 하파에 쌍꺼풀이 있으며 어미에 잔주름이 있다.

눈썹은 첨도미, 경단미와 더불어 비슷하게 생겨 보이고 눈은 야명안과 닮았다.

休咎 … (甲) 此種眉, 好勇心性狼狼, 作事獨斷無情.
휴구   갑   차종미 호용심성낭랑 작사독단무정

若配『甲』種蛇眼亦主小貴,『乙』種蛇眼雖貴, 均爲極
약배 갑 종사안역주소귀   을 종사안수귀 균위극

毒更不善終.
독경불선종

길흉

(갑) 이러한 눈썹의 심성은 용감한 것을 좋아하여 이리와 같이 사납고 매사를 혼자서 처리하며 무정하다.

만약 (갑) 뱀 눈과 함께 한다면 역시 소귀는 하고 (을) 뱀 눈과 함께 하여 비록 소귀는 하더라도 지극히 독한 것이 수반되니 한결같이 끝이 좋지 못하다.

六害眉怕配羊眼 육해미파배양안
육해미는 양안과 짝하는 것을 두려워한다

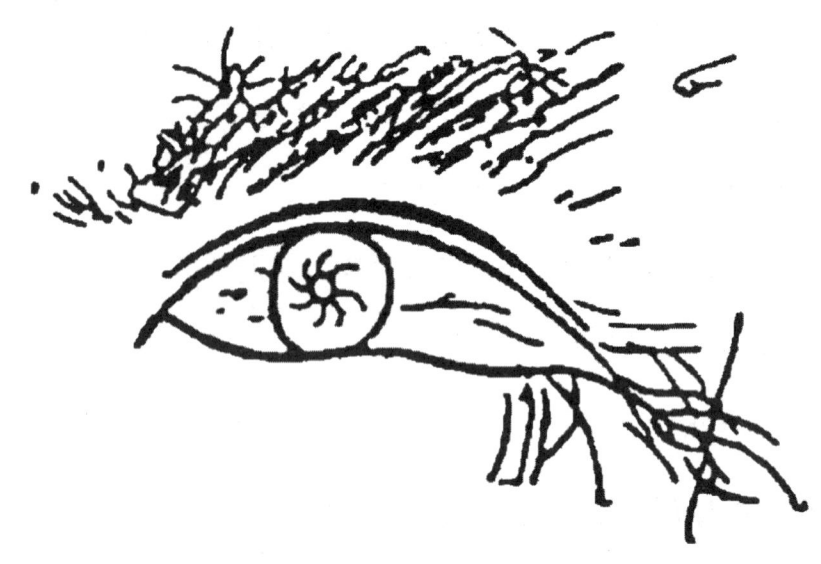

凶險剋破貧夭 흉험극파빈요
마음이 음흉하여 이기려 깨부수니 가난하고 수명이 짧다

型狀 … 眉六害者, 乃六件大害是也.
형상   미육해자 내육건대해시야

(一) 黃薄 (二) 散亂 (三) 鎖印 (四) 壓目 (五) 逆毛 (六) 缺落是也.
 일 황박 이 산란 삼 쇄인 사 압목 오 역모 육 결락시야

羊眼, 睛綠而黃, 瞳人帶有車輪之狀, 眼內混雜, 上有雙破下無陰騭,
양안 정록이황 동인대유차륜지상 안내혼잡 상유쌍파하무음즐

魚尾紋多而亂.
어미문다이란

眉與黃薄眉傷神眉, 相似. 眼無相似.
미여황박미상신미 상사 안무상사

형상 육해미라는 것은 여섯 가지의 큰 해로운 눈썹을 말하는데, 다음과 같다

❶ 누렇고 얇은 눈썹 ❷ 어지럽게 흩어져 있는 눈썹 ❸ 쇠사슬처럼 꼬인 눈썹

❹ 눈과 너무 가까이 있는 눈썹 ❺ 털이 거꾸로 나 있는 눈썹 ❻ 뚝뚝 끊어져 있

는 눈썹. 이렇게 여섯 가지 중에 해당하는 눈썹이다.

양안은 눈동자가 녹색이거나 황색이고 눈동자에 비치어 나타난 사람의 형상에 혼잡스럽게 돌아가는 수레바퀴의 모양을 띠고 있으며 눈 안이 뒤섞여서 분잡스럽고 상파는 쌍꺼풀이고 하파에는 음즐문이 없으며 어미에는 잔주름이 산란하게 얽혀 있다.

눈썹은 황박미, 상신미와 비슷하게 생겼다.

눈은 양안과 비슷하게 닮은 눈이 없다.

休咎 … (甲) 此種眉 主大凶大害無所不害, 一無所成修心減半.
若逢羊眼者, 孤苦凶死之相.
(乙) 配佳眼者四六七微微見發矣. 但四十四五難過.

길흉

(갑) 이러한 눈썹은 주로 크게 해로워서 큰 재앙을 주재하는 바 이루는 것이 하나 없어도 마음을 닦으면 그 해로움이 반으로 줄어든다.

만약 양안을 가진 사람은 고독하고 곤고하며 재앙으로 죽을 상이다.

(을) 아름다운 눈을 가진 사람은 46, 47세에는 아주 작게 발달하는 운을 만나긴 한다. 단, 44, 45세의 고난과 어려움을 넘겨야 한다.

羅漢眉忌配沖殺眼 나한미기배충살안
나한미가 충살안을 만나면 나쁘다

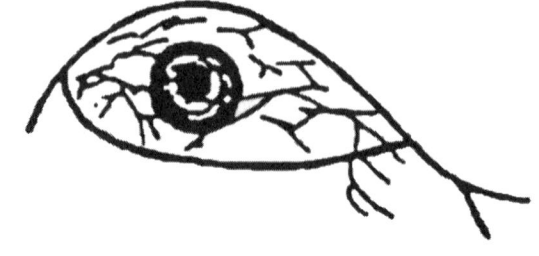

凶暴孤獨 흉폭고독
몹시 흉하고 난폭하여 고독하다

型狀 … 眉寬而短濃而肥, 尾部垂下, 毛粗毛長是也.
형상   미관이단농이비 미부수하   모조모장시야

沖殺眼, 眼大睛露, 水多筋赤, 睛小而黃.
충살안 안대정로 수다근적 정소이황

睛露四白, 神滯無光, 上下單波, 或有雙波.
정로사백 신체무광 상하단파 혹유쌍파

眉與短促眉相似.
미여단촉미상사

眼與魚眼較爲相似.
안여어안교위상사

형상 눈썹이 넓고 짧으며 진하고 크며 끝 부분이 아래로 향하여 드리워져 있고 털은 거칠고 길다.

충살안은 눈이 크고 눈동자는 드러나 있으며 물기와 붉은 실핏줄이 많으며 눈동자는 작고 노란기가 있다. 눈동자가 튀어 나온 사백안으로서 신이 막히고 빛이 없으며 상파와 하파에 쌍꺼풀이 없거나 혹 쌍꺼풀이 있을 수도 있다.

눈썹은 단촉미와 비슷하게 생겼다.

눈은 어안과 비교했을 때 같거나 비슷하다.

休咎 … (甲) 此種眉, 主性暴命孤, 剋妻刑子而貪淫.
휴구   갑 차종미 주성폭명고 극처형자이탐음

　　　　(若)配沖殺眼者, 雖富小貴亦必凶死他鄉, 六親不得力.
　　　　 약 배충살안자 수부소귀역필흉사타향 육친부득력

　　　　(乙) 配小眼者, 多貧寒之相也.
　　　　 을 배소안자 다빈한지상야

길흉

(갑) 이러한 눈썹은 주로 성정이 포악하여 외로운 목숨으로 처를 극하고 자식을 형하고 색정을 탐한다.

만약 충살안을 가진 사람은 비록 소귀에 넉넉함을 누린다고 하더라도 반드시 고향을 떠나 흉하게 죽으며 육친의 득이 없다.

(을) 작은 눈과 짝하는 사람은 춥고 매우 배고픈 상이다.

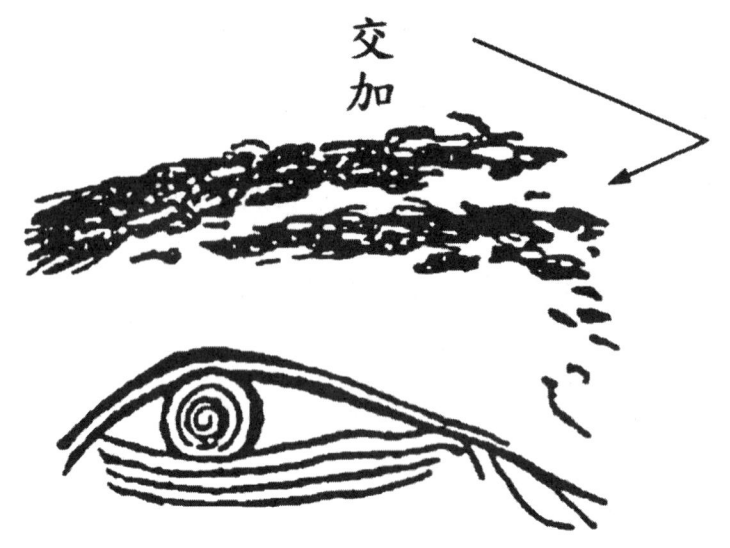

交加眉忌配馬眼 교가미기배마안
교가미는 마안을 만나면 나쁘다

勞碌六親刑剋大凶 노록육친형극대흉
몹시 바쁘게 애써 노력해도 육친을 형극하는 큰 재앙의 형이다

型狀 … 眉長而散, 毫濁色黃, 缺落脫離.
형상　　미장이산　호탁색황　결락탈리

馬眼, 下波重重, 上波雙而微微現角, 眲睛內水顯汪汪,
마안　하파중중　상파쌍이미미현각　백정내수현왕왕

魚尾紋勢下是也.
어미문세하시야

眉與傷神眉缺落眉 相似.
미여상신미결락미　상사

眼與象眼較爲相似.
안여상안교위상사

형상　눈썹이 길고 흩어지고 털이 탁하고 황색이며 이지러지고 떨어져 나가 있다.

마안은 하파가 여러 겹의 주름이 지어져 있으며 상파에는 쌍꺼풀이고 아주 약

하게 각이 져 있으며 눈의 흰자위와 눈동자 내에 수기가 넘쳐 흐르며 어미의 주

름은 힘 있게 아래로 향해 있다.

눈썹은 상신미나 끊어진 결락미와 비슷하게 생겼다.

눈은 상안과 비교해 보았을 때 비슷하게 보인다.

休咎 … **(甲)** 此種眉, 大爲刑剋六親, 主神泛神亂, 多招小人, 常犯 官非, 離家破祖之相, 若配馬眼者, 勞碌貧苦一生, 雖有小康亦難善終也.

(乙) 配佳眼者, 三十八歲後方許轉運.

길흉

(갑) 이러한 눈썹은 매우 육친을 형극하게 되고 눈빛이 뜨고 산란하면 주위에 소인배들을 불러 들여 항상 관청에 죄를 범하고 가족을 떠나 조상을 깨뜨리는 상으로 만약 마안을 가진 사람은 일생을 바쁘게 노력 하여도 가난하다.

비록 소란하던 삶이 조금은 안정되어도 역시 끝맺음이 좋기 어렵다.

(을) 아름다운 눈을 가진 사람은 38세 이후 운이 바뀌어 나아간다.

促秀眉宜配夜明眼 촉수미의배야명안
촉수미는 야명안과 어울림이 마땅하다

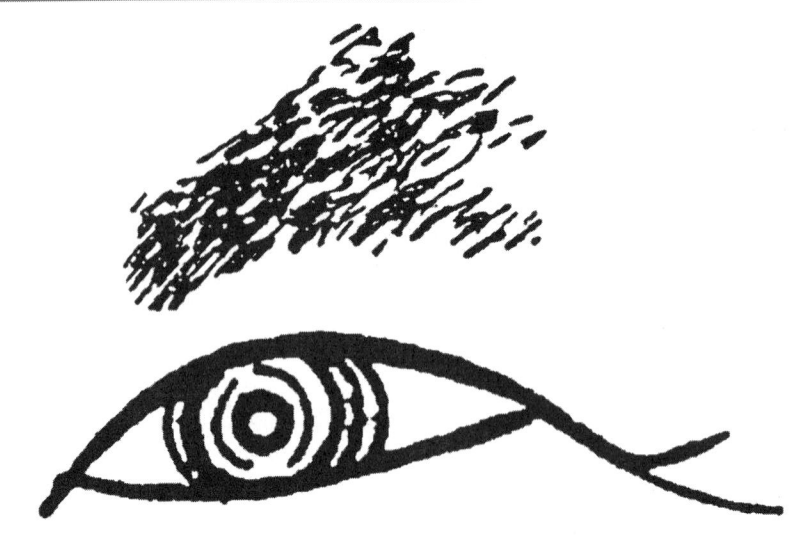

中貴而聰明 중귀이총명
총명하여 중귀는 한다

型狀 … 眉高居額, 短寬淸秀, 毫稀見肉, 尾略缺.
형상　　미고거액　단관청수　호희견육　미약결

夜明眼, 黑白分明, 眼小有神, 上下單波, 魚尾長而撓上.
야명안　흑백분명　안소유신　상하단파　어미장이뇨상

眉與新縮眉斷心眉相似.
미여신축미단심미상사

眼與狼眼相似.
안여랑안상사

형상 눈썹이 이마 높이 있으며 짧으면서도 넓고 청수하며 털이 드문드문 있어 살비듬이 보이며 끝부분이 간략하게 이지러져 있다.

야명안은 흑백이 분명하며 눈이 작으면서 빛나고 상, 하파에는 쌍꺼풀이 없으며 어미는 길면서 위로 꺾여 있다.

눈썹은 신축미, 단심미와 비슷하게 생겨 보인다.

눈은 낭안과 비슷하게 닮았다.

休咎 … (甲) 此種眉, 極爲聰明, 中貴不富, 若配夜明眼者, 大貴中
휴구   갑   차종미 극위총명 중귀불부 약배야명안자 대귀중

富之相, 心高志大, 最爲獨斷, 性情剛强.
부지상 심고지대 최위독단 성정강강

(乙) 配不佳眼者, 眉運不發, 四十四後始見好轉.
 을   배불가안자 미운불발 사십사후시견호전

길흉

(갑) 이러한 눈썹은 지극히 총명하고 중귀하는 사람은 부자가 아니며 만약 야명안을 가진 사람은 대귀에 중부는 하는 상으로서 마음이 크고 뜻이 높으며 혼자서 모든 것을 결정하게 되니 성정이 굳세고 강하다.

(을) 아름답지 못한 눈과 짝하는 사람은 눈썹 운에서 발달하지 못하고 44세 이후에 운이 좋게 바뀌기 시작한다.

輕斷眉可配密縫眼 경단미가배밀봉안
경단미는 밀봉안과 어울린다

聰明而陰毒 총명이음독
총명하지만 음험하고 독하다

型狀 … 眉頭尖細, 眉尾散薄, 短不過目, 勢上.
형상   미두첨세 미미산박 단불과목 세상

密縫眼, 眼細小如縫, 上下肉腫, 魚尾紋長.
밀봉안 안세소여봉 상하육종 어미문장

眉與五毒眉, 傷神眉相似.
미여오독미 상신미상사

眼與鷺鷥眼, 丹鳳眼相似.
안여로자안 단봉안상사

형상 눈썹 머리가 가늘고 뾰족하며 눈썹 끝 부분은 얇게 흩어져 있으며 짧아서 눈을 지나지 못하고 위로 힘 있게 뻗쳐 있다.

밀봉안은 꿰맨 것처럼 눈이 가늘고 작으며 상파와 하파의 살비듬이 미웁게 부어올라 있으며 어미의 주름이 길다.

눈썹은 오독미와 더불어 상신미와 비슷하게 생긴 것 같다.

눈은 로자안과 같고 단봉안과도 비슷하게 생겼다.

休咎 … (甲) 此眉主人性狡心毒, 果斷小貴, 若配密縫眼者主聰明
휴구 　　갑　차미주인성교심독 과단소귀 약배밀봉안자주총명

中小貴, 爲人多奸.
중소귀 위인다간

(乙) 女相有此者剋夫而貪淫.
을 여상유차자극부이탐음

(丙) 配大露睛眼者多凶死他鄕, 性暴心惡.
병 배대로정안자다흉사타향 성폭심악

(갑) 이러한 눈썹을 가진 사람의 성정은 주로 교활하고 심독하며 과단성이 있어 소귀는 하고 만약 밀봉안과 짝하는 사람은 총명하여 중 소귀는 하지만 사람됨이 매우 간교하다.

(을) 여인의 상이 이러하면 남편을 이기고 색정을 탐한다.

(병) 크게 드러난 눈동자 눈을 짝한 사람은 매우 흉하게 타향에서 죽으며 성질은 사납고 심성이 악하다.

官符眉最怕蟹眼 관부미최파해안
관부미는 해안과 만남을 최고로 두려워한다

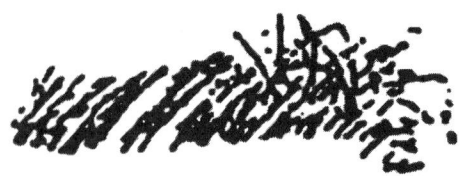

性暴官非刑剋 성폭관비형극
성정이 포악하여 법을 어겨서 형극을 하게 된다

型狀 … 眉亂逆而缺落, 散聚不均是也.
형상   미난역이결낙 산취불균시야

蟹眼睛露, 型如半月之狀, 上下雙波或單波, 瞳人弔上,
해안정로 형여반월지상 상하쌍파혹단파 동인조상

魚尾亂紋是也.
어미난문시야

眉與帶箭眉, 六害眉相似.
미여대전미 육해미상사

眼與鵲眼, 鸛形眼相似.
안여작안 관형안상사

형상 눈썹이 어지럽게 거꾸로 나고 이지러지고 떨어지기도 하며 흩어졌다 모였다 하여 고르지 않다.

해안은 눈동자가 튀어 나오고 반달처럼 생긴 모양이다.

상파와 하파에 쌍꺼풀이 있기도 하고 없기도 하며 눈동자에 비치어 나타난 사람의 형상이 측은한 듯 위를 향하고 어미의 주름은 어지럽게 나 있다.

눈썹은 대전미와 더불어 육해미와 같이 비슷하게 생겼다.

눈은 작안, 관(황새)형의 눈과 비슷하게 생겨 보인다.

休咎 … (甲) 此種眉大刑六親, 平生事業多成多敗, 性燥暴, 常犯官非.

若配蟹眼者富而孤, 心朦愚頑, 性喜江湖.

(乙) 配佳眼者中年富貴, 但官符難免.

길흉

(갑) 이러한 눈썹의 종류는 육친을 크게 형하고 평생 많은 사업을 하게 되고 많이 패하게 되며 성정이 마르고 포악하며 항상 법을 어기고 죄를 범한다.

만약 해안과 짝하는 사람이라면 넉넉하긴 하되 매우 고독하고 심성이 매우 어리석고 완고하여 강과 호수가 있는 곳에 있어야 좋아지는 성품이다.

(을) 아름다운 눈과 짝한 사람은 중년에 부귀하지만 단, 관부는 벗어나기 어렵다.

八字眉易遇哈魚眼 팔자미이우합어안
팔자미는 합어안을 만나기 쉽다

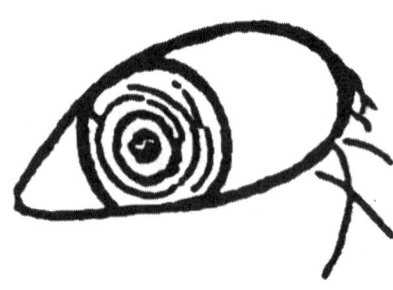

狡猾刑剋凶死 교활형극흉사
간교하고 교활하여 형극으로 흉사한다

型狀 … 眉短尾弔下, 另一部開又向上, 型似八字.
형상   미단미조하   령일부개우향상   형사팔자

哈魚眼頭微尖, 尾極圓, 睛急露而黑, 魚尾無紋, 上下單波.
합어안두미첨   미극원   정급로이흑   어미무문   상하단파

眉與間斷眉, 促秀眉, 輕斷眉, 相似.
미여간단미 촉수미 경단미 상사

眼與魚眼相似.
안여어안상사

형상 눈썹은 짧으면서 끝 부분이 아래로 처져 있고 떨어진 일부는 위로 향하여 사이가 넓어져 있으며 팔자와 비슷하게 생긴 모양이다.

합어안은 눈 머리 부분이 약간 뾰족하며 끝 부분이 지극히 둥글고 눈동자가 검으면서 노출되어 급하고 어미에는 주름이 없으며 상, 하파는 쌍꺼풀이 없다.

눈썹은 간단미와 더불어 촉수미, 경단미처럼 비슷하게 생겼다.

눈은 어안처럼 생겨 보인다.

休咎 … (甲) 此種眉雖富亦主孤, 壽高剋妻剋子, 若配哈魚眼者,
휴구   갑   차종미수부역주고 수고극처극자 약배합어안자

性狡猾, 恐無善終.
성교활 공무선종

(乙) 配夜明眼者 反主大貴多於武職.
을   배야명안자 반주대귀다어무직

(丙) 配鷺鷥眼者, 一事無成.
병   배로자안자 일사무성

길흉

(갑) 이러한 눈썹의 종류는 비록 넉넉하더라도 역시 외로움을 주재하고 수명은 길더라도 처를 극하고 자식을 극하며 만약 합어안과 짝하는 사람은 성정이 간교하고 교활하여 마지막이 좋지 못할까 두렵다.

(을) 야명안을 가진 사람은 반대이며 주로 무직에서 대귀에 오른다.

(병) 해오라기 눈을 가진 사람은 한 가지 일도 이루지 못한다.

斷心眉大忌鷓鴣眼 단심미대기자고안
단심미는 자고안을 크게 꺼린다

貧淫官非孤獨 빈음관비고독
가난하고 음험하고 법을 지키지 않고 고독하다

型狀 … 眉如掃把頭之狀, 粗而尾散, 短不過目, 毛硬如草.
형상   미여소파두지상   조이미산   단불과목   모경여초

鷓鴣眼者瞳人弔上微黃, 眼尾弔下, 上下單波, 赤筋貫睛, 魚尾微紋.
자고안자동인조상미황   안미조하   상하단파   적근관정   어미미문

眉與間斷眉八字眉, 相似.
미여간단미팔자미   상사

眼與桃花眼相似.
안여도화안상사

형상 눈썹은 머리 부분이 쓰는 빗자루 잡는 모양으로 거칠고 끝 부분이 흩어져 있으며 짧아서 눈을 지나지 못하고 털은 잡초처럼 뻣뻣하다.

자고새의 눈을 가진 사람은 눈동자에 비치어 나타난 사람의 형상이 위를 향하고 황기가 약간 있으며 눈꼬리는 측은한 듯 아래로 향하여 있고 상파와 하파에

는 쌍꺼풀이 없으며 눈동자에는 붉은 실핏줄이 통과하고 어미의 주름은 보잘 것없다.

눈썹은 간단미와 더불어 팔자미처럼 비슷하게 생겼다.

눈은 도화안과 비슷하게 생겨 보인다.

休咎 … (甲) 此種眉主勺奸孤貧亦犯官非性暴急.
휴구   갑 차종미주작간고빈역범관비성폭급

若配鷓鴣眼, 淫亂大作萬事無成.
약배자고안   음란대작만사무성

(乙) 配七殺眼反主小就也.
을   배칠살안반주소취야

(갑) 이러한 종류의 눈썹을 가진 사람은 작으나마 간교하며 역시 성정이 급하고 포악하여 관을 어기고 죄를 범하여 고독하고 가난하다.

만약 자고새의 눈과 짝한다면 음탕하고 난잡하여 큰일은 한 가지도 이루지 못한다.

(을) 칠살안과 짝한다면 반대로 조그만 것은 이루게 된다.

鬼眉怕逢醉眼 귀미파봉취안
귀미는 취안과 만나는 것을 두려워한다

淫亂陰毒偸盜 음란음독투도
음탕하고 난잡하며 음험하고 독하여 남의 물건을 몰래 훔친다

型狀 … 眉首微曲, 撓上毛散, 毫硬兼粗, 或低壓, 短而不過目, 亦有
형상   미수미곡 소상모산 호경겸조 흑저압 단이불과목 역유

逆毛.
역모

醉眼, 紅黃混雜 又流光, 如酒後醉目, 瞳人吊下, 上露白, 上下雙波,
취안 홍황혼잡 우류광 여주후취목 동인조하 상로백 상하쌍파

魚尾多紋, 而短.
어미다문 이단

眉與輕斷眉, 黃薄眉相似, 眼與猪眼較似.
미여경단미 황박미상사 안여저안교사

형상 눈썹머리가 약간 구부러져 있으며 털이 달아나듯 윗부분이 휘어지고 가는 털이 뻣뻣하고 겸하여 거칠며 혹 낮아서 눈을 누르거나 짧아서 눈을 지나지 못하거나 또 털이 거꾸로 나 있는 모양이기도 하다.

취안은 붉은 기와 누런 기가 혼잡하게 서로 섞여 빛이 흐르며 술을 마시고 난 뒤의 혼잡된 눈과 같고 눈동자에 비추어 나타난 사람의 형상이 아래로 깔렸으며 윗부분에는 흰자위가 드러나며 상, 하파에 쌍꺼풀이 지어져 있고 어미에는 짧은 주름이 많다.

눈썹은 경단미와 더불어 황박미와 같이 비슷하게 생겼다.

눈은 저안과 비교했을 때 같아 보인다.

休咎 … (甲) 此種眉, 心陰毒主盜賊多凶赤爲短壽.
휴구   갑 차종미 심음독주도적다흉적위단수

若配醉眼者, 萬事無成凶死中年.
약배취안자 만사무성흉사중년

(乙) 配佳眼者中小年有成, 四十四五歲災害難免.
을   배가안자중소년유성 사십사오세재해난면

길흉

(갑) 이러한 눈썹의 종류는 마음이 음독하여 주로 도적의 무리로서 매우 흉하고 붉은 기운이 있으면 수명이 짧아지게 된다.

만약 취안과 짝한 사람은 만사를 이루지 못하고 중년에 재앙으로 죽는다.

(을) 눈이 아름다운 사람은 중, 소년에 성공하는 사람도 있으나 44, 45세의 재해는 면하기 어렵다.

掃帝眉 소제미	掃帚眉 소추미
主富壽兄弟六七少靠 주부수형제육칠소고 주로 넉넉하고 수명이 길지만 형제 6, 7명이 되어도 의지할 데 없다	兄弟六七骨肉刑傷 형제육칠골육형상 형제 6, 7명이 있으나 형제끼리 서로 형벌로 상한다
傷神眉 상신미	黃薄眉 황박미
主破相不貧卽孤 주파상불빈즉고 주로 깨어지는 상으로서 가난하지 않은 즉 고독하다	刑剋兄弟凶死他鄉 형극형제흉사타향 형제와 형벌로 극하며 타향에서 흉하게 죽음
旋螺眉 선라미	一字眉 일자미
主孤兄弟多而有刑 주고형제다이유형 형제가 많아도 주로 고독하고 형벌이 있다	兄弟五六多爲富貴 형제오육다위부귀 형제 5, 6 이상 많으며 부귀하다

尖刀眉 첨도미	陰陽眉 음양미
主凶暴小貴不善終 주흉폭소귀불선종 주로 흉폭하지만 작은 귀는 누리나 끝이 좋지 못하다	祖業兄弟全無靠 조업형제전무고 조상의 업도 형제도 전부 기댈 곳이 없다
間斷眉 간단미	單弓眉 단궁미
兄弟二三六親刑剋 형제이삼육친형극 형제 2, 3명의 육친은 있으나 형벌로 극한다	兄弟二三破敗之相 형제이삼파패지상 형제 2, 3명은 있으나 깨어지고 패하는 모양이다
帶箭眉 대전미	婆婆眉 파파미
兄弟全剋刑傷六親 형제전극형상육친 형제 전부 극하여 형벌로 상하는 육친이다	兄弟一二貪淫無能 형제일이탐음무능 형제 1, 2명은 있으나 탐하고 음란하며 능력이 없다

眼 안

下白眼 하백안

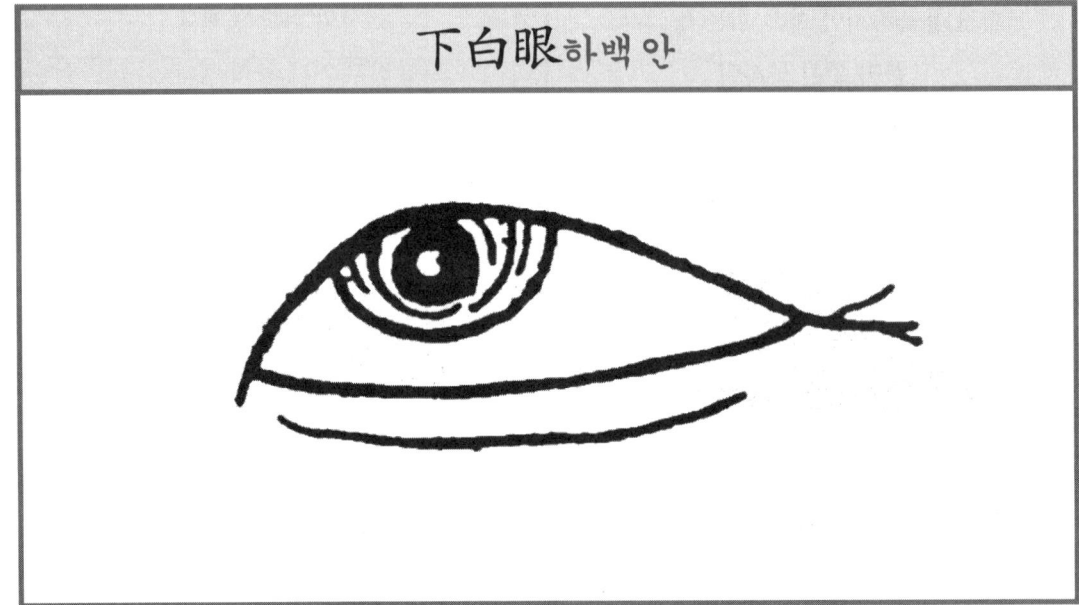

下白眼又曰 … 三白眼, 男女均主狼毒.
하백안우왈   삼백안 남녀균주랑독

男主凶惡波折, 離鄉奔走, 刑剋六親.
남주흉악파절 이향분주 형극육친

女主剋子, 産驚.
여주극자 산경

하백안 하백안에 대해 말해 보면, 삼백안으로서 남녀가 같이 이리처럼 독하다.

남자는 주로 성난 파도처럼 흉폭하여 꺾이고 고향을 떠나 분주하게 돌아다니며 육친을 형극한다. 여자는 주로 자식을 극하고 산고를 무섭게 치르게 된다.

上白眼 상백안

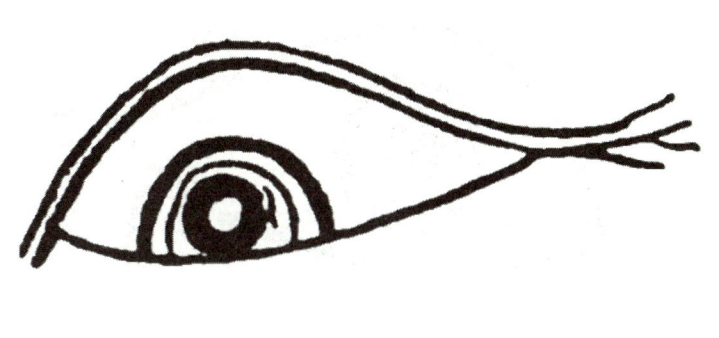

上白眼亦謂三白眼, 此眼之人心性極爲强剛, 目中無人,
상백안역위삼백안 차안지인심성극위강강 목중무인

事業多成多敗, 尅妻刑子, 凶險亦有男女左論.
사업다성다패 극처형자 흉험역유남녀좌론

상백안 상백안 역시 삼백안을 이르며, 이러한 눈을 가진 사람의 심성은 지극히 강직하고 굳세어 눈에 사람이 보이지 않아 사업을 하는 것마다 실패한다.

처를 극하고 자식을 형하니 흉하고 음험하므로 상백안의 남녀는 멀리 하라는 말이 있다.

四白眼 사백안

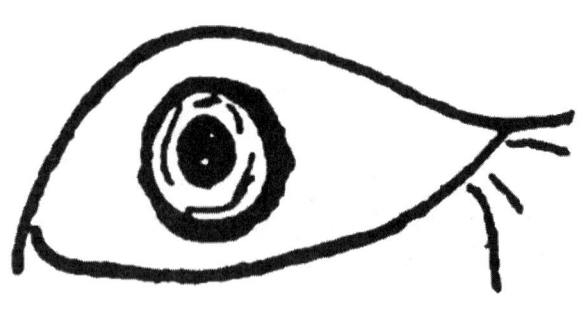

四白眼, 此眼是極惡之眼, 男女大忌, 均主性暴心狼好淫凶險常遇,
사백안　차안시극악지안　남녀대기　균주성폭심랑호음흉험상우

六親大剋, 雖富不能善終.
육친대극　수부불능선종

 이러한 눈은 지극히 악한 눈으로서 남녀 모두에게 나쁘다.

남녀 할 것 없이 주로 성정이 이리와 같이 포악하고 음란함을 좋아하며, 늘 흉하고 위험한 것을 만나게 되어 육친을 크게 극하니 비록 부자라 하더라도 끝이 좋지 못하다.

一白眼 일백안

一白眼宜一不宜二, 兩眼統有者謂鬪角眼主不壽.
일 백 안 의 일 불 의 이   양 안 통 유 자 위 투 각 안 주 불 수

一白眼心傾奸狡.
일 백 안 심 경 간 교

性猾陰毒, 亦主長壽, 貪淫剋妻刑子.
성 활 음 독   역 주 장 수   탐 음 극 처 형 자

일백안 일백안은 흰자위가 한 개 있으며 두 개 있으면 마땅하지 못하다.

두 눈이 한 군데로 묶여 있고 투각안이라고도 이르며, 주로 오래 살지 못한다.

일백안은 마음이 삐뚤고 간사하고 교활하며 성정이 어지럽게 음독한 것으로

오래 살면 가난하고 음란하며 처를 극하고 자식을 형하게 된다.

狼 眼 낭안	猪 眼 저안
富而性暴不善終부이성폭불선종 이리 눈처럼 생긴 눈은 넉넉하긴 하여도 성질이 포악하여 끝이 좋지 못하다	性暴惡死성폭악사 돼지의 눈과 같으면 성질이 사나워 악하게 죽는다
魚 眼 어안	燕 眼 연안
性凶主夭성흉주요 고기의 눈과 같이 생기면 성질이 흉하여 주로 요절하게 된다	信義不得子力신의부득자력 사랑함이 지나쳐 신의를 얻지 못한다
猫 眼 묘안	熊 眼 웅안
富貴好閑性溫부귀호한성온 부하고 귀하며 성품이 온화하여 한가로움을 즐긴다	性愚不能善終성우불능선종 성품이 어리석어 한결같이 끝이 좋지 못하다

伏犀眼복서안	鹿眼녹안
仁慈大貴인자대귀 어질게 사랑할 줄 알며 매우 귀한 신분을 누린다	性急有義성급유의 성질이 급한 듯하나 의로움은 있다
蝦眼하안	孔雀眼공작안
心操富而夭折심조부이요절 마음을 조작하여 넉넉하지만 요절의 흉함이 있다	夫妻和順更權柄부처화순경권병 남편과 아내가 온화하고 양순하며 나아가 권력을 잡는다
鵲眼작안	瑞鳳眼서봉안
富貴而信義부귀이신의 부귀를 누리며 신의가 있다	主貴溫而不流주귀온이불류 주로 귀하고 성품이 따뜻하며 옮기지 않는다

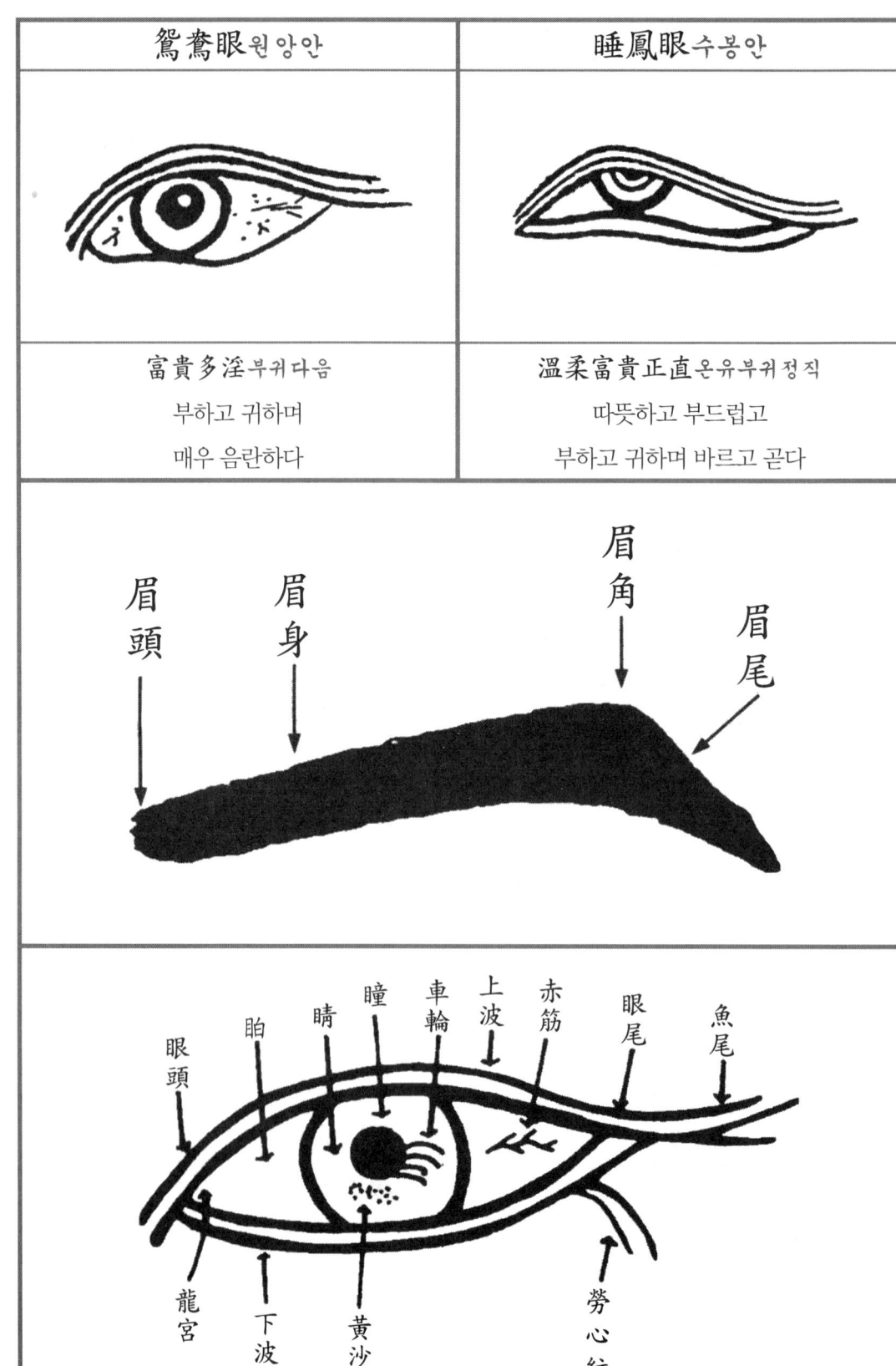

耳 이

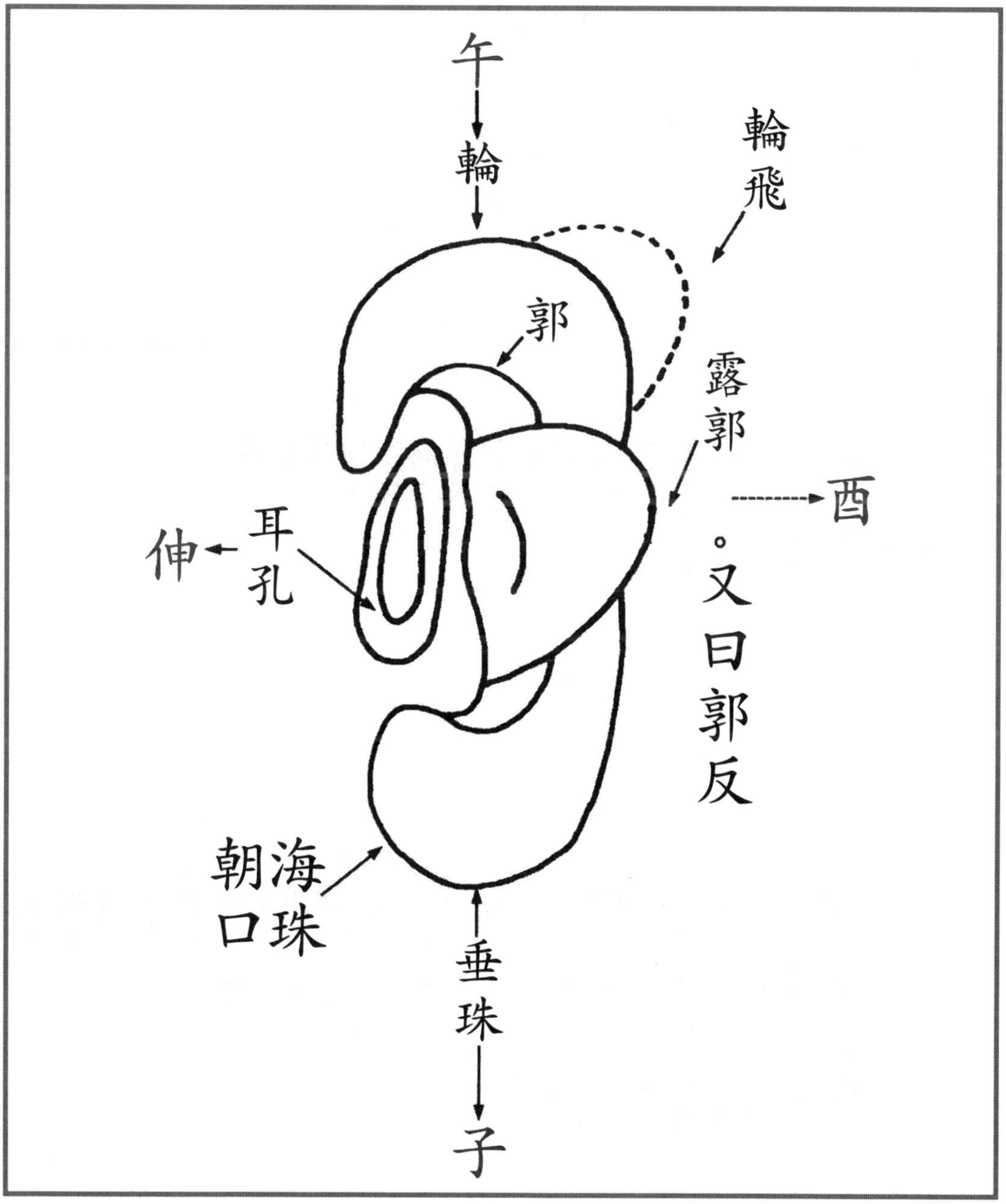

午 → 輪

輪飛

郭

露郭 ----→ 酉

伸 ← 耳孔

。又曰郭反

朝海珠
口

垂珠 → 子

金耳富貴 금이부귀
금형의 귀는 부귀를 주관한다

午 ↑

↓ 子

型狀 … 高居過眉輪小珠大, 厚而堅實輪郭分明不露,
형상   고거과미윤소주대   후이견실윤곽분명불로

色白過面是也.
색백과면시야

형상 눈썹을 지나 높이 있고 수주가 크고 윤곽이 작다.

두텁고 단단하며 윤곽이 분명하고 뒤집어지지 않았다.

귀의 색깔은 얼굴에 비해서 더욱 희다.

休咎 … (甲) 此耳主聰明精幹, 文學過人, 心性能剛能柔, 剋妻刑子.
휴구   갑 차이주총명정간   문학과인   심성능강능유   극처형자

(乙) 若配方面人者, 金型人格大富貴, 文武雙全.
을 약배방면인자   금형인격대부귀   문무쌍전

(丙) 配木形人者老孤苦矣.
병 배목형인자노고고의

길흉

(갑) 이러한 귀는 근본이 맑고 총명하고 뛰어나다.

문학에 재질이 있고 심성이 강직하고 부드러우며 능력이 뛰어나다.

처를 극하고 자식과 인연이 없다.

(을) 만약 단정한 얼굴에 이러한 귀를 가진 자는 금형인의 격을 갖춘자로서 대부대귀하는 상으로 문과 무를 온전하게 갖추었다.

(병) 목형인과 배합이 된 사람은 늙어서 고독하고 외롭다.

木耳破祖 목이파조
목형의 귀는 조상과 인연이 없다

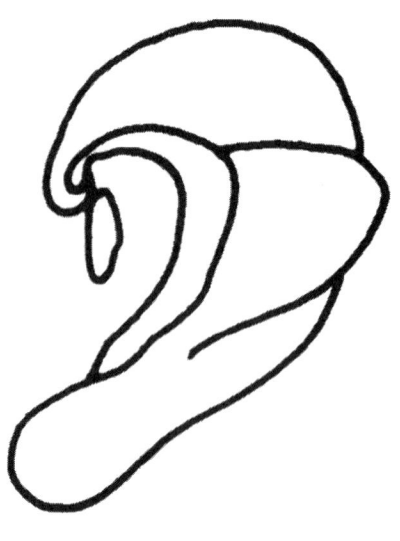

型狀 … 輪飛郭反, 上大下小, 薄而無珠, 色滯不鮮, 子午不直,
형상　　윤비곽반　상대하소　박이무주　색체불선　자오부직

孔大無毛是也.
공대무모시야

형상 귀의 윤곽이 뒤집어지고 윗부분이 크고 아랫부분이 작다.

얇고 수주가 없고 색깔이 막혀서 깨끗하지 못하며 자, 오, 축이 바르지 못하고

구멍은 큰데 털이 나지 않았다.

休咎 … (甲) 此耳幼運較佳, 若額乍尖者爲火剋金, 運交十五後刑
휴구　　갑　차이유운교가　약액사첨자위화극금　운교십오후형

剋破離, 少年多病.
극파이　소년다병

(乙) 配水火二形人者不大忌, 中年必發.
을　배수화이형인자불대기　중년필발

(丙) 金土形人大忌矣.
병　금토형인대기의

길흉

(갑) 이러한 귀는 비교적 어릴 때의 운이 아름다운 편이다.

만약 이마가 뾰족하게 생긴 사람은 화극금의 기운이 작용하여 15세를 지나면서 형하고 극하고 깨어지고 헤어지는 고난을 겪게 된다.

어릴 때는 병치레를 많이 하기도 한다.

(을) 만약 이러한 귀가 수형이나 화형인 자와 어우러진다면 나쁘지 않다.

중년에는 반드시 일어난다.

(병) 금 토형의 사람은 아주 나쁘다.

水耳富貴 수이부귀
수형의 귀는 부와 귀를 주관한다

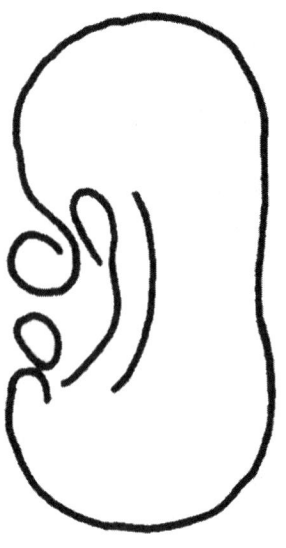

型狀 … 耳厚堅實高居過眉, 色白過面, 貼腦垂珠, 內郭微現,
孔較小是也.

형상 귀가 두텁고 단단하고 실하며 눈썹을 지나 이마 높이 달려 있다.

귀의 색깔은 얼굴보다 깨끗하고 머리에 붙어 있으며 수주가 있다.

내곽이 조금 나타나 있고 구멍은 비교적 작다.

休咎 … (甲) 此耳主學問出衆, 機謀莫測. 能屈能升, 富貴雙全.

(乙) 配金形人者大貴.

(丙) 配土火形人均爲不宜.

길흉

(갑) 이러한 귀는 주로 학문이 출중하고 지모를 가히 측량할 수가 없다.

알아서 꺾이고 알아서 일어난다. 부귀를 겸하여 누릴 수 있다.

(을) 금형인이 만약 이러한 귀를 가졌다면 대귀할 것이다.

(병) 화형과 토형인의 이러한 귀는 마땅하지 않다.

土耳富而武貴 토이부이무귀

토형의 귀는 부하고 무관으로서 귀하게 된다

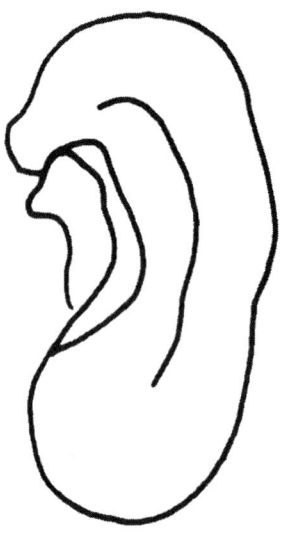

型狀 … 厚實肥大, 色潤鮮紅, 輪郭分明, 垂珠朝口, 是也.
형상   후실비대   색윤선홍   윤곽분명   수주조구   시야

형상 두텁게 맺혀져 있고 크고 살이 쪄 있다.

깨끗한 붉은색으로 윤곽이 분명하고 수주가 입을 향하여 도우고 있는 것이다.

休咎 … (甲) 此耳主壽, 貴宜武職, 忠厚之相,
휴구   갑 차이주수 귀의무직 충후지상

(乙) 配木形人反不美也, 主奔波勞碌, 縱然富而多孤,
을 배목형인반불미야 주분파노록 종연부이다고

(丙) 配金火形人亦宜也.
병 배금화형인역의야

길흉

(갑) 이러한 귀는 수명을 주관하고 마땅히 무관직에서 출세하게 되며 충의가 두터운 사

람의 상이다.

(을) 목형인과 만나면 반대로 아름답지 못하며 주로 매우 힘든 노력이 따르며 가령 넉넉하더라도 매우 고독하다.

(병) 금형과 화형인이 만나면 역시 마땅하다.

火耳孤壽 화이고수
화형의 귀는 고독하게 오래산다

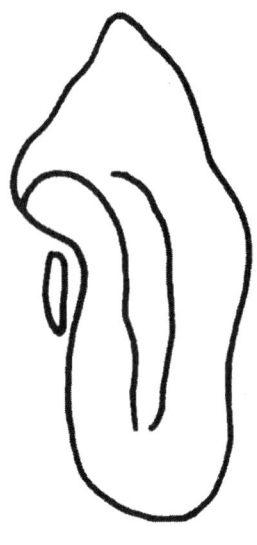

型狀 … 耳尖輪郭微露, 長大堅硬, 高居過眉是也.
형상   이첨윤곽미로 장대견경 고거과미시야

형상 귀가 뾰족하고 약간 윤곽이 뒤집어져 있다. 길고 크고 매우 단단하다. 눈썹을 지나서 높게 달려 있다.

休咎 … (甲) 此耳爲人刁猾, 奔波勞碌, 心性古怪, 刑妻剋子,
휴구   갑 차이위인조활 분파노록 심성고괴 형처극자

　　　　六親不利, 雖富貴, 亦主孤也.
　　　　육친불리 수부귀 역주고야

　　　(乙) 配金水形人, 主夭貧矣.
　　　　을 배금수형인 주요빈의

　　　(丙) 配火木形人中貴之格.
　　　　병 배화목형인중귀지격

길흉

(갑) 이러한 귀를 가진 사람은 간사하고 교활하다(재치가 넘친다).

갖은 고생을 다하며 심성이 기이하고 괴상하다(소탈하다).

처를 형하고 자식을 극하여 육친의 관계는 이롭지 못하다.

비록 부와 귀는 갖추더라도 고독하다.

(을) 금, 수형인과 어울리면 가난하고 단명한다.

(병) 화형이나 목형인과 짝하면 중귀의 격은 갖추게 된다.

虎耳奸險 호이간험
호이는 범하고 위반하며 위태롭다

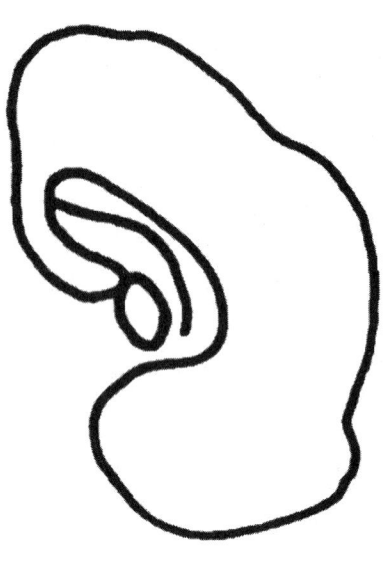

型狀 … 耳小輪缺, 孔小色紅, 厚耳堅實抱頭郭微露, 是也.
형상　　이소윤결　공소색홍　후이견실포두곽미로　시야

형상　귀가 작고 윤곽이 이지러진 것 같다. 구멍이 작고 색이 붉다.

두텁고 단단한 귀가 머리를 감싸듯 곽이 살짝 드러나 있다.

休咎 … (甲) 耳主多謀多奸, 中等富貴, 威嚴莫犯.
휴구　　　갑　이주다모다간　중등부귀　위엄막범

　　　　 (乙) 宜配瘦小人體.
　　　　　을　의배수소인체

　　　　 (丙) 若配高肥形人者, 必主夭折.
　　　　　을　약배고비형인자　필주요절

　　　　 (丁) 見此耳者均主刑剋.
　　　　　을　견차이자균주형극

길흉

(갑) 이러한 귀를 가진 사람은 간교하고 매우 꾀가 많다.

　　중급의 부귀를 누릴 수 있다.

　　위엄은 있으나 덕이나 부드러움은 보이지 않는다.

(을) 여위고 작은 사람의 몸에 어울림이 마땅하다.

(병) 만약 크고 살이 찐 사람과 이 귀가 어우러진다면 반드시 요절하게 된다.

(정) 이러한 귀가 보이는 자는 주로 형극이 따른다.

鼠耳無義多凶 서이무의다흉
서이는 의가 없고 흉이 많다

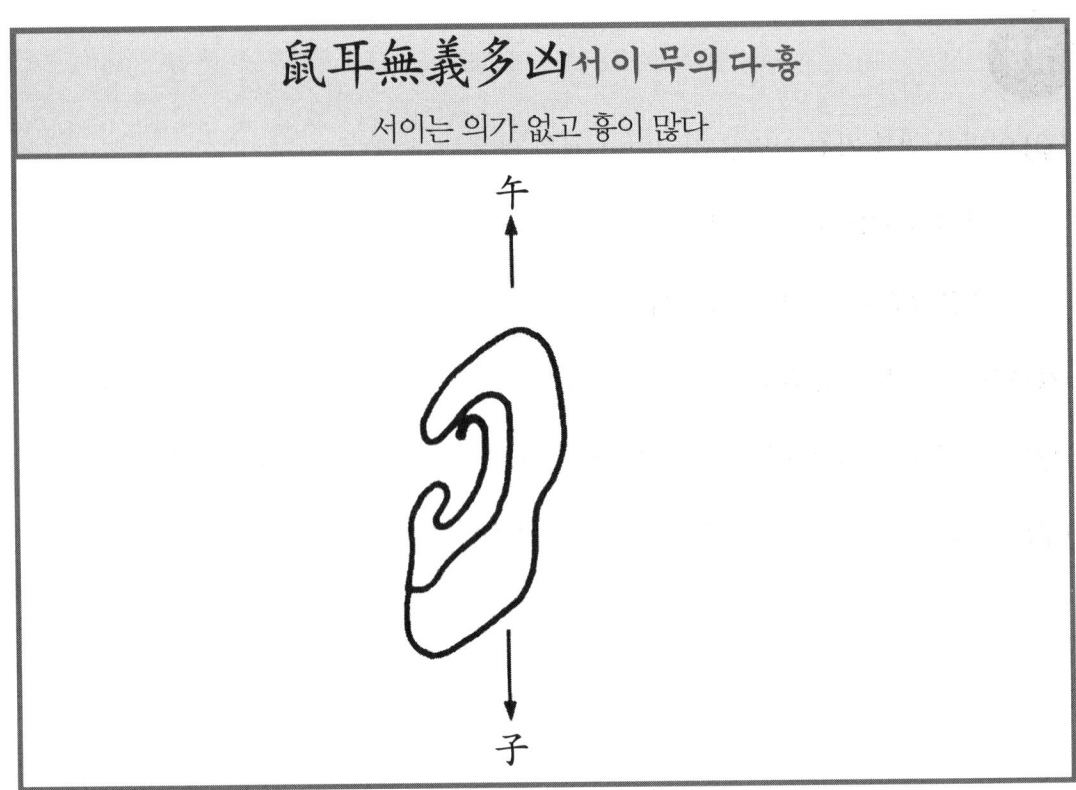

型狀 … 極小型斜, 耳輪緊收不放, 下無垂珠帶尖, 或居上過目是也.
형상   극소형사 이륜긴수불방 하무수주대첨 혹거상과목시야

형상 지극히 작고 한쪽으로 삐뚤어진 형이다.

귀의 윤곽이 팽팽하게 오그라져 귀의 모습을 갖추고 있지 못하다.

귀의 아랫부분이 없어 수주 부분도 뾰족하며 혹 눈이 있는 높이까지 올라가 있기도 하다. 〈귀의 모양을 제대로 갖추지 못한 형상〉.

休咎 … (甲) 此耳之人, 專爲小算, 難成大事, 如五官傾斜者,
휴구   갑   차이지인 전위소산 난성대사 여오관경사자

　　　　多爲盜賊之類. 易犯官非.
　　　　다위도적지류   이범관비

　　(乙) 配眉目淸秀者, 雖發達而夭折難免矣.
　　　을 배미목청수자   수발달이요절난면의

길흉

(갑) 이러한 귀를 가진 사람은 오로지 작은 계산만 하게 되어 큰 일을 이루기 어렵다.

오관(이목구비 눈썹)이 비뚤어져 있는 사람은 도적의 무리로서 쉽게 범죄를 저지르고 법도 어긴다.

(을) 맑고 빼어난 눈썹과 눈을 가진 사람이 비록 발달하여도 요절을 면하기는 어렵다.

驢耳一世奔波 여이일세분파
당나귀 귀는 일생 동안 분주하고 파란이 많다

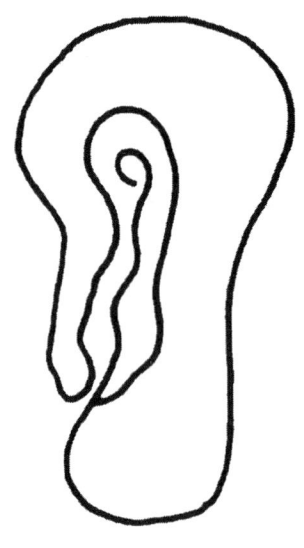

型狀 … 輪郭分明又垂珠, 型大亦厚, 孔大無毛, 色滯軟弱是也.
형상   윤곽분명우수주 형대역후 공대무모 색체연약시야

형상 귀의 윤곽이 분명하며 수주가 있고 모양이 크고 두텁다.

귓구멍은 크고 털이 없으며 색도 막혀서 깨끗하지 못하고 견실하지 못하다.

休咎 … (甲) 此耳主壽高, 貧苦奔波, 爲人心朦無能. 六親小靠.
휴구   갑 차이주수고 빈고분파 위인심몽무능 육친소고

(乙) 配木水形人者, 中年亦能發達也.
을 배목수형인자 중년역능발달야

(丙) 配火形人者孤而無子. 六親刑剋.
병 배화형인자고이무자 육친형극

길흉

(갑) 이러한 귀는 주로 수명이 길고 가난하며 분주하게 고생하고 파란이 많다.

사람됨은 어리석고 무능하며 의지하고 기댈 수 있는 육친도 없다.

(을) 목형인이나 수형인이 이러한 귀를 가졌다면 중년에는 발달한다.

(병) 화형인이 이러한 귀를 가졌다면 고독하고 자식이 없으며 육친과 인연이 없다.

棋子耳顯達富貴 기자이현달부귀
기자 귀는 덕망이 높아서 세상에 이름이 드러나고 부귀에 이른다

型狀 … 堅實圓小, 厚硬垂珠, 色白過面, 輪郭分明, 抱頭過目.
형상   견실원소 후경수주 색백과면 윤곽분명 포두과목

형상 단단하고 둥글고 작으나 두텁고 수주가 딴딴하고 얼굴색보다 깨끗하고 희다.

윤곽이 분명하고 머리를 감싸듯 하며 눈을 지나 있다.

休咎 … (甲) 此耳主白手成大家, 中年大發, 富貴可期.
휴구   갑   차이주백수성대가 중년대발 부귀가기

　　　　(乙) 配金形人者必生貴子亦得賢妻內助.
　　　　 을   배금형인자필생귀자역득현처내조

　　　　(丙) 配木形人者難成大器矣.
　　　　 병   배목형인자난성대기의

길흉

(갑) 이러한 귀는 맨주먹으로 집안을 일으키며 중년에는 크게 발달한다.

끝까지 부귀를 이루어낸다.

(을) 금형인이 이러한 귀를 가졌다면 반드시 귀한 자식을 두게 되고 안으로는 어진 처의 도움을 받는다.

(병) 목형인이 이러한 귀를 가졌다면 큰 그릇이 되기가 어렵다.

猪耳凶死 저이흉사
돼지 귀는 흉사한다

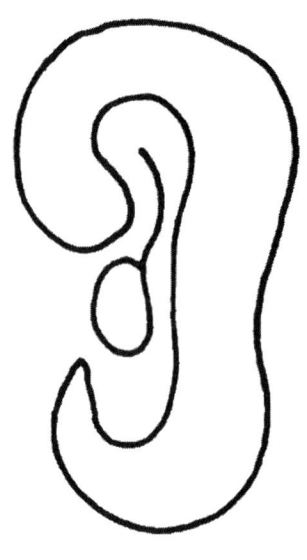

型狀 … 輪郭不明, 大而無收, 雖厚過軟, 或生前生後, 孔大無毫.
형상   윤곽불명 대이무수 수후과연 혹생전생후 공대무호

형상 윤곽이 뚜렷하지 못하면서 크기만 하여 거두어들이지 못한다.

비록 두텁기는 하나 지나치게 물렁물렁하며 혹 앞과 뒤가 같고 귓구멍은 큰데 털이 없다.

休咎 … (甲) 此耳性暴, 眼必無光, 定是凶死, 雖富貴不久,
휴구   갑   차이성폭 안필무광 정시흉사 수부귀불구

　　　　　六親有剋.
　　　　　육친유극

　　　(乙) 配瘦形人者減半論也.
　　　　　을 배수형인자감반논야

길흉

(갑) 이러한 귀를 가진 사람의 성정은 사나우며 눈에 빛이 없으면 흉사를 하게 된다.

비록 부귀를 누린다고 하더라도 오래하지 못하고 육친을 극한다.

(을) 여윈 사람이 이러한 귀를 가졌다면 그 흉함이 반감될 것이다.

垂肩耳極富貴 수견이극부귀
수견이는 지극히 부귀하다

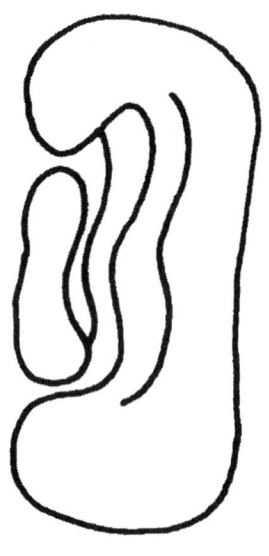

型狀 … 耳長厚大, 輪郭分明, 色鮮過眉, 雙珠垂肩, 孔大生毫,
형상   이장후대 윤곽분명 색선과미 쌍주수견 공대생호
型正骨硬是也.
형정골경시야

형상 귀가 길고 두터우며 크고 윤곽이 분명하고 색깔이 깨끗하며 눈썹을 지나 높이 있고 또 수주가 어깨까지 닿으며 귓구멍이 크고 털도 있으며 귀의 뼈가 단단하고 반듯하여 단정한 형이다.

休咎 … (甲) 此耳非平常能有也, 有此耳者, 不是國君亦是宰相,
휴구   갑 차이비평상능유야 유차이자 불시국군역시재상
　　　　　壽年近百, 五代榮昌.
　　　　　수년근백 오대영창

　　　　(乙) 凡是垂肩耳之人者, 此相貌必然堂堂.
　　　　　을 범시수견이지인자 차상모필연당당

길흉

(갑) 이러한 귀는 평범한 사람이 아니고 뛰어난 사람이다.

이러한 귀를 가진 사람은 임금 아니면 재상으로서 수명은 백세까지 살 수 있으며 오대까지 번영하고 창성하게 된다.

(을) 무릇 귀가 어깨에까지 내려오는 풍륭한 귀의 상징인 수견이를 가진 사람은 반드시 위풍당당한 얼굴의 생김새를 갖춘 사람임이 틀림이 없다.

胎箭耳主夭折태전이주요절

태전이는 주로 요절하게 된다

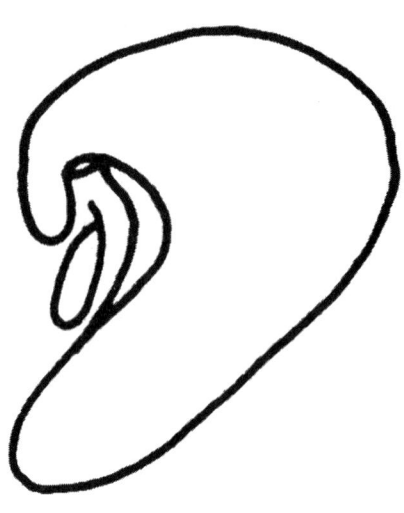

型狀 … 輪飛反而傾前, 無郭無珠, 斜小兼硬, 孔小色滯是也.
형상　　윤비반이경전　무곽무주　사소겸경　공소색체시야

형상 윤비가 뒤집어지거나 앞으로 기울어져 있는 모양으로 귀의 곽이 없고 수주도 없고 한쪽으로 치우친 작은 귀가 가로막은 듯 굳어 있고 귓구멍이 작으며 색이 깨끗하지 못하다.(257페이지 참조)

休咎 … (甲) 此耳祖上大發, 全部破敗, 更有形剋六親,
휴구　　갑　차이조상대발　전부파패　경유형극육친

　　　　　幼時多病難養, 不壽之相也.
　　　　　유시다병난양　불수지상야

　　　　(乙) 若面部豊滿, 中年有發, 亦主中小貴.
　　　　　을　약면부풍만　중년유발　역주중소귀

　　　　(丙) 此相老運不詳.
　　　　　병　차상노운불상

길흉

(갑) 이러한 귀를 가진 사람의 조상은 크게 발달하였었다.

그러나 이 귀를 가진 사람이 전부 파패하게 하는데 다시 말하면 육친을 형극하고 어렸을 때부터 병이 많아 자라기 어려워 생명을 보전하기가 어려웠다.

(을) 만약에 얼굴이 풍만하게 잘생겼다면 중년에는 발전하여 중, 소귀는 누릴 수 있다.

(병) 이러한 상은 노년의 운기는 자세하지 않다.

傾前耳貧賤夭折 경전이빈천요절
한쪽으로 삐뚤어지거나 반듯하지 못하게 생긴 귀로서 빈천하고 일찍 꺾임

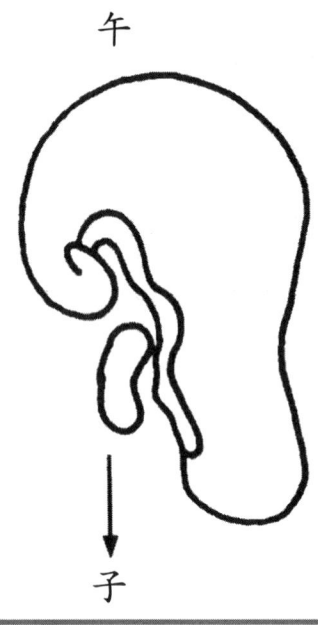

型狀 … 上輪大而反前傾倒, 耳下無珠生後, 耳色枯滯不鮮,
형상　　상윤대이반전경도　이하무주생후　이색고체불선

輪郭不明.
윤곽불명

 귀의 윗부분(윤비)이 크거나 반대로 앞으로 기울어 넘어지거나 귀 밑 수주가 없거나 있더라도 뒤로 빠지거나 귀의 색이 마르고 막혀서 깨끗하지 못하고 윤곽이 분명하지 않게 생겼다.

休咎 … (甲) 此耳主一生奔波勞苦, 縱有好處, 亦是美中不足,
휴구　　갑　차이주일생분파노고　종유호처　역시미중부족

　　　　　面部好有發不久, 但夭折難免矣.
　　　　　면부호유발불구　단요절난면의

　　　(乙) 若配三角眼弔喪眉者減半論也.
　　　을　약배삼각안조상미자감반논야

길흉

(갑) 이러한 귀를 가진 사람은 주로 일생 동안 분파 노고스러워 좋은 곳으로 계속 쫓아다녀도 좋은 가운데 이 사람만은 부족하다.

얼굴 부분이 좋아서 발달하여도 오래 하지 못하고 무릇 요절을 면하기도 어렵다.

(을) 만약에 삼각안이나 조상미를 가진 사람이라면 반 정도 덜어서 말해야 할 것이다.

抱頭耳足衣食 포두이족의식
포두이는 의식이 족하다

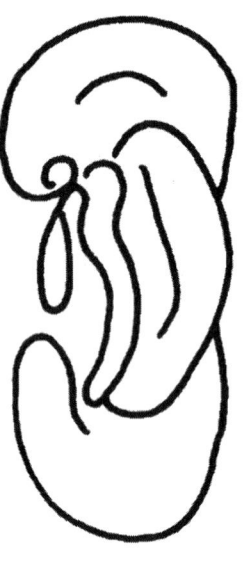

型狀 … 輪收郭露, 色白垂珠, 靠緊抱頭孔大有毫(高居眉上) 耳生退
형상   윤수곽로 색백수주 고긴포두공대유호 고거미상 이생퇴
後是也.
후시야

형상 귀의 바깥 부분은 오그라들고 안쪽의 곽 부분은 드러난 모양으로 색깔이 깨끗하고 수주가 좋으며 머리를 안아서 감싸듯 의지하여 있고 귓구멍은 크고 털도 있다. (귀가 눈썹을 지나서 높이 달려 있음.)

귀가 뒤로 물러가듯이 생겼다.

休咎 … (甲) 此耳主福祿壽階全, 再眉眼淸秀者中上貴.
휴구   갑 차이주복록수계전 재미안청수자중상귀

　　　 (乙) 忌配眉勢向下, 眼神混雜雖富亦勞苦.
　　　　 을 기배미세향하 안신혼잡수부역노고

　　　 (丙) 若鼻口再好者六親得力也.
　　　　 을 약비구재호자육친득력야

길흉

(갑) 이러한 귀는 주로 복록이 있고 수명이 길어 한평생 온전하게 살 수 있으며 이러한 귀의 상에다 눈썹과 눈이 깨끗하고 빼어난 사람이라면 중, 상귀는 누릴 수 있다.

(을) 아래로 힘 있게 내려오는 눈썹과 같이 있으면 안 되고 눈빛이 혼잡하면 비록 부하더라도 역시 노고를 면하지는 못한다.

(병) 만약에 코와 입이 귀와 더불어 잘생겼으면 육친의 힘을 얻을 수 있다.

鼻 비

通天鼻天下一人 통천비천하일인
통천비는 하늘 아래에서 제1인자이다

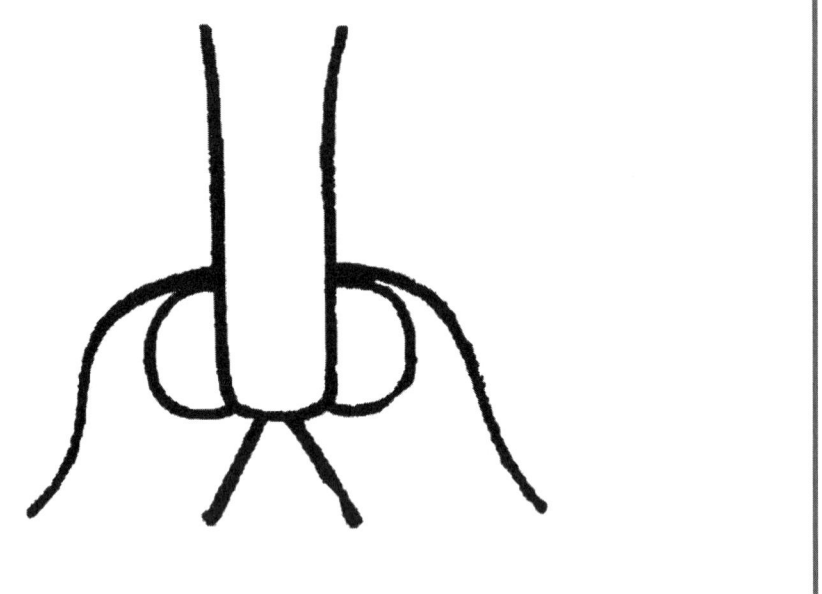

型狀 … 山根高從透天, 練臺廷衛分明, 準圓不露孔, 勢如懸膽, 正
형상   산근고종투천   난대정위분명   준원불로공   세여현담 정

而不偏, 法令隱隱而藏, 人沖正而明是也.
이불편 법령은은이장   인충정이명시야

형상 산근이 높아 이마와 통하는 것처럼 그대로 이어져 있고 난대정위가 분명하고 준두가 둥글고 콧구멍이 드러나지 않았으며 현담비와 같이 힘이 있으며 반듯하고 기울어지지 않았고 법령이 은은하게 숨어 있으며 인중(인충)이 반듯하고 분명하게 생겼다.

休咎 … 此鼻主大貴, 非平常人能有也, 應是人上之人, 福祿壽統全,
휴구   차 비 주 대 귀   비 평 상 인 능 유 야   응 시 인 상 지 인   복 록 수 통 전

妻美有助, 少年必遇奇力貴人吸引.
처 미 유 조   소 년 필 우 기 력 귀 인 흡 인

길흉

이러한 코를 가진 사람은 대귀를 누린다.

사람의 도리를 다하는 능력이 있는 사람이므로 평범하지 않아 사람 위의 사람으로서 응하며 복록과 수명을 온전하게 누릴 수 있고 아름다운 처의 내조를 받으며 어려서 반드시 기묘하게 귀인을 만나게 하는 끌어당기는 힘이 있다.

君子鼻主美妻 군자비주미처
군자비는 주로 아름다운 처를 얻는다

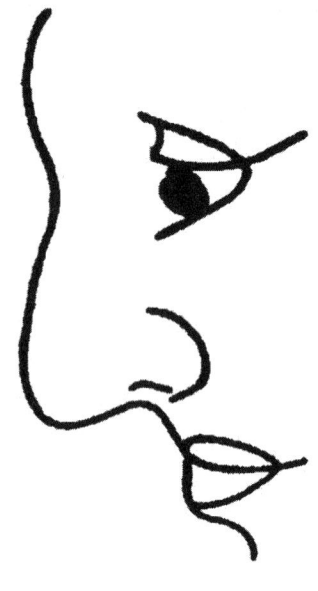

型狀… 樑高不露骨, 準頭圓有收, 山根寬而有勢, 色潤不滯, 是也.
형상   량고불로골   준두원유수   산근관이유세   색윤불체   시야

형상 코가 대들보처럼 튼튼하고 높게 있으나 뼈가 드러나지 않고 준두가 둥글어 재물을 거두어들일 수 있도록 생겼으며 산근이 넓고 힘 있게 뻗었으며 색깔이 밝고 윤기가 있어 막히지 않았다.

休咎… 此鼻爲人正直, 見强不怕, 愚弱不欺, 必得賢美之妻,
휴구   차비위인정직   견강불파   우약불기   필득현미지처

六親有力, 乃富貴雙全, 少年得志, 中年大發之相.
육친유력   내부귀쌍전   소년득지   중년대발지상

길흉

이러한 코는 사람됨이 바르고 곧아 두려움이 없고 강하게 보인다.

어리석고 약하다고 속이지 않고 어질다.

반드시 아름다운 처를 얻고 육친의 덕이 있다.

이에 부귀를 함께 누릴 수 있고 이려시 뜻을 세워 중년에 크게 발달하는 상이다.

天膽鼻敢做敢爲 천담비감주감위
천담비를 가진 사람은 과감하게 만들어서 용감하게 단호히 결행하는 사람이다

型狀 … 山根見斷, 年壽極爲高聳, 練臺廷衛微微內收, 鼻大有氣,
형상   산근견단   년수극위고용   란대정위미미내수   비대유기

是也.
시야

형상 산근이 끊어지게 보이며 년상과 수상이 지극히 높게 솟아 있으며 난대정위가 보잘것없이 안으로 오목하게 생겼으며 코가 커서 기운이 있게 보인다.

休咎 … 此鼻主擔大過天, 勇謀兩全, 事業多處於凶險而得成功,
휴구   차비주담대과천   용모양전   사업다처어흉험이득성공

少年創基, 六親難靠, 白手興家, 妻子有剋, 宜於武職.
소년창기 육친난고 백수흥가 처자유극 의어무직

길흉

이러한 코는 겁이 없이 하늘을 찌르는 용기와 지모를 겸비하였다.

사업을 하면 흉험이 많은 어떤 곳에서도 성공을 얻는다.

어려서 기반을 이루나 육친을 의지하기는 어렵다.

아무것도 없이 가업을 일으키고 처자를 극하니 마땅히 무관의 직업을 가져야 한다.

守本鼻主妻賢 수본비주처현
수본비는 주로 현처를 얻는다

型狀 … 鼻長略略有勢, 山根不斷, 廷衛分明, 不露孔, 型美可觀, 色
형상　　비장약약유세　산근부단　정위분명　불로공　형미가관　색

潤白, 是也.
윤백　시야

형상 코가 길고 적당하게 힘 있게 생겼다.

산근이 끊어지지 않고 난대정위가 분명하고 콧구멍이 드러나지 않았으며 모양

이 아름답게 보이는 형으로 색깔이 윤택하고 깨끗하다.

休咎 … 此鼻主性溫柔, 富而守財, 貴而淸正, 妻早有賢,
휴구　　차비주성온유　부이수재　귀이청정　처조유현

　　　生平不出大凶, 逢凶化吉, 多得貴人提撥, 中富中貴之相也.
　　　생평불출대흉　봉흉화길　다득귀인제발　중부중귀지상야

길흉

이러한 코는 성품이 온화하고 부드러우며 부자라면 재물을 지킬 수 있고 귀인이라면 깨끗하고 바르며 새벽 일찍 일어나는 부지런한 현처를 얻는다.

사사로움이 없는 삶을 살아가므로 큰 흉은 나타나지 않으며 흉을 만나도 길로 변하여 귀인을 도와 다스리게 되는 중부 중귀의 상이다.

無能鼻破敗多淫 무능비파패다음
무능비는 재물이 깨어지고 패하며 매우 음란하다

型狀 … 山根無氣勢, 準尖露孔, 型短色滯是也.
형상   산근무기세   준첨로공   형단색체시야

형상 산근에 기세가 없다.

준두가 뾰족하고 콧구멍이 보인다.

모양이 짧고 색깔이 막혀 있다.

休咎 … 此鼻主擔小無能, 財不能守庫, 事業多成多敗,
휴구   차비주담소무능   재불능수고   사업다성다패

主招不美之妻, 妻子亦剋, 少年運滯, 中年易帶內疾,
주초불미지처   처자역극   소년운체   중년이대내질

如眼有神者中年有發.
여안유신자중년유발

길흉

이러한 코는 담이 작고 능력이 없으며 재물이 창고에 있어도 지키지 못한다.

사업을 하여도 패함이 많으며 아름답지 못한 여인을 불러들이고 처자를 또 극하게 된다.

어려서는 운이 막히고 중년에는 쉽게 질병이 생기게 되나 눈의 빛이 좋으면 중년에 발달하게 된다.

鷹嘴鼻極爲險惡 응취비극위험악
응취비(매부리코)는 지극히 흉험하고 악하다

型狀 … 如同鷹嘴之狀, 年壽凸起, 準頭尖而下鉤, 廷衛內收, 必配
형상　　여동응취지상　년수철기　준두첨이하구　정위내수　필배

三角眼.
삼각안

형상 매의 부리와 같이 생긴 형상은 년상과 수상이 돌출되어 있고 준두가 뾰족하고 코 끝 아래가 갈고리처럼 생겼다.

난대정위가 안으로 들어가 있으며 반드시 삼각안과 짝한다(즉, 매부리코의 흉작용이 삼각안을 가졌을 때 현저하게 나타난다는 것이다).

休咎 … 此鼻之人心性極惡, 陰毒自私, 六親刑剋, 中年大破敗,
휴구　　차비지인심성극악　음독자사　육친형극　중년대파패

末無結果之相, 雖有富貴不久也.
말무결과지상　수유부귀불구야

길흉

이러한 코를 가진 사람의 심성은 아주 좋지 못하다.

자기의 욕심을 채우기 위해서 보이지 않는 지독함이 있다.

육친의 형극이 있고 중년에 크게 패하며 무슨 일을 하여도 끝에는 결과를 보지 못하는 상으로 비록 부귀하다 하더라도 오래 가지 못한다.

孤峰鼻多成多敗 고봉비다성다패
고봉비는 많이 이루고 많이 없앤다

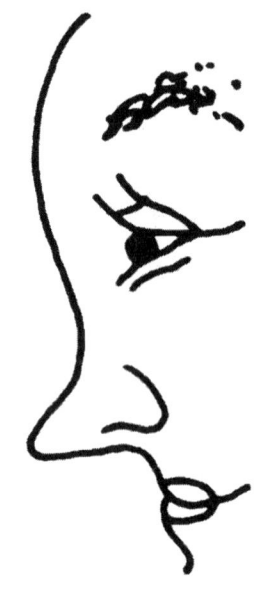

型狀 (형상) … 年壽略低, 準頭極爲尖高, 廷衛微微內收, 不露孔是也.
년수약저 준두극위첨고 정위미미내수 불로공시야

형상 년상과 수상이 약간 낮고 준두가 지극히 뽀족하고 높다.

난대정위가 안으로 오그라들어 아주 보잘 것 없으며 콧구멍은 드러나지 않았다.

休咎 (휴구) … 此鼻主六親無靠, 須要獨立成家, 妻子但遲, 亦剋,
차비주육친무고 수요독립성가 처자단지 역극

中年大敗, 心性好淫, 少年離鄕奔走, 多學少成之相也.
중년대패 심성호음 소년이향분주 다학소성지상야

길흉

이러한 코를 가진 사람은 기댈 육친이 없으며 모름지기 홀로 가업을 이루게 되니 처자를 늦게 두게 되고 역시 처자 덕이 없다.

중년에 크게 패하며 심성이 음란함을 좋아한다.

어려서 부모 곁을 떠나 분주하게 살아가며 많이 배워도 작게 이루는 상이다.

三彎鼻六親無靠 삼만비육친무고
삼만비는 의지할 육친이 없다

型狀 … 山根低陷, 年壽露骨, 準頭又尖, 左右漫曲是也.
형상　　산근저함　년수로골　준두우첨　좌우만곡시야

형상 산근이 낮게 꺼져 있으며 년상과 수상의 뼈가 드러나 있다.

준두 위가 뾰족하게 튀어 나왔으며 좌우(앞에서 보았을 때 양 옆)가 활 등처럼 굽어 있다.

休咎 … 此鼻少年多難多剋, 中年多敗多險, 半世無妻, 縱有亦剋,
휴구　　차비소년다난다극　중년다패다험　반세무처　종유역극

一生辛苦勞碌, 恐帶暗疾, 亦主無子送終,
일생신고노록　공대암질　역주무자송종

書云, 鼻梁露骨是反吟, 曲轉些兒是伏吟, 反吟相見是絶滅,
서운　비량노골시반음　곡전사아시복음　반음상견시절멸

伏吟相見, 淚淋淋, 是也.
복음상견　누림림　시야

길흉

이러한 코를 가진 사람은 어려서부터 고난을 겪고 부딪힘이 많으며 중년에는 패함과 흥함이 끊이지 않으며 반평생 동안 처도 없이 지내야 하고 어려움이 계속 이어져 일생 자갈땅을 일구는 매운 고생을 해야 되며 질병이 따를까 염려되고 자식 없이 마지막을 보내게 된다.

서에 가로되, 콧대가 노골이면 반음의 작용을 하고 굽어서 구르면 작은 아이 때부터 복음 작용을 하는데 반음은 끊기고 없어지는 상으로 보며 복음은 눈물을 마를 새 없이 뿌리고 뿌리는 상으로 보는 것이다.

怪性鼻半世孤獨 괴성비반세고독
괴성비는 반평생을 고독하게 보내게 된다

型狀 … 山根豊滿, 年壽突出, 準頭內收, 廷衛略弱, 骨多肉小是也.
형상　　산근풍만　년수돌출　준두내수　정위약약　골다육소시야

형상 산근이 풍만하고 년상과 수상이 돌출되었다.

준두가 깎인 것처럼 안으로 오그라들어 있고 난대정위가 짧고 약하다.

뼈가 두껍고 살비듬이 엷게 생겼다.

休咎 … 此鼻多爲破相, 幼歲時家境優美, 少年創基, 中年仍爲孤宿,
휴구　　차비다위파상　유세시가경우미　소년창기　중년잉위고숙

　　　　晩景微見好轉, 宜就技術業類, 此人性情, 特別古怪,
　　　　만경미견호전　의취기술업류　차인성정　특별고괴

　　　　亦爲好淫之相也.
　　　　역위호음지상야

길흉

이러한 코는 많이 깨어지게 되는 상으로서 어렸을 때는 가정환경이 매우 좋았고 어려서 기반이 비롯되었으며 중년에 이르러 고독하게 잠자게 되고 노후에 조금은 호전될 것이다.

마땅히 기술업을 배우고 익혀야 하며 이러한 사람의 성정은 특별히 괴상하고 기이한 면이 있으니 역시 음란함을 좋아하는 모양이다.

胡羊鼻富貴雙全 호양비부귀쌍전
호양비는 부귀를 함께 누린다

型狀 … 年壽骨豊不露, 鼻大而正, 準頭圓滿尖微下, 練臺廷衛分明,
형상   년수골풍불로   비대이정   준두원만첨미하   난대정위분명

法令淸而正, 山根微低有氣是也.
법령청이정   산근미저유기시야

형상 년상과 수상의 뼈와 살비듬이 풍만하여 드러나지 않았고 코가 크고 반듯하다.

준두가 원만하고 아래쪽이 은은하게 보기 좋게 뾰족하며 난대정위가 분명하다.

법령이 깨끗하고 바르고 산근은 조금 낮은 듯하나 기가 들어 있게 생겼다.

休咎 … 此鼻得眞者大富大貴, 爲人精强能幹, 白手大發, 妻榮子貴,
휴구   차비득진자대부대귀   위인정강능간   백수대발   처영자귀

萬般達成, 應是先軍後政之相, 少年創基, 中年大發,
만반달성   응시선군후정지상   소년창기   중년대발

老歲更旺於財也.
노세경왕어재야

길흉

이러한 코를 가지면 참된 사람으로서 대부대귀를 누릴 수 있으며 위인이 날래고 강하여 일을 감당하는 재주와 능력이 뛰어난 사람으로서 아무것도 없는 상태에서도 크게 발달한다.

처를 얻으면서 영화를 누리게 되고 귀한 자식을 두게 되며 많은 일을 이루어낼 수 있으니 먼저 군으로 들어가 나중에는 나라를 다스리는 정치가의 상으로 어렸을 때부터 큰 일을 할 수 있는 터전을 마련하며 중년에 크게 발달하여 노년에는 또한 왕성한 재물을 누릴 수 있게 된다.

獅子鼻大貴不得善終 사자비대귀부득선종
사자비는 큰 귀는 누릴 수 있으나 마침이 좋지 못하다

型狀 … 山根細小低凹, 型短或長而下大, 年壽弓凸, 或略平練臺廷
형상　　산근세소저요　형단혹장이하대　년수궁철　혹약평난대정

衛特大而不露孔是也.
위특대이불로공시야

형상 산근이 가늘고 아주 낮아 凹 모양으로 꺼져 있으며 형이 짧거나 혹 길면 아래가 크다.

년상과 수상이 활 모양으로 凸자처럼 돌출되거나 혹 약간 평평하기도 하며 난대정위가 특별히 크고 콧구멍이 노출되지 않았다.

休咎 … 此鼻有兩種, (甲) 壽年弓凸型短子, 爲石獅鼻, 主武貴一品,
휴구　　차비유양종　갑　수년궁철형단자　위석사비　주무귀일품

但不善終. (乙) 年壽略平, 型長者, 爲草獅鼻, 主文貴, 若獅
단불선종　을　년수약평　형장자　위초사비　주문귀　약사

形體者貴至一品, 配他形者雖發不久也, 亦爲不善終.
형체자귀지일품　배타형자수발불구야　역위불선종

길흉

이러한 코에는 두 가지 종류가 있다.

(갑) 수상과 년상이 활 모양이나 凸자 모양으로 튀어 나오면서 짧게 생긴 사람의 코는 석사비이고 주로 무관으로 일품의 귀를 누리는데 단, 마침이 좋지 못하다.

(을) 년상과 수상이 약간 평평하면서 형이 긴 사람은 초사비로서 주로 문관으로 귀를 누리게 되는데 만약에 체형이 사자형이면 귀가 일품에 이르고 타형과 어우러진 사람은 비록 발달하지만 오래 가지 못하고 역시 마침이 좋지 못하다.

開風鼻暴發一時 개풍비폭발일시
개풍비는 한순간에 폭발한다

型狀 … 山根年壽均爲高凸, 孔大無收, 內出豪毛, 書云 …『禾餘, 長槍』準頭肉少, 鼻大毛長是也.

형상 산근과 년상, 수상이 고르게 凸자 모양으로 높게 두드러졌으며 콧구멍이 커서 거두어들이는 것이 없고 털이 나와 보인다.

서에 운하되, (곡식이 남으면, 십팔기-긴 창으로 하는 무술) 준두의 살비듬이 적고 코가 커서 털이 길게 나와 있다.

休咎 … 此鼻心性好勝, 祖産豊足全破, 少年得志, 中年見發不久, 末運大敗, 多成多敗, 更不守財, 擔大過人, 六親有剋, 時常過着窮生活也.

길흉

이러한 코를 가진 사람의 심성은 이기는 것을 좋아하고 조상이 남겨 놓은 재물이 많다 하더라도 모두 깨뜨린다.

어려서 뜻을 세우고 중년에 발달하지만 오래 가지 못하며 말년에는 크게 패하여 많은 것을 얻는다 하더라도 모두 패하게 되는데, 다시 말하면 조상이 남겨준 재산이 있다 하더라도 지키지 못하며 겁이 없고 용감함이 지나치는 사람으로서 육친을 극하게 되고 항시 지나쳐 빈궁한 생활을 하게 된다.

場弱鼻一生奇窮 장약비일생기궁
장약비는 일생 불운하며 궁핍하다

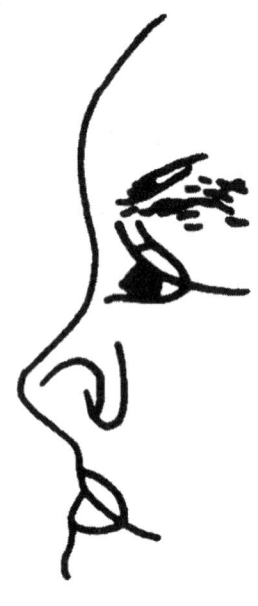

型狀 … 山根年壽低弱無氣, 準頭無肉, 完全露孔無毛, 刑短色滯是
형상　　산근년수저약무기　준두무육　완전로공무모　형단색체시
也.
야

형상 산근과 년상, 수상이 낮고 약하여 기가 없다.

준두에는 살비듬이 없고 콧구멍은 완전히 노출되고 털이 없다.

형상이 짧고 색깔이 막혀 있는 상이다.

休咎 … 此鼻主心性狡猾, 一生奇窮, 萬事無成, 奔波勞碌,
휴구　　차비주심성교활　일생기궁　만사무성　분파노록

必帶內疾, 六親無靠, 若眼好者, 中年有發不久,
필대내질　육친무고　약안호자　중년유발불구

此人必無帶壽也.
차인필무대수야

길흉

이러한 코를 가진 사람은 심성이 교활하고 일생 운이 없어 빈궁하고 만사 이루어지는 것이 없으며 자갈땅을 일구는 분주한 노고 끝에 질병이 생기게 된다.

의지할 수 있는 육친이 없으며 만약에 좋은 눈을 가진 자라면 중년에 발달하나 오래 가지 못하며 수명도 길지 못하다.

鹿鼻富貴心善 녹비부귀심선
녹비는 부귀하고 심성도 착하다

型狀 … 山根壽年略平, 準頭豊滿圓明, 準雖高而不尖, 色潤不露孔.
형상　　산근수년약평　준두풍만원명　준수고이불첨　색윤불로공

형상 산근과 년상, 수상은 약간 평평하고 준두는 풍만하게 둥글고 밝다.

준두가 비록 높으나 뾰족하지 않으며 색깔이 윤택하고 콧구멍이 드러나지 않았다.

休咎 … 此鼻主人心性仁慈, 好義, 更是多情, 必得美妻內助,
휴구　　차비주인심성인자　호의　경시다정　필득미처내조

亦生貴子, 富而守財, 貴而淸正, 中年大發, 老來大旺於財,
역생귀자　부이수재　귀이청정　중년대발　노래대왕어재

逢凶化吉, 高壽之相也.
봉흉화길　고수지상야

길흉

이러한 코를 가진 사람은 주로 심성이 인자하고 의롭고 이어서 정이 많다고 할 수 있으며 반드시 아름다운 처의 내조를 받고 역시 귀한 자식을 낳으며 부자는 재물을 지킬 수 있고 귀하면 깨끗하고 바르므로 중년에 크게 발달하여 노년에는 재물이 더욱 왕성하여지고 흉을 만나도 길로 변하여 오랫동안 잘 살 수 있는 상이다.

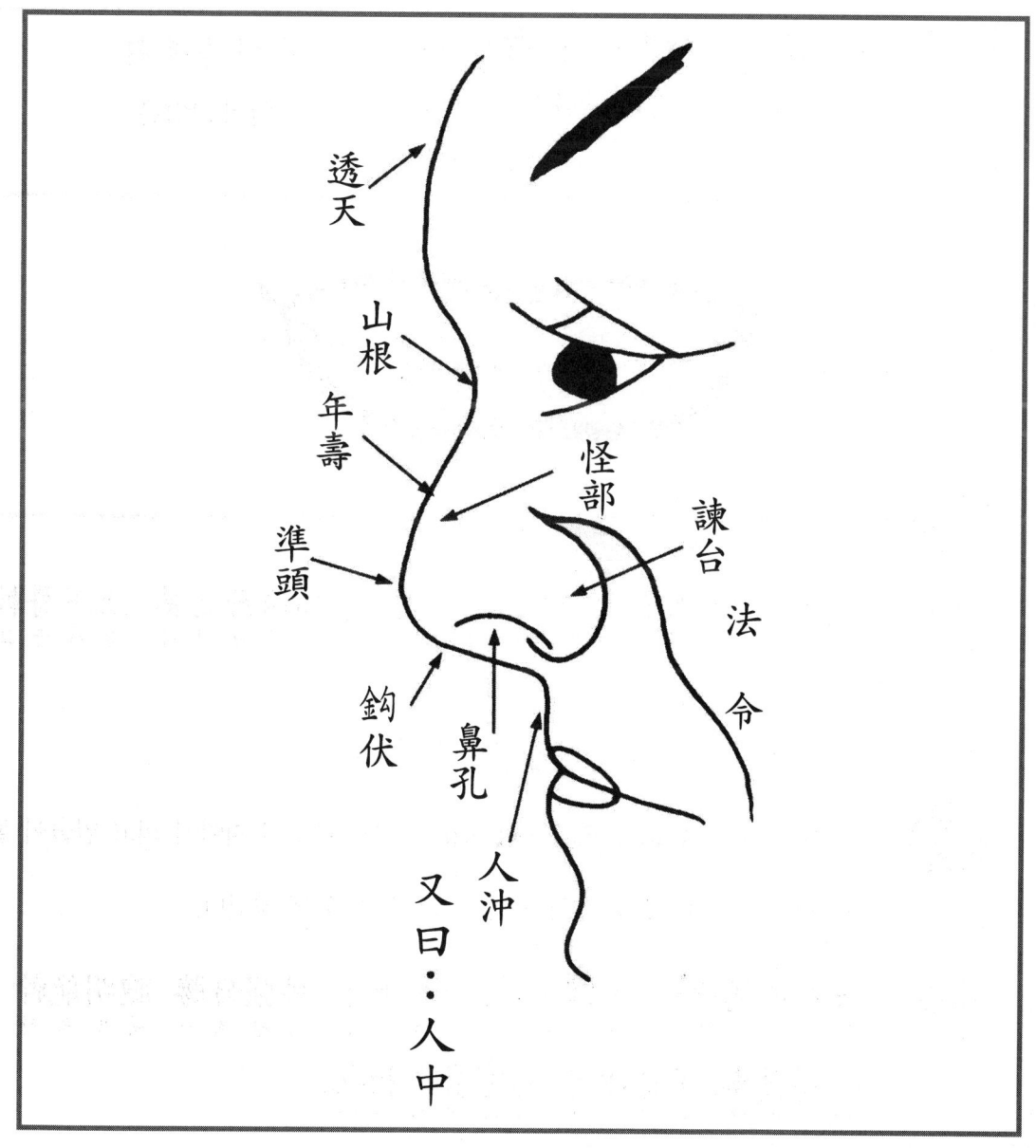

口
구

彎弓仰月口白手富貴 만궁앙월구백수부귀

해안처럼 완만하게 활 등처럼 굽어 달을 우러르는 입의 모양은
하는 일이 없어도 부귀를 누린다

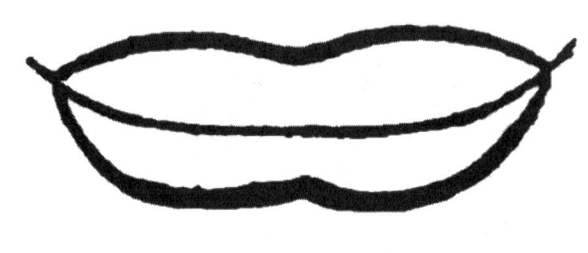

型狀 … 灣弓向上, 如仰月一般, 齒白脣紅, 如珠丹之美, 上下脣較
형상 만궁향상 여앙월일반 치백순홍 여주단지미 상하순교

薄是也.
박시야

형상 활 등처럼 위로 휘어졌으며 일반적으로 앙월과 같으며 치아가 희고 입술이 붉은 구슬과 같이 아름답고 위아래 입술이 비교적 얇게 생겼다.

休咎 … 此口能講能說, 主掌大權, 一呼百答, 性强好勝, 聰明能幹,
휴구 차구능강능설 주장대권 일호백답 성강호승 총명능간

必得美妻, 子孫亦貴, 乃富貴之相也.
필득미처 자손역귀 내부귀지상야

길흉

이러한 입을 가진 사람은 능히 배우고 익혀 능히 말할 수 있으며 대권을 장악하고 하나를 알면 백 가지 답을 하고 성품이 강강하여 이기는 것을 좋아하며 총명하여 일을 처리하는 솜씨가 뛰어나고 아름다운 처를 얻고 자손 역시 귀히 되어 부귀에 이르는 상이다.

四字口水牛牙大富貴 사자구수우아대부귀
넉 사자 입 모양에 소의 치아를 가지면 대부귀를 누리게 된다

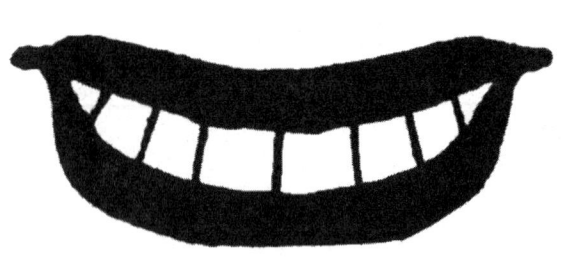

型狀(형상) … 上下脣厚而齊, 口角略爲向上, 型如四字之明, 齒白整齊是也.
상하순후이제 구각약위향상 형여사자지명 치백정제시야

형상 상하 입술이 두텁고 가지런하며 구각이 약간 위로 향하여 있으며 형상이 넉 사자처럼 생기고 선명하여 치아가 깨끗하고 가지런하게 생긴 상이다.

休咎(휴구) … 此口一生福祿, 富貴雙全, 文學出衆, 聰明精幹, 心實性和, 祖産有靠, 子女得力, 大壽之相也.
차구일생복록 부귀쌍전 문학출중 총명정간 심실성화 조산유고 자녀득력 대수지상야

길흉

이러한 입은 일생 복록이 있고 부귀를 같이 겸하며 문학에 뛰어나고 총명하여 일을 막힘없이 잘 처리하며 마음이 견실하고 성품이 온화하여 의지하고 기댈 수 있는 조상이 있고 자녀의 덕이 있고 오래 사는 상이다.

櫻桃口富貴而聰明 앵도구부귀이총명
앵두입은 부귀하고 총명하다

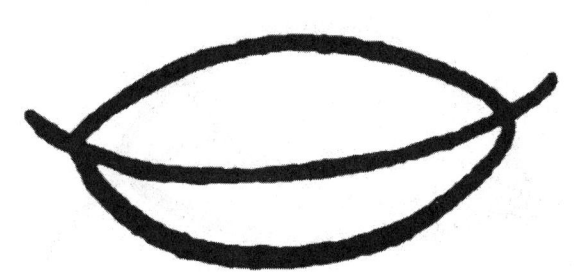

型狀 … 口小脣紅, 角弓向上, 齒似榴子, 多而密, 型小脣湄是也.
형상　　구소순홍　각궁향상　치사유자　다이밀　형소순난시야

형상 입이 작고 입술이 붉으며 입의 양쪽 끝이 활처럼 휘어져 위로 향해 있으며 치아가 석류알처럼 생겨 개수가 많아 빽빽하며 입이 작은 형이면서 입술이 뜨겁게 느껴진다.

休咎 … 此口主心性溫良, 不多說話, 多情重義, 聰明能幹,
휴구　　차구주심성온량　부다설화　다정중의　총명능간

　　　　易遇貴人贊助, 中等富貴之相.
　　　　이우귀인찬조　중등부귀지상

　　　　女人有此口者, 定配大貴之夫也.
　　　　여인유차구자　정배대귀지부야

길흉

이러한 입을 가진 사람은 심성이 온화하고 선량하며 말이 많지 않고 다정함이 더하여 의롭고 총명하여 뛰어나며 쉽게 귀인을 만나 도움을 받으니 중등 부귀지상이다.

여인이 이러한 입을 가졌으면 대귀를 누리는 배우자를 만나게 된다.

吹火口貧賤而夭折 취화구빈천이요절
불을 부는 듯한 입의 모양은 빈천하고 요절하게 된다

型狀 … 口尖如吹火之狀, 兩角向下垂, 脣薄紋皺, 齒向外傾帶露,
형상　　　구첨여취화지상　　양각향하수　　순박문추　　치향외경대로

參差不整.
참차부정

형상 입이 뾰족하게 불을 부는 형상이고 입의 양각이 아래로 처져 있으며 입술이 얇고 주름져 쪼그라들어 미웁게 치아가 바깥쪽으로 기울고 노출되며 덧니로 생겨 정돈되지 못한 상이다.

休咎 … 此口心性極奸惡, 喜說是非, 亦爲貧賤夭折, 六親無力,
휴구　　　차구심성극간악　　희설시비　　역위빈천요절　　육친무력

祖産無以, 刑妻剋子, 老孤之相, 如鼻好者亦有小發.
조산무이　　형처극자　　노고지상　　여비호자역유소발

길흉

이러한 입을 가진 사람의 심성은 간사하고 미우며 시비걸기를 좋아하고 역시 가난하고 천하게 살다가 단명하게 되고 육친이 무력하여 조상의 유산이 없고 처자의 덕이 없으며 늙어서 고독한 상으로 코가 잘생겼으면 작게는 발달하게 된다.

方口食祿千鍾 방구식록천종
방구는 식록이 천종에 이른다

型狀 … 脣厚角方潤紅, 口大有收, 齒大整齊, 色白型正不偏, 上下
형상   순후각방윤홍   구대유수   치대정제   색백형정불편   상하

脣齊是也.
순제시야

형상 입술이 두텁고 양각이 모가 나고 붉게 윤이 나며 입이 커서 거두어들일 수 있고 치아가 크고 가지런하게 정돈되어 있으며 색깔이 깨끗하고 형이 반듯하고 기울어지지 않고 상하 입술이 가지런하게 생겼다.

休咎 … 此口主心性忠實, 祖産豊足, 六親有力, 妻榮子孝,
휴구   차구주심성충실 조산풍족   육친유력   처영자효

食祿千鍾, 乃富貴榮華之相也.
식록천종   내부귀영화지상야

길흉

이러한 입을 가진 사람은 주로 심성이 충실하고 조상의 유산이 풍족하며 육친의 덕이 있고 처를 얻으면 영화를 누리고 자식으로부터 효도를 받으며 식록이 천종에 이르러 부귀영화를 누리는 상이다.

猪口性惡不善終 저구성악불선종
돼지의 입 모양은 성정이 악하고 마침이 좋지 못하다

型狀 … 上脣長而肥大, 下脣短而內縮, 齒尖帶露, 口尖不收, 兩角
형상   상순장이비대   하순단이내축 치첨대로 구첨불수 양각

垂下是也.
수하시야

형상 윗입술이 크고 길고 두터우며 아랫입술은 짧고 안쪽으로 오그라들고 치아는 뾰족하게 드러나 있으며 입도 뾰족하여 거두어들일 수 없고 양쪽 구각이 아래로 늘어져 있는 상이다.

休咎 … 此口爲人不善, 心朦性暴, 六親不靠, 妻子俱遲, 刑剋亦重,
휴구   차구위인불선 심몽성폭 육친불고 처자구지 형극역중

縱然小富, 定爲惡死也.
종연소부 정위악사야

길흉

이러한 입을 가지면 사람됨이 지혜롭지 못하고 마음이 몽롱하여 성정이 포악하고 의지할 육친이 없고 처와 자식을 늦게 갖추게 되며 형극이 역시 무거워 작은 부를 누린다 하더라도 흉한 죽음이 한계이다.

牛口富貴福壽 우구부귀복수
소의 입 모양은 부귀와 수명을 누린다

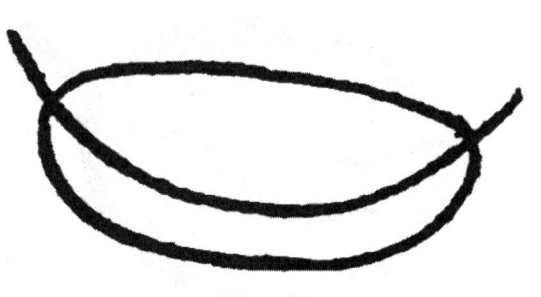

型狀(형상) … 脣豊有收, 齒齊而長, 兩角弓上, 開大合小, 色鮮而明.
순풍유수　치제이장　양각궁상　개대합소　색선이명

형상 입술이 풍만하여 거두어들일 수 있으며 치아는 가지런하고 길게 생기고 입의 양각이 활처럼 위로 향하여 있으며 열면 크고 다물면 작으며 색깔이 깨끗하고 분명하다.

休咎(휴구) … 此口爲人忠實, 心直性强, 富貴雙全, 壽年亦高,
차구위인충실　심직성강　부귀쌍전　수년역고

但剋妻難免, 子孫衆多有貴, 逢凶化吉之相也.
단극처난면　자손중다유귀　봉흉화길지상야

길흉

이러한 입을 가지면 사람됨이 충실하며 심성이 곧고 강직하여 부귀를 겸하고 수명도 길지만 단, 처의 극함은 면하기 어려우며 자손이 많고 모두 귀한 신분으로 흉을 만나도 길로 변하는 모양이다.

羊口兇貧虛度 양구흉빈허도

양의 입 모양은 성정이 흉폭하고 가난하며 하는 일 없이 헛되게 시간을 보낸다

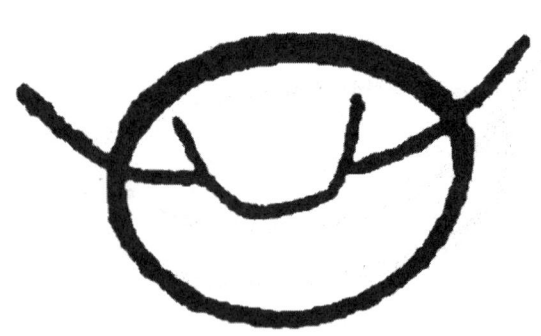

型狀 … 口小而尖, 脣薄無鬚, 兩角微向上, 齒黃而稀少是也.
형상   구소이첨 순박무수 양각미향상 치황이희소시야

형상 입이 작고 뾰족하며 입술이 얇고 수염이 없으며 입의 양쪽 각이 살짝 위로 향하여 있으며 치아는 황색으로 작으며 드물게 있다.

休咎 … 此口主招人嫌, 貧賤多凶, 祖産難靠, 六親不和, 刑妻剋子,
휴구   차구주초인혐 빈천다흉 조산난고 육친불화 형처극자

半世孤獨, 虛花夭折之相也.
반세고독 허화요절지상야

길흉

이러한 입을 가진 사람은 주로 혐오스런 사람을 불러들여 흉이 끊이지 않아 가난하고 천하며 조상의 유산이 있어도 의지할 수 없으며 육친이 화합하지 못하고 처자의 덕이 없고 반평생 고독하게 지내다가 피어보지도 못하는 꽃으로 일찍 꺾이는 상이다.

孤紋口刑剋大凶 고문구형극대흉
외로운 주름으로 생긴 입 모양은 형극대흉하다

型狀 … 口小反脣, 兩角向下, 雙脣皺紋, 氣慘色滯, 齒稀參差, 上脣
형상   구소반순 양각향하 쌍순추문 기참색체 치희참차 상순

包下是也.
포하시야

형상 입이 작고 입술이 뒤집어지며 입의 양각이 아래로 향해 있고 위아래 입술에 쭈글쭈글한 주름과 색깔이 막혀 기운이 쇠잔하게 보이며 가지런하지 못한 치아가 드물게 있고 윗입술이 아랫입술을 덮고 있다.

休咎 … 此口主不得人和, 妻子俱遲, 常遇凶險之事, 少年辛苦,
휴구   차구주불득인화 처자구지 상우흉험지사 소년신고

中年微發卽敗, 老來招凶, 孤苦之相也, 宜技術業類.
중년미발즉패 노래초흉 고고지상야 의기술업류

길흉

이러한 입을 가진 사람은 화합을 이루지 못하며 처와 자식을 늦게 두며 항상 흉험한 일을 만나게 되며 어렸을 때 고생이 심하고 중년에는 작게 발달하는 즉 패하며 늙어서도 흉을 불러들여 고독하게 고생하는 상이다. 기술을 익힘이 마땅하다.

傾心口破敗夭折 경심구파패요절

기울어진 입 모양은 재물을 깨뜨려 패하고 단명하게 된다

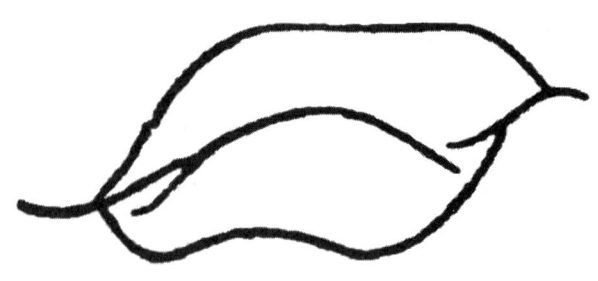

型狀 … 口包傾斜, 大而無收, 上下不齊, 或皺紋或無紋, 齒少尖稀
형상　　　구포경사　대이무수　상하부제　혹추문혹무문　치소첨희

是也.
시야

형상 한쪽으로 삐뚤어진 입으로서 크더라도 거두어들일 것이 없으며 상하의 입술이 가지런하지 못하고 혹 쪼글쪼글한 미운 주름이나 혹 주름이 없거나 치아가 작고 뽀족하며 드물게 있는 상이다.

休咎 … 此口之人心惡多毒, 中年大破, 時常服藥, 内疾不斷,
휴구　　　차구지인심악다독　중년대파　시상복약　내질부단

六親難靠, 妻不賢子不孝, 雖見微發, 亦是夭折之相也.
육친난고　처불현자불효　수견미발　역시요절지상야

길흉

이러한 입을 가진 사람의 마음은 악하고 매우 독하며 중년에 재물을 크게 파한다. 늘 때마다 약을 먹으며 질병이 끊이지 않고 육친을 의지하기 어렵고 아내가 어질지 못하고 자식이 불효하며 비록 작게 발달한다 하더라도 역시 일찍 꺾이는 모양이다.

齒牙 치아

金石牙 금석아	榴子牙 류자아
(그림)	(그림)
富貴福祿 부귀복록 금석아는 부귀복록을 누리게 된다	顯達聰明 현달총명 유자아는 뛰어나게 총명하다
魚牙 어아	短質牙 단질아
(그림)	(그림)
刑剋而勞碌 형극이노록 어아는 형극과 노록이 심하다	性猾夭貧 성활요빈 단질아는 성품이 교활하고 수명이 짧으며 가난하다

虎牙 호아	外波牙 외파아
貴而刑剋六親 귀이형극육친	貧賤而大凶 빈천이대흉
호아는 귀하나 육친을 형하고 극한다	외파아는 가난하고 천하며 크게 흉하다

漏氣牙 누기아	露根牙 로근아
破敗而夭折 파패이요절	離祖短壽 이조단수
누기아는 깨어지고 패하여 일찍 꺾인다	로근아는 조상을 이별하고 수명이 짧다

天壽牙 천수아	鬼牙 귀아
勞碌而長壽 노록이장수	貧賤夭折多凶 빈천요절다흉
천수아는 노력은 힘들어도 수명이 길다	귀아는 가난하고 천하며 요절하니 매우 흉하다

宮內牙궁내아	狗牙구아
小算而食祿소산이식록	奸狡而多凶간교이다흉
궁내아는 계수가 작아도 식록이 있다	구아는 간사하고 교활하여 매우 흉하다

人沖 인충

上尖下闊 상첨하활
위가 좁고 아래가 넓은 것

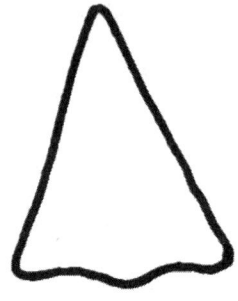

'多子壽高' 다자수고
자식이 많고 수명이 길다

● **人沖四水總通路**
　　　인충사수총통로

인충은 네 개의 물길이 모여 흐르는 통로이다

● **上尖下寬爲正圖**
　　　상첨하관위정도

위가 좁고 아래가 넓은 바른 모양을 얻었다

● **深長明顯鬚不空**
　　　심장명현수불공

깊고 길고 뚜렷하며 비어 있는 곳이 없이 수염이 잘 나야 한다

● **壽高子多富貴夫**
　　　수고자다부귀부

수명이 길고 자손이 다복하며 부귀할 것이다

上寬下尖 상관하첨
위가 넓고 아래가 좁은 것

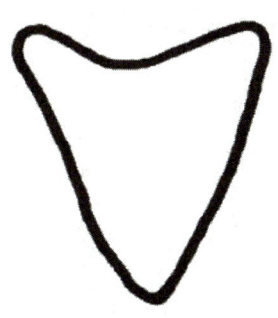

'子小而惡' 자소이악
자식이 작고 마음이 미웁다

● **型如心桃淺又短**
형여심도천우단

모양이 짧고 얕아 색정이 흐르는 마음과 같다

● **上大下小更不端**
상대하소경부단

위가 크고 아래는 작은 것으로 다시 말해 단정하지 못하다

● **此種之人心**
차종지인심조교

이러한 모습을 가진 사람의 심성은 바르지 못하고 교활하다

● **子惡壽夭有百般**
자악수요유백반

자손의 수명이 짧아 어지러이 돌게 되니 염려된다

上下同寬 상하동관
위와 아래가 똑같이 넓은 것

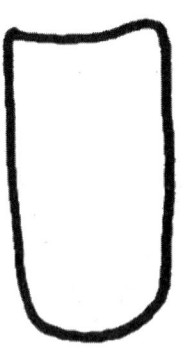

雖高壽亦剋子 수고수역극자

비록 수명은 길다고 하나 자식을 극한다

●上下同寬最不宜
상하동관최불의

위와 아래가 같이 넓은 모양은 참으로 마땅하지 못하다

●剋妻刑子心石欺
극처형자심석기

마음이 돌과 같아 속이니 처를 극하고 자식을 형한다

●雖然壽高也孤苦
수연수고야고고

비록 수명은 길어 오래 살기는 하나 고독하고 고생한다

●運轉老年第一奇
운전노년제일기

노년에 운명이 바뀌는 것은 참으로 기이하기 짝이 없다

上下尖中央大 상하첨중앙대
위와 아래가 좁고 가운데가 크다

'性猾早子剋' 성활조자극
성품이 교활하고 자식을 일찍 극한다

- **上下尖小中央開**
  상하첨소중앙개

  위아래가 뾰족하게 좁고 가운데가 열리듯 넓다

- **直紋從上沖下來**
  직문종상충하래

  직선의 주름이 찌르듯이 위에서 아래로 지어져 있다

- **早年生子多防死**
  조년생자다방사

  자식은 일찍부터 많이 두지만 죽음을 미리 예방하여야 한다

- **四水不流末運敗**
  사수불류말운패

  사수가 흐르지 못하여 말년의 운세가 실패하게 된다

上下傾斜 상하경사
위와 아래가 기울어져 있는 것

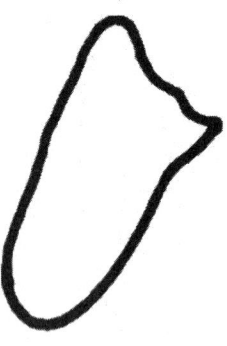

'刑尅多災' 형극다재

형하고 극하는 재앙이 많다

● **人沖又曰是人中**
  인충우왈시인중

인충은 또다른 말로 인중이라고도 한다

● **眞傳五十一人沖**
  진전오십일인충

생긴 그대로를 가운데서 이어주는 것이 51세의 인충이다

● **偏斜刑尅災害有**
  편사형극재해유

한쪽으로 비뚤어지면 형하고 극하는 재앙으로 해롭다

● **五十上下更不同**
  오십상하경부동

50까지는 위이고 아래는 새롭게 이어지므로 같지 않다

型曲橫紋冲 형곡횡문충
인충에 가로 주름이 있고 굽게 생긴 것

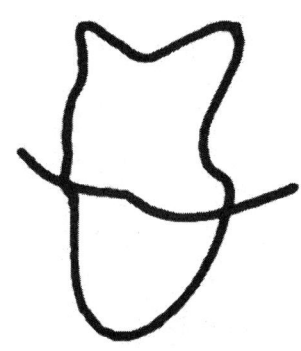

'勞碌主養假子' 노록주양가자
양자를 기르고 힘든 노력으로 고생이 심하다

●**人沖眞位屬溝洫**
인충진위속구혁

인충은 논에 물을 대는 붓도랑에 속하므로 자리가 참으로 중요하다

●**傾曲紋冲傷眞脈**
경곡문충상진맥

비뚤어지고 굽은 모습에 중앙을 자르는 듯한 주름은 사수가 흐르는 수로가 상한 것이다

●**心中無信多奸狡**
심중무신다간교

그 사람 마음을 믿을 수 없이 매우 간사하고 교활하다

●**如不奇窮亦孤格**
여불기궁역고격

위의 그림 모습과 같으면 갑자기 가난해지지 않으면 역시 고독한 격이다

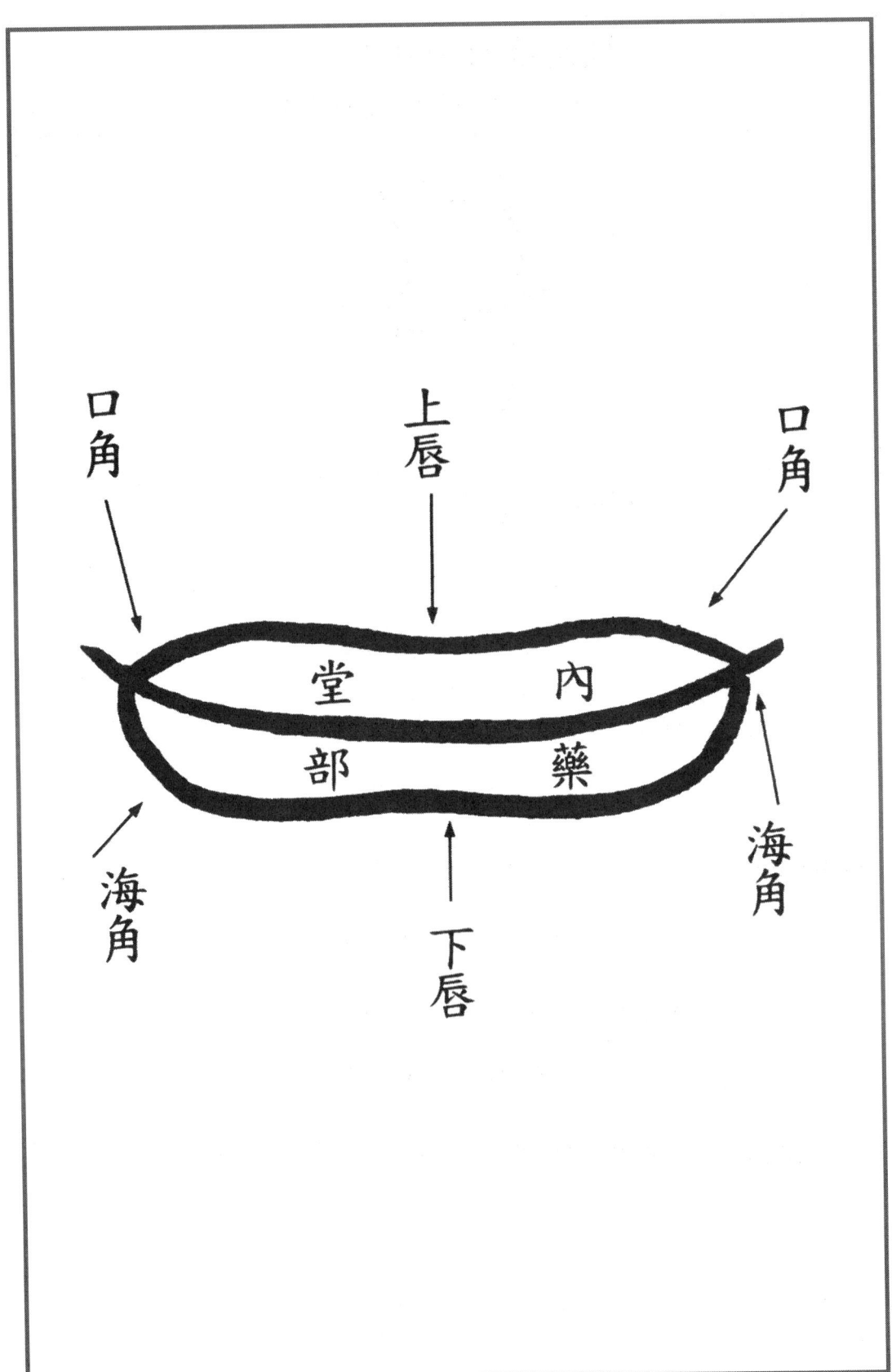

六親訣
육친결

六親者, 男, 父母, 兄弟, 姉妹, 妻房, 子女, 是也.
육친자 남 부모 형제 자매 처방 자녀 시야

육친이라는 것은 남자라면 부모와 형제, 자매, 처와 자녀를 말한다.

女則, 父母, 兄弟, 姉妹, 夫, 胎數, 是也.
여즉 부모 형제 자매 부 태수 시야

육친이라는 것은 여자라면 부모와 형제, 자매, 남편, 胎數(아이 배는 횟수)를 말한다.

陽相, 陽和, 二例, 中之陽差, 孤陰之變陽, 女陰錯, 反爲陽.
양상 양화 이예 중지양차 고음지변양 여음착 반위양

양상은 화창한 기운의 상이다.

두 가지 예가 있는데, 하나는 양 가운데 어긋난 양으로서 양이 변하여 된 외로운 음(陽差)이 된 것이다. 여자는 음착이고 반대로 양이 된 것이다.

陰相, 陰德, 二例, 中之陰錯, 元陽之變陰, 男陽差, 反爲陰.
음상 음덕 이예 중지음착 원양지변음 남양차 반위음

음상은 음덕의 기운이다.

두 가지 예 중, 음 가운데 어긋난 음으로서 음착이며 음이 변하여 으뜸가는 양이 된 것이다. 남자는 양차이고 반대로 음이 된 것이다.

陽相, 左屬父, 屬兄弟, 屬男兒. 右屬母, 屬姉妹, 屬女兒.
양상 좌속부 속형제 속남아 우속모 속자매 속여아

남자는, 좌에 속하는 것은 아버지, 형제, 아들이며 우에 속하는 것은 어머니, 자매, 딸이 된다.

陰相, 左屬母, 屬姉妹, 屬女兒. 右屬父, 屬兄弟, 屬男兒.
음상 좌속모 속자매 속여아 우속부 속형제 속남아

여자는, 좌에 속하는 것은 어머니, 자매, 딸이 되며 우에 속하는 것은 아버지, 형제, 아들이 된다. 〈남좌 여우의 기준에 임한다.〉

父母, 骨爲父, 肉爲母, 神爲父, 氣爲母, 額爲主, 日月, 輔角, 天倉,
부모 골위부 육위모 신위부 기위모 액위주 일월 보각 천창
是也.
시야

부모는, 뼈는 아버지를 닮고 살비듬은 어머니를 닮으며 신은 아버지를 닮고 기는 어머니를 닮으며 이마가 주체가 되는 것은 일월(눈), 보각, 천창이 있다.

鼻爲主, 陽顴, 兩腮, 是也.
비위주 양관 양시 시야

코가 주체가 되는 것은 양 관골과 양 시골이다.

十四歲前, 印堂平滿, 兩眉淸秀, 兩耳輪廓分明, 堅實瑩淨, 頸壯而
십사세전 인당평만 양미청수 양이윤곽분명 견실형정 경장이
直, 乃骨肉有氣, 主父健全, 如兩耳軟薄, 輪缺廓反, 耳尖色暗, 髮生
직 내골육유기 주부건전 여양이연박 윤결곽반 이첨색암 발생
入耳, 髮重壓眉, 乃神昏氣, 濁陽乘陰戾, 父母有損.
입이 발중압미 내신혼기 탁양승음려 부모유손

14세 전을 볼 때는 인당이 평만하여야 하고 양쪽 눈썹이 맑고 빼어나고 양쪽 귀의 윤곽이 분명하고 견실하며 깨끗하게 빛나야 하고 목은 힘 있게 곧아야 한다.

이러하면 골육에 힘이 있다고 할 수 있으며 주로 아버지가 건강하게 온전하다는 것이다.

〈14세 전은 부모의 안녕함이 무엇보다 중요하기 때문이다.〉

양쪽 귀가 물렁물렁하고 얇으며 윤곽에 결함이 있고 뒤집어지거나 귀의 모양이 뾰족하고 색깔이 어두우며 머리카락이 귀의 입구까지 나거나 머리카락이 드러지게 우거져 눈썹을 누르거나 하면 (눈썹과 발제 부분이 좁은 모양) 신이 어두운 기운으로서 탁한 양 기운이 올라와 음 기운을 업신여겨 어그러지게 되니 부모의 은덕이 덜어진다.

陽相, 左敗, 剋父, 右敗剋母, 陰相, 左敗, 剋母, 右敗, 剋父, 項斜頂
양상 좌패 극부 우패극모 음상 좌패 극모 우패 극부 항사정
尖, 不論陰陽.
첨   불론음양

양상이(남자) 좌측에 결함이 있으면 아버지를 극하고 우측에 결함이 있으면 어머니를 극하며, 음상은(여자) 좌측에 결함이 있으면 어머니를 극하고 우측에 결함이 있으면 아버지를 극한다.

* 정수리 부분이 비뚤어지거나 뾰족하면 음양에 대해서 논하지 마라.

〈즉, 정수리 부분에 결함이 있으면 남녀를 헤아릴 필요가 없다.〉

左斜剋父, 右斜剋母, 此乃神不足, 而骨孤, 骨枯, 氣有邪, 而筋軟,
좌사극부 우사극모 차내신부족   이골고 골고 기유사 이근연
肉軟也.
육 연 야

좌측이 비뚤어지면 아버지를 극하고 우측이 비뚤어지면 어머니를 극하게 되는데, 이러한 현상은 신이 부족한 것으로 뼈가 외롭거나 골수가 마르거나 하면 기운이 어긋나게 되어 힘줄이 연약하고 살비듬이 물렁물렁해지는 것이다.

十五歲後, 額高而平, 額圓貫頂, 日月有骨, 輔角有勢, 天倉飽滿, 父
십오세후 액고이평 액원관정 일월유골 보각유세 천창포만 부
母健全, 此神足, 骨成也.
모건전 차신족 골성야

15세 후에는 이마가 높고 둥글게 평평하며 기운이 정수리로 통하여야 한다.

일각과 월각에 뼈가 있어야 하고 보각에 힘이 있어야 하며 천창이 꽉 차야 부모가 건강하고 온전하다.

이러하게 생기면 신이 족한 골격을 이룬 것이다.

如額骨削後, 印堂凹陷, 日月無角, 輔勢不起, 髮際壓眉, 而眉壓眼,
여액골삭후 인당요함 일월무각 보세불기 발제압미 이미압안

天倉失陷, 神昏氣濁, 不論陰陽, 必先損父, 如額多寒毛, 髮際參差,
천창실함 신혼기탁 불론음양 필선손부 여액다한모 발제참차

尖而沖印, 肉軟色暗, 必先剋母.
첨이충인 유연색암 필선극모

이마의 골격이 깎여서 다음과 같으면,

인당이 凹자처럼 꺼졌거나 일각과 월각이 없거나 보각이 일어나지 않아 힘이 없거나 발제 부분이 눈썹을 누르거나 눈썹이 눈을 누르거나 천창이 꺼졌거나 하면 정신이 혼잡하여 기가 탁하니 좋고 나쁨에 대해서 말을 하지 마라.

〈아버지에 대해서 더 이상 할 말이 없다는 것이다.〉

반드시 아버지가 여의치 못한 것이다.

이마에 한모(쭈뼛쭈뼛 서 있는 머리카락)가 많거나 발제 부분이 참차〈V〉모양이면 뾰족한 부분이 인당을 찌르게 되고 살비듬이 매우 연약하여 물렁물렁하고 색깔이 어두우면 반드시 어머니를 극하게 된다.

如額眉有偏, 高低不均, 陽相, 左偏, 左低, 剋父, 右則剋母.
여액미유편 고저불균 양상 좌편 좌저 극부 우즉극모

눈썹과 이마가 기울어지거나 높낮이가 고르지 못한 것이 남자가 좌측으로 기울거나 좌측이 낮으면 아버지를 극하고 우측은 어머니를 극하게 되는 것이다.

二十九歲前, 十九歲入眉, 眉爲神采, 印堂爲神舍, 眼爲神光, 印滿
이십구세전 십구세입미 미위신변 인당위신사 안위신광 인만

眉淸, 眼秀, 額圓, 父母健在.
미청 안수 액원 부모건재

29세 전은 19세부터 눈썹의 기운으로 들어가는데 눈썹에서 영묘한 기운을 분별하여야 하며 인당은 정신이 모이는 집이 되고 눈은 영묘하게 빛나야 된다.

눈썹이 청수하고 인당이 풍만하며 눈이 빼어나고 이마가 둥글면 부모가 아무 탈 없이 잘 있는 것이다.

如額成坑, 印堂無靈, 印失陷, 兩眉無情, 雖日月角不失, 無疵, 兩眼
여액성갱   인당무영   인실함   양미무정   수일월각부실   무자   양안

掩蔽, 陽光, 父母有損矣.
엄폐   양광   부모유손의

이마가 구덩이처럼 패여 인당에 영기가 서리지 못하거나 인당이 꺼져서 그 기운을 잃어버리고 양 눈썹이 무정(결함)하면 비록 일, 월각이 살아 있고 흉터가 없고 양 눈이 잘 가려져 빛이 좋아도 부모의 덕이 온전하지 못하다.

三十歲後, 專重鬚眉, 額不正, 則眉吐氣, 無地閣顴不起, 則眉無托權
삼십세후   전중수미   액부정   즉미토기   무지각관불기   즉미무탁권

之用, 況無眉采, 故顴骨失陷, 額偏, 額骨不起者, 父母有傷.
지용   황무미변   고관골실함   액편   액골불기자   부모유상

30세 후에는 오로지 수염과 눈썹이 중요하다.

이마가 반듯하지 못한 즉 눈썹이 지저분하게 나 있고 지각이 없고 관골이 일어나지 않고 또 눈썹이 밀어주지 못하면 쓸 수 있는 권력이 없고, 하물며 분별할 눈썹이 없거나 관골이 꺼져서 잃어버리거나 이마가 기울어졌거나 이마가 일어나지 않은 사람은 부모의 은덕이 없게 되는 것이다.

四十五歲後, 鼻直豊起, 山根有勢, 顴起朝拱, 兩腮相照, 此骨氣有神,
사십오세후   비직풍기   산근유세   관기조공   양시상조   차골기유신

父母無傷, 如有一失, 應父母有尅.
부모무상   여유일실   응부모유극

45세후에는 코가 곧고 바르게 풍륭하게 일어나 있어야 하며 산근에 힘이 있고 관골이

일어나 조공을 받을 수 있어야 하며 양쪽 시골이 밝아 서로 빛을 보내는 이러한 골격은 기운과 신이 충분한 것이므로 부모에 상함이 없는 것이다.

어느 것 한 가지라도 결함이 있으면 그만큼 부모에게 극함이 있는 것이다.

五十四歲前, 專重鬚脣及齒, 此爲精神氣血之相應, 故無敗者, 父母
오십사세전　전중수순급치　차위정신기혈지상응　고무패자　부모
雙全, 敗齒剋父, 敗鬚剋母.
쌍전　패치극부　패수극모

54세 전에는 오로지 수염과 입술, 치아가 중요하다.

이러한 것은 정신기혈이 서로 응하여 기맥이 통하면 패하는 사람이 없으므로 부모님이 온전한 것으로 치아가 나쁘면 아버지를 극하고 수염이 나쁘면 어머니를 극하게 되는 것이다.

五十五歲以後, 以筋骨爲父, 以氣色爲母, 故筋骨壯, 父壽, 氣色正
오십오세이후　이근골위부　이기색위모　고근골장　부수　기색정
而壽母.
이수모

55세 이후에는 근육과 뼈대는 아버지가 되고 마음의 작용으로 나타나는 얼굴 빛은 어머니가 된다. 이러한 연고로 근육과 뼈대가 튼튼하면 아버지의 수명이 길고 기색이 단정하면 어머니의 수명이 긴 것으로 부모님이 오래 장수하시는 것이다.

關於父母者, 尙有食指屬父, 中指屬母, 取其圓直秀纖, 主父母無傷,
관어부모자　상유식지속부　중지속모　취기원직수섬　주부모무상
偏曲斬傷, 必有妨剋.
편곡참상　필유방극

부모에 관하여 말해 보면 오히려 식지(집게손가락)가 아버지에 속하고 중지(가운데 손가락)가 어머니에 속하므로 손가락이 원만하고 곧고 섬세하고 빼어나면 부모님이 건강하고 한쪽으로 굽었거나 베이거나 하여 상처가 있으면 반드시 극하는 장애가 생기는 것이다.

食指三十歲前, 中指, 五十五歲前也.
식지삼십세전 중지 오십오세전야

식지는 30세 전이고 중지는 55세 전이다.

以上各條, 皆以陽相, 左父, 右母, 陰相, 左母, 右父, 參於流年行運,
이상각조 개이양상 좌부 우모 음상 좌모 우부 참어유년행운
及五官各部, 詳皆參看.
급오관각부 상개참간

이상의 각각 조건이 갖추어졌으면 모든 남자는 좌가 아버지, 우는 어머니이다.

여자는 좌가 어머니이고, 우는 아버지이다.

각 부분의 오관은 흐르는 세월따라 나아가는 운을 참고하여 상세히 모두 헤아려보아라.

兄弟眉爲主, 印堂山根眉上是也, 顴爲主, 鼻上兩耳兩腮是也.
형제미위주 인당산근미상시야 관위주 비상양이양시시야

형제는 눈썹이 주체가 되어 인당과 산근·눈썹 위가 된다.

관골이 주장하는 것은 코의 윗부분과 양쪽 귀 그리고 양 시골이다.

凡關於兄弟姉妹刑剋, 不論男女陰陽相, 槪以左屬兄弟, 右屬姉妹,
범관어형제자매형극 불론남녀음양상 개이좌속형제 우속자매
因以父母左右而爲男女陰陽本義, 卽從父一定之原則耳.
인이부모좌우이위남여음양본의 즉종부일정지원즉이

무릇 형제자매의 형극에 관하여서는 남녀 음양상으로 왈가왈부하지 말고 대체적으로

좌측은 형제에 속하고 우측은 자매에 속한다.

부모가 좌우에 인하는 것은 남녀 음양에 본래의 뜻이 있는 것인즉 아버지 쪽을 따르는

것이 일정한 원칙일 뿐이다.

論兄弟姉妹, 槪以父爲主, 而不以母爲憑者, 因肉朽而骨尚存, 父骨,
논형제자매 개이부위주 이불이모위빙자 인육후이골상존 부골
母肉, 卽父精, 母血, 從性於父, 而爲姓氏正統耳, 應以父爲主也.
모육 즉부정 모혈 종성어부 이위성씨정통이 응이부위주야

형제자매를 말해 보면 대체로 아버지를 위주로 하여 어머니에게 의지할 수 있는지 없는

지 살비듬의 쇠잔함과 골격의 아직 존재함으로 인하여 아버지의 뼈대와 어머니의 살비듬, 즉 부정 모혈에서 아버지로부터 성품을 따르고 성씨와 정통성을 이어받을 뿐이니 응당 아버지가 주체가 되는 것이다.

〈눈썹과 형제에 관하여 설명이 이어지는데 현 시대에 부합되진 않으나 책에 있으니 그대로 옮겨 놓았다.〉

眉若與目齊, 兄弟本二個, 顴起眼眉秀, 印浮變三倍.
미약여목제　형제본이개　관기안미수　인부변삼배

눈썹이 만약 눈과 더불어 가지런하다면 형제 둘은 두게 되는데 관골이 일어나고 눈과 눈썹이 청수하고 인당이 좋으면 3배로 변하여 많이 두게 된다.

眉目若同等, 兄弟有一二, 印滿山根起, 顴美變三雙.
미목약동등　형제유일이　인만산근기　관미변삼쌍

만약 눈썹과 눈의 길이가 같다면 1, 2형제는 있게 되고 인당이 풍만하고 산근이 꺼지지 않고 관골이 아름다우면 변하여 세 쌍은 둘 수 있다.

眉型微見灣, 兄弟有二三, 大灣六七開, 氣散亦孤單.
미형미견만　형제유이삼　대만육칠개　기산역고단

눈썹의 형이 약간 굽어 보인다면 2, 3형제가 있고 크게 굽어 보인다면 6, 7형제를 말하며 눈썹의 기운이 산만하게 흩어져 있다면 역시 혼자서 외로울 것이다.

眉若與目齊, 兄弟一二個, 面色昏孤獨, 華色正二個.
미약여목제　형제일이개　면색혼고독　화색정이개

눈썹이 만약 눈과 함께 가지런하게 생겼다면 1, 2형제가 있고 얼굴색이 어두우면 고독하고 환하게 빛나는 색이면 적자 2형제는 있을 것이다.

眉目若平均, 兄弟二個人, 顴印山根起, 五桂親上親.
미목약평균　형제이개인　관인산근기　오계친상친

눈썹과 눈의 살비듬이 만약 고르고 평평하다면 형제 둘은 두는데 관골과 인당, 산근이 살아 있으면 친척 다섯 부류 이상의 친함이 있을 것이다〈할아버지 형제, 아버지 형제, 어머니 형제, 처의 형제, 나의 형제〉.

眉毛生過目, 兄弟有五六, 濃粗印堂鎖, 兄弟變孤獨.
미모생과목　형제유오육　농조인당쇄　형제변고독

눈썹이 눈을 지나 끊이지 아니하면 형제 5, 6명은 두는데 눈썹이 아주 진하여 살비듬이 보이지 않거나 털이 뻣뻣하여 거칠거나 구불거리는 눈썹이 인당까지 났으면 형제궁이 변하여 고독하게 되어 버린다.

眉毛生過目, 兄弟本五六, 顴印一處敗, 折半情　偈.
미모생과목　형제본오육　관인일처패　절반정국촉

눈썹이 눈을 지나 끊이지 아니하면 본래 형제 5, 6명은 두게 되는데 관골이나 인당 어느 것 하나라도 모자라면 다그치고 재촉하여 진상의 반은 어려서 죽게 된다.

眉毛生過目, 兄弟有五六, 顴印眉眼秀, 兄弟八個足.
미모생과목　형제유오육　관인미안수　형제팔개족

눈썹이 눈을 지나 끊이지 아니하면 5, 6형제는 두게 되는데 관골과 인당, 눈썹과 눈이 빼어나다면 8형제는 족히 두는 것이다.

眉毛生過目, 兄弟有五六, 眉散少同心, 異眉不同腹.
미모생과목　형제유오육　미산소동심　이미부동복

눈썹이 눈을 지나 끊이지 아니하면 5, 6형제는 두게 되는데 눈썹이 흩어지게 생겼으면 마음이 맞지 않고 눈썹의 높이가 다르다면 배가 다른 형제가 있게 된다.

眉毛生過目, 五六親手足, 眉散顴印敗, 兩個不相服.
미모생과목　오육친수족　미산관인패　양개불상복

눈썹이 눈을 지나 끊이지 아니하면 5, 6형제가 수족처럼 친밀하게 되나 눈썹이 흩어지고 관골과 인당이 모자라게 생겼으면 두 개가 낱개로 옷을 입듯이 따로따로이다.

眉毛相同, 兄弟一雙, 印顴有勢, 五桂飄香, 纖秀向上, 兄弟七八.
미모상동 형제일쌍 인관유세 오계표향 섬수향상 형제칠팔

눈썹 털이 양쪽 같다면 형제 한 쌍은 두는데 인당과 관골에 힘이 있으면 오대 이상의 친족들이 화애로워 그 향기가 바람을 타고 퍼지며 가는 끝 부분이 살짝 위를 향하여 빼어나면 형제 7, 8인은 두게 되는 것이다.

眉毛過目, 兄弟五六, 眉毛濃秀, 變成八九, 顴印有勢, 兄弟加倍.
미모과목 형제오육 미모농수 변성팔구 관인유세 형제가배

눈썹이 눈을 지나면 5, 6형제는 두게 되는데 눈썹 털이 진하면서도 빼어나게 잘생겼다면 8, 9형제 두기는 쉬우며 관골과 인당에 힘이 있다면 형제의 수가 배로 불어날 수도 있다.

眉如篲帚, 兄弟八九, 眉疏尾散, 難堪一半, 顴印再失, 兄弟孤單.
미여추추 형제팔구 미소미산 난감일반 관인재실 형제고단

빗자루 모양의 눈썹은 8, 9명의 형제는 두는데 눈썹이 성기게 났거나 끝이 흐트러졌으면 하나는 고사하고 절반 두기도 어려우며 거기다 관골과 인당이 같이 실함되었으면 형제 없이 고단하기 그지없다.

眉如篲帚, 兄弟八九, 印闊顴起, 兄弟十四, 面暗孤介, 忽變自己.
미여추추 형제팔구 인활관기 형제십사 면암고개 홀변자기

빗자루 모양의 눈썹은 8, 9명의 형제는 두게 되는데 인당이 넓고 관골이 일어나 보기 좋게 생겼으면 14명의 형제까지도 둘 수 있으나 얼굴이 어둡게 그늘져 있으면 홀로 되어 외롭고 자기 자신 하나도 밝게 깨우치지 못한다.

眉粗眉疏, 兄弟孤苦, 粗枝見肉, 眉結束疏, 秀而平闊, 兄弟五虎.
미조미소 형제고고 조지견육 미결속소 수이평활 형제오호

눈썹이 거칠거나 눈썹이 성기면 형제 없이 고독하고 거칠어도 털 사이로 살비듬이 보이

고 눈썹이 성기어도 띠처럼 묶여져 모양을 이루거나 넓고 평평하게 빼어나면 아직 나타나지 않은 형제가 다섯은 있다.

眉不蓋目, 兄弟孤獨, 淸秀有顴, 兄弟兩員, 眼長印起, 增加一半.
미불개목 형제고독 청수유관 형제양원 안장인기 증가일반

눈썹이 눈을 덮지 못하면 형제 없이 고독하고 눈썹이 깨끗하게 잘생기고 관골이 있으면 형제들이 모두 선량하고 눈이 길고 인당이 잘생기면 절반은 더 늘어서 많아진다.

眉秀型帶直, 兄弟本六七, 目昏耳色暗, 反爲是孤獨.
미수형대직 형제본육칠 목혼이색암 반위시고독

눈썹이 빼어난 모양으로 곧게 보이면 본래 형제 6, 7명은 두는데 눈빛이 혼탁하고 귀의 색이 어두우면 반대로 고독하게 된다.

眉毛間斷, 兄弟不全, 全者異母, 多少分層, 一層二枝, 感情各般.
미모간단 형제부전 전자이모 다소분층 일층이지 감정각반

눈썹 털 사이가 잘리어 있으면 형제가 온전하지 못하고 만일 있어도 전부 어머니가 다르며 많거나 적거나 층이 나누어져 하나의 눈썹이 두 갈래이면 감정을 따로 하니 어지럽다.

眉毛異樣, 兄弟異娘, 眉毛疏散, 感情爲難, 多少論形, 依訣可斷.
미모이양 형제이낭 미모소산 감정위난 다소논형 의결가단

눈썹의 모양이 양쪽이 다르면 형제들 어머니가 다르고 눈썹 털이 거칠고 흩어지면 감정이 복잡하다 할 수 있으니 많고 적음을 형으로 분간하고 형에 의지하여 결단함이 옳다.

眉鎖印堂, 感情疏空, 粗濃相鬪, 出嗣異宗, 疏鎖印堂, 螟蛉無傷.
미쇄인당 감정소공 조농상투 출사이종 소쇄인당 명령무상

눈썹이 꼬인 모양으로 인당을 침범하면 성정이 거칠고 어리석으며 눈썹이 뻣뻣하고 진하면 서로 싸우는 모양이고 다른 가문을 이어 나가야 하는 것으로 거칠고 꼬인 눈썹이 인당을 침범하면 양자로 가는 것이 오히려 흉허물이 없어지는 것이다.

眉頭濃密, 眉尾疏散, 兄弟多少, 只有一半, 頭散尾密, 老來團圓.
미두농밀　미미소산　형제다소　지유일반　두산미밀　노래단원

눈썹 머리가 진하고 빽빽하고 눈썹 끝 부분이 거칠고 흩어졌으면 형제가 많은 것 같아도 적으며 단지 있어도 반으로 줄며 눈썹 머리가 흩어지고 끝 부분이 빽빽한 사람은 나이가 들어서는 화목할 수 있다고 하겠다.

眉尾開叉, 兄弟異家, 開叉異眉, 血統蹺蹊, 飛斷無情, 兄弟相鬪.
미미개차　형제이가　개차이미　혈통교혜　비단무정　형제상투

눈썹 끝 부분이 떨어지고 엇갈리면 형제 중에 다른 집안의 사람이 있으며 떨어지고 엇갈린 눈썹으로서 양쪽이 다르면 빠르게 일어나 발돋음하는 혈통으로 잘 되면 끊어지는 무정함으로 형제간에 싸움이 그치지 않는다.

有顴無眉, 兄弟東西, 有眉無顴, 兄弟不來, 無眉無顴, 兄弟相害.
유관무미　형제동서　유미무관　형제불래　무미무관　형제상해

관골은 있는데 눈썹이 없으면 형제가 동, 서로 나누어져 살고 눈썹은 있고 관골이 없으면 형제의 왕래가 없으며 눈썹도 없고 관골도 없으면 형제들이 서로 서로 해를 끼친다.

有顴無印, 兄弟不親, 有眉無鼻, 兄弟外人, 眉秀嶺折, 易怒易嗔.
유관무인　형제불친　유미무비　형제외인　미수령절　이노이진

관골이 있고 인당이 없으면 형제끼리 친함이 없고 눈썹은 있는데 코가 없으면 형제가 아무 관계도 없는 사람이며 눈썹이 잘생긴 가운데 높은 부분에서 잘리면 쉽게 노하고 쉽게 성낸다.

有眉無顴, 兄弟無歡, 有顴無眉, 兄仇弟冤, 面色暗淡, 兄弟小緣.
유미무관　형제무환　유관무미　형구제원　면색암담　형제소연

눈썹이 있고 관골이 없으면 기뻐해 주는 형제가 없고 관골은 있는데 눈썹이 없으면 원수 같은 형에 원통해하는 아우이며 얼굴이 묽은 어두운 색이면 형제와 인연이 적은 것이다.

眉毛亂生, 兄弟無情, 眉不顧目, 同道異行, 眉目相照, 是兄是弟.
미모난생 형제무정 미불고목 동도이행 미목상조 시형시제

눈썹의 털이 산만하게 나 있으면 형제들의 정이 없고 눈썹이 눈을 보살피지 못하여 같은 길을 함께 가더라도 행이 다르다. 눈썹과 눈이 서로 밝게 비추며 균형을 이루었을 때 형다운 형이고 아우다운 아우이다.

關於兄弟者, 掌上第四指長者, 兄弟不親, 灣曲偏傷者, 兄弟如仇,
관어형제자 장상제사지장자 형제불친 만곡편상자 형제여구
第二指與第四指相稱者, 兄友弟恭, 第四指比第二指較短者, 貪奪祖
제이지여제사지상칭자 형우제공 제사지비제이지교단자 탐탈조
業.
업

형제에 대하여 매듭을 지어보면, 손바닥 위 네 번째 손가락이 긴 사람은 형제와의 친함이 없고 한쪽으로 굽었거나 상처가 났거나 하면 형제가 원수와 같으며 두 번째 손가락과 네 번째 손가락이 고르게 생긴 사람은 형제간에 우애가 있고 공손하지만 네 번째 손가락을 두 번째 손가락과 비교하여 짧으면 탐욕이 많아 조상의 가업을 빼앗는다.

關於面上腮骨不起, 兄弟散離, 腮骨太露兄弟相苦, 橫紋破顴, 刑傷
관어면상시골불기 형제산리 시골태로형제상고 횡문파관 형상
兄弟, 疤痕占顴, 兄弟痼疾, 以下參照五官, 雖不中, 但亦不遠矣.
형제 파흔점관 형제고질 이하참조오관 수불중 단역불원의

얼굴에 이르러서는 시골이 일어나지 않으면 형제가 흩어져 떠나고 시골이 지나치게 노출되면 형제가 서로 고통스러우며 관골에 횡문(주름)이 있으면 깨어지고 형제의 형벌과 손상이 있고 점이나 굵힌 흉터가 관골에 있으면 형제에게 고질병이 있으니 이하 오관을 참고로 대조하면 비록 이 가운데 없는 것일지라도 단연코 멀리 있는 것이 아니다.

妻宮奸門爲主, 眉目鬚鬢是也.
처궁간문위주 미목수빈시야
山根爲主, 鼻臀腹部是也.
산근위주 비둔복부시야

論妻宮, 尚有掌上紋理可據,
논처궁 상유장상문리가거

以外身上各部參照.
이외신상각부참조

처궁은 간문이 주장하는데 눈썹과 눈 수염과 빈발에 이른다.

산근이 주장하는 것은 코와 둔부와 복부에 이른다.

처궁에 대해서는 오히려 손바닥 주름의 이치가 사실의 증거로 옳으며 이 외의 몸의 각 부분도 참고하여 대조할 수 있다.

奸門魚尾爲妻宮, 眉眼爲緣份, 爲感情, 鬚鬢爲助緣, 爲榮祿, 奸門平
간문어미위처궁 미안위연분 위감정 수빈위조연 위영록 간문평

滿, 眉淸眼秀, 定配賢淑之婦.
만 미청안수 정배현숙지부

山根豊直, 腹圓, 臀豊, 必享閨房之福, 奸門濶者, 妻賢, 妾美,
산근풍직 복원 둔풍 필향규방지복 간문활자 처현 첩미

魚尾夾者, 妾潑, 妻悍, 魚尾不平纏綿病妻, 奸門凹陷, 幾度新郞.
어미협자 첩발 처한 어미불평전면병처 간문요함 기도신랑

魚尾亂紋, 剋妻疊疊.
어미난문 극처첩첩

山根紋痣, 妻災重重.
산근문지 처재중중

奸門什色, 倡優爲婦.
간문십색 창우위부

魚尾亂紋, 家醜外聞.
어미난문 가추외문

奸門夾陷. 眉尾垂, 妻妾死別, 屢更新.
간문협함 미미수 처첩사별 누경신

鷹鼻露骨, 眼尾垂, 新妻奮妾, 病纏綿.
응비로골 안미수 신처분첩 병전면

奸門夾者, 妻量小, 魚尾寬時妾量寬.
간문협자 처량소 어미관시첩량관

奸門生毛, 妻心如蝎, 魚尾黑痕, 妻心如蛇.
간문생모 처심여할 어미흑흔 처심여사

以上奸門, 魚尾位要例.
이 상 간 문 어 미 위 요 례

간문과 어미는 처궁을 이르며 눈썹과 눈이 이어서 빛나야 하는 것은 바로 감정이 되기 때문이고 수염과 빈발이 서로 도와 이어주고 있으면 고르지 않은 땅에서도 영화로워지는 것이다. 간문이 평평하게 꽉 차고 눈썹이 깨끗하고 눈이 빼어나면 정해진 배필이 어질고 정숙한 아내이다.

산근이 곧고 풍만하고 배도 둥글게 풍만하고 볼기도 두터워 풍만하면 반드시 규방의 복을 누리고 간문이 넓은 사람은 현숙한 처와 아름다운 첩을 얻을 수 있으며 어미가 좁게 끼어 있는 사람은 첩이 눈물을 흘리고 처가 사납고 거칠며 어미가 고르지 않아 실이 얽히어 있는 것처럼 어지러운 사람은 처에게 병이 있으며 간문이 凹자처럼 푹 꺼졌다면 신랑이 여러 번 되는 위태로운 조짐이다.

어미의 주름이 어지러우면 거듭 거듭 처를 극하게 된다.

산근에 주름이나 사마귀가 있으면 처의 재난이 겹겹으로 겹쳐진다.

간문에 여러 가지의 색깔이 드리워져 있으면 노래하고 춤추는 부녀자이다.

어미에 주름이 산란하면 외부로 들리는 가정 내의 소리가 아름답지 못하다.

간문이 좁고 푹 꺼지고 눈썹의 끝 부분이 축 처졌다면 처첩의 사별로 인하여 여러 번 이어서 새롭게 맞이하게 된다.

코가 응취비(메부리코)로서 뼈가 드러나거나 눈꼬리가 처지면 새로운 처에 첩이 분해하며 실이 엉키듯 병이 든다.

간문이 끼어 있는 사람은 처의 헤아림이 작으니 어미가 넓은 첩을 볼 때 관대하게 헤아릴 줄 아는 것이다.

간문에 털이 나면 처의 마음이 전갈(발이 많이 달린 곤충)과 같고 어미에 검은 흉터가 있으면 처의 마음이 사나운 뱀과 같다.

이상 간문과 어미의 중요한 부분에 대하여 순서대로 예를 들어 보았다.

眉間斷者, 夫妻相妨, 眼神短漫, 妻操夫權.
미간단자 부처상방 안신단만 처조부권

眉如鬪鷄, 妻傷妾剋, 眼如癡醉, 苦妾累妻, 眉逆生者, 夫妻反目,
미여투계 처상첩극 안여치취 고첩누처 미역생자 부처반목

鬢禿者, 感情皆疏, 眉毛垂下, 多有妾, 眼尾雙垂, 娶三妻, 眉長灣下,
빈독자 감정개소 미모수하 다유첩 안미쌍수 취삼처 미장만하

妻情好, 眉短蹻上, 妻悍潑, 眉不生者, 妻心反覆, 眉毛散者, 妻情冷
처정호 미단교상 처한발 미불생자 처심반복 미모산자 처정냉

淡, 眉稜骨露, 幾度新郞, 眉上亂紋, 憂傷妻妾.
담 미릉골로 기도신랑 미상난문 우상처첩

미간(눈썹 사이)이 끊긴 사람은 남편과 부인이 서로 방해가 되고 안신(눈빛)이 짧게 가라앉으면 처가 남편의 권한을 잡게 된다.

눈썹이 싸우는 닭과 같이 생겼다면 처를 상하게 하고 첩을 극한다.

눈이 술에 취한 듯하면 어리석어 고통을 주는 첩으로 인하여 처를 동여매게 된다.

눈썹의 털이 거꾸로 났으면 남편과 부인이 반목하게 되고 빈발이 벗겨진 자는 감정이 모두 거칠며 눈썹 털이 아래로 처져 있으면 첩을 많이 두게 되고 눈꼬리가 쌍으로 겹쳐서 처져 있으면 세 번을 장가 들게 된다.

눈썹이 길고 완만하게 아래로 향하면 처와의 정이 좋고 눈썹이 짧게 위로 치켜져 있으면 처가 거칠게 눈물을 뿌려 두렵기까지 하며 눈썹이 생겨나지 않은 사람은 처의 마음이 뒤집었다 엎었다 반복하며 눈썹의 털이 흩어진 사람은 처의 성정이 냉담(동정심이 없고 쌀쌀함)하다는 것이며 눈썹 뼈가 불거져 노출되었으면 여러 번 신랑이 되고 눈썹 위의 어지러운 주름은 처첩의 걱정 근심으로 상하게 된다.

有鼻無權剋妻難免, 有權無鼻妾代夫權, 鼻秀眼秀配美婦, 掀鼻邪眼
유비무권극처난면 유권무비첩대부권 비수안수배미부 흔비사안

少美妻, 鼻梁露骨多妨妻, 山根橫紋感情疎, 山根斷切多剋妻, 印堂
소미처 비량노골다방처 산근횡문감정소 산근단절다극처 인당

凹陷多反感.
요함다반감

코가 있고 관골이 없으면 처의 극을 면하기 어렵고 관골은 있는데 코가 없으면 첩이 남편의 권리를 대신하게 되며 코가 잘생기고 눈이 잘생기면 아름다운 부인과 짝을 하며 치켜 들린 코와 못생긴 눈은 아름다운 처를 얻지 못하며 코가 높기만 하고 살비듬이 적어 노골이 되면 처로 인하여 장애가 많다.

산근에 횡문의 주름이 있으면 감정이 친밀하지 않고 산근이 잘리거나 꺾였으면 매우 처를 극하며 인당이 凹자처럼 꺼지거나 함몰되었으면 반항심이 많기도 하다.

鬚逆生者, 夫妻反目, 鬢稀禿者, 每受妻苦, 鬢禿鬚粗, 受妻累,
수역생자　부처반목　빈희독자　매수처고　빈독수조　수처루

印失鼻腫妻蕩産.
인실비종처탕산

빈발이 거꾸로 난 사람은 부처간에 반목하고 빈발이 드물어 민머리(대머리)를 가진 자는 매사 처로 인해 고통을 받으며 민머리에 수염이 거칠면 처에게 꼼짝 못하고 인당이 꺼지거나 코에 종기의 흔적이 있으면 처가 제멋대로 아이를 낳는다.

肥人無臀少妻福, 老人無臀受孤栖, 聲焦者, 妻受累, 腹弔者,
비인무둔소처복　노인무둔수고서　성초자　처수루　복조자

妻饑寒, 掌相家風紋(卽婚姻紋是也) 散亂, 妻心反覆起風波,
처기한　장상가풍문　즉혼인문시야　산란　처심반복기풍파

家風紋入天紋內, 死別與生離, 天紋淸, 感情深, 天紋斷, 感情惡,
가풍문입천문내　사별여생이　천문청　감정심　천문단　감정악

紋斷妻緣斷, 多紋多妻斷.
문단처연단　다문다처단

살이 쪄서 비만인 사람이 볼기가 없으면 처복이 적으며 노인이 볼기가 없이 수저처럼 마르면 외로워지는 것이다.

음성이 초열하여 갈라지면 처에게 꼼짝 못하게 동여매이고 배가 매우 나온 사람은 처를 허기와 추위에 떨게 한다.

손바닥에 혼인선이 산란하면 처의 마음이 반복되어 풍파가 일어나고 천문 안에 가풍의 주름이 들어 있으며 사별은 생이별과 다르지 않으니 천문이 깨끗하면 감정이 깊고 천문이 잘렸으면 감정이 좋지 못하고 주름이 잘리면 처와의 인연도 잘리고 주름이 많으면 처와의 걸림도 많은 것이다.

以下各部參照, 一目了然矣.
이하각부참조 일목요연의

剋妻照流年部位參合各部.
극처조류년부위참합각부

이하 각 부분을 참고하여 대조하라. 한번에 보아 환히 알 수 있을 만큼 분명하게 하였다.

심한 처에 대해서 잘 알아보려면 유년의 부위를 각 해당 부위에 대조하여 거듭 살펴라.

子息以眼爲主, 山根兩眉是也.
자식이안위주 산근양미시야

以人沖爲主, 髭脣齒耳是也.
이인충위주 자순치이시야

以乳爲主, 臍腹腰臀是也, 子息關於掌相者, 動脈紋淸而深明者,
이유위주 제복요둔시야 자식관어장상자 동맥문청이심명자

多子, 紋入掌內或斷續者, 多流産或應天損.
다자 문입장내혹단속자 다류산혹응요손

자식은 눈이 주체가 되며 산근과 양 눈썹을 보는 것이 옳다.

인충이 위주가 될 때는 콧수염과 입술, 치아, 귀를 함께 보는 것이 옳다.

유방을 위주로 할 때는 배꼽, 배, 허리, 엉덩이(둔부)를 함께 보는 것이 옳다.

자식에 관련된 손바닥의 모양은 동맥 주름이 맑고 깊고 밝은 사람은 자식이 많다. 손금이 혹 끊어졌다 이어졌다 하면 유산을 많이 하고 혹 단명으로 잃어버리기도 하는 것을 감당하여야 한다.

眉淸目秀, 淚堂平滿, 山根起而人沖深明者, 多子.
미청목수 루당평만 산근기이인충심명자 다자

눈썹이 맑고 눈이 수려하며 누당이 평평하고 꽉 차며 산근이 일어나 있고 인충이 깊고 뚜렷한 사람은 자식이 많다.

男女同論, 鼻與山根起, 而印堂平滿者, 有子聰明.
남녀동론 비여산근기 이인당평만자 유자총명

人沖橫紋有兄必剋.
인충횡문유형필극

人沖豎紋須螟蛉.
인충수문수명령

人沖平短難言子息.
인충평단난언자식

人沖淺而淚堂深有子須過房, 人沖深而淚堂陷. 有子多災.
인충천이루당심유자수과방 인충심이루당함 유자다재

남녀가 같다.

코에서 산근이 일어나고 인당이 평만한 사람은 총명한 자식을 둔다.

인충에 횡문(가로 주름)이 있으면 형을 반드시 극한다.

인충에 세로 주름이 있으면 모름지기 타성에서 양자를 맞아들여야 한다.

인충이 넓고 짧으면 자식을 말하기 어렵다.

인충이 얕고 누당이 깊으면 자식이 있어도 모름지기 일가집 아이를 양자로 들여야 하고

인충이 깊고 누당이 함하면 자식이 있어도 재난이 많다.

有顴無眉缺子, 目眶太深剋兒, 眼下疤痕必剋子, 眼下斜紋亂紋剋兒,
유관무미결자 목광태심극아 안하파흔필극자 안하사문난문극아

眉毛疎禿子緣必薄, 淚堂深陷那有兒郎.
미모소독자연필박 누당심함나유아랑

관골이 있고 눈썹이 없으면 결함이 있는 자식이 있으며 눈자위가 매우 깊으면 아이를 극하고 눈 밑에 흉터가 있으면 반드시 자식으로 인하여 힘들게 되고 눈 아래 사선의 주름이 어지럽게 있으면 젖먹이를 극하여 걱정 근심이 끊이지 않는다.

눈썹 털이 성기고 민머리이면 자식과의 인연이 반드시 박하고, 누당이 깊게 꺼져 있으

면 어찌 젖먹이가 사나이로 되겠는가.

脣上褶紋老來無子, 髭分燕尾長子緩居, 雷公嘴者, 無子, 吹火嘴者,
순상습문노래무자　자분연미장자완거　뇌공취자　무자　취화취자

無兒, 人沖上夾下濶者, 多兒.
무아　인충상협하활자　다아

人沖上闊下夾多生少成.
인충상활하협다생소성

布袋嘴者, 無子.
포대취자　무자

兎脣嘴者, 缺兒.
토순취자　결아

人沖泛泛孤子成半, 溝底不平五一變亂不利.
인충범범고자성반　구저불평오일변란불리

입술 위에 주름이 있으면 늙도록 자식이 없으며 콧수염이 제비 꼬리처럼 나누어져 있으면 장자를 늦게 두게 되며 새의 부리처럼 생긴 입에서 천둥과 같은 소리를 낸다면 자식이 없으며 불 부는 입으로 새의 부리처럼 생긴 사람은 젖먹이도 없으며 인충 위가 좁고 아래가 넓은 사람은 아이가 많다.

인충 위가 넓고 아래가 좁은 사람은 자식은 여럿 낳으나 키우기 어렵다.

입술이 베로 만든 포대자루처럼 생기거나 새의 부리처럼 생긴 사람은 놀고 먹는 무리로서 자식이 없다. 토끼 입술로 새의 부리처럼 뾰족한 사람은 아이에게 결함이 있다.

인충이 넓고 넓어 뚜렷하지 못한 모양이면 떨어진 하나가 어른이 되니 자식이 외롭다.

붓도랑(인충) 밑바닥이 평평하게 고르지 못하면 51세에 질서없이 뒤얽혀 변하니 이롭지 못하다.

山根斷切, 子須晚居, 耳薄小者, 無兒.
산근단절　자수만거　이박소자　무아

聲亮有救, 耳垂珠有兒.
성량유구　이수주유아

耳小而黑無子, 露眼無眉者缺兒.
이소이흑무자　로안무미자결아

산근이 끊어지면 자식을 늦게 두며 귀가 얇고 작은 사람은 젖먹이 두기도 어렵다.

음성이 좋으면 자식이 있으며 귀에 수주가 있어도 자식이 있다.

귀가 작고 검으면 자식이 없고 눈이 튀어 나오고 눈썹이 없는 사람은 결함 있는 아이를 둔다.

臍深腹圓而臀平者, 有子多能.
제심복원이둔평자　유자다능

乳頭大而堅黑向上者, 多生健兒, 乳頭小而弱白向下者, 豈能傳嗣,
유두대이견흑향상자　다생건아　유두소이약백향하자　기능전사

乳白而陷, 難養育, 乳小而縮, 難受胎, 臍凸臍淺防産危, 腰折臀寒,
유백이함　난양육　유소이축　난수태　제철제천방산위　요절둔한

不受胎, 肩寒臀削難成孕, 宿腹蹻臀老無兒, 顔容凶惡兒女多淫多刑.
불수태　견한둔삭난성잉　숙복교둔노무아　안용흉악아여다음다형

怒目焦聲, 何嘗有子.
노목초성　하상유자

脣暗耳小流産屢屢, 脣白眼陷墜胎重重, 小指斬傷多生少活,
순암이소유산루루　순백안함추태중중　소지참상다생소활

肉多勝骨, 卵巢故障, 小指灣曲子不同居, 脈動紋(卽手頸紋是也)
육다승골　난소고장　소지만곡자부동거　맥동문 즉수경문시야

入掌流産宜防.
입장유산의방

脣薄而白, 血枯不孕, 頭大無乳豈能成胎, 脣暗曲薄子宮屈後,
순박이백　혈고불잉　두대무유기능성태　순암곡박자궁굴후

脣薄縮卵巢有病, 顔容陰鬱有女無男, 形態逼迫, 難獲男兒,
순박축난소유병　안용음울유녀무남　형태핍박　난획남아

眼露顴露聲粗, 剋子, 胸陷腹陷聲細, 無兒.
안로관로성조　극자　흉함복함성세　무아

右子息雖男女合論, 然語意因男女有別也.
우자식수남녀합론　연어의인남녀유별야

배꼽이 깊고 배가 둥글고 볼기가 고른 사람은 자식을 두는 재주가 많다.

젖꼭지가 크고 단단하고 검으면서 위로 향하여 있는 사람은 건강한 아이를 여럿 낳게 되며 젖꼭지가 작고 약하고 하얀 것이 아래로 향해 있는 사람이 어찌 성(姓)을 이을 수 있겠는가.

유두가 하얗거나 함몰된 사람은 자식을 낳아 기르기 어렵고 유두가 작고 오그라들면 임신하기도 어렵고 배꼽이 凸자 모양으로 돌출되었거나 배꼽이 얕거나 하면 산액의 위태로움을 예방하여야 하며 허리가 꺾이거나 볼기에 살이 없으면 임신을 못하며 어깨에 살비듬이 없고 볼기가 말라 깎이면 잉태하기 어렵고 잠잘 때 배만 올라오고 볼기가 노인과 같이 없으면 아이가 없으며 음욕이 지나치고 형벌이 심한 여자는 얼굴 모양이 흉악한 아이를 낳으며 성낸 눈에 갈라지는 음성이 어찌 자식을 두는 그 맛을 알겠는가.

입술이 어둡고 귀가 작으면 수레로 씨를 뿌린다 하여도 달이 차기 전에 아이가 죽어서 나오기 십상이다.

입술이 희고 눈이 함몰되면 태아가 떨어지고 또 떨어지며 작은 새끼손가락이 베인 상처가 있으면 많이 낳아도 살리기 어려우며 살비듬이 많아(비만) 뼈를 이기게 되면 난소(알집)가 막히며 작은 손가락이 굽었거나 꼬부라졌으면 자식과 함께 살기 어려우며 맥이 움직이는 주름이(즉 수경선 주름을 이른다) 손바닥 안에 있으면 유산이 염려되므로 마땅히 예방하여야 한다.

입술이 얇고 희면 혈분이 말라서 잉태가 어렵고 유두가 크고 유방이 없으면 어찌 태아를 능히 가질 수 있겠는가.

입술이 어둡고 휘어지고 얇으면 자궁이 후굴이고 입술이 얇고 쭈글쭈글하게 오그라들면 난소(알집)에 병이 있으며 얼굴에 그늘이 드리워지면 여자는 여아는 있어도 남아가 없으며 눈과 관골이 노출되고 음성이 거칠면 자식을 극하고 가슴이 함몰되거나 배와 등이 붙은 것처럼 함몰되거나 음성이 가늘면 아이를 둘 수 없다.

오른쪽에 열거한 자식에 대한 것은 비록 남녀를 합하여 말했으나 말의 의미에 따라 남녀가 다른 데 바탕을 둔다.

夫星以印堂爲主, 鼻顴額上是也, 以眼爲主, 眉鬢髮聲是也.
부성이인당위주   비관액상시야   이안위주   미빈발성시야

關於夫星尙有掌紋, 刑剋夫星須依流年部位及氣色部份參明.
관어부성상유장문   형극부성수의유년부위급기색부분참명

무릇 별 성들에서 인당이 주장하는 것은 코와 관골, 이마 위가 해당되며 눈이 주장하는 것은 눈썹, 머리카락, 음성이 되는 것이다.

관련된 이러한 별 성은 오히려 손금에 잘 나타나 있고 무릇 별 성의 형극에 해당하는 것은 모름지기 유년의 각 부위와 기색을 살펴서 밝혀라.

印灣鼻秀眉眼淸秀, 定配貴夫, 鼻直形厚額顴厚必配富婿,
인만비수미안청수   정배귀부   비직형후액권후필배부서

鼻秀夫秀, 印陷者婿無情, 鼻小顴高者夫婿多難,
비수부수   인함자서무정   비소관고자부서다난

鼻凹嶺斷定受夫欺, 有顴有鼻印堂滿夫妻同職, 年壽平而準豊者,
비요령단정수부기   유관유비인당만부처동직   년수평이준풍자

夫妻異志, 額上成溝, 被夫遺棄, 顴骨不起夫財難聚, 顴露骨者,
부처이지   액상성구   피부유기   관골불기부재난취   관로골자

夫壽不永, 鼻露骨者, 夫福難永.
부수불영   비로골자   부복난영

額凹印陷累夫失志, 鼻仰嶺折夫有囚難, 面橫鼻小者, 無理欺夫,
액요인함누부실지   비앙령절부유수난   면횡비소자   무리기부

被夫遺棄, 眉高顴高執拗誤夫, 夫受官刑.
피부유기   미고관고집요오부   부수관형

인당이 꽉 차고 코가 곧게 빼어나고 눈썹과 눈이 깨끗하게 잘생기면 귀한 남편의 배필이 되고 코가 곧은 형에 이마가 두텁고 관골이 두터우면 반드시 부자의 남편과 짝하게 되며 코가 빼어나게 잘생기면 남편도 빼어나게 잘생길 것이다.

인당이 함몰된 사람은 남편도 무정하고 코가 작고 관골이 높은 사람은 어려움이 많은 남편일 것이요, 코가 푹 꺼지고 흐름에 마디가 있거나 끊어지면 남편에게 속임을 받아야 하고 관골이 있고 코가 살아 있고 인당이 평만하면 부부가 같은 신분일 것이요, 년상과 수상이 고르고 준두가 풍만한 사람은 부처가 보통 사람과 달리 비범한 뜻이 있으니 이마의 주름이 붓도랑을 이루듯 잘생겼을 것이며 남편이 유업을 계승하지 못하고 버리게 되는 것은 관골이 일어나지 않은 것으로 재물을 취하는 데 어려움이 많이 따르게 된다.

관골이 드러난 사람은 남편의 수명이 길지 않고 코뼈가 드러난 사람은 남편 복을 오래 하기 어렵다.

이마가 凹자 모양이고 거듭하여 인당이 함몰되면 남편이 뜻을 잃어버리게 되며 코가 덜리고 코의 마디가 끊어지면 남편이 감옥에 갇히는 어려움을 겪게 되며 얼굴은 가로로 넓은데 코가 작은 이러한 사람은 남편이 이유 없이 속게 되어 유업을 버리게 되는 것이며 눈썹이 높고 관골이 높으면 집요함으로 인하여 남편을 그릇되게 하여 관청으로부터 형벌을 받게 한다.

陰鬱面者, 夫婿不揚, 眉油, 滑面者, 夫主多失志.
음울면자 부서불양 미유 활면자 부주다실지

眉重聲粗夫婿無權, 眉淸眼秀能成夫權夫福.
미중성조부서무권 미청안수능성부권부복

髮靑黑, 眉長秀, 夫必聰明, 髮焦赤, 眉稀黃, 夫婿無能.
발청흑 미장수 부필총명 발초적 미희황 부서무능

奸門陷, 眉毛少, 夫然必薄.
간문함 미모소 부연필박

奸門凸起, 眼光流射, 夫壽早折.
간문철기 안광류사 부수조절

頭短鼻小, 夫多外寵.
두단비소 부다외총

顴高聲破夫緣難言.
관고성파부연난언

眼露聲粗難誇伉儷, 眉黃脣紫夫多納妾, 山根斷而印失者,
안로성조난과항려 미황순자부다납첩 산근단이인실자

夫情反覆, 鼻凹而額高者, 夫緣已斷, 無事眼淚汪汪, 不久斷緣,
부정반복 비요이액고자 부연이단 무사안루왕왕 불구단연

形容時現慘淡, 閨中獨影, 眼胞虛瞳, 夫婿畏避, 鼻上黑氣失命有損,
형용시현참담 규중독영 안포허종 부서외피 비상흑기실명유손

髮汗惡臭, 閨情冷淡, 腋臭油面被夫輕棄.
발한악취 규정냉담 액취유면피부경기

음울한 얼굴을 한 사람은 남편을 출세시키지 못하며 눈썹에 기름끼가 있어 끈적거리든지 미끄러운 얼굴을 한 사람은 남편이 주로 여러 가지 많은 희망을 잃어버리게 된다.

눈썹이 두껍고 음성이 거칠면 남편에게 권력이 없고 눈썹이 깨끗하고 눈이 수려하면 남편이 능력을 발휘하여 권력이 있고 부유하며 남편 복이 있다.

머리카락이 검푸르고 눈썹이 길게 잘생기면 남편이 반드시 총명한 사람이고 머리카락이 타다만 것처럼 붉고 메마르게 적기가 나타나고 눈썹이 누렇게 드문드문 나 있으면 남편이 능력이 없다.

간문이 푹 꺼지거나 눈썹 털이 적거나 하면 남편과의 인연이 반드시 두텁지 않다.

간문이 凸자 모양으로 돌출되었고 눈빛이 쏘듯이 흐르면 남편의 수명이 길지 못하다.

머리가 짧고 코가 작으면 남편이 매우 외방을 사랑한다.

관골이 높고 음성이 깨어지면 남편과의 어려운 인연을 말로 다할 수 없다.

눈이 드러나고 음성이 거칠면 배우자를 자랑하기 어렵고 눈썹이 황색이고 입술이 자색이면 남편이 많은 첩을 들이며 산근이 끊어지고 인당이 실함된 사람은 남편의 정이 있었다 없었다 반복되고 코가 凹자 형으로 꺼지고 이마가 높은 사람은 남편과의 인연은 이미 끝났으며 아무 일이 없는데도 눈물이 눈에 고여 있으면 인연을 오래 하지 못하고 끝나게 되니 얼굴에 따라 시시때때로 나타나는 모양이 가슴 아프기 그지없다.

규(부녀자의 방)중에 홀로 비치는 그림자는 눈동자가 비어 있는 기운으로 허공을 감싸돌

아 남편이 두려워 피하게 된다.

코 윗부분이 검으면 해침이 있어 생명을 덜게 되고 터럭에 땀이 나고 냄새가 나쁘면 안방의 정이 써늘해지고 겨드랑이에서 냄새가 나고 얼굴에 기름기가 둘러 있어 끈적거리면 남편이 가벼이 버리게 된다.

婦相關於天星部位, 有婦相及各部總結參照, 苟熟習研究擇婦則不難, 而獲賢妻良母矣.
부상관어천성부위 유부상급각부총결참조 가숙습연구택부즉불난 이획현처량모의

별 성 부위에 관련된 부녀자의 상은 것은 각 부위의 총결편에 부녀자의 상이 있으니 참고하고 대조하여 열심히 연구하고 익숙하게 익혀서 밝게 살피면 부녀자를 가리는 데 어렵지 않을 것이므로 현처양모를 얻기 바란다.

子息, 陳希夷先生曰, 有形者, 人相之相, 無形者, 鬼神之相, 是相有形無形, 則形將何定.
자식 진희이선생왈 유형자 인상지상 무형자 귀신지상 시상유형무형 즉형장하정

達摩祖師曰, 相者意也. 心在形先, 貌居心後, 是形隨心而定也.
달마조사왈 상자의야 심재형선 모거심후 시형수심이정야

자식은, 진희 이 선생 왈, 형이 있는 것은 모양이 있는 사람의 상이요, 형이 없는 것은 귀신의 상으로서 상에는 형이 있는 것과 형이 없는 것이 있는 즉 이제 형에 대한 의문을 바로 잡으려 한다.

달마조사 왈, 상이 있는 것은 의미가 있다.

모양 먼저 마음이 있고 마음이 있은 후 모양이 일정하게 갖춰지는 것이므로 마음이 다스리는 대로 모양이 따르는 것이다.

有相. 無心相隨心滅, 有心無相相從心生, 是相隨心而變心,
유상 무심상수심멸 유심무상상종심생 시상수심이변심

有神而無形也.
유신이무형야

故五官六府取義於人事政敎無非示人謹愼, 以俾修養, 故出納官而
고오관육부취의어인사정교무비시인근신 이비수양 고출납관이

曰海, 收支計算於禍福也.
왈해 수지계산어화복야

其上曰審辨官辨其正不正, 又曰濟水, 濟其不足, 節其有餘功過之
기상왈심변관변기정부정 우왈제수 제기부족 절기유여공과지

間, 而印綬爲子息也.
간 이인수위자식야

能善惡有分果報不爽, 故陰騭必居臨察之前, 陰騭淚堂同位.
능선오유분과보불상 고음즐필거임찰지전 음즐누당동위

異名又爲子息也.
이명우위자식야

其他從優生學而定, 爲子息者.
기타종우생학이정 위자식자

皆屬有形, 唯從心神而定, 爲子息者, 皆屬無形, 有形無形互爲體用,
개속유형 유종심신이정 위자식자 개속무형 유형무형호위체용

故子息多少, 庶有定焉, 然心可修, 而形可變, 觀子息變化則思過半
고자식다소 서유정언 연심가수 이형가변 관자식변화즉사과반

矣.
의

상은 있다. 마음이 멸하면 상이 따르는 마음이 없으며 상은 일어나는 마음을 좇으니 상은 없어도 마음은 있다. 상은 마음을 따르지만 마음은 변한다. 그러므로 신은 있어도 형은 없는 것이다.

그러한 연고로 오관과 육부가 취하는 뜻은 세상에서 벌어지는 정치나 종교가 사람에게 삼감을 가르치지 않는 것이 없으니 생각하건대 더욱더 몸과 마음을 단련하여 품성이나 지덕을 닦아야 할 것이다.

그러한 연유로 출납관(입)을 바다(수성)라 말하고 화복을 거두어들이고 흩어지는 셈을

맡아서 헤아리게 되는 것이다.

그 위에 더하여 말하면 심변관(코)은 바르고 바르지 못한 것을 가리며 물을 건너려면(학문을 터득하는 과정) 부족한 것을 넘어야 하고 공로와 과오 사이에는 매듭이 남아 있으므로 인수(부모)에서 자식을 간주하게 되는 것이다.

능히 착하고 나쁜 것을 나눈 과보(선인 선과 악인 악과)가 어긋나지 않으니 이러한 연고로 음즐이 반드시 있어야 하는 것으로 감찰관을 보기 전에 먼저 살펴야 하며 음즐과 누당은 같은 위치에 함께 한다. 또한 누당은 자식궁의 다른 이름이기도 하다.

그 외에 따르는 것은 낳아서 넉넉하게 기르고 가르치고 다스려 정해지는 것이 자식이 되는 것이다. 형이 있는 것은 속하여 두루 미친다.

오직 심신을 따라서 정하여지는 것이 자식이 되는 것이다.

형이 없는 것도 속하여 두루 미친다.

형이 있든지 형이 없든지 서로 서로 체와 용이 되므로 자식의 많고 적음과 여럿을 두는 데 어찌 한계를 정할 수 있으리오. 닦아서 마음을 밝히는 것이 옳다고 하겠다.

그러므로 형은 변하는 것으로 자식을 볼 때도 변하여 화하는 것이 자식인즉 생각하여 깨닫게 하는 바가 퍽 많다고 할 수밖에 없는 것이다.

子息定形從兄弟, 加減乘除止淚堂, 接濟來源觀過脈,
자식정형종형제   가감승제지누당   접제래원관과맥

身後倚靠有榮嘗.
신후의고유영상

子息之定形語眉, 眉我之兄弟也.
자식지정형어미   미아지형제야

我之兄弟猶我父之兄, 我之望兄猶我父之望我兄弟也.
아지형제유아부지형   아지망형유아부지망아형제야

然我兄弟之多少有顴骨印堂爲之增減, 我兒之多少則有印綬淚堂爲
연아형제지다소유관골인당위지증감   아아지다소즉유인수누당위

之主宰, 蓋枝幹之隱語也.
지 주재 개 지 간 지 은 어 야

我兒之兒繫於耳目, 耳目之精華, 氣魄表於兩眉, 故稱而曰裔孫耳,
아 아 지 아 계 어 이 목 이 목 지 정 화 기 백 표 어 양 미 고 칭 이 왈 예 손 이

孫耳猶倚也, 眉爲一面之豊采, 故稱得大志而曰揚眉吐氣.
손 이 유 의 야 미 위 일 면 지 풍 변 고 칭 득 대 지 이 왈 양 미 토 기

자식은 형제라는 도리를 좇아 이루어지므로 더하고 빼고 곱하고 나누는 이치가 누당(음덕)에 모여 이어져 온 지난 일들의 근원을 잘 살펴 앞으로의 일을 잘 건널 수 있도록 어려운 처지에 빠진 사람을 도와주며 영화를 맛볼 수 있는지는 몸의 뒤(앞의 반대)에 의지하여야 한다.

자식은 눈썹에서 형이 정하여지는 말이며 눈썹은 나의 형제이기도 하다.

나의 형제는 마치 아버지의 형제이기도 하고 나는 멀리 있는 형의 모습으로서 마치 아버지가 보기에는 멀리 있는 형제와 내가 같은 것이다.

그러한즉 내 형제의 많고 적음은 관골과 인당에 있으니 더하고 빼면 되는 것이고 내 아이가 많고 적음은 인수 누당이 주재하게 되는 것이다.

이러한 모든 것을 줄기와 가지라는(나무에 비유하면 줄기, 가지, 뿌리, 잎 등 해당하는 모든 것을 총망라하여) 은어(특수한 집단 계층에서 사용되는 말)로 말하고 있다.

내 아이의 아이는 귀와 눈에 달려 있고 귀와 눈은 가장 순수하고 빛나는 곳이며 씩씩하고 굳센 기상과 진취성이 있는 기상은 양쪽 눈썹에 나타나는 것이다. 이런고로 귀가 자손이라고도 일컬어지게 되며 마치 대(代)손이 되는 먼 자손까지도 귀에 의지하고 있으니 마치 자손이 귀에 의지하고 있는 것과 같은 것이다.

얼굴을 분별해 보면 풍융하게 장식하는 것은 눈썹이 되고 큰 뜻을 얻어 명예를 드날리는 것도 눈썹으로서 억눌린 뜻을 충분히 펴서 내뿜는 것이라 말하고 있다.

眉形與目齊, 問子答一個, 結束印堂格, 一對可成家.
미형여목제　문자답일개　결속인당격　일대가성가

눈썹의 모양이 눈과 더불어 가지런한 사람이 가정을 이루지 않고 혼자 와서 자식에 대해 묻는다면 인당에 그 사람의 격이 합해져 있거든 혼인하여 가정을 이루면 하나라고 대답함이 옳을 것이다.

眉齊與目調, 入格兩無憂, 清秀聲再喨, 修身免絶代.
미제여목조　입격양무우　청수성재량　수신면절대

눈썹이 가지런하고 아울러 눈도 아름다운 사람이 시험에 뽑히고 더불어 근심이 없으며 맑고 빼어난 음성에 더하여 울림이 있으면 예전부터 힘써 자신을 잘 닦아온 사람이다.

眉形不蓋目, 問子亦孤獨, 印堂成格局, 眉青變五福.
미형불개목　문자역고독　인당성격국　미청변오복

눈썹 모양이 눈을 덮지 못한 사람이 자식에 대해서 물어온다면 역시 고독하다고 아니할 수가 없으며 인당이 표준이 되는 구획의 한 부분을 이루었다면 눈썹이 깨끗하게 변할 때 오복이 갖추어질 것이다.

眉毛與目齊, 堂印有蹊蹺, 秀清聲雅喨, 修身方無憂.
미모여목제　당인유혜교　수청성아량　수신방무우

눈썹 털이 눈과 더불어 가지런하면서 빨리 발전할 수 있는 능력을 담은 인당과 빼어나게 맑은 음성과 고운 울림이 있으면 몸을 잘 닦아 어디 있어도 근심이 없는 사람이다.

眉形多蓋目, 問子應云六, 眉散堂凹陷, 空印成寂寞.
미형다개목　문자응운육　미산당요함　공인성적막

눈썹이 많이 난 모양으로 눈을 덮은 사람이 자식을 묻는다면 여섯 명이라 이르며 눈썹이 흩어지고 인당이 凹자 모양으로 꺼졌다면 맑고 고요함으로 함몰된 인당을 채워야 된다고 해야 할 것이다.

眉形已過目, 定形子有六, 堂印眉眼秀, 聲喨十個足.
미형이과목　정형자유육　당인미안수　성량십개족

눈썹 모양이 이미 눈을 지나면 자식이 여섯 명은 있는 모양이 되며 기운이 모이는 인당과 눈썹, 눈이 빼어나고 음성이 울리면 열 명도 족히 둘 수 있다.

眉形已過目, 嶺斬堂陷落, 多生定少成, 兒緣答之薄.
미형이과목   영참당함락   다생정소성   아연답지박

눈썹 모양이 이미 눈을 지나고 눈썹의 꺾이는 고개가 베이고 인당이 푹 꺼져 쓸모없게 되면 많이 낳아서 적게 키우니 아이와 인연이 엷다고 답해야 할 것이다.

過目眉云長, 堂印又吉昌, 來脈失減半, 齊全各一鄕.
과목미운장   당인우길창   내맥실감반   제전각일향

모자라는 눈에 눈썹이 길게 벗하고 훌륭하게 좋은 기운이 가운데에 모여 뚜렷하면 내려오는 맥이 좋지 못하여 반으로 덜어져도 가지런하고 온전한 각 부위에 마주 앉아 밥을 먹을 자식이 하나씩 있는 것이다.

過目淸秀眉, 堂吉堂蹺蹊, 脣鬚若無敗, 三子應晩期.
과목청수미   당길당교혜   순수약무패   삼자응만기

모자라는 눈에 눈썹이 맑고 빼어나고 기운이 모이는 곳에 좋은 기운이 모여 아름다우면 빨리 발전하는 지름길을 알 수 있는 지혜로움이 있으니 입술과 수염이 만약 못생기지 않았다면 자식 세 명은 늦게라도 둘 수 있다.

眉毛生過目, 有彩少子六, 聲喨子孤貴, 最忌心行剝.
미모생과목   유채소자육   성량자고귀   최기심행박

눈썹 털이 눈을 지나 끊이지 않고 빛이 있으면 적어도 자식 여섯은 두며 음성만 울려도 자식은 외로우나 높은 신분으로 오르니 가장 나쁜 것은 심행(마음과 행동)이 깎이고 이지러지는 것이다.

眉毛怕疎散, 兒心最堪嘆, 多子多勞業, 老運心未安.
미모파소산   아심최감탄   다자다노업   노운심미안

눈썹 털이 두려운 것은 성기고 흩어지는 것이며 아이에 대한 마음은 가장 견디기 어려

운 것으로 자식이 많으면 많은 노력으로 일을 해야 하나 늙은 미래에는 마음이 편안해질 것이다.

眉粗要有彩, 無彩子息敗, 有彩子孫榮, 長壽子有財.
미조요유채　무채자식패　유채자손영　장수자유재

눈썹이 거칠면 빛나야 하며 빛나지 못하면 자식궁은 깨뜨려진 것이며 빛이 있어야 자손이 영화롭고 오래 장수하며 아들에게도 재물이 있는 것이다.

眉毛鎖印堂, 印綬又怕空, 嶺斬定無子, 多勞少成功.
미모쇄인당　인수우파공　영참정무자　다노소성공

눈썹 털이 쇠사슬처럼 꼬이고 인당까지 났으면 도와주는 인수가 비어 있어 두려워지고 눈썹이 이어지는 고개가 베이면 자식이 없는 것으로 정해져 있으니 많은 노력에도 이룸은 작다.

鬚眉本陰陽, 鎖眉犯孤孀, 燕尾鬚孤陰, 山根脈要雄.
수미본음양　쇄미범고상　연미수고음　산근맥요웅

수염과 눈썹은 본래 음양으로 쇠사슬처럼 꼬인 눈썹을 만나면 외로운 과부상이요, 수염이 제비 꼬리처럼 갈라져 있으면 음이 없어 외로우니 남자는 산근의 맥이 매우 중요하다.

眉毛爲掃帚, 問子多有九, 堂印眉脈吉, 添五添貴壽.
미모위소추　문자다유구　당인미맥길　첨오첨귀수

눈썹이 소추미를 가진 사람이 자식을 묻는다면 많이 아홉은 둘 수 있으니 기운이 모이는 인당과 눈썹의 이어지는 맥이 아름답다면 보태어 다섯 명은 더 둘 수 있으며 또 더하여 귀하게 장수할 것이다.

眉毛如掃帚, 子息稱八九, 眉粗尾疎散, 折半印堂守.
미모여소추　자식칭팔구　미조미소산　절반인당수

눈썹 털이 소추미와 같이 생긴 사람은 자식을 8, 9명은 일컬으며 눈썹이 거칠고 끝 부분이 드물고 흩어졌으면 절반은 감소되니 인당 관리를 잘해야 할 것이다.

眉毛婦人形, 問子多半成, 陰盛多生女, 補救看天庭.
미모부인형　문자다반성　음성다생녀　보구간천정

눈썹 털이 부녀자의 모양으로 생긴 사람이 자식을 물어온다면 많은 가운데 반은 성공하는데 음이 성하면 딸을 많이 낳으니 천정을 잘 살펴 보완하여 구하여야 한다.

婦眉男子形, 問子無半成, 女多男不孝, 多病亦凋零.
부미남자형　문자무반성　여다남불효　다병역조령

부인 눈썹이 남자 모양을 한 사람이 자식을 물으면 반도 이루지 못하며 딸보다 아들이 많아도 불효하며 병이 많아 꽃이 시들어 떨어지듯이 한다.

眉毛生過目, 六子不成局, 嶺折減一半, 嶺豊加二足.
미모생과목　육자불성국　영절감일반　영풍가이족

눈썹 털이 눈을 지나 끊이지 않는데 여섯 자식을 두지 못하는 것은 눈썹이 이어지는 고개가 끊기어 전체에서 반으로 덜어지고 그 부위가 풍륭하면 넉넉하게 둘은 더해도 된다.

眉長眼亦長, 堂印聲再喨, 七子皆賢孝, 男女同此祥.
미장안역장　당인성재량　칠자개현효　남녀동차상

눈썹이 길고 눈도 역시 길고 기운이 모인 분명한 음성과 거기에 울림이 좋으면 일곱 자식을 두더라도 모두 어질고 효성스러우니 이는 남녀가 똑같이 상서로운 것이다.

玉枕奇骨圖
옥침기골도

有骨有肉爲之奇 유골유육위지기
뼈와 살비듬의 적절한 기운은 참으로 기이하고 오묘하다

有骨無肉爲之孤 유골무육위지고
뼈가 강하고 살비듬이 없으면 외롭다

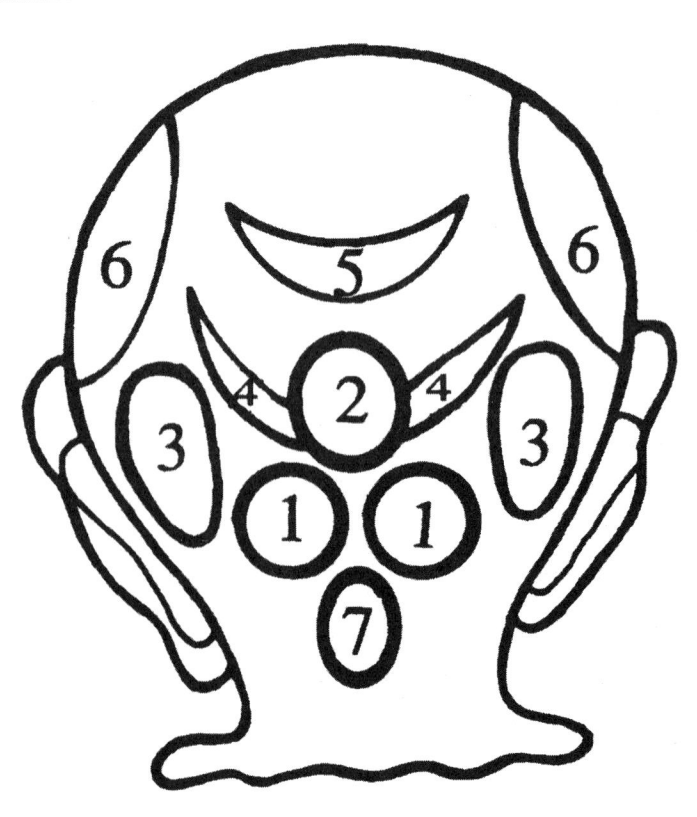

① 爲雙珠骨…主富貴壽.
위 쌍 주 골   주 부 귀 수

쌍주골이라 한다 : 부와 귀 그리고 수명을 주재한다.

② 同見爲品字骨主大貴大富.
동 견 위 품 자 골 주 대 귀 대 부

위의 그림과 같이 品자로 이루어져 보이는 골격은 대부 대귀를 주재한다.

③ 爲根靈骨, 宜雙不宜單, 雙者主壽逢凶化吉中老年發達.
위 근 령 골   의 쌍 불 의 단   쌍 자 주 수 봉 흉 화 길 중 노 년 발 달

單者雖發亦主孤苦勞碌.
단 자 수 발 역 주 고 고 노 록

근령골이라 이른다 : 마땅히 골격이 양쪽에 이루어져 있어야 하고 하나만 있는 것
은 마땅하지 못하며 양쪽으로 골격이 이루어진 사람은 수명이
길고 흉을 만나도 길로 변한다.
중, 노년에 발달한다.

* 하나만 있는 사람은 비록 발달은 하더라도 역시 외롭고 고달프다.

④ 爲偃月骨主聰明富貴.
위 언 월 골 주 총 명 부 귀

언월골이라 이른다 : 총명과 부귀를 주장한다.

⑤ 爲仰月骨, 主掌兵權易得橫財.
위 앙 월 골   주 장 병 권 이 득 횡 재

앙월골이라 이른다 : 병권을 잡고 횡재도 쉽게 얻을 수 있다.

⑥ 爲百會骨主聰明而白手興家.
위 백 회 골 주 총 명 이 백 수 흥 가

백회골이라 이른다 : 총명하여 맨손으로도 집안을 일으킨다.

⑦ 爲柱神骨主富貴此人心性多於反常.
위 주 신 골 주 부 귀 차 인 심 성 다 어 반 상

주신골이라 이른다 : 주로 부귀하고 이러한 사람의 심성은 이치에 어긋남이 많다.

面部吉凶紋圖 면부길흉문도
左右仝論 좌우동론

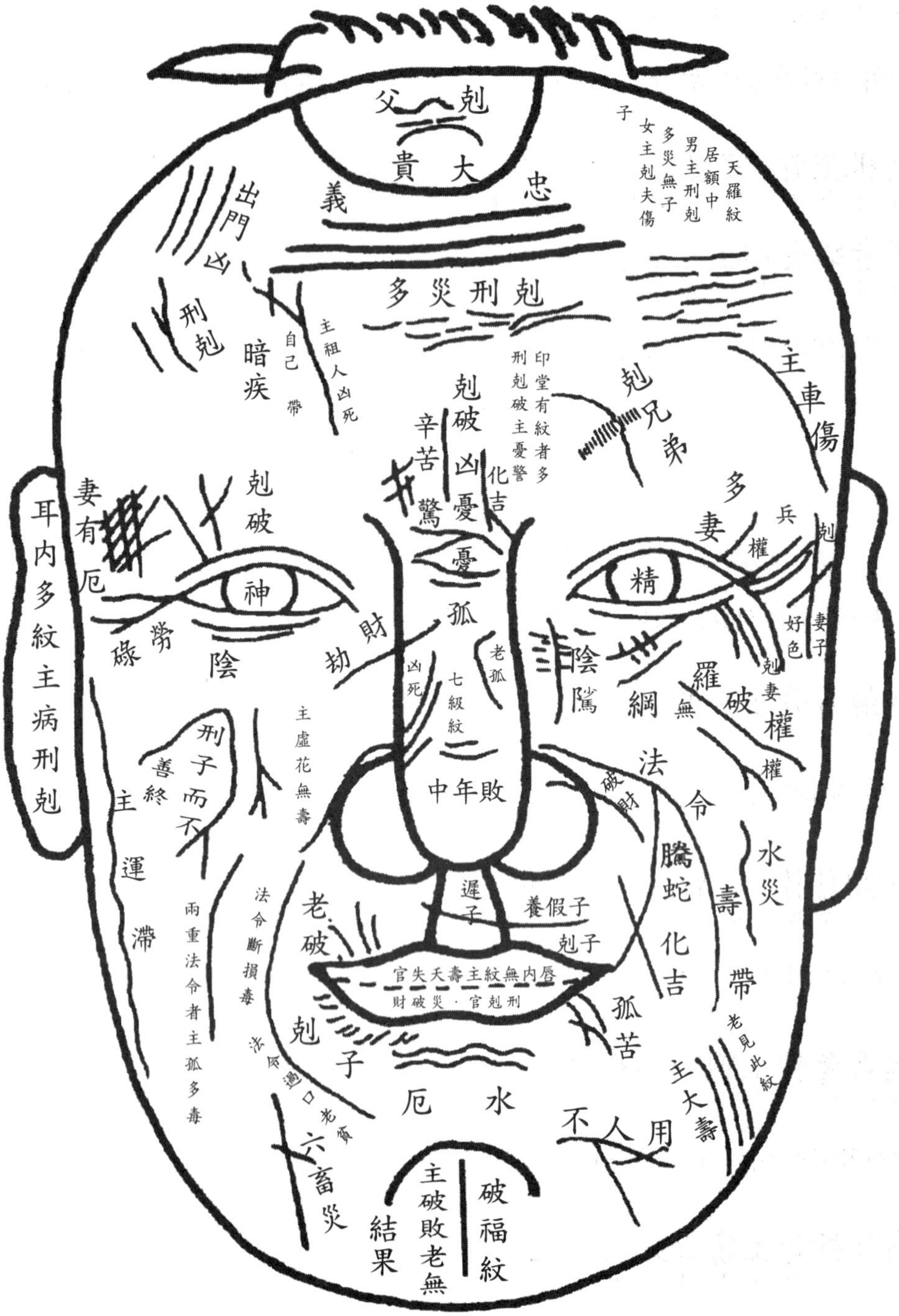

상단 중앙: 剋父 貴大 義 忠

우측 상단: 天羅紋 居額中 男主刑剋 多災無子 女主剋夫傷子

이마: 多災刑剋

좌측: 出門凶 刑剋 暗疾

主祖人凶死 自己帶

妻有厄
耳內多紋主病刑剋

좌측 눈 부위: 剋破 辛苦 驚 / 剋破凶憂 / 刑剋破主憂驚 / 印堂有紋者多

神 陰 勞碌

우측 눈 부위: 剋兄弟 / 主車傷 / 多妻 / 兵權 好色 剋妻子

精 陰隲 羅網法令 破權 水災 壽帶

코: 化吉 孤 憂 / 老孤 / 七級紋 / 凶死 / 中年敗 / 劫財

우측: 騰蛇化吉 孤苦 破財 主大壽 老見此紋 不人用

좌측 볼: 刑子而不善終 主運滯 / 主虛花無壽 / 兩重法令者主孤多毒 / 法令斷損毒

입 주변: 老破 剋子 / 遲子 養假子 剋子 / 官失天壽主紋無內唇 財破災 官剋刑

하단: 六畜災 / 厄水 / 破福敗老無 結果

氣色訣
기색결

氣色者有分二之說也, 一說由五臟和精骨中透出, 微見於外,
기색자유분이지설야 일설유오장화정골중투출 미견어외

乍見如有, 久視似無, 藏於脈內者, 謂之氣.
사견여유 구시사무 장어맥내자 위지기

一說浮於皮外, 見而明之, 形如物中塵垢, 亦似蛋內紙皮,
일설부어피외 견이명지 형여물중진구 역사단내지피

微微離肉者, 謂之色.
미미이육자 위지색

觀察分二, 論斷合一, 見氣無色, 此吉凶未過, 察其來勢和部位,
관찰분이 논단합일 견기무색 차길흉미과 찰기내세화부위

再按此五行及氣節, 推斷未來所應之事也.
재안차오행급기절 추단미래소응지사야

欲見此色顯浮於外, 見而有形者, 主此吉凶大部已過矣, 察其部位.
욕견차색현부어외 견이유형자 주차길흉대부이과의 찰기부위

觀其來勢, 即可知其吉凶禍福.
관기내세 즉가지기길흉화복

色者易見, 氣勢難察, 推斷禍福, 不可差之毫厘, 爲恐誤人大事,
색자이견 기세난찰 추단화복 불가차지호리 위공오인대사

學者宜多加留意也.
학자의다가유의야

기색이라는 것을 두 부분으로 나누어 설명해 보면,

하나는 오장에서 말미암아 음 기운과 양 기운이 골수를 통하여 투출되는 것으로 외부에

아주 작게 보이는 것과 잠깐 보이는 것 같기도 하는 것과 언제나 보여서 없는 것과 같은

것이 맥 안에 감춰져 있는 것으로 이를 기라고 이른다.

또 하나는 피부 밖으로 나타나는 것으로 밝게 보이는 것과 물상 중에 먼지와 때와 같은 모양으로 피부 껍질 속에 새알과 같은 것이 사람의 살비듬과 다르게 구별되어 아주 약하게 나타나는 것이 있는데 이를 색이라 이른다.

나눈 두 가지를 자세히 살펴서 하나로 합하여 잘라 말해 보면, 보이는 것은 기이지 색이 아니다. 이것으로 미래와 과거의 길흉과 다가올 기세가 답하는 부위를 살피고 또 더하여 헤아려 살펴서 이것이 어려움에도 꺾이지 않는 강한 의기와 신념이나 신의를 굽히거나 변하지 아니하는 성실한 태도에 끼치게 하는 오행으로 미래의 일에 응하는 바를 미루어 판단하는 것이다.

외부로 떠올라 나타나는 이러한 색을 보기 원한다면 모양이 있는 것은 보이는 것이고 주재하는 이러한 길흉은 큰 부분으로 이미 지나갔으니 그 부위를 자세히 살펴라.

다가오는 기세를 보려면, 즉 길흉화복을 알고자 한다면 색이란 것은 쉽게 보이지만 기세를 살피기 어렵고 화복을 미루어 판단한다는 것은 가는 털 1000분의 1의 차이를 몰라 사람의 큰 일이 잘못될까 두려우니 배우는 사람들은 마땅히 중히 여기고 또 더하여 마음에 새겨 두어 조심을 하며 관심을 가져야 할 것이다.

氣色者有多種之分也, 有五行之氣, 有部位之氣, 有滿面之氣.
기색자유다종지분야 유오행지기 유부위지기 유만면지기

五行之氣卽是紅黃黑靑白是也, 但其中仍有區分,
오행지기즉시홍황흑청백시야 단기중잉유구분

例如 … 紅赤紫三者均爲不同之論, 此三色相似一色, 最爲難辨,
예여 홍적자삼자균위부동지론 차삼색상사일색 최위난변

赤色爲禍, 紅色爲吉, 紫色爲福.
적색위화 홍색위길 자색위복

赤色 … 內紅色微見黑氣加朦, 內枯外滯水火不容, 多出於某部者,
적색 내홍색미견흑기가몽 내고외체수화불용 다출어모부자

謂之赤.
위지적

紅色 … 滿面氣活, 內透外鮮, 微見光彩是也.
홍색   만면기활   내투외선   미견광채시야

紫色 … 內透外潤, 紅黃射目, 鮮明神彩, 微微放光, 內外明活不滯
자색   내투외윤   홍황사목   선명신채   미미방광   내외명활부체
是也.
시야

此三色者, 赤色爲最忌之色, 紅色爲守爲平中吉色, 紫色者爲大利之
차삼색자 적색위최기지색   홍색위수위평중길색   자색자위대리지
色, 此爲陰隲之色也.
색   차위음즐지색야

기색에도 여러 가지 종류로 나누어져 있다. 오행의 기가 있으며 부위의 기가 있고 얼굴 가득 차있는 기가 있다. 오행의 기는 즉 홍, 황, 흑, 청, 백이며 다만 그중에서 구분된 것에 인하여 예를 들면 홍, 적, 자색 세 가지는 같으면서도 서로 다르게 분간하는데 이 세 가지 색은 한 가지로 비슷한 색이므로 최고로 나누기 어려운 것이다.

적색은 재난의 화가 되고 홍색은 좋은 색으로 길이 되고 자색은 복이 된다.

적색은, 이에 아주 약한 홍색과 흑기에 흐릿함이 더하여져 보이는 색으로 안에서는 마르고 밖으로 막혀 수와 화를 받아들이지 못하여 어떤 부분에서 많이 나타나게 되는 것을 적색이라 이른다.

홍색은, 얼굴 가득 활기찬 기운이며 안에서 통하는 기운이 밖으로 깨끗하고 고우며 은밀하게 보이는 광채가 있다.

자색은, 안에서 통하는 기운이 외부로 윤택하게 나타나 눈에서 쏘는 홍, 황의 빛이 깨끗하고 밝은 정신으로 빛나고 아주 약한 은밀한 빛을 발하여 안과 밖으로 밝고 활기차 막히지 않았다.

이러한 세 가지 색이 사람에게 있어서 적색이 제일 나쁘다.

홍색은 고르게 나타나는 중길의 색이니 관리를 잘 하여야 되는 색이다.

자색은 크게 이로움이 되는 색으로서 음즐을 나타내는 복덕의 색이다.

滿面之氣者 … 例如, 滿面黑暗或全赤或滯黃或枯白是也, 而非某一
만면지기자   예여 만면흑암혹전적혹체황혹고백시야 이비모일

部有者, 此爲五行生剋之氣也.
부유자 차위오행생극지기야

此種氣色有凶有吉, 春見靑重, 雖先憂而後定爲大吉, 不爲凶色也.
차종기색유흉유길 춘견청중 수선우이후정위대길 불위흉색야

夏見赤要分, 南北, 北方水地反禍爲祥, 西方大忌.
하견적요분 남북 북방수지반화위상 서방대기

秋見黑, 發光者, 相生也, 不出其凶是爲吉色.
추견흑 발광자 상생야 불출기흉시위길색

冬見白, 不枯而潤明者, 金生水, 雖冬令較有不順, 至春者大吉也.
동견백 불고이윤명자 금생수 수동령교유불순 지춘자대길야

此五行之氣, 亦宜配觀身型五行而定論.
차오행지기 역의배관신형오행이정론

如體肥面黑之人爲水重, 宜在南方火地, 必能大發,
여체비면흑지인위수중 의재남방화지 필능대발

此爲五行相制也.
차위오행상제야

凶氣之中也有吉色, 如黑重發光者, 不出大凶, 反禍爲吉.
흉기지중야유길색 여흑중발광자 불출대흉 반화위길

赤中微微見黃光者, 因禍得利.
적중미미견황광자 인화득리

滿面全黑, 只一兩處透白光者, 爲久困一開乃吉祥之兆.
만면전흑 지일양처투백광자 위구곤일개내길상지조

滿面光彩, 眼神帶露者, 爲全開之色, 非爲吉祥之氣, 凶事將臨矣.
만면광채 안신대로자 위전개지색 비위길상지기 흉사장임의

其中奧理, 宜細心體會也.
기중오리 의세심체회야

얼굴에 가득한 기운이라는 것은,

예를 들면, 얼굴 가득 어두운 흑기나 혹 전체에 적색의 기운이나 혹 막힌 황색의 기운이나 혹 메마른 백색의 기운이 있을 수 있다. 그리고 이러한 좋지 못한 기색은 어느 한 부분에라도 있으면 안 되는 것으로 이것은 오행 생극의 기운이 되는 것이다.

이러한 종류의 기색에 길도 있고 흉도 있으니 봄에 진한 청색이 보이면 비록 먼저는 근

심이 있어도 후에는 대길해지는 것이다. 흉한 색으로 간주하지 않는다.

여름에 적색이 잡히면 남북으로 나누어보는데, 북방은 수의 자리로서 반대로 나쁜 기운이 좋게 되며 서방에는 매우 나쁘다.

가을에 흑기는 빛이 있으면 상생이 되어 흉이 나타나지 않으니 흉한 색이 길한 색이 되는 것이다.

겨울에 나타난 백기가 메마르지 않고 밝고 윤택하면 금생수로서 비록 겨울의 기운이 비교적 순조롭지 않더라도 봄에 이르면 대길해지는 것이다.

이러한 오행의 기운은 신체의 형을 오행으로 정하고 맞추어 보는 것이 마땅하다.

몸이 살찌고 얼굴이 검은 사람은 수의 기운이 무거우므로 마땅히 남방화의 지역에 살면 반드시 크게 발전한다.

이러한 이치가 바로 오행 상제의 이치이다.

흉기 가운데 길한 색이 있으니 진한 흑기에 빛이 있는 사람은 대흉이 나타나지 않고 반대로 나쁜 것이 좋은 기운으로 되는 것이다.

적색 가운데 아주 약한 황기가 빛나 보이는 사람은 화로 인하여 이익을 얻는다.

얼굴 전체가 흑색의 기운이 가득한 사람이 마침 어느 한 곳에 백기가 빛을 내면 오랫동안 곤란하다가 길상이 조금씩 열리는 조짐이다.

얼굴이 밝게 빛나고 안신이 노출된 사람은 전부 열려 있는 색이 되어 길상의 기운이 아니고 막 흉한 일이 임하려 하는 것이다.

그러한 가운데 오묘한 이치가 있으니 마땅히 세밀하게 마음과 몸을 합쳐서 깨달아야 할 것이다.

黑氣吉凶 I
흑기길흉

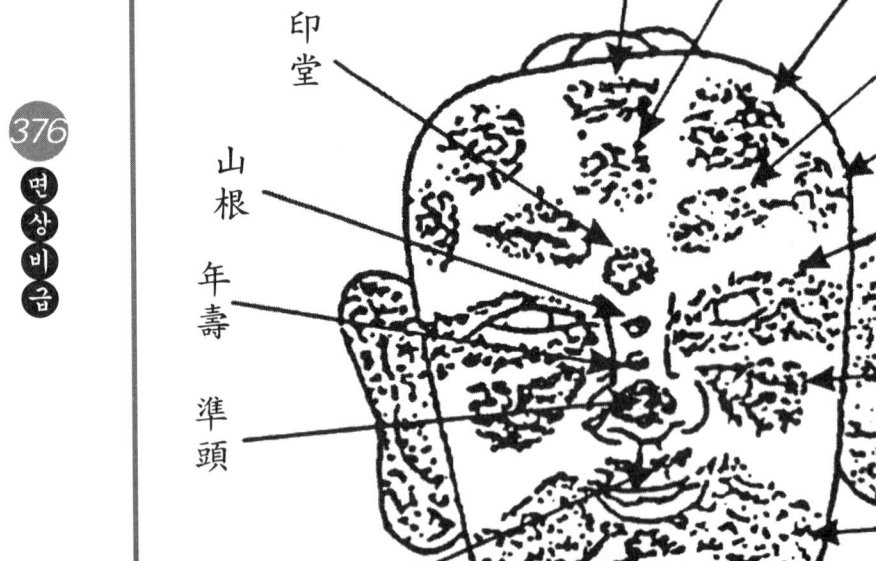

 現黑氣者, 主官災及意外之禍, 爲官者妨失直, 庶人亦主
현흑기자 주관재급의외지화 위관자방실직 서인역주

是非及不利.
시비급불리

흑기가 나타난 사람은 주로 생각 밖의 화로 관재가 생길 수 있고 공직에 있는 관리는 장애가 생겨 직장을 잃어버릴 우려가 있으며 평범한 사람은 주로 불리한 시비구설이 생길 수 있다.

 現黑氣者, 主謀事不遂, 百日內見破敗及意外之災, 爲官
현흑기자 주모사불수 백일내견파패급의외지재 위관

者最忌.
자최기

흑기가 나타난 사람은 주로 도모하는 일이 잘 되지 않고 100일 안에 생각 밖의 재난으로 재물이 깨어지며 공직에 있는 관리는 제일 나쁘다.

 現黑氣者, 左主左內疾, 右主右內疾, 亦爲破敗及疾災,
현흑기자 좌주좌내질 우주우내질 역위파패급질재

見此色重者, 主水危, 官訟不宜出行, 如中間微見透光者,
견차색중자 주수위 관송불의출행 여중간미견투광자

主動則可進行, 新事業, 出行亦宜.
주동즉가진행 신사업 출행역의

흑기가 나타난 사람은 주로 좌는 좌측에 연결된 내부의 질병, 우는 우측에 연결된 내부의 질병이 염려되고 역시 질병과 재난으로 인하여 재물이 깨어지게 되며 이러한 색이 진하게 나타나면 수액의 위험을 주재하고 관재 소송이 있을 때에는 당연히 출행을 하지 말며 중간에 아주 약한 빛이 나타난 것과 같이 보이는 사람은 새로운 사업을 진행하기 위하여 움직여도 되고 출행도 역시 마땅하다.

 現黑氣者, 主兄弟朋友和家運不祥, 見此色者不宜交朋友
현흑기자 주형제붕우화가운불상 견차색자불의교붕우

作保.
작보

흑기가 나타난 사람은 주로 형제 친구의 화합과 가정의 운이 상서롭지 못하고 이러한 색깔이 나타나면 새롭게 사귄 친구와 교재를 하지 말고 보류하는 것이 당연하다.

現黑氣者, 主見水驚及道路不吉之事, 亦主祖人不祥.
현흑기자 주견수경급도로불길지사 역주조인불상

흑기가 나타난 사람은 주로 도로에서 불길한 일이 미치거나 수액으로 놀라고 주로 조상에게 좋지 못하다.

左爲『三陽』現黑氣者, 主此人心性惡, 多爲從事不道德,
좌위 삼양 현흑기자 주차인심성악 다위종사부도덕
女主極淫, 男主破家, 有內疾者減半論, 見此色妨小人,
여주극음 남주파가 유내질자감반론 견차색방소인
及不利陰人『卽女人』是也, 宜修心積德.
급불리음인 즉여인 시야 의수심적덕

좌측이 되는 삼양에 흑기가 나타난 이러한 사람은 심성이 나쁘다. 도덕적이지 못한 일을 많이 따르게 된다. 여자는 지극히 음란하고 남성은 가정을 깨뜨리지만 질병이 있는 사람은 반으로 줄어든다는 말이 있고 이러한 색깔이 보이면 방해하는 소인(나쁜 사람)이며 여인에게는 매우 이롭지 못하게 미치니 마땅히 마음을 닦고 덕을 쌓아야 할 것이다.

左耳金星, 右耳木星, 最要潤明, 若現黑氣者, 或塵垢者,
좌이금성 우이목성 최요윤명 약현흑기자 혹진구자
均主久困之人, 家運更爲不美也.
균주구곤지인 가운경위불미야

좌측 귀는 금성이고 우측 귀는 목성이며 밝고 윤기가 있어야 하는 것이 제일 중요하다. 그런데 만약에 흑기가 나타나거나 혹 때가 끼어 지저분한 사람은 오랫동안 한결같이 곤란했던 사람으로 가정의 운이 아름답지 못하다.

現黑氣如雲者, 主家運不遂, 爲官者妨失官失權, 及牢獄
현흑기여운자 주가운불수 위관자방실관실권 급뇌옥
之災, 天中不暗減半, 四十天後應.
지재 천중불암감반 사십천후응

구름과 같이 흑기가 나타나면 주로 가정의 운이 좋지 못하고 관료는 방해자가 생겨 권력을 잃어버리고 관직을 잃어버리게 되어 혹 감옥에 가는 재난을 당할 수도 있고 천중이 어둡지 않다면 반으로 줄며 40일 후에 당하게 된다.

起黑氣入口者, 主車船受驚之事或服藥口舌之禍, 百日內
기흑기입구자 주차선수경지사혹복약구설지화   백일내
應, 夏天大忌此色, 冬秋次之.
응 하천대기차색   동추차지

흑기가 입 주위에서부터 일어나면 주로 자동차나 배로 인하여 놀라고 약물복용이나 구설로 재앙을 100일 내에 당할 수 있으며 이러한 색깔은 여름에 생기는 것이 가장 나쁘며 가을과 겨울 차례로 이어진다.

現黑氣者, 主口舌是非水危車馬之憂, 準頭再暗災禍至
현흑기자 주구설시비수위차마지우   준두재암재화지
矣, 準頭明, 此色生於秋冬者, 無妨大事也.
의 준두명 차색생어추동자 무방대사야

흑기가 나타난 사람은 주로 구설시비, 수위, 자동차로 인한 근심이 생기고 준두가 거듭 어둡다면 재난의 화가 곧 이르게 되는데 가을, 겨울에 이러한 색깔이 나타나고 준두가 밝다면 큰 일을 해도 무방하다.

現黑氣者, 主家運不遂, 水路不利, 或因食酒而致禍,
현흑기자 주가운불수 수로불리   혹인식주이치화
六十天內應.
육십천내응

흑기가 나타난 사람은 주로 가정의 운이 따르지 않고 수로(배를 타고 여행)가 불리하고 혹 음식이나 술로 인하여 화를 끌어 들이게 되는데 60일 안에 당하게 된다.

現黑氣者, 主自身及子女有不測之災, 見此色者, 病人服
현흑기자 주자신급자녀유불측지재   견차색자 병인복
藥及食物須謹愼, 近日應.
약급식물수근신 근일응

흑기가 나타난 사람은 주로 자녀의 예기치 않은 재난이 자신에게 미치게 되며 이러한 색깔이 보이는 자가 환자일 때 약물복용이나 음식물을 모름지기 삼가야 된다. 빠른 시일에 당하게 된다.

現黑氣型如梅花者, 主當日及將來之災禍, 印堂不暗,
현흑기형여매화자 주당일급장래지재화 인당불암

眼神不帶殺者減半, 見此色者, 凡事宜守舊,
안신부대살자감반 견차색자 범사의수구

否則大爲破敗也.
부즉대위파패야

흑기가 매화꽃처럼 찍힌 모양으로 나타난 사람은 주로 재난의 화가 당일에 막 나타나려 하고 인당이 어둡지 않고 눈빛이 살기를 띠지 않는 사람은 반으로 줄어들고 이러한 색이 나타난 사람은 모든 일에 오래된 관습을 지키고 따르지 않는 즉 크게 패하고 깨어진다.

現黑氣者, 主家中或自己見病, 散者主劫財, 如黑似班點
현흑기자 주가중혹자이견병 산자주겁재 여흑사반점

者, 自身長久有內疾.
자 자신장구유내질

흑기가 나타난 사람은 주로 가족 중에나 혹 자기 자신에게 이미 병이 생겼고 주로 재물이 빼앗기거나 흩어지며 흑기가 반점과 같이 비슷하게 생기면 자신에게 오래된 병이 있다.

現黑氣者, 主時運不遂, 及身帶久疾, 亦妨孝服將臨,
현흑기자 주시운불수 급신대구질 역방효복장임

或有妻室不利之事也.
혹유처실불리지사야

흑기가 나타난 사람은 주로 시운이 따르지 않고 몸에 오래된 질병이 미치고 막 효복(상복) 입을 일이 생기려 하고 혹 아내의 주변에 이롭지 못한 일이 생길 수 있다.

現黑暗氣者, 主有非常之憂, 如黑氣透天者, 大禍將至矣,
현흑암기자 주유비상지우 여흑기투천자 대화장지의

若準再暗者應妨不測之災卽日應.
약준재암자응방불측지재즉일응

흑기가 어둡게 나타난 사람은 주로 심각한 근심을 예고하고 흑기가 이마 전체에 나타나면 큰 화가 막 이르려 하며 만약에 준두에 거듭 어두운 사람은 방해하는 기운을 당할 것을 예측하지 못하고 그 날 당하게 된다.

口脣구순

現黑氣者 … 主見邪症, 或難醫之症, 如眼神再斜視者,
현 흑 기 자　　　주 견 사 증　흑 난 의 지 증　여 안 신 재 사 시 자
定爲瘋子及神精之類, 目神正者乃內疾之類, 或處於貧困
정 위 풍 자 급 신 정 지 류　목 신 정 자 급 내 질 지 류　흑 처 어 빈 곤
之運也.
지 운 야

흑기가 나타난 사람은 요사스런 기운의 증세가 나타나고 혹 의사가 고치기 어려운 증세이거나 거듭 눈빛의 초점이 없는 것과 같은 사람은 정신에 이상이 생기게 되며 눈빛이 바른 사람은 내부에 질병이 있고 혹 가는 곳마다 빈곤을 벗어나기 어렵다.

黑氣吉凶 II
흑기길흉

右左仝論 우좌동론

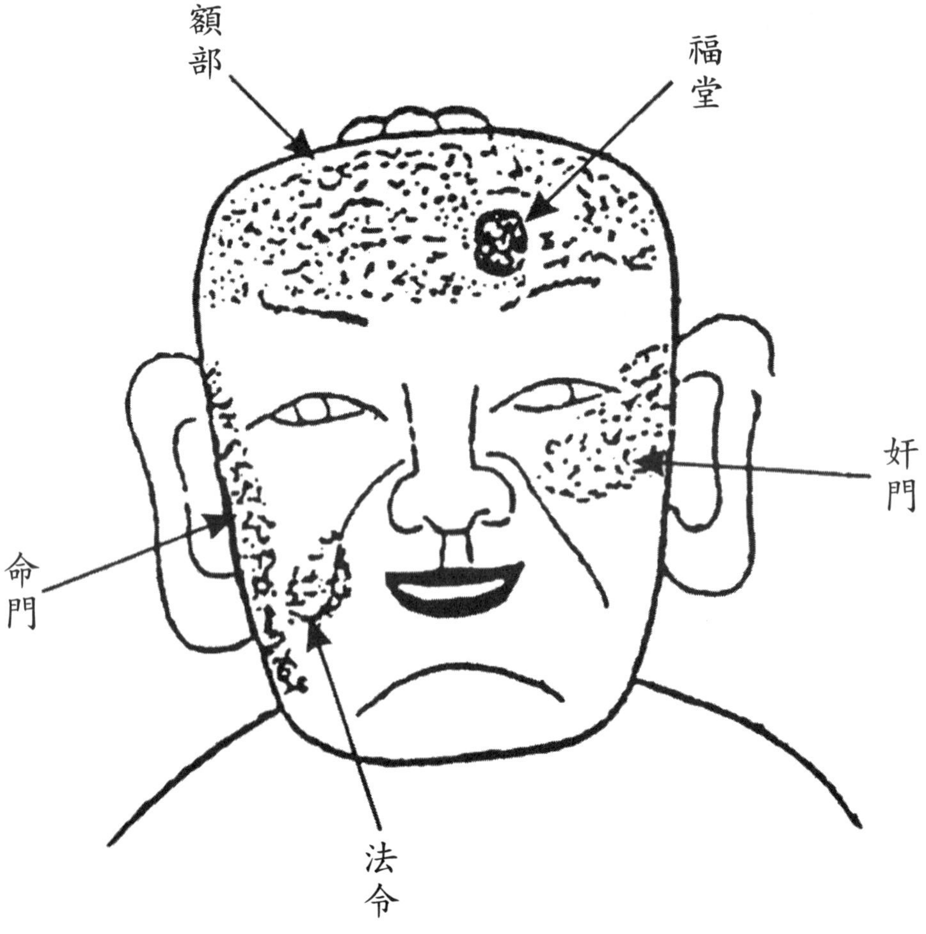

- 額部
- 福堂
- 奸門
- 命門
- 法令

現黑氣者, 主官災或孝服之憂, 重者事應近, 輕者事應遠.
현흑기자 주관재흑효복지우 중자사응근 경자사응원

흑기가 나타난 사람은 주로 관재나 부모상의 근심이 생기는데 색깔이 진하면 가까운 시일에 당하고 가벼운 자는 오랜 후에 당한다.

全現黑暗氣者, 主大凶, 色在外形如班者, 凶事多半已過,
전현흑암기자 주대흉 색재외형여반자 흉사다반이과

若見微微透明者, 乃轉運之象矣. 外不見明色, 細觀內藏
약견미미투명자 내전운지상의 외불견명색 세관내장

暗滯如淺雲一般, 大禍將臨, 病人卽死也.
암체여천운일반 대화장림 병인즉사야

전체적으로 어두운 흑기가 나타난 사람은 주로 크게 흉하다.

바깥으로 나타난 모양이 반점과 같이 생겼으면 흉사가 이미 반은 지났으며 만약에 밝은 빛이 아주 약하게 감돈다면 곧 운이 바뀐다.

밝은 색깔은 외부로 나타나지 않고 일반적으로 막힌 듯한 어두운 기운이 엷게 숨겨져 은밀하게 보이면 큰 화가 막 이르려 하고 환자는 즉시 사망한다.

現黑氣者, 主時運滯塞, 多爲不順也.
현흑기자 주시운체색 다위불순야

흑기가 나타난 사람은 주로 시운이 막히고 쌓여 모든 일이 순조롭지 못하다.

現黑氣如錢者, 主損壽元或用人不忠及作惡之事.
현흑기여전자 주손수원혹용인불충급작악지사

흑기가 돈을 찍어 놓은 모양처럼 나타난 사람은 주로 수명을 덜게 되는 첫째가 되고 혹 고용인이 충의롭지 못하여 악한 일을 저지를 수 있다.

現黑氣而透顴者, 主妻室不吉, 與女人交往不利,
현흑기이투관자 주처실불길 여여인교왕불리

亦不得人信任.
역부득인신임

흑기가 간문에서 관골로 지나가는 사람은 주로 아내가 불길하고 여인과 교제하면 이롭지 못하고 역시 믿고 일을 맡길 사람을 얻지 못한다.

赤氣吉凶 적기길흉

左右仝論 좌우동론

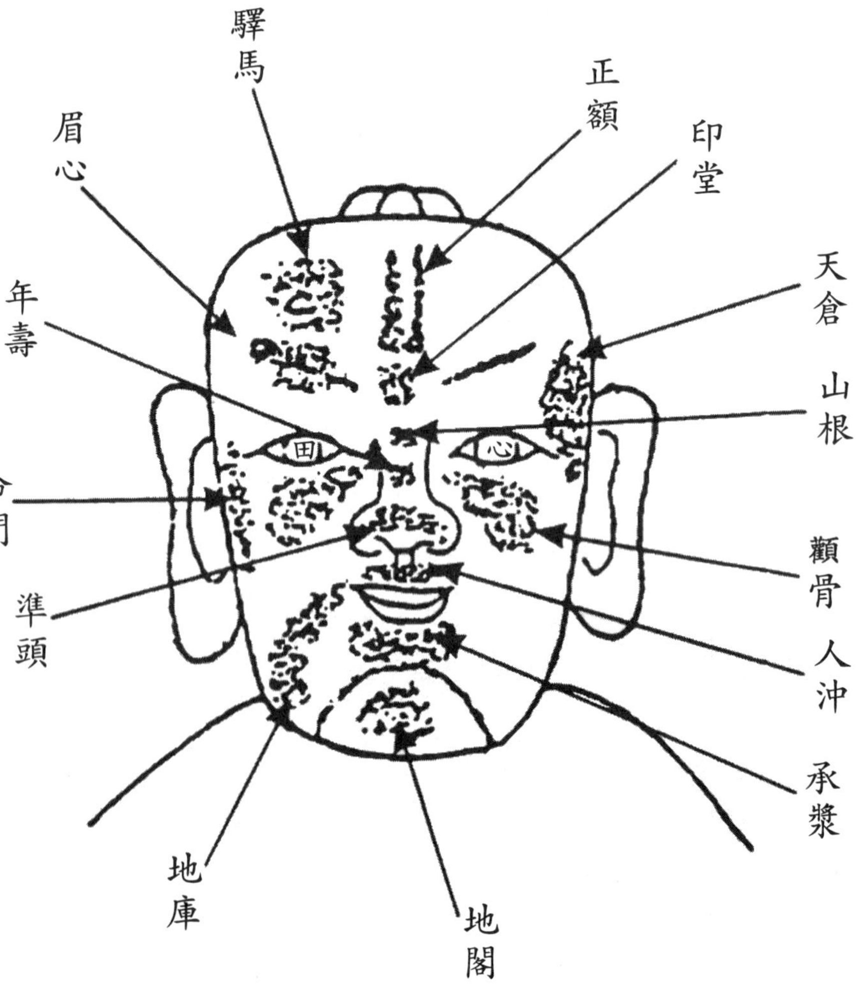

驛馬
正額
印堂
眉心
天倉　山根
年壽
顴骨　人沖　承漿
命門
準頭
地庫
地閣

 現赤色直至髮際者, 主公難及焦急兵傷之事, 四十天後應.
현적색직지발제자 주공난급초급병상지사 사십천후응

나타난 적기가 발제(머리 나는 부분)까지 이르면 주로 공적인 일로 어려워지고 급하게 타는 냄새 나는 전쟁터에서 상하는 일이 40일 후에 당하게 된다.

 現赤氣型如油餠者, 主口舌是及火災, 百日內應.
현적기형여유병자 주구설시급화재 백일내응

나타난 적기가 유병(동그란 과자)과 같은 모양으로 생긴 사람은 주로 구설시비 및 화재가 생기는데 100일 안에 당한다.

 現赤氣者, 主膿血官訟火危及産驚之事 『日限以氣色輕
현적기자 주농혈관송화위급산경지사 일한이기색경
重而定.』
중이정

적기가 나타난 사람은 주로 농혈(피와 고름)이나 관재소송, 화재의 위험 및 산액으로 놀라게 되는데 그 날에 일어난 기색의 무겁고 가벼움으로 다스려진다.

 現赤氣者, 主口舌出門不利官訟敗, 火驚之事也.
현적기자 주구설출문불리관송패 화경지사야

적기가 나타난 사람은 주로 구설로 문을 나서면 불리하고 관재소송에는 패하게 된다. 화재로 인하여 놀랄 일이 생긴다.

 現赤氣, 型如蝴蝶羽者, 此爲最忌之色, 大禍將至矣,
현적기 형여호접우자 차위최기지색 대화장지의
須妨官災死亡, 不測之禍也, 輕者亦主憂愁破財之事.
수방관재사망 불측지화야 경자역주우수파재지사

적기가 나비 날개와 같은 모양으로 나타난 사람이 제일 나쁜 색으로 큰 재난에 막 이르게 되고 매사에 방해 작용의 요인이 되어 예측하지 못한 재화가 생겨 관재 사망에 이른다. 가벼운 사람은 재물로 인한 손실로 걱정이나 근심을 하게 된다.

 現赤氣者, 重則驚愁, 輕則急愁, 亦主色憂及口舌之事.
현적기자 중즉경수 경즉급수 역주색우급구설지사

적기가 나타난 사람은 무거운 즉 뜻밖의 일에 근심이 생겨 놀라게 되고 가벼운 즉 급하게 서둘 일이 있는데 역시 구설로 인해 근심되는 일이 많이 생기는 색이다.

 現赤氣者, 主小人弄作生非之事, 多於憂悶也.
현적기자 주소인농작생비지사 다어우민야

적기가 나타난 사람은 주로 나쁜 사람이 부리는 기교에 놀아나게 되어 일이 안 되고 많은 근심에 쌓여 번민하게 된다.

 現赤氣者, 主口舌劫財運滯之事.
현적기자 주구설겁재운체지사

적기가 나타난 사람은 주로 운이 막혀서 구설 겁재(재물을 빼앗김)의 일이 생긴다.

 現赤氣者, 主火驚官訟敗業之事. 亦主膿血之災.
현적기자 주화경관송패업지사 역주농혈지재

적기가 나타난 사람은 주로 화재로 놀라고 관재소송으로 패업하는 일이 생기며 역시 피고름의 재난을 주장한다.

 現赤氣者, 此爲火燒中堂, 大忌之色也, 主家破人亡,
현적기자 차위화소중당 대기지색야 주가파인망

赤氣侵顴者, 小敗無妨大事矣.
적기침관자 소패무방대사의

적기가 나타난 사람은 집안에 불이 타고 있는 절박한 것으로 제일 나쁜 색이다. 주로 가정이 깨어지고 사람이 죽으며 적기가 관골을 침범한 사람은 작은 일에 패하고 큰 일은 무방하다.

 現赤氣者, 主破財與他人暗鬪之事.
현적기자 주파재여타인암투지사

적기가 나타난 사람은 주로 타인과 암암리에 싸우는 일로 재물이 깨어진다.

 **現赤氣者, 主血光之災及火危或是非之事.**
현적기자 주혈광지재급화위혹시비지사

적기가 나타난 사람은 피를 부르는 재난 및 화재의 위험이나 혹 시비의 일이 생긴다.

 **現赤氣者, 主兄第親戚朋友爭鬪憂愁之事.**
현적기자 주형제친척붕우쟁투우수지사

적기가 나타난 사람은 주로 형제, 친척, 친구의 시비 쟁투로 인하여 근심이 생겨 번민하게 된다.

 **現赤氣者, 主出外遇災是非不吉之事, 亦妨水路之驚.**
현적기자 주출외우재시비불길지사 역방수로지경

적기가 나타난 사람은 주로 바깥에서 재난이나 시비로 불길한 일을 만나고 수로(배)를 이용하면 방해(태풍, 암초 등) 요인으로 놀랄 일이 생긴다.

靑氣吉凶 청기길흉

左右仝論 좌우동론

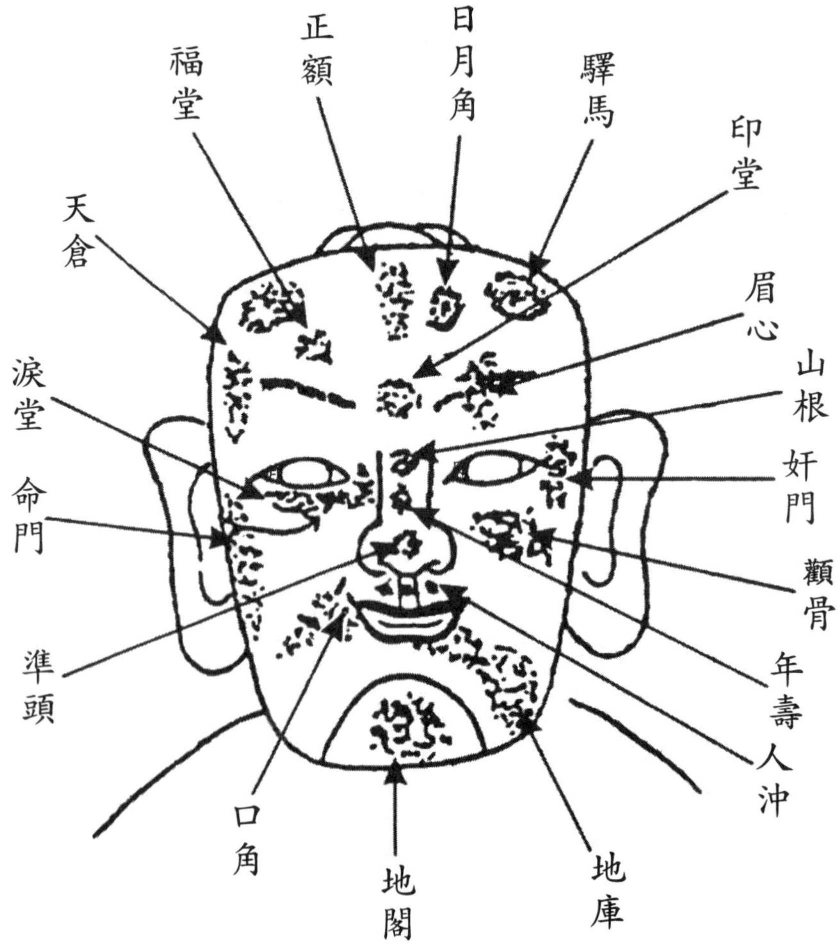

(圖): 正額, 日月角, 驛馬, 印堂, 福堂, 天倉, 眉心, 山根, 奸門, 顴骨, 年壽, 人沖, 淚堂, 命門, 準頭, 口角, 地閣, 地庫

正額정액

現靑氣者, 主非常憂驚, 爲官者最忌主失職及牢獄之禍也.
현청기자 주비상우경 위관자최기주실직급뢰옥지화야

　　청기가 나타난 사람은 주로 갑작스런 근심으로 놀라고 관료에게는 제일 나쁜 색으로 직장을 잃어버리거나 감옥에 갇히는 재난의 화를 당하게 된다.

日月角 일월각

現靑氣者, 主口舌是非憂驚重病之事.
현청기자 주구설시비우경중병지사

　　청기가 나타난 사람은 주로 구설시비 근심으로 놀랄 일이 생기고 목숨이 위태로운 일에 이르는 일이다.

驛馬역마

現靑氣者, 主出行受非常之憂驚, 或在途中見病難也.
현청기자 주출행수비상지우경 흑재도중견병난야

　　청기가 나타난 사람은 밖에서 갑작스런 근심으로 놀라게 되고 혹 길에서 병을 만나 어려워지게 된다.

印堂인당

現靑氣者, 主敗業疾病車馬之災等事, 卽日應.
현청기자 주패업질병차마지재등사 즉일응

　　청기가 나타난 사람은 사업을 패하고 질병과 교통사고의 재난이 그 날 생긴다.

眉心미심

現靑氣者, 主時運滯塞, 兄弟姉妹見災.
현청기자 주시운체색 형제자매견재

　　청기가 생긴 사람은 주로 때의 운수가 막히고 형제자매의 재난을 만난다.

山根산근

現靑氣者, 主憂悶久病之難也.
현청기자 주우민구병지난야

　　청기가 나타난 사람은 주로 오래된 병으로 근심이 생겨 번민하게 되고 어렵게 된다.

奸門간문

現靑氣者, 主水災或妻室不利及産危, 亦主自己病災.
현청기자 주수재흑처실불리급산위 역주자기병재

청기가 나타난 사람은 수재로 인한 재액이나 산액으로 아내가 이롭지 못하며 자기 몸의 질병의 재난도 주의해야 할 것이다.

現靑氣者, 主家運不遂及牢獄之災, 用人不忠, 作保不利.
현청기자 주가운불수급뢰옥지재 용인불충 작보불리

청기가 나타난 사람은 주로 가정의 운이 나쁘고 감옥에 갇히는 재난과 고용인의 불충으로 이롭지 못하니 하던 일이 있더라도 보류하여야 한다.

現靑氣者, 主大敗事業, 災禍疾病, 萬事不遂矣.
현청기자 주대패사업 재화질병 만사불수의

청기가 나타난 사람은 주로 사업을 크게 패하고 재화나 질병 등 만사가 운이 따르지 않는다.

現靑氣者, 主因食物服藥, 色慾不利或不測之災也.
현청기자 주인식물복약 색욕불리혹불측지재야

청기가 나타난 사람은 주로 약물복용과 음식물(특히 술 종류 등) 그리고 색욕으로 인하여 예측하지 못한 재난으로 이롭지 못하다.

現靑氣者, 主水路受驚, 惑道路災害, 亦主破敗及六畜用人不利.
현청기자 주수로수경 혹도로재해 역주파패급육축용인불리

청기가 나타난 사람은 주로 수로에서 놀라고 혹 도로에서는 갑작스런 재난으로 해를 입으며 주로 재물이 깨어지고 기르는 가축이나 고용인에게 이롭지 못하다.

現靑氣者, 主時災敗業, 六畜有損, 亦主與他人合業不利.
현청기자 주시재패업 육축유손 역주여타인합업불리

청기가 나타난 사람은 주로 재난으로 패업하게 되고 기르던 가축에 손실이 있고 타인과 함께 사업을 하면 이롭지 못하다.

 『乃海口是也.』現靑氣者, 主服毒災危, 亦主水路不利也.
내해구시야　　현청기자　주복독재위　역주수로불리야

'입을 바다라 한다.' 청기가 나타난 사람은 주로 독성으로 입는 재액이 두렵고 역시 수로(물길의 교통로)는 이롭지 못하다.

 現靑氣者, 主大禍來臨, 重者病死, 輕者見驚及破敗.
현청기자　주대화래임　중자병사　경자견경급파패

청기가 나타난 사람은 큰 화가 다가오는 것으로 색깔이 진하여 무거운 자는 병으로 사망할 수도 있으며 가벼운 자는 놀라거나 재물이 깨어지고 패함으로 나타나게 된다.

 現靑氣者, 主時運不遂, 疾病劫財, 多於憂困也.
현청기자　주시운불수　질병겁재　다어우곤야

청기가 나타난 사람은 주로 시운이 따르지 않고 질병과 재물의 손실로 많은 괴로움이 극에 이른다.

 現靑氣枯者, 主處境有小人壞事, 遷移之憂, 及病患,
현청기고자　주처경유소인괴사　천이지우　급병환

若色潤明者, 主有生育之慶. 左生男, 右生女,
약색윤명자　주유생육지경　좌생남　우생녀

宜配合印堂觀察.
의배합인당관찰

청기가 메마르게 나타난 사람은 주로 머무는 장소마다 나쁜 사람들의 방해로 일이 무너지고 옮겨도 근심이 떠나지 않고 질병이 생기고 만약 색깔이 밝고 윤택한 사람은 기르는 좋은 일이 생기는데 왼쪽이 밝으면 남자 아이를 생산하고 오른쪽이 밝으면 여자 아이를 생산하게 되며 마땅히 인당과 함께 관찰해야 한다.

 現靑氣者, 主見不測憂驚, 或家宅不吉之事及病患等.
현청기자　주견불측우경　혹가택불길지사급병환등

청기가 나타난 사람은 주로 예측하지 못한 걱정으로 놀라고 혹 급병으로 인한 환자가 생기는 등 가택에 불길한 일이 일어나게 된다.

 現靑氣者, 主小人謀害, 爲官失權, 或破財病患等.
현 청 기 자   주 소 인 모 해   위 관 실 권   혹 파 재 병 환 등

청기가 나타난 사람은 주로 나쁜 사람의 모사로 해를 당하며 관료에 있는 사람이라면 권력을 잃어버리게 되고 혹 병환으로 인하여 재물도 깨어진다.

白氣吉凶
백기길흉

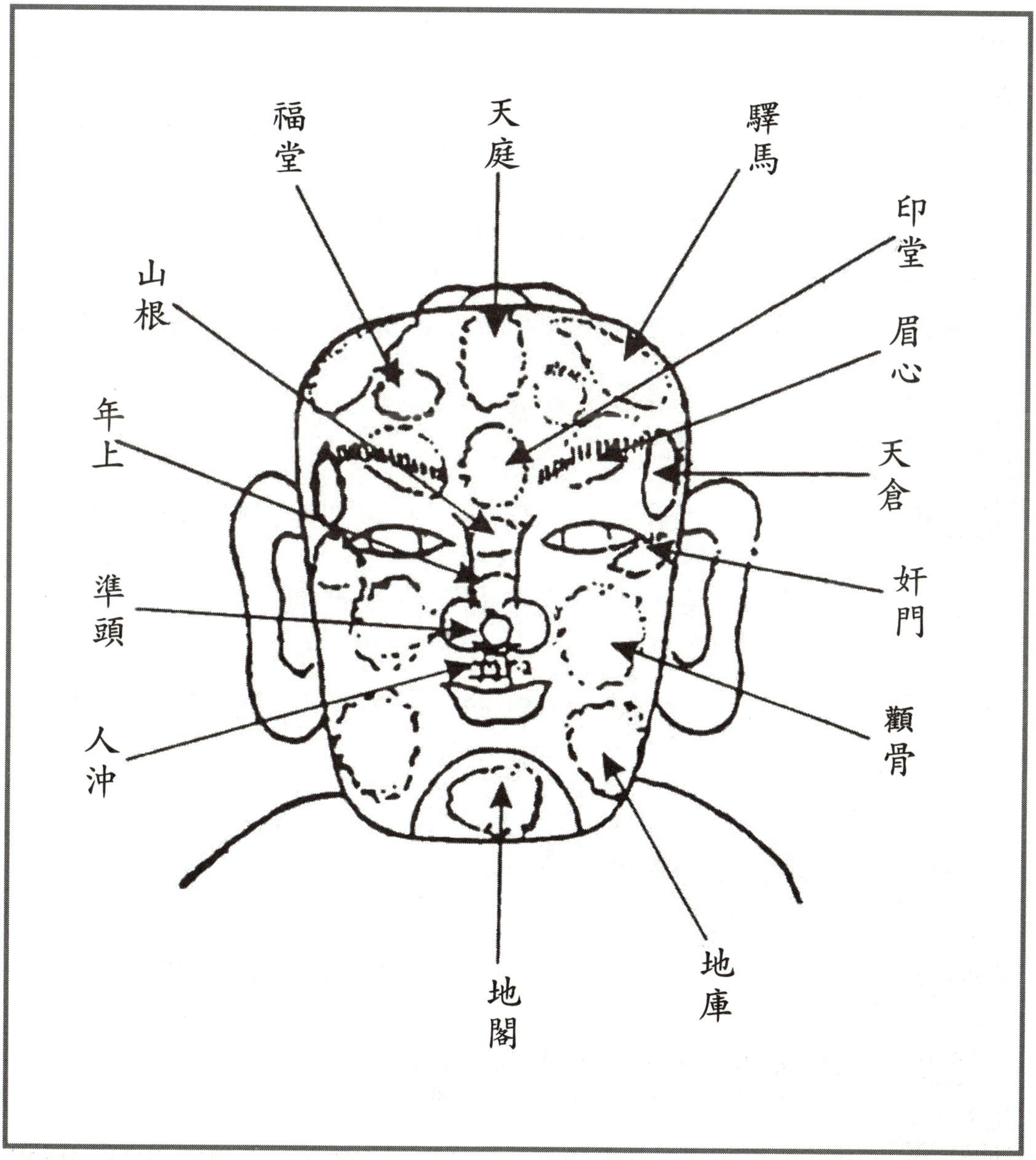

福堂　天庭　驛馬

山根　　　印堂 眉心

年上　　　天倉

準頭　　　奸門

人沖　　　顴骨

　　地閣　地庫

 現白氣者, 主劫財刑尅.
현백기자 주겁재형극

백기가 나타난 사람은 주로 재물을 빼앗기고 형극을 당한다.

 現白氣者, 主出行車馬及用人不利.
현백기자 주출행차마급용인불리

백기가 나타난 사람은 주로 출행에 있어서 교통사고가 따르고 사람을 쓰면 이롭지 못하다.

 現白氣者, 主刑尅六親, 見孝服.
현백기자 주형극육친 견효복

백기가 나타난 사람은 주로 육친이 형극을 당하고 부모의 상복을 입는다.

 現白氣者, 主因朋友至是非及刑尅.
현백기자 주인붕우지시비급형극

백기가 나타난 사람은 주로 친구로 인한 시비로 형극을 당할 수 있다.

 現白氣者, 主劫財及災病.
현백기자 주겁재급재병

백기가 나타난 사람은 주로 재난이나 병으로 인하여 재물이 깨어진다.

 現白氣者, 主妻室小人不利之事及刑尅.
현백기자 주처실소인불리지사급형극

백기가 나타난 사람은 주로 아내에게 나쁜 사람으로 인하여 이롭지 못하고 형극이 미칠 수 있다.

 現白氣者, 主破敗及孝服.
현백기자 주파패급효복

백기가 나타난 사람은 재물이 깨어지고 부모의 상복을 입는다.

 現白氣者, 主暗耗及用人不利.
현백기자 주암모급용인불리

백기가 나타난 사람은 주로 보이지 않게 물건이 소모되는 것으로 사람을 쓰면 이롭지 못하다.

現白氣者, 主家運不遂,『枯者驗.』
현백기자 주가운불수 고자험

백기가 나타나면 가정의 운이 따르지 않는다.『메마른 자는 증험하게 된다.』

現白氣者, 主疾病及剋子.
현백기자 주질병급극자

백기가 나타나면 주로 질병 및 자식을 극한다.

現白氣者, 主大破敗孝服至,『枯者驗.』
현백기자 주대파패효복지 고자험

백기가 나타나면 크게 끼어지고 패하며 부모의 상복도 입게 된다. (고자험 – 메마른 자는 증험하게 된다.)

現白氣如錢者, 主病劫財,『枯者驗.』
현백기여전자 주병겁재 고자험

백기가 돈을 찍어 놓은것 같은 모양으로 나타나면 주로 병으로 인하여 재물이 깨어진다. (고자험 – 메마른 자는 증험하게 된다.)

現白氣者, 主剋妻刑子及意外之傷害.
현백기자 주극처형자급의외지상해

백기가 나타난 사람은 주로 처를 극하고 자식을 형하며 더불어 뜻밖의 해로움으로 몸에 상처를 입는다.

現白氣者, 主孝服或不測是非之事也.
현백기자 주효복혹불측시비지사야

백기가 나타난 사람은 주로 상복을 입거나 혹 예측하지 못한 시비의 일이 생기게 된다.

重要部位吉氣訣圖 중요부위길기결도

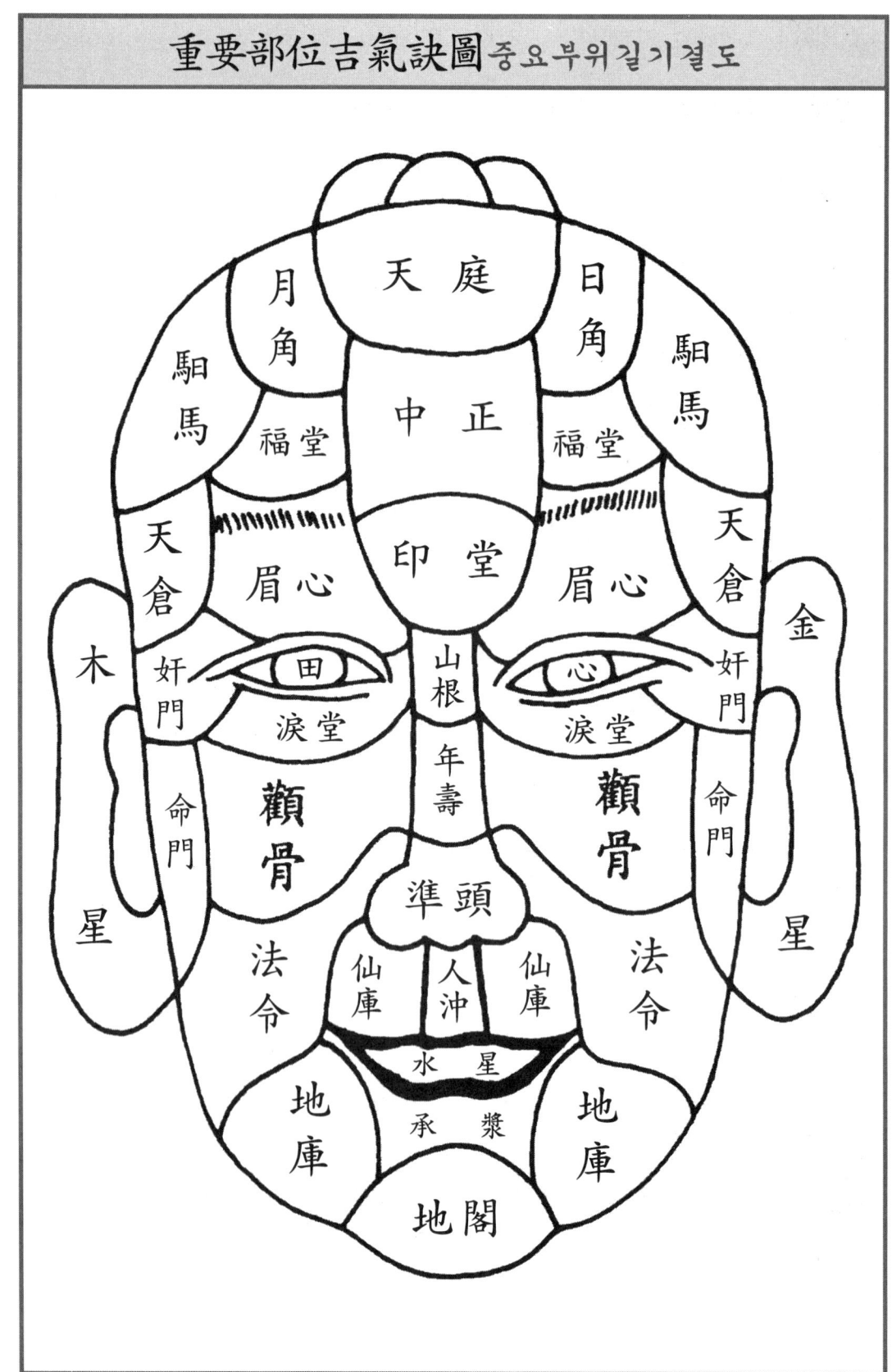

現紅黃紫氣者, 百日內, 見財見喜, 爲官者進級,
현 홍 황 자 기 자　백 일 내　견 재 견 희　위 관 자 진 급
庶民運通.
서 민 운 통

홍, 황, 자기색이 나타난 사람은 100일 안에 재물이 생기고 기쁜 일을 만나며 관료는 진급을 하고 서민은 운이 열린다.

現紅黃紫氣者, 主四十天後大發其祥,
현 홍 황 자 기 자　주 사 십 천 후 대 발 기 상
百事如意宜求官求財.
백 사 여 의 의 구 관 구 재

홍, 황, 자기색이 나타나면 주로 40일 이후에 크게 발전하는 상서로운 기운으로 백 가지 일이 뜻대로 되어 돈을 구하고자 하면 돈이 생기고 직장을 구하고자 하면 직장이 생길 것이다.

現紅黃紫氣者, 主家運亨通用兵得勝, 見財見喜.
현 홍 황 자 기 자　주 가 운 형 통 용 병 득 승　견 재 견 희

홍, 황, 자기색이 나타난 사람은 주로 가정의 운이 형통하고 용병으로 나가도 이기고 돌아온다. 재물과 기쁨이 함께 한다.

現紅黃紫氣者, 主逢長輩之人相助, 及有力貴人,
현 홍 황 자 기 자　주 봉 장 배 지 인 상 조　급 유 력 귀 인
吉祥之兆.
길 상 지 조

홍, 황, 자기색이 나타나면 주로 대장격인 귀인을 만나 도움받는 운수가 좋을 징조이다.

現紅黃者氣者, 主遇女人及平輩之人相助, 亦主身體健康.
현 홍 황 자 기 자　주 우 여 인 급 평 배 지 인 상 조　역 주 신 체 건 강

홍, 황 자기색이 나타나면 주로 여인을 만나 함께 짝을 이루어 서로 도우며 또 신체가 건강해진다.

 現紅黃紫氣者, 主有新事業發展大吉, 動則多利,
현 홍 황 자 기 자　 주유신사업발전대길　 동즉다리

守反不吉.
수 반 불 길

홍, 황, 자기색이 나타난 사람은 주로 새로운 사업을 하면 크게 발전하고 움직일수록 많은 이익을 취할 수 있고 반대로 움직이지 않으면 불길하다.

 現紅黃紫氣者, 主逢凶化吉, 財喜重重, 此乃是陰隲氣也.
현 홍 황 자 기 자　 주봉흉화길　 재희중중　 차내시음즐기야

홍, 황, 자기색이 나타난 사람은 주로 흉이 길로 변하고 재물이 계속 들어오니 기쁨이 가중되며 이러한 것을 바로 음즐(음덕)의 기운이라 한다.

 現紅黃紫氣者, 主得財喜添人進口, 亦主貴人相逢大吉.
현 홍 황 자 기 자　 주득재희첨인진구　 역주귀인상봉대길

홍, 황, 자기색이 나타난 사람은 주로 재물의 기쁨을 얻고 더하여 입쪽으로 나아가는 사람은 귀인을 만나 대길해진다.

 現紅黃紫氣者, 主謀事有成, 時運通達, 見財見喜.
현 홍 황 자 기 자　 주모사유성　 시운통달　 견재견희

홍, 황, 자기색이 나타난 사람은 주로 모색하는 일은 성사되고 시운이 열려 발달하며 재물과 기쁨이 함께 한다.

 現紅黃紫氣者, 主妻室平安大吉, 與女人相交得利.
현 홍 황 자 기 자　 주처실평안대길　 여여인상교득리

홍, 황, 자기색이 나타난 사람은 주로 아내가 평안 대길하며 교제하는 여인으로부터 이익을 얻는다.

 現紅黃紫氣者, 主時運亨通, 百事大吉, 身體健康.
현 홍 황 자 기 자　 주시운형통　 백사대길　 신체건강

홍, 황, 자기색이 나타나면 시운이 열려 백 가지 일이 뜻대로 되며 신체 건강하다.

 **年壽년수** 現紫黃光者, 主名利通達, 事業成功, 家宅平安.
현자황광자 주명리통달 사업성공 가택평안

자기색과 황색이 윤기 있게 빛나면 이름을 날리는 운이 열리며 사업을 이루고 가택이 평안하다.

 **準頭준두** 現黃白光者, 主得偏財橫財, 百般順理大吉.
현황백광자 주득편재횡재 백반순리대길

황, 백색이 윤기 있게 빛나면 주로 큰 재물을 뜻밖에 얻게 되고 갖가지로 일이 잘 되어 아주 좋다.

 **淚堂누당** 現紅黃紫氣者, 主生産順利, 此爲陰騭氣也, 必生男兒.
현홍황자기자 주생산순리 차위음즐기야 필생남아

홍, 황, 자기색이 나타난 사람은 주로 아이를 순산하고 이러한 기운을 음덕이라 하며 반드시 아들을 낳는다.

 **顴骨관골** 現紅黃紫氣者, 主家運亨通, 謀事大吉, 用兵有利.
현홍황자기자 주가운형통 모사대길 용병유리

홍, 황, 자기색이 나타난 사람은 주로 가정의 운이 뜻대로 잘 되어 가고 꾀하는 일이 아주 좋으며 이러한 때에 병사를 써도(움직여도) 유리하다. (통치자나 관료의 위치에서 봄.)

 **命門명문** 現紅黃紫氣者, 主作事如意, 財利通達, 好人相逢.
현홍황자기자 주작사여의 재리통달 호인상봉

홍, 황, 자기색이 나타난 사람은 주로 하는 일이 뜻대로 되고 이익을 보는 계산에 막힘이 없이 훤히 알며 좋은 사람을 만난다.

 **法令법령** 現紅黃紫氣者, 主身體健康, 用人得利, 財運順遂.
현홍황자기자 주신체건강 용인득리 재운순수

홍, 황, 자기색이 나타난 사람은 주로 신체 건강하고 사람을 쓰면 이익을 주며 재물운이 순리대로 따라온다.

 **人冲인충** 現潤黃紫光者, 主身體强建, 時運順遂, 心性快樂.
현윤황자광자　주신체강건　시운순수　심성쾌락

황색과 자기색이 윤기 있게 빛이 나면 주로 신체가 튼튼하고 굳세고 시대나 때의 운수가 순리대로 따라오며 심성이 즐겁고 쾌활하다.

 **仙庫선고** 現紅黃紫氣者, 主名利通順, 得人信用謀事成.
현홍황자기자　주명리통순　득인신용모사성

홍, 황, 자기색이 나타난 사람은 이익과 명성이 순리대로 열리고 믿을 수 있는 사람을 얻어 꾀하는 일을 이룬다.

 **水星수성** 『卽上下脣是也』現鮮紅色者, 主大運通達, 紫者不吉.
즉상하순시야　현선홍색자　주대운통달　자자불길

'즉 상하 입술을 말한다.' 깨끗한 홍색이 나타나면 큰 운이 열리고 자기색을 가진 사람은 불길하다.

 **承漿승장** 現潤紅氣者, 主財利順遂, 貴人相遇, 過紅者主口舌.
현윤홍기자　주재리순수　귀인상우　과홍자주구설

윤기 나는 홍색이 나타난 사람은 재물이 순리적으로 따르고 귀인을 만나 도움을 받으며 홍색이 지나치면 주로 구설이 있다.

 **地庫지고** 現紫黃氣者, 主升官發財, 諸事如意, 用人得利.
현자황기자　주승관발재　제사여의　용인득리

황색이나 자기색의 기운이 나타난 사람은 관직이 오르고 재물이 발달하며 하고자 하는 일을 뜻대로 할 수 있으며 사람을 고용하여도 이롭다.

地閣지각 現紅黃紫氣者, 六畜大旺, 財喜重重, 貴人相逢.
현홍황자기자　육축대왕　재희중중　귀인상봉

홍, 황, 자기색이 나타난 사람은 기르는 여섯 가지 가축(소, 말, 돼지, 양, 닭, 개)이 크고 왕성하게 잘 자라고 재물이 증식되어 기쁘며 도움을 주는 귀인을 만난다.

天干地支十二月令氣色凶吉圖
천간지지십이월령기색흉길도

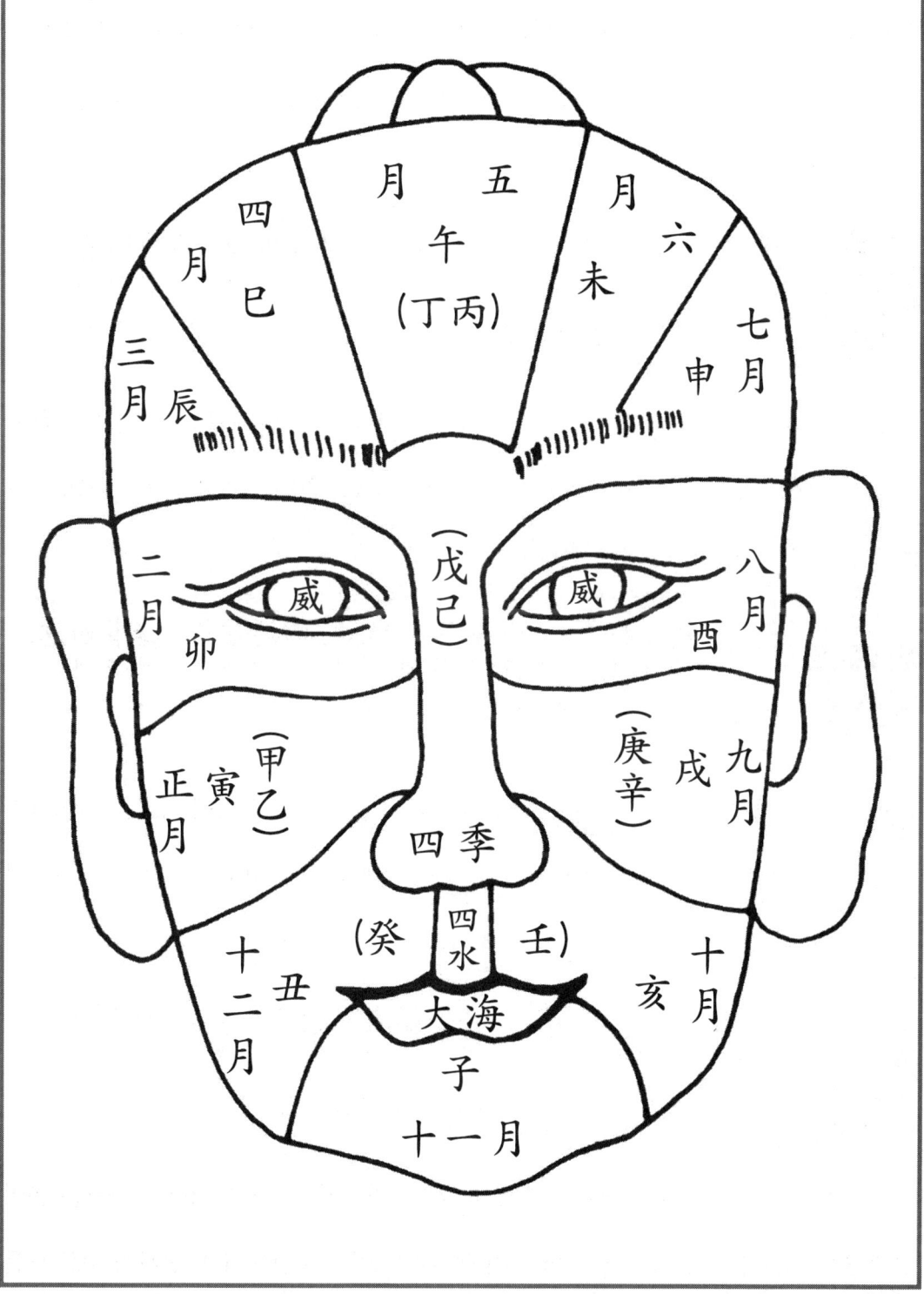

春(춘) 봄
屬木, 氣宜靑微赤, 起於三陽者, 爲財爲喜亦宜遠行,
속목 기의청미적 기어삼양자 위재위희역의원행
地閣黑不忌, 忌白黃大凶也.
지각흑불기 기백황대흉야

목에 속하고, 푸른 기운에 연한 적기가 마땅하며 삼양에서 일어나는 사람은 먼 길을 여행하더라도 재물과 기쁨이 따라오며 지각의 흑기는 나쁘지 않으며 백기나 황기는 나쁘며 크게 흉하다.

夏(하) 여름
屬火, 氣宜赤紫黃, 起於火星者, 必見財喜, 不忌微靑,
속화 기의적자황 기어화성자 필견재희 불기미청
大忌黑白, 主病災破敗.
대기흑백 주병재파패

화에 속하며, 적기와 자기, 황기가 마땅하며 화성에서 일어나며 반드시 재물과 기쁨이 함께 하게 되고 약한 푸른빛이 감도는 것은 싫어하지 않으며 흑, 백기가 제일 나쁘고 주로 질병과 재난으로 재물이 깨어진다.

秋(추) 가을
屬金, 氣宜白黑, 白起鼻黑起地閣, 財源廣進, 諸事如意,
속금 기의백흑 백기비흑기지각 재원광진 제사여의
微黃不忌, 靑赤現於額鼻者大忌.
미황불기 청적현어액비자대기

금에 속하고, 백기와 흑기가 마땅하며 코가 백기로 일어나고 지각에 흑기가 일어나면 재물이 멀리서 가까이 오며 모든 일이 하고자 하는 대로 되어지며 아주 약한 황기는 싫어하지 않으며 청기와 적기가 이마와 코에 나타나면 아주 나쁘다.

冬(동) 겨울
屬水, 氣宜黑帶靑, 起於地閣者, 大運亨通, 見白者更宜,
속수 기의흑대청 기어지각자 대운형통 견백자경의
主諸事稱心, 赤黃滿面者大凶之色也.
주제사칭심 적황만면자대흉지색야

수에 속하며, 마땅히 흑기에 청기를 띠어야 하고 지각에서부터 일어나는 사람은 운이 크게 좋아 모든 일이 뜻대로 잘 되어 가며 백기가 보이는 사람도 또 마땅하며 주로 모든 일이 마음에 맞다. 적기와 황기가 얼굴에 가득한 사람은 크게 흉한 색이다.

屬土, 此乃四季基氣, 宜潤明透光, 如枯滯或黃過重者亦
속토 차내사계기기 의윤명투광 여고체혹황과중자역

忌, 尤忌於春冬兩季也.
기 우기어춘동양계야

토에 속하며, 사계절의 기운이 황기에서 비롯되니 마땅히 밝고 윤택하게 빛나야 하며 마르고 막힌 것 같거나 혹 황기가 지나쳐 진한 사람은 역시 나쁘며 봄, 겨울 두 계절에는 더욱 나쁘다.

看寅宮, 喜靑白潤明, 主見財喜, 忌黑黃赤滯,
간인궁 희청백윤명 주견재희 기흑황적체

主劫財不順, 靑白成點者, 亦爲不宜.
주겁재불순 청백성점자 역위불의

인궁을 살피고 청, 백기가 윤택하고 밝으면 주로 재물의 기쁨이 있고 흑, 황, 적기의 막힌 색은 싫어하고 주로 재물의 탈재가 있어 순조롭지 못하며 청, 백의 점이 많은 사람은 역시 마땅하지 못하다.

看卯宮, 喜紅紫帶靑, 爲利爲財, 忌白赤黑黃枯,
간묘궁 희홍자대청 위리위재 기백적흑황고

主災禍也.
주재화야

묘궁을 살피고 홍, 자기에 청기를 띠면 기쁨이 있고 원활하게 재물의 이익도 얻으며 마른 백, 적, 흑, 황기를 싫어하니 주로 재난의 화가 있다.

看辰宮, 喜紅黃透光, 主百般順遂, 忌黑白赤重靑,
간진궁 희홍황투광 주백반순수 기흑백적중청

主劫財口舌.
주겁재구설

진궁을 살피고 홍, 황기에 윤기가 통하여 빛나면 기쁨이 있고 갖가지 일이 순조로이 따르고 흑, 백, 적기에 진한 청기는 나쁘며 주로 재물의 손해와 구설이 따른다.

四月 사월 看巳宮, 喜紅紫潤明, 主貴人相逢, 時運通達, 忌黃黑白
간사궁 희홍자윤명 주귀인상봉 시운통달 기황흑백
青暗滯, 主不利出行及病患.
청암체 주불리출행급병환

사궁을 살피고 홍기나 자기가 윤이 나서 밝으면 기쁘며 주로 귀인을 만나고 시대나 때의 운수가 만나 열리고 황, 흑, 백, 청기가 체하여 어두우면 나빠서 멀리 출행을 해도 이롭지 못하고 병환을 얻게 된다.

五月 오월 看午宮, 喜紅紫微赤, 主得奇人相助, 謀事達成,
간오궁 희홍자미적 주득기인상조 모사달성
大忌青黑或白, 主破敗大凶.
대기청흑흑백 주파패대흉

오궁을 살피고 홍, 자기나 약한 적기는 좋으며 주로 기이한 사람의 도움을 받으며 꾀하는 일을 이룰 수 있고 청, 흑이나 흑 백기는 아주 나쁘며 주로 깨어지고 패하니 매우 흉하다.

六月 유월 看未宮, 喜紫黃潤明, 主求謀得利, 異姓相助, 忌黑兼枯,
간미궁 희자황윤명 주구모득리 이성상조 기흑겸고
主求謀不遂, 進退維谷, 微赤不忌.
주구모불수 진퇴유곡 미적불기

미궁을 살피고 자기, 황기가 윤이 나서 밝으면 주로 꾀하는 일을 도모하여 이익을 얻을 수 있으며 다른 성씨로부터 도움을 받는다. 흑기가 겸하여 마른 것을 꺼리니 도모하여 구하는 일을 이룰 수 없어 진퇴유곡일 뿐이다. 약한 적기는 싫어하지 않는다.

七月 칠월 看申宮, 喜黃白透光, 主財利雙全, 忌赤黑帶青,
간신궁 희황백투광 주재리쌍전 기적흑대청
主破敗劫財.
주파패겁재

신궁을 살피고 황, 백기에 빛이 통하는 것을 기뻐하고 재물의 이익이 겸하여 온전해진다. 적, 흑기에 청기를 띠면 주로 깨어지고 패하여 재물의 손실이 막중하다.

八月 팔월 看酉宮, 喜黃白潤明, 主家宅平安, 妻室多利,
간유궁 희황백윤명 주가택평안 처실다리

忌黑赤帶靑, 主運不遂, 白色過重者亦忌也.
기흑적대청 주운불수 백색과중자역기야

유궁을 살피고 황, 백기가 윤이 나서 밝은 것을 기뻐하니 주로 가택이 평안하고 안식구의 내조로 많은 이익을 얻으며 흑기와 적기에 청기를 띠면 주로 운이 따르지 않고 백색이 지나치게 진한 사람도 역시 꺼린다.

九月 구월 看戌宮, 喜紅黃潤釋, 主時運通達, 忌靑赤黑滯,
간술궁 희홍황윤역 주시운통달 기청적흑체

主家運不遂, 憂困劫財或官非.
주가운불수 우곤겁재혹관비

술궁을 살피고 홍, 황기가 윤택하게 깔리면 시대나 때의 운수가 통달하게 되고 청, 적, 흑기로 막히면 싫어하여 가운이 따르지 않고 관재의 시비나 재물의 손실로 어렵게 되어 근심과 걱정이 있게 된다.

十月 시월 看亥宮, 喜白潤透光, 主大運亨通,
간해궁 희백윤투광 주대운형통

忌靑黃赤黑主病破之患.
기청황적흑주병파지환

해궁을 살피고 백기가 투명하게 윤이 나고 빛나면 대운이 열려 모든 일이 뜻대로 잘 되어 가고 청, 황, 적, 흑기는 주로 우환이 따르고 병으로 깨어지므로 싫어한다.

十一月 십일월 看子宮, 喜白浮外, 黑宜成片, 主白事順遂,
간자궁 희백부외 흑의성편 주백사순수

忌黃赤黑白成點, 主意外之災或敗業.
기황적흑백성점 주의외지재혹패업

자궁을 살피고 외부에 백기가 떠 있으면 기쁨이 있고 조각으로 이루어진 흑기는 마땅하여 백 가지 일이 순조로이 따르며 황, 적, 흑, 백기가 점점이 있는 것은 싫어하니 주로 의외의 재난이 생기거나 혹 패업을 당하게 된다.

十二月 십이월

看丑宮, 喜青黃兼黑, 主求謀多利, 忌赤重白,
간 축 궁   희 청 황 겸 흑   주 구 모 다 리   기 적 중 백

主破敗官非.
주 파 패 관 비

축궁을 살피고 청기나 황기에 흑기를 겸하고 있으면 주로 길하여 구하고자 꾀하는 일은 모두 도모할 수 있어 이로우나 적기나 지나친 백기는 꺼리어 주로 관재 시비가 생겨 깨어지고 패하게 된다.

詩曰 시왈

春青宜在三陽取. 夏紅喜向印堂求. 秋令黃光透土上.
춘 청 의 재 삼 양 취   하 홍 희 향 인 당 구   추 령 황 광 투 토 상

冬寒地閣白氣浮.
동 한 지 각 백 기 부

봄에는 삼양이 청기를 취하면 마땅하다.

여름에는 홍기가 인당을 향하면 구함이 있어 기쁘며

가을에는 황기가 투명하게 빛나면 토의 기운으로 최고로 길하다.

추운 겨울에는 지각에 백기가 나타나야 한다.

擇交通天歌
택교통천가
(가려서 뽑은 통천의 노래)

善之善者惡之惡, 善惡之人相內決, 我今作此通天歌, 便於世人容易學.
선지선자악지악   선악지인상내결   아금작차통천가   편어세인용이학

착하다는 것의 선과 악하다는 것의 악은 사람의 내부에서는 선악이 서로 열려 있으니 내가 지금 만들어 부른 이 통천의 노래는 세상 사람들이 쉽게 배우고 편리하게 활용할 수 있도록 하였다.

伏面沉吟頭過脚, 損人利己食人血, 似此之人莫交往, 心藏九曲最難測.
복면침음두과각   손인이이식인혈   사차지인막교왕   심장구곡최난측

다리 사이에 머리가 지나도록 얼굴을 묻고 골몰히 생각에 잠겨 손해를 보는 사람, 이미 이익을 삼켜버린 사람, 피를 나눈 듯한 막역한 사람들의 교제들이 심장과 구곡으로도 정말 헤아리기 어려웠다.

面肉橫生全惡害, 不仁不義假往來, 五官不正性凶暴, 久後終是見官災.
면육횡생정악해   불인불의가왕래   오관부정성흉폭   구후종시견관재

얼굴이 가로로 넓게 생긴 사람은 악하여 해를 끼칠 사람으로 어질지 못하고 의롭지 못하므로 진실한 사귐이 아닌 것이고 오관이 바르지 못하면 성정이 흉폭하여 오랜 교재 끝에는 관재를 보게 한다.

如見此人耳後腮, 反骨無情六親埋, 此種之人眼煞露, 性暴凶死中年來.
여견차인이후시   반골무정육친매   차종지인안살로   성폭흉사중년래

턱 뒤로 귀가 보이는 사람은 타협하지 않고 저항하고, 사랑이나 동정심이 없어 육친을

묻고 이러한 사람이 눈빛이 드러나 살기가 있으면 성정이 흉폭하여 중년을 넘기지 못하고 죽는다.

脣掀露齦相奴才, 若然與謀必定洩, 愛談是非何時止, 官災多病又家敗.
순흔로은상노재　약연여모필정설　애담시비하시지　관재다병우가패

입술이 치켜 들리고 치아의 잇몸이 드러나면 노복의 상으로 가령 될 일도 반드시 어긋나게 되며 사랑한다는 좋은 말도 시비로 꾸짖어 그치게 되며 관재와 병이 많아 가정이 패하게 된다.

未見此人惡聲來, 知他心中好與壞, 通天一時難詳辨, 奇書多讀心門開.
미견차인악성래　지타심중호여괴　통천일시난상변　기서다독심문개

목소리가 나쁜 사람의 다가오는 말연을 보면 좋은 가운데 다른 마음이 나타나 무너지는 것을 알 수 있었으니 통천도 같은 때에 자세히 나누기가 무척 어려웠으므로 기이한 책을 많이 읽어 마음의 문이 열려야 한다.

顴橫眼突更非好, 凶惡至極殺人刀, 眉粗胸露無善果, 一面冷笑奸計高.
관횡안돌경비호　흉악지극살인도　미조흉로무선과　일면냉소간계고

관골이 가로로 나오고 눈이 돌출된 사람은 고쳐도 좋아지지 않으며 흉폭하기가 이를 데 없어 살인도 어렵지 않으며 눈썹이 거칠고 가슴이 드러나면 착한 일에 대하여 돌아오는 좋은 과보가 없으며 한쪽 면에 쌀쌀한 태도로 비웃으면 간사한 꾀가 많다.

眼光流露多奸盜, 交結長久恐坐牢, 五官傾斜眉壓眼, 三十左右豈能逃.
안광유로다간도　교결장구공좌뢰　오관경사미압안　삼십좌우기능도

눈빛이 흐르고 드러나면 매우 간사한 도적이요, 오랫동안 이러한 사람을 사귀면 감옥에 있을까 두려우며 오관이 삐뚤고 눈썹이 눈을 누르면 삼십 좌우를 어찌 능히 넘길 수 있겠는가.

矮無三尺肚藏刀, 一步三計妙且高, 三停不正面肉少, 假施仁義大色癆.
왜무삼척두장도　일보삼계묘차고　삼정부정면육소　가시인의대색로

키가 작아 삼 척이 안 되면 배에 칼을 숨기고 있으며 한 걸음에 묘한 세 가지의 계책이 또한 높으며 삼정이 반듯하지 못하고 얼굴의 살비듬이 없으면 베푸는 것도 거짓이요 인, 의도 거짓이며 모두 색정에 중독된다.

口如鼠吻心貪狼, 反覆無常面猴樣, 何處人來腮不見, 結交此人暗受傷.
구여서문심탐랑　반복무상면후양　하처인래시불견　결교차인암수상

입이 쥐의 입술과 같으면 탐하는 마음이 이리와 같고 얼굴이 원숭이 모양을 하면 말이나 행동을 이랬다 저랬다 하여 일정한 때가 없으며 턱이 보이지 않으면 어디서 온 사람인지… 이러한 어두운 사람과 맺어서 사귀면 상처를 받게 된다.

面上無肉眼小黃, 心性狡獪實非常, 若是眉薄皮青緊, 食人肉血作補方.
면상무육안소황　심성교회실비상　약시미박피청긴　식인육혈작보방

얼굴에 살비듬이 없고 눈이 작고 황색이면 심성이 교활하고 교활하여 참으로 정상이 아니며 만약 눈썹이 엷고 살비듬에 푸른 것이 굵게 얽었다면 가족이나 혈육을 먹여 살려야 한다.

眼型三角眉弔喪, 少許富貴不爲良, 縱然有義心亦鬼, 奸巧作事鬼一樣.
안형삼각미조상　소허부귀불위량　종연유의심역귀　간교작사귀일양

삼각안에 조상미를 가졌다면 작은 부귀는 누릴 수 있으나 선량하지 못하다. 가령 의로움이 있다 하더라도 마음은 역시 해치는 자로서 일을 처리하는데 있어 귀신과 같은 모양으로 간교하기 이를 데 없다.

常見此鼻輒撮動, 狡詐貪婪不能共, 虛假剛柔手段好, 使爾替死在夢中.
상견차비첩촬동　교사탐람불능공　허가강유수단호　사이체사재몽중

늘상 코가 움직이고 수레바퀴 휘장처럼 벌름거리는 사람은 거짓되어 교활하고 탐심이 넘쳐 무슨 일이든지 함께 하지 못하고 강하고 부드러움을 거짓되게 허세 부리는 수단이 좋아 너로 하여금 꿈에서라도 죽이는 것을 마다하지 않는다.

走路頭仰或輕重, 蛇行手足身亂動, 生成心性多毒狡, 那能對友守信用.
주로두앙혹경중　사행수족신난동　생성심성다독교　나능대우수신용

길을 갈 때 고개를 쳐들거나 혹은 가벼움이 거듭되거나(몸을 이리저리 흔듦) 뱀이 기어가는 모습처럼 손, 발, 몸을 어지러이 움직이는 사람은 태어날 때부터 심성이 매우 독하거나 교활하니 친구로 대한다고 어찌 능히 신용을 지킬 수 있겠는가….

面色過赤朱雀動, 眼紅眉豎殺沖沖, 大禍于連何時了, 不交此人安始終.
면색과적주작동　안홍미수살충충　대화우연하시료　불교차인안시종

얼굴 색이 지나치게 붉거나 행동이 참새와 같고 눈이 붉고 세워진 눈썹이 더부룩하여 살기가 찌를 듯이 있으면 큰 재화가 어찌 끊어질 날이 있겠는가. 이러한 사람과 사귀면 처음부터 마칠 때까지 편안한 날이 없다.

眼皮連續眨不停, 含笑知是心不誠, 面無城廓氣色壞, 心問口來口問心.
안피연속잡부정　함소지시심불성　면무성곽기색괴　심문구래구문심

눈꺼풀이 계속 깜짝이면서 고정되어 있지 않고 웃음을 머금고 있다면 마음이 성실하지 못하다는 것을 알며 얼굴의 성곽이 없고 기색이 허물어지고 퇴색되면 입으로 마음을 보내도 말하는 입이 마음이다(진실되지 못해 입으로 하는 말이 속마음이 아니라는 것이다).

鼻有三彎陰司鬼, 型似鷹嘴啄心髓, 眉尾下垂或上豎, 嗟嘆人心毒似蛇.
비유삼만음사귀　형사응취탁심수　미미하수혹상수　차탄인심독사사

코가 세 굽이로 굽어져 있으면 귀신처럼 보이지 않는 일을 맡고 겉모양이 매의 주둥이와 같으면 깊은 마음속은 새가 먹이를 쪼듯하고 눈썹 끝이 아래로 드리워졌거나 혹 위로 서 있다면 사람의 마음이 뱀과 같이 독하여 탄식하게 된다.

若是逢人稱知己, 那能患難共到底, 見人歡喜心中破, 眉頭一皺心石欺.
약시봉인칭지기　나능환난공도저　견인환희심중파　미두일추심석기

만약 이러한 사람을 만나 참다운 친구로 칭한다면 어찌 환란을 끝까지 함께 하며 이겨낼 수 있겠느냐, 눈썹 머리에 일자 모양의 주름이 잡혔다면 돌도 속이는 마음이라, 기뻐

하는 마음으로 만나는 사람일지라도 마음속이 깨어져 있다.

耳反眉壓神不淸, 假仁假義命無髮, 三陽深暗面肉小, 四十二歲卽歸陰.
이반미압신불청　가인가의명무빈　삼양심암면육소　사십이세즉귀음

귀가 뒤집어지고 눈썹이 눈을 눌러 눈빛이 맑지 못하고 빈발이 없는 목숨은 인자함도 거짓이요 의로움도 거짓이다. 눈이 깊어 어둡고 얼굴에 살비듬이 작다면 42세가 되면 음으로 돌아가리라.

面色靑監心奸險, 不仁不義立人前, 莫與此人交結好, 同事同居防半邊.
면색청람심간험　불인불의입인전　막여차인교결호　동사동거방반변

얼굴이 남빛으로 푸르다면 마음이 간교하고 험악하여 사람도 되기 전에 자신의 위신을 세우려 경우도 없고 어질지도 못한 이러한 사람과 사귀면 좋을 것 같아도 결과가 없으니 같이 일을 하거나 같이 살 때는 부근에서 반은 방비하여 막을 준비를 해야 한다.

狼行左右顧回首, 腰軟慢步伏點頭, 眉骨過高凶惡害, 陰毒頭尖相毛猴.
랑행좌우고회수　요연만보복점두　미골과고흉악해　음독두첨상모후

이리의 행동으로 머리를 돌려 좌우로 돌아보거나 머리를 끄덕이고 허리를 거칠게 흔들며 걷거나 눈썹 뼈가 지나치게 튀어 나오면 성품이 흉악하여 해로우며 원숭이처럼 털이 많고 머리가 뾰족하면 겉으로 드러나지 않은 해독한 사람이다.

語對人說眼不看, 印殺三十有一關, 多疑多奸壽子少, 通天擧一要反三.
어대인설안불간　인살삼십유일관　다의다간수자소　통천거일요반삼

마주하여 말을 할 때 눈을 보지 않고 말을 하고 인당의 살기는 31세까지 걸리며 매우 의심이 많고 매우 간사하면 오래 살아도 자식이 없거나 적으니 통천도 하나를 알기 위해 세 번 반복해서 생각하게 하였다.

面色過黑陰毒夫, 利已損人友作奴, 見人冷眼笑一面, 送爾生命到豊都.
면색과흑음독부　이기손인우작노　견인냉안소일면　송이생명도풍도

얼굴 색이 지나치게 검은 사람은 겉으로 드러나지 않는 해독한 사람으로서 자기의 이익

을 위해서는 타인과 친구에게 손해를 끼치고 노비로 부리며 냉정한 눈에 미소의 일면이 보이면 풍부한 마을에 이르렀을 때는 너의 생명을 보낼 사람이다.

如見此人獨自語, 奸巧巨猾仁義無, 心中不寬常顚倒, 心操神衰愁於機.
여견차인독자어　간교거활인의무　심중불관상전도　심조신쇠수어기

혼자 중얼거리는 사람은 간교하고 교활하여 인의가 없고 마음속이 너그럽지 못하고 바뀌어 항상 같지 않고 정신이 쇠약하게 근심인 것처럼 마음을 만들어도 거짓이다.

腹如蝦蟆眼視斜, 貪求無壓眉交加, 三陽靑暗準肉少, 莫測心機陰毒家.
복여하마안시사　탐구무압미교가　삼양청암준육소　막측심기음독가

한쪽으로 치우쳐 보는 두꺼비 눈과 같은 배와 눈을 누르는 교가미는 재물을 탐내어 뇌물을 좋아하고 눈에 푸른 기운을 띠고 준두가 어둡고 살비듬이 적으면 환경이 좋지 않은 가정에서 비롯된 삶이라 그 마음을 헤아리지 못한다.

面皮靑薄血不華, 郞君之面男最怕, 心深性猾做人好, 一反一復壽如麻.
면피청박혈불화　낭군지면남최파　심심성활주인호　일반일부수여마

얼굴의 살비듬이 푸른빛으로 얇으면 혈분의 조화를 이루지 못하여 훌륭한 군자나 잘생긴 남자가 제일 두려워하는 바로서 사람이 좋은 것 같아도 마음 깊은 곳에서는 교활함이 있으니 한 번 뒤집고 또 한 번 뒤집어 반복하는 것이 일년초인 삶과 같은 목숨이다.

眼光露神視人斜, 追究三代德不佳, 作惡作孼心不改, 相從心滅必是他.
안광노신시인사　추구삼대덕불가　작악작얼심불개　상종심멸필시타

눈빛이 드러나고 옆눈으로 보는 사람을 근본 이치로 캐어 들어가 연구하여 보면 삼대의 덕이 아름답지 못하여 나쁜 일을 꾸미고 다니는 심성을 스스로 고치지 못하니 마음을 서로 서로 따르며 좇아도 반드시 끊어지게 된다.

紅筋貫睛又帶花, 笑內藏刀緊又斜, 調戱婦女直到老, 人格掃地床下爬.
홍근관정우대화　소내장도긴우사　조희부녀직도노　인격소지상하파

화려하게 차려 입은 그 위에 붉은 실핏줄이 눈동자를 관통하면 웃음 속에 칼을 감아 비

뚤게 숨기고 있으며 부녀자들을 희롱하며 놀리다 늙게 되니 그 인격이 땅을 쓸고 상 밑을 기어다니는 벌레와 같다.

舌條尖短人冲斜, 上脣反縮齒更差, 愛說是非恨不了, 虛僞夭折就是他.
설조첨단인충사　상순반축치경차　애설시비한불료　허위요절취시타

짧고 뾰족한 나뭇가지 같은 혀와 비뚤어진 인충에 윗입술이 뒤집히고 오그라들고 이어서 치아가 어긋나면 사랑한다는 좋은 말도 시비가 되는 한이 끝나지 않으니 허망된 거짓으로 일찍 꺾여 마치게 되는 것이다.

背後任意多詆毁, 妒族人長心藏鬼, 面色失常性極壞, 損人利已無不爲.
배후임의다저훼　투족인장심장귀　면색실상성극괴　손인이이무불위

돌아서서 마음대로 하여 중요한 일들을 망치게 하는 투기심과 질투심은 어른이 되어도 마음속에 품고 귀신이 되며 얼굴 색이 달라지면 늘 갖는 지극한 성품이 무너지니 자신의 이익을 위하여 타인에게 손해되는 일을 마다하지 않는다.

兩目靑腫名蛇眼, 水多筋赤地閣尖, 面無純色心最殘, 提刀殺父毒沖天.
양목청종명사안　수다근적지각첨　면무순색심최잔　제도살부독충천

두 눈에 푸른 종기가 있는 뱀 눈으로 흑정에 실핏줄이 많고 지각이 뾰족하고 얼굴이 하얀 비단처럼 표정이 없는 것이 제일 잔인한 것으로 칼을 들고 천륜을 찌르고 헤치는 사람이다.

識破天機莫亂言, 天生人體無十全, 通天奧妙如神驗, 誠參玄理數十年.
식파천기막난언　천생인체무십전　통천오묘여신험　성참현리수십년

말을 함부로 하여 하늘의 틀을 깨뜨리는 우둔함은 태어날 때부터 열 가지의 온전함을 갖추지 못한 것이니 통천도 오묘하고 신령스러움을 증험한 바 현묘한 이치를 정성껏 헤아린 지 수십 년이었다.

禾倉祿馬變通訣
화창록마변통결

眼大眉寬更宜豊, 顴高賓鬚配三濃, 耳紅垂珠脣齒享, 體肥聲宏富貴翁.
안 대 미 관 경 의 풍   관 고 빈 수 배 삼 농   이 홍 수 주 순 치 향   체 비 성 굉 부 귀 옹

눈이 크고 눈썹이 너그럽게 넓으면 다시 말해 마땅히 풍부한 것이다. 관골이 높고 빈발과 수염이 삼농과 어우러지고 귀의 수주가 붉고 입술과 치아가 가지런하며 신체가 좋고 음성이 울리면 늙어서 부귀를 누린다.

眼小有神眉輕淸, 賓淡鬚少得三輕, 額高鼻起脣微見, 精强能幹富貴眞.
안 소 유 신 미 경 청   빈 담 수 소 득 삼 경   액 고 비 기 순 미 견   정 강 능 간 부 귀 진

눈이 작으면서도 빛나고 눈썹이 가볍게 맑고 빈발이 연하고 수염이 적으면 세 가지 가벼움(삼경)을 얻었으며 이마가 높고 코가 일어나고 입술이 약간 보이면 정력이 강하고 일을 감당해내는 재능이 뛰어난 사람으로서 진실로 부귀한 사람이다.

山根斷兮眼須長, 眉豎印殺亦無傷, 枕骨豊滿準圓起, 地閣朝元近君王.
산 근 단 혜 안 수 장   미 수 인 살 역 무 상   침 골 풍 만 준 원 기   지 각 조 원 근 군 왕

산근이 끊어지면 눈이 길어야 하고 눈썹이 더부룩하면 인당에 살기나 상처가 없어야 하고 침골이 풍만하고 준두가 둥글게 일어나 있고 지각이 도우면 군왕 가까이 있는 뛰어난 사람이다.

顴鼻豊滿忌枕空, 眼露眉壓難昌隆, 若再聲低多孤苦, 氣虛神衰運不通.
관 비 풍 만 기 침 공   안 로 미 압 난 창 륭   약 재 성 저 다 고 고   기 허 신 쇠 운 불 통

관골과 코가 풍만하나 침골이 없는 것을 꺼리고 눈이 나오고 눈썹이 눈을 누르면 크게

창성하기 어렵고 만약 더하여 목소리까지 낮으면 고독하고 고생이 많으며 기가 허하여 신이 쇠하면 운이 통하지 않는다.

耳反色白骨肉堅, 天庭地閣顴相連, 枕骨豊滿柱陽托, 眼內藏神主大權.
이반색백골육견 천정지각관상연 침골풍만주양탁 안내장신주대권

귀가 뒤집어져도 색깔이 희고 뼈와 살비듬이 단단하며 천정과 지각과 관골이 서로 바라보며 이어져 있고 침골이 풍만하고 주양골이 받쳐주며 눈빛이 감춰져 있으면 대권을 주재한다.

耳低顴弱淚堂空, 須要鼻氣透天中, 柱陽托氣諸勢聚, 性藏慘忍一時隆.
이저관약누당공 수요비기투천중 주양탁기제세취 성장참인일시융

귀가 낮게 위치하고 관골이 약하고 누당이 꺼지더라도 모름지기 중요한 것은 코의 기운이 천중과 통하여 기운을 받고 주양골이 밀어주어 모든 기세가 모여 있으면 참혹한 것도 인내하고 일시에 일어나는 성품을 내면에 감추고 있다.

眉伏五彩眼藏眞, 鼻勢兩顴更宜明, 縱然天庭不高廣, 亦當少年百般成.
미복오채안장진 비세양관경의명 종연천정불고광 역당소년백반성

눈썹이 가지런하게 엎드려 오채로 빛나고 눈은 숨어서 빛나며 코가 힘이 있고 양 관골이 도와주고 또 밝으면 가령 천정이 넓고 높지 않아도 역시 당당하게 젊어서 백 가지 일을 이루어 낼 수 있다.

天庭豊滿又高開, 最忌眉惡眼神衰, 如再鼻氣不貫頂, 萬事難成初年災.
천정풍만우고개 최기미악안신쇠 여재비기불관정 만사난성초년재

천정이 풍만하고 또 높게 열려 있으면 눈썹이 못생기고 눈빛이 약한 것이 제일 나쁘며 또다시 코의 기운이 정수리를 통관하지 못하면 초년에 재해를 만나 만사를 이루어 내기가 어렵다.

鼻低面圓微見方, 形體恢宏是爲良, 眉賓鬚秀三輕奇, 眼神內藏財庫鄕.
비저면원미견방 형체회굉시위량 미빈수수삼경기 안신내장재고향

코가 낮고 얼굴이 둥글면서 약간 모가 나게 보이고 사람의 신체가 크면 포용력이 크고 선량한 사람이 되며 눈썹과 빈발과 수염이 빼어나서 삼경에 속하고 보통과 달리 눈빛이 내장되어 있으면 고향에 재물 창고가 있다.

形瘦挺直面秀白, 木逢微金逆而合, 五官淸奇聲音響, 大富中年得中得.
형수정직면수백　목봉미금역이합　오관청기성음향　대부중년득중득

신체의 모양이 여위면서 바르게 이어지고 얼굴이 빼어나게 희면 목형으로서 약한 금기를 만나면 극이 도리어 합이 되며 오관이 깨끗하고 음성이 울리면 보통과 달리 크게 부하고 중년이 지나면 지날수록 재물이 쌓이고 쌓이게 되는 것이다.

口小齒多鼻宜短, 天庭忌高眉須寬, 耳低色白珠朝口, 天柱豊圓亦奇觀.
구소치다비의단　천정기고미수관　이저색백주조구　천주풍원역기관

입이 작고 치아가 많으면 코는 당연히 짧아야 하고 천정 높이 있는 눈썹은 모름지기 넓은 것을 싫어하고 귀가 낮게 있고 색깔이 희고 수주가 입을 돕고 천주가 둥글게 풍만하면 역시 뛰어나게 좋은 관상이다.

南人面斜鼻忌正, 百部兼曲心性靈, 濁中見淸十不全, 大富大貴高堂登.
남인면사비기정　백부겸곡심성령　탁중견청십부전　대부대귀고당등

남쪽 사람들은 얼굴이 기울면 반듯한 코를 꺼리게 되고 전체 부위가 겸하여 굽으면 심성이 신령스러워 탁한 가운데 맑음을 보는 것으로 아니되는 열 가지가 온전함이 되어 대부 대귀하고 높은 권세에 맞는 집에서 살게 된다.

北人土正面四方, 鼻須正直聲宜揚, 若是部位傾曲倒, 家破人亡淚汪汪.
북인토정면사방　비수정직성의양　약시부위경곡도　가파인망누왕왕

북쪽 사람들은 토가 사방에 모가 난 듯 반듯하여야 한다. 코도 모름지기 바르고 곧게 뻗어 있고 음성도 좋으면 마땅히 그 이름을 드날리고 만약에 부위들이 기울고 굽고 넘어지게 생겼다면 가정이 깨어지고 사람도 죽어 눈물이 넘치고 넘쳐 마를 날이 없다.

南相恢宏生北形, 五官豊隆聲亦淸, 爲官必達三品位, 大富之家衆人尊.
남상회굉생북형　오관풍륭성역청　위관필달삼품위　대부지가중인존

남쪽 사람의 상이 크게 생기고 포용력이 넓으며 북쪽형은 오관이 넉넉하게 두텁고 음성까지 맑으면 반드시 삼품 직위까지 이르고 큰 부자로 많은 사람의 존경을 받게 된다.

北相精小兼秀氣, 北生南相富貴基, 若再聲音如鐘響, 富貴榮華子孫奇.
북상정소겸수기　북생남상부귀기　약재성음여종향　부귀영화자손기

북쪽 사람의 생김새가 다정다감하고 작으면 아울러 기운이 순수하게 빼어나야 하며 북쪽 사람이 남쪽 사람의 생김새로 태어나면 부귀의 터를 가지며 만약에 음성까지 종소리가 울리는 것과 같다면 자손까지 부귀영화를 누리니 참으로 이상 야릇하다.

耳聳玉枕圓而豊, 海角上弓四水通, 顴起眼秀地閣朝, 富貴雙全壽如松.
이용옥침원이풍　해각상궁사수통　관기안수지각조　부귀쌍전수여송

귀가 솟고 옥침골이 둥글고 풍만하며 해각(입)의 윗부분이 활처럼 생기고 사수가 통하고 관골이 일어나고 눈이 빼어나고 지각이 도우면 부귀를 겸하고 수명도 소나무처럼 오래 살게 된다.

頸粗須要耳門寬, 諸陽有氣形體宏, 人沖寬潤舌條大, 聲音如雷食千鐘.
경조수요이문관　제양유기형체굉　인충관윤설조대　성음여뢰식천종

목이 크면 모름지기 필요한 것은 귀의 문도 넓어야 하고 모든 부위가 양성의 기운인 사람은 형체가 커야 한다. 인충이 넓고 윤택하며 혀도 커야 하며 음성이 우레와 같으면 식록이 천종에 이른다.

山根斷折眼神昏, 早年虛花傷六親, 兄弟無緣須自立, 眉秀地圓晚有成.
산근단절안신혼　조년허화상육친　형제무연수자립　미수지원만유성

산근이 끊어지고 눈빛이 혼미하면 어려서 육친을 잃어 상처를 입은 허한 꽃으로 형제와 인연이 없어 오로지 혼자 일어나야 하고 눈썹이 빼어나고 지각이 둥글면 만년에 성공하게 되는 것이다.

眼深主孤淚堂空, 眉淸地圓子孫榮, 最怕陽空無玉枕, 縱然有子不送終.
안 심 주 고 누 당 공   미 청 지 원 자 손 영   최 파 양 공 무 옥 침   종 연 유 자 불 송 종

눈이 깊으면 누당이 비어 주로 외롭고 눈썹이 깨끗하고 지각이 둥글면 자손이 번영하니 옥침골이 없어 양 기운이 빈 것이 제일 두려운 것으로 가령 자손이 있어도 장사를 지내지 못한다.

瘦人神足內氣貫, 眼見眞光定高官, 若是神哀內氣弱, 形寒氣冷不人間.
수 인 신 족 내 기 관   안 견 진 광 정 고 관   약 시 신 애 내 기 약   형 한 기 냉 불 인 간

여윈 사람이 신이 풍족하면 내적으로 기운이 충실하고 눈에 진실로 바른 빛이 보이면 고관까지 될 수 있으나 만약 눈빛이 슬프게 보이면 내적인 기운이 약하며 형이 차고 기운이 냉하면 인간적이지 못하다.

形肥堅實四十起, 富貴榮華是可期, 二十發肥禍不遠, 氣虛神脫見活屍.
형 비 견 실 사 십 기   부 귀 영 화 시 가 기   이 십 발 비 화 불 원   기 허 신 탈 견 활 시

신체가 살이 찌고 단단하고 튼튼하면 40세에는 일어나니 부귀영화가 가능해지는 시기이다. 20세에 살이 찌면 화가 멀리 있지 않으니 기운이 허하고 신이 이탈하면 살아 있던 것이 시체가 되는 것을 보게 된다.

顴高眉短最爲傷, 型至顴骨更非良, 眼中神急心性操, 官災破敗禍自當.
관 고 미 단 최 위 상   형 지 관 골 경 비 량   안 중 신 급 심 성 조   관 재 파 패 화 자 당

관골이 높고 눈썹이 짧은 것은 매우 이지러진 것으로 관골이 큰 형이면 다시 말해 좋지 못하며 눈빛이 급하면 심성이 조급하여 관재로 깨어지고 패하며 스스로 화를 일으켜 당하게 된다.

眉忌一高又一低, 兩眼型狀不相似, 若再耳反鼻大曲, 貧苦一生富區區.
미 기 일 고 우 일 저   양 안 형 상 불 상 사   약 재 이 반 비 대 곡   빈 고 일 생 부 구 구

눈썹은 한쪽이 높고 한쪽은 낮은 것을 싫어하며 양쪽 눈의 모양이 같지 않고 만약에 더하여 귀가 뒤집어지고 코까지 크게 굽었다면 부자가 되고자 부지런히 다녀도 변변하지

못하여 일생 동안 가난으로 고생하게 된다.

額高須要眉勢上, 眉目宜借鼻氣揚, 鼻運先察眉心顧, 眼照兩顴氣雙雙.
액고수요미세상　미목의차비기양　비운선찰미심고　안조양관기쌍쌍

이마가 높으면 모름지기 눈썹도 위에서 힘 있게 있는 것이 중요하며 코의 기운이 좋아지려면 눈과 눈썹의 기운을 당연히 받아야 하고 코의 운을 볼 때는 먼저 마음을 응시하는 눈썹을 살펴야 하고 눈은 양 관골을 비추어 쌍쌍을 이루어야 한다.

口大耳長珠垂直, 鼻大口小水土伏, 眼小眉粗爲忌害, 禾倉祿馬必中必.
구대이장주수직　비대구소수토복　안소미조위기해　화창록마필중필

입이 크면 귀가 길고 수주가 바르게 내려와야 하고 코가 크고 입이 작으면 토가 수를 덮어버린 것이고 눈이 작고 눈썹이 거친 것은 해로와 꺼리게 되니 화창과 녹마가 반드시 필요한 가운데 필요하다.

鼻露反吟曲伏吟, 反伏二吟禍福眞, 若逢眼秀眉五彩, 顴氣爲補鼻運新.
비로반음곡복음　반복이음화복진　고봉안수미오채　관기위보비운신

콧구멍이 드러나면 되돌아오며 앓게 되고 코가 굽으면 엎드려서 앓게 되니 반음과 복음 두 가지 신음은 화와 복의 그대로이다. 만약에 잘생긴 빼어난 눈을 만나고 눈썹이 오채로 빛나고 관골의 기운이 코를 도와주면 운세는 나날이 새로워질 것이다.

禾倉祿馬眞傳訣, 顴空瞳人下露白, 此相心深爲漏氣, 三十七八恐見節.
화창록마진전결　관공동인하로백　차상심심위루기　삼십칠팔공견절

화창과 녹마가 진실로 전하는 말은 관골이 없고 눈동자에 비치어 나타난 사람의 모습 아래가 하얗게 드러난 이러한 모양은 마음은 깊어도 기운이 새어 나가게 되어 37, 38세에 끊어지는 것을 보게 될까 두려울 뿐이다.

眉秀勢上額運通, 眼無眞神眉反凶, 眉氣註受於鼻上, 眼伏眞光顴昌隆.
미수세상액운통　안무진신미반흉　미기주수어비상　안복진광관창륭

눈썹이 이마 위에서 힘 있게 빼어나 이마의 기운과 통하면서 눈에 참된 빛이 없으면 눈

썹이 반대로 흥하게 된다. 눈썹의 기운에 대해서 뜻을 풀어 밝히면 코의 윗부분이 눈썹의 기운을 받고 눈은 숨어서 나는 참된 빛이 관골을 빛내면 크게 번창하게 된다.

眼藏眞神鼻透頂, 眉雖氣寒運亦新, 枕骨耳口連貫氣, 眉秀中老運上登.
안 장 진 신 비 투 정   미 수 기 한 운 역 신   침 골 이 구 연 관 기   미 수 중 노 운 상 등

눈이 숨어서 아름답게 빛이 나고 코가 정수리를 통하면 눈썹의 기운이 비록 모자라더라도 역시 운은 새로워지고 침골이 귀와 입으로 이어져 기운이 통하고 눈썹이 잘생기면 중년에서 노년으로 갈수록 운이 좋아지게 된다.

口運須察耳額上, 耳年額圓方爲良, 印堂山根乃基氣, 頭大口方是相當.
구 운 수 찰 이 액 상   이 년 액 원 방 위 량   인 당 산 근 내 기 기   두 대 구 방 시 상 당

입의 운은 모름지기 귀와 이마의 윗부분을 잘 살펴야 하고 귀의 나이에는 이마가 둥글고 모가 나야 잘생긴 상이 되며 기운은 인당과 산근에서 비롯되니 머리가 크면 입도 방하게 모가 나야 어울리는 상이 되는 것이다.

髮鬢髭鬚髯鬍總圖
발빈자수염호총도

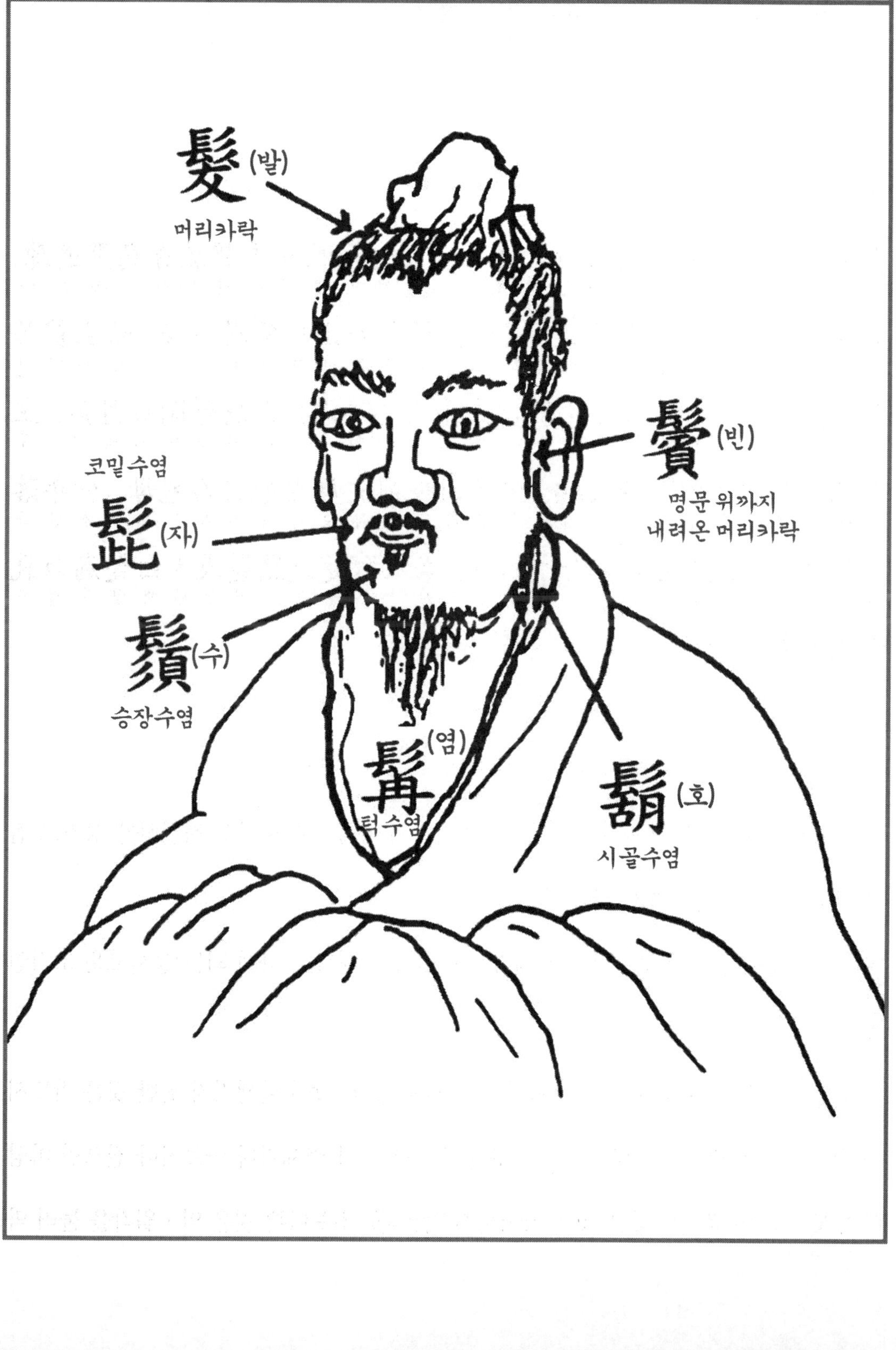

髮 (발)
머리카락

鬢 (빈)
명문 위까지 내려온 머리카락

髭 (자)
코밑수염

鬚 (수)
승장수염

髯 (염)
턱수염

鬍 (호)
시골수염

髮발

夫髮者爲血之餘乃是山林之草木, 宜細軟潤長秀麗放香烏黑適疎,
부발자위혈지여내시산림지초목　의세연윤장수려방향조흑적소

方爲富貴吉祥亦長壽快樂, 若燥結枯黃乃山林氣滯不秀, 必主貧苦
방위부귀길상역장수쾌락　약조결고황내산림기체불수　필주빈고

多疾矣, 夫髮不宜粗硬枯濃, (土型人不忌濃) 尤忌壓閉日月角, 主
다질의　부발불의조경고농　　토형인불기농　우기압폐일월각　주

人愚頑刑剋六親少運欠順, 少年白髮剋父母左剋父右剋母, 少年落
인우완형극육친소운흠순　소년백발극부모좌극부우극모　소년낙

髮難見子, 若是生男育女亦妨刑, 老人增髮或黑髮或半白髮爲血氣
발난견자　약시생남육녀역방형　노인증발혹흑발혹반백발위혈기

旺盛主壽也.
왕성주수야

무릇 털이라는 것은 혈분의 나머지로서 산림의 초목이 된다.

마땅히 가늘고 부드럽고 윤이 나고 길게 빼어나서 아름다워야 하고 적절하게 성기고 검으면서 향기가 나면 얼마나 좋은가.

어디서든 운수가 좋아 부귀하며 유쾌하고 즐겁게 오래 장수하게 되는 상서로운 조짐인 것이다.

만약 말라서 누렇게 되는 것은 산림에 기가 막힌 것과 같이 잘생기지 못한 것은 반드시 질병이 많고 가난하여 고생하므로 무릇 털은 거칠거나 억세거나 마르거나 짙으면 마땅하지 못하고 (토형인은 짙은 것을 싫어하지 않는다) 더욱 나쁜 것은 일·월각을 눌러 막

는 것으로 주로 이런 사람은 우매하고 완고하여 육친을 형극하니 젊어서 운은 순조로이 이루어지지 못한다. 젊어서 백발은 부모를 극하는데 좌측은 아버지요 우측은 어머니가 된다. 젊어서 머리가 빠지면 만약 아들을 낳아 길러도 자식을 보기 어렵고 여아는 역시 형 작용을 받지 않는다.

노인이 머리가 더 많이 나거나 혹은 더 검어지거나 혹은 반백의 머리털은 혈기의 왕성함으로 주로 수명과 이어져 있다.

詩曰 … 滿頭秀髮艷芬芳, 烏黑細軟疎潤良, 最怕枯黃硬白落, 刑剋
시 왈   만 두 수 발 염 분 방   오 흑 세 연 소 윤 량   최 파 고 황 경 백 락   형 극

六親去他鄕.
육 친 거 타 향

시로 말하면, 머리가 잘생겨 빼어나고 머리카락이 고와 좋은 향기가 나고

오!! 검고 가늘며 부드럽고 머리 숱이 적당하여 윤이 나면 얼마나 좋은가,

최고로 두려운 것은 말라서 누렇거나 또 하얗게 세어져 빠지는 것으로 육친을 형극하고 고향을 떠나게 하는 것이다.

鬢髭鬚髯鬍
빈자수염호

夫鬢者位於兩耳門前乃命門, 其氣上貫至髮頂, 下貫於髯鬍, 氣韶顧
부빈자위어양이문전내명문 기기상관지발정 하관어염호 기소고

於眉鬚, 故眉鬢鬚最喜三濃, 相會聚始能內通丹田外達華表, 方爲食
어미수 고미빈수최희삼농 상회취시능내통단전외달화표 방위식

祿萬鍾之相也.
록만종지상야

若眉髯粗濃而鬢獨空者或眉鬢粗濃髭鬚空者, 均爲一空之格矣, 主終
약미염조농이빈탁공자혹미빈조농자빈공자 균위일공지격의 주종

身不達非吉相也.
신불달비길상야

무릇 빈발이라는 것은 양쪽 귀의 명문 위에 난 것을 말하는데, 그 기운은 위로는 통하여 발정(발제, 정수리)까지 이르고 아래로는 눈썹과 수염이 아름다운 교태로 돌아보게 하는 턱수염과 호수염을 통관하므로 고로 눈썹과 빈발과 수염은 최고로 기쁘게 하는 삼농상이 모여 깨닫게 하는 것으로 단전 안에서 시작하는 훌륭한 가운은 외부로 뻗어 화려하게 장식하여 가는 곳마다 식록만종의 상이 되는 것이다.

만약 눈썹과 턱수염이 농탁하고 거친데 빈발이 없는 사람 혹 눈썹과 빈발은 거칠고 짙은데 코밑수염과 승장수염이 없는 사람은 똑같이 한 가지도 없는 격이 되어 주로 몸을 마칠 때까지 발달하지 못하는 좋은 상이 아니다.

夫髭者位於人沖, 乃鼻孔之下, 此爲四水總脈, 血氣貫注丹田, 主人
부자자위어인충 내비공지하 차위사수총맥 혈기관주단전 주인

精力充倍, 乃是威儀之表也, 兩邊尾部又稱爲祿倉, 宜與鬚髯鬍互配,
정력충배 내시위의지표야 양변미부우칭위녹창 의여수염호호배

若不貫連 不困口 不枯黃 不燥結 不硬焦者, 必主福祿富貴壽考也,
약불관연 불곤구 불고황 불조결 불경초자 필주복록부귀수고야

若有祿無髭『卽人冲處無髭是也』定非功名之靠矣.
약유록무자 즉인충처무자시야 정비공명지고의

무릇 코밑수염이라는 것은 콧구멍 아래 인충 내에 있는 것이며 이것은 사수의 총맥으로서 혈기를 단전에 대어 주어 정력을 더욱 충족시키므로 위의를 갖추게 되고 양쪽 가의 꼬리 부분은 녹창이라 불리어지니 마땅히 승장수염과 호수염과 턱수염이 서로 서로 어울려야 한다. 만약 겹치지 않게 연결되어야 곤란한 입이 되지 않는다. 끝이 누렇게 마르지 않고 말라서 뭉치지 않고 타서 굳은 듯하지 않으면 반드시 복록이 주장하여 부하고 귀하게 오래 살게 되는 것이다. 만약 녹은 있는데 코수염이 없으면 (즉 인충 내의 콧수염을 말한다) 의지할 데가 없으니 공명도 사라지게 된다.

夫鬚者位於承漿卽下嘴脣下端, 爲髭之副, 爲鬍之主, 爲髥之助也,
부수자위어승장즉하취순하단 위자지부 위호지주 위염지조야

宜黑如漆或赤光亮, 而淸近者主富貴晚景極佳也.
의흑여칠혹적광량 이청근자주부귀만경극가야

무릇 승장(鬚)수염은 승장, 즉 입술 아래 끝에 있는 것이고 자(髭), 즉 코밑수염의 다음 가는 수염이며 호수염이 주장하는 것은 턱수염을 도와주는 것이므로 마땅히 옻칠을 한 것처럼 검거나 혹 붉어도 빛나면 좋다. 맑을수록 주로 부하고 귀하여 만년에 지극히 보기 좋게 아름답게 되는 것이다.

夫髥者位於地閣, 名爲五木, 最喜互照互顧, 髭鬚髥鬍鬢爲五美五秀,
부염자위어지각 명위오목 최희호조호고 자수염호빈위오미오수

宜淸奇不黃濁, 稀疎而不滯, 根根見肉, 秀軟兼長, 光澤艶舒, 主大
의청기불황탁 희소이불체 근근견육 수연겸장 광택염서 주대

富貴, 其子孫必百世榮昌, 大吉之相, 若粗硬黃枯亂濁者, 主人性奸
부귀 기자손필백세영창 대길지상 약조경황고난탁자 주인성간

凶惡狼暴, 非善相也.
흉 악 랑 폭   비 선 상 야

무릇 턱(髥)수염은 지각에 나는 것으로서 오목(421페이지 다섯 가지 수염 참조) 중 최고로 기쁨을 주는 것으로 서로 비추고 서로 도우니 자(髭), 수(鬚), 염(髥), 호(鬍), 빈(鬢) 다섯 개의 아름다움을 최고로 빼어나게 하는 것으로 마땅히 맑고 누렇게 탁하지 않기를 바라며 막히지 않아 뿌리 뿌리마다 살비듬이 보이며 빼어나게 부드럽고 겸하여 길고 윤택하게 빛이 나면 우아하게 아름다워 주로 대부대귀가 자손까지 이르며 백세가 이르도록 크게 길한 상이다. 만약 거칠고 억세고 누렇게 말라 어지럽게 탁한 것은 주인의 성품도 간교하고 흉하고 악하여 이리처럼 사나운 착한 상이 아닌 것이다.

夫鬍者位於兩耳下端爲髭之副, 宜細長烏黑光澤飄逸爲草木秀中,
부 호 자 위 어 양 이 하 단 위 자 지 부   의 세 장 오 흑 광 택 표 일 위 초 목 수 중

華表麗面主富貴福祿, 上吉之相也.
화 표 려 면 주 부 귀 복 록   상 길 지 상 야

무릇 호(鬍)수염은 양쪽 귀밑 끝에 있는 것으로 코밑수염 다음 가는 것이며 마땅히 가늘고 길고 검고 윤택한 빛으로 뛰어난 모양이면 빼어난 초목 가운데 화려한 장식으로 얼굴을 꾸며주는 것으로 부귀 복록을 주재하는 가장 좋은 상이 되는 것이다.

詩曰 … 紫面無鬚亦無鬢, 眉輕髥少髭無成, 髮疎鬍隱三輕相, 大富
시 왈   자 면 무 수 역 무 빈   미 경 염 소 자 무 성   발 소 호 은 삼 경 상   대 부

大貴作良臣.
대 귀 작 량 신

시로 말하면, 자색의 얼굴에서 승장수염도 없고 또 빈발도 없고 눈썹과 턱수염이 모자라고 코밑수염도 적으면 이룸이 없으며 머리털이 빽빽하지 않고 호수염이 은은하면 삼경상에 속하니 대부대귀를 이루는 선량한 신하이다.

又詩曰 … 焦黃濃濁最不良, 燕尾羊鬍必刑傷, 淸奇光澤稀疎好, 富
우 시 왈   초 황 농 탁 최 불 량   연 미 양 호 필 형 상   청 기 광 택 희 소 호   부

貴榮華是棟梁.
귀 영 화 시 동 량

또 한번 시로 가로대, 말라서 누렇게 진하여 탁한 것이 제일 나쁜 것으로 제비 꼬리와 양의 호수염은 반드시 형으로 다친다. 맑은 가운데 보통 이상으로 윤이 나서 빛나고 성기어 좋으면 부귀영화를 누리는 데 중요한(마룻대와 들보) 역할을 하는 것이다.

男面痣總圖
남면지총도

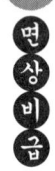

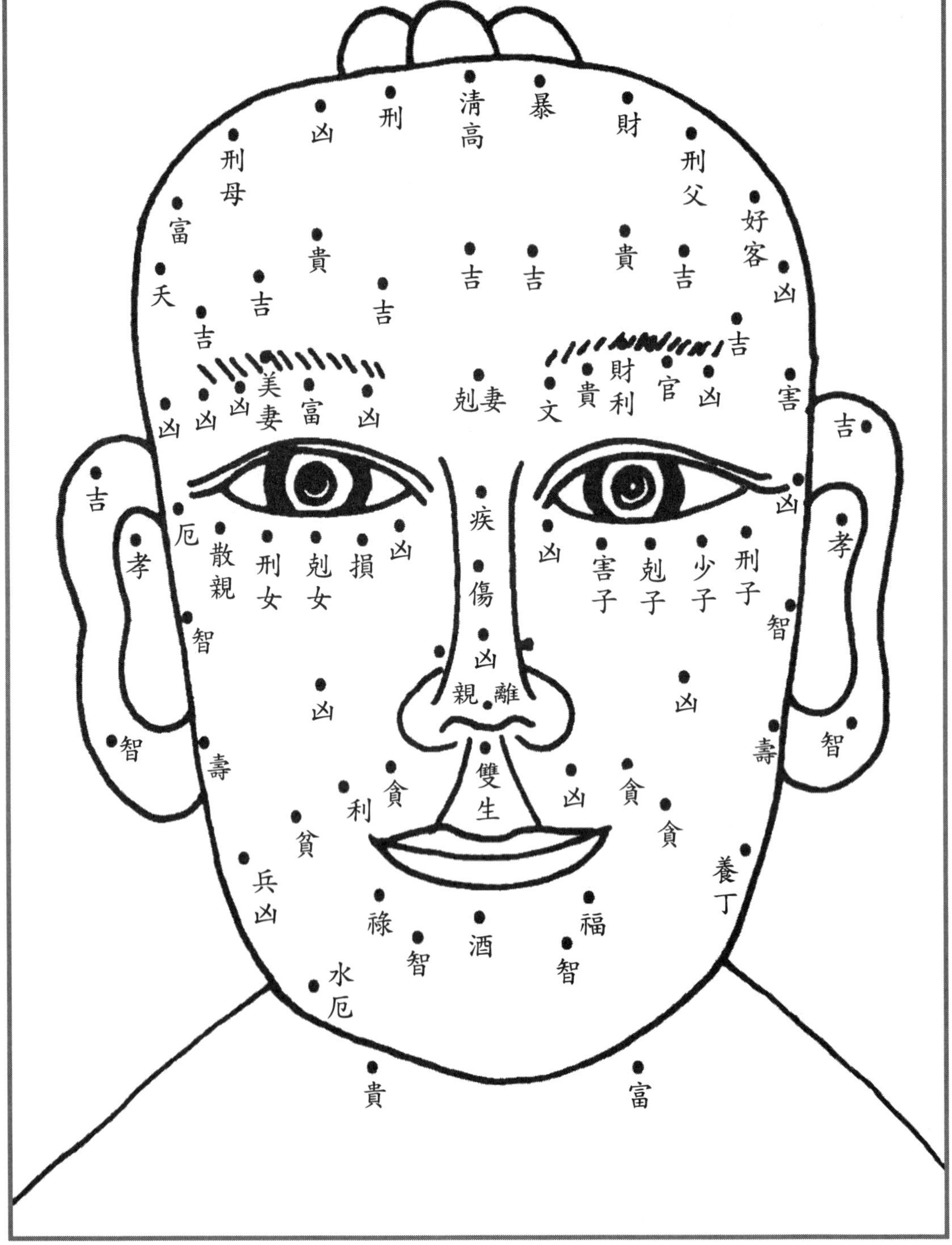

凶
刑
清高
暴
財
刑母
刑父
富
好客
貴
吉
吉
貴
吉
天
吉
吉
凶
吉
吉
美妻
凶
凶
凶
富
凶
剋妻
文
貴
財利
官
凶
害
吉
吉
凶
厄
散親
刑女
剋女
損
凶
疾
凶
害子
剋子
少子
刑子
孝
孝
傷
智
智
凶
親
離
凶
凶
智
智
壽
壽
雙生
貪
凶
貪
利
貪
貧
養丁
兵凶
祿
酒
福
智
智
水厄
貴
富

面痣 면지

夫面痣者如山峰之秀美, 不可不高峻, 若生在眉裏爲草木藏珠, 主財
부면지자여산봉지수미 불가불고준 약생재미리위초목장주 주재

主得美妻, 痣大生毫毛爲山林之秀, 在吉部位主富貴吉祥, 若生凶部
주득미처 지대생호모위산림지수 재길부위주부귀길상 약생흉부

位主凶惡加倍也, 痣大黑凸亮爲痣, 平而不起色不黑者爲斑, 色黑面
위주흉악가배야 지대흑철량위지 평이불기색불흑자위반 색흑면

積小而平者爲點, 痣有吉有凶, 但要以部位論斷, 痣大光澤生於隱處
적소이평자위점 지유길유흉 단요이부위논단 지대광택생어은처

者爲吉爲財爲富貴, 痣生在顯處或面部眉以下者, 多爲破運痣主凶矣,
자위길위재위부귀 지생재현처혹면부미이하자 다위파운지주흉의

紅痣爲陰騭痣如大面光澤者, 不論生於何部位階爲吉痣也.
홍지위음즐지여대면광택자 불론생어하부위계위길지야

얼굴의 사마귀

무릇 얼굴의 검은 사마귀라는 것은 산봉우리가 빼어나게 아름다운 것과 같이 산이 높지 않으면 가능하지 않은 것이다. 만약 눈썹 속에 있는 것은 초목이 구슬을 감추고 있는 것이므로 재물을 얻도록 주재하는 아름다운 사마귀이며 사마귀가 크고 털이 나 있으면 산림을 빼어나게 하는 것이 되어 길한 부위에 있으면 주로 부귀할 운수로 좋은 조짐이 되고 만약 흉한 부위에 있으면 흉한 작용이 갑절로 늘어나게 되는 것이다. 사마귀가 크고 검고 철(凸) 모양으로 도톰하면 좋은 사마귀가 되며 도톰하게 일어나지 않아 평평하면 얼룩진 무늬가 된다. 색이 검고 얼굴에 작은 것이 고르게 쌓인 것은 점이 되는 것이다.

사마귀는 길한 것도 있고 흉한 것도 있다.

단, 중요한 것은 부위에 있으므로 짧게 말해 보면, 사마귀가 크고 광택이 나게 생기고 은밀하게 숨어 있는 것은 부귀와 재물을 위한 길한 것이고 사마귀가 나서 나타나는 곳이나 혹 얼굴 부위 눈썹 아래에 난 것은 모두가 깨뜨리는 운을 주재하는 흉한 사마귀이다. 붉은 사마귀가 크게 얼굴에서 빛이 나는 것과 같으면 복덕의 음즐 사마귀인 것으로 품계에 오르는 길한 사마귀가 되는 것이니 어느 부위에 있는지 왈가왈부하지 마라.

面斑
면반

夫面最忌少年有斑若滿面生斑, 不淫卽夭, 亦主身體欠健康或多病
부면최기소년유반약만면생반 불음즉요 역주신체흠건강혹다병

及暗疾.
급암질

但老人生斑爲之氣壯血旺爲壽斑, 宜於五十歲以後爲壽斑, 土形人
단노인생반위지기장혈왕위수반 의어오십세이후위수반 토형인

體重身肥若有斑無害, 皮白斑黑主腮明但極爲好色也.
체중신비약유반무해 피백반흑주시명단극위호색야

얼굴의 반점

무릇 얼굴에서 최고로 나쁜 것은 소년에 나는 반점으로서 만약 얼굴 가득 반점이 차 있다면 음란하지 않은 즉 단명이요, 또 신체의 건강이 부족하거나 혹 보이지 않는 질병이 겹쳐 있는 것이다.

단, 노인이 반점이 생기면 혈이 왕성하고 기운이 씩씩한 것을 나타내고 있으니 수명의 반점이 되는 것으로 마땅히 50세 이후에 생겨난 반점이어야 한다.

토형인의 크고 살찐 몸에 만약 반점이 있으면 해롭지 않으나 하얀 피부에 검은 반점이 주로 시골에 선명하게 나 있는 것은 한결같이 지극한 호색가이다.

面點
면점

夫面點者此數少而面積極小, 點若不生在淚堂者不足爲道矣, 淚堂
부 면 점 자 차 수 소 이 면 적 극 소　점 약 불 생 재 누 당 자 부 족 위 도 의　누 당

有點若顯明者亦主傷子女, 『淚堂位在眼下顴上是也』.
유 점 약 현 명 자 역 주 상 자 녀　누 당 위 재 안 하 관 상 시 야

얼굴의 점

얼굴에 점이 있는 사람은 그 개수가 적어야 얼굴에서 능동적인 활동이 작다. (얼굴에서 점이 일으키는 흉 작용이 점의 개수가 적을수록 흉 작용이 작아진다는 뜻.) 점이 만약 있으면 안 되는 누당에 있는 사람은 덕이 부족한 것이 된다. 누당에 있는 점이라면 만약 밝게 나타나면 자녀를 주로 상하게 하는 것이다.

'누당은 눈 밑 관골 위의 위치이다.'

詩云 … 痣主吉凶斑主淫, 小小點故亦無因, 紅痣大吉多斑驗, 斑少
시 운　　지 주 길 흉 반 주 음　소 소 점 고 역 무 인　홍 지 대 길 다 반 험　반 소

無氣亦不靈.
무 기 역 불 령

시로 말하면, 사마귀는 주로 길하고 얼룩진 무늬는 흉하며 주로 음란하다. 지극히 작은 점은 의미를 두지 않으며 붉은 사마귀가 대길한 것은 여러 면에서 증험하였고 어릴 때의 얼룩진 무늬는 기운이 없는 것을 나타내므로 신령스럽지 못하다.